Lecture Notes in Mathematics

Edited by A. Dold and B. Eckmann

1028

Séminaire d'Analyse P. Lelong – P. Dolbeault – H. Skoda

Années 1981/1983

Edité par P. Lelong, P. Dolbeault et H. Skoda

Springer-Verlag
Berlin Heidelberg New York Tokyo 1983

Editeurs

Pierre Lelong, Pierre Dolbeault, Henri Skoda
Université Paris VI, Mathématiques
Place Jussieu, Tour 4546, 75230 Paris CEDEX 05, France

AMS Subject Classifications (1980): 32A45, 32C05, 32C30, 32F05, 32F15, 32H30, 32L05, 34A20, 35A20, 58E20

ISBN 3-540-12731-3 Springer-Verlag Berlin Heidelberg New York Tokyo
ISBN 0-387-12731-3 Springer-Verlag New York Heidelberg Berlin Tokyo

CIP-Kurztitelaufnahme der Deutschen Bibliothek.
Séminaire P. Lelong – P. Dolbeault – H. Skoda (Analyse): Séminaire P. Lelong – P. Dolbeault – H. Skoda (Analyse): années ... – Berlin; Heidelberg; New York; Tokyo: Springer
1980/81 u. d. T.: Séminaire Pierre Lelong, Henri Skoda (Analyse): Seminaire Pierre Lelong, Henri Skoda (Analyse) 1981/83 (1983)
(Lecture notes in mathematics; Vol. 1028)
ISBN 3-540-12731-3 (Berlin, Heidelberg, New York, Tokyo)
ISBN 0-387-12731-3 (New York, Heidelberg, Berlin, Tokyo)
NE: GT

Printing and binding: Beltz Offsetdruck, Hemsbach/Bergstr.
2146/3140-543210

INTRODUCTION

Le présent volume contient les exposés faits de la fin de 1981 au début de 1983 au Séminaire d'Analyse P.LELONG-P.DOLBEAULT-H.SKODA. Il fait suite au volume n° 919 des Lecture Notes.

Les thèmes étudiés concernent l'analyse et, en particulier l'analyse complexe, mais aussi la géométrie kaehlérienne, l'étude des fibrés vectoriels, et celle des systèmes différentiels. Donnons un bref résumé des problèmes traités :

1. L'exposé de L.GRUMAN donne des résultats sur la distribution des valeurs des applications holomorphes.
Si X est un ensemble analytique de dimension pure p dans C^n et $\ell \in G_q(C^n)$ un sous-espace de C^n de dimension $q \geq n-p$, l'indicatrice $\sigma_X(r)$=aire de $X \cap B_n(o,r)$ donne une majoration asymptotique de $\sigma_X(\ell, r)$, l'aire de $\ell \cap X \cap B_n(o,r)$ pour $q \geq n-p$, sauf pour les ℓ appartenant à un ensemble exceptionnel $E_X \in G_q(C^n)$ qu'on étudie. On obtient aussi une minoration de $\sigma_X(\ell,r)$ hors d'un ensemble E'_X. Quand $\sigma_X(r)$ est d'ordre fini, $E'_X \cap Y$ est localement pluripolaire sur les sous-ensembles Y de la grassmanienne G_q ; l'exposé complète un exposé antérieur (Lecture Notes n° 822) par des résultats récents.

2. L'article de B.A.TAYLOR compare pour les compacts K de la boule unité de C^n deux notions capacitaires ; on utilise la fonction extrémale de K dans C^n, soit u_K^*.
On établit $\int_{|z|=1} u_K^*(z)d\sigma(z) \leq n\gamma(K)$ où $\gamma(K)$ est la lim sup de $u_K^*(z) - \log|z|$ pour $|z| \to +\infty$. Si l'on pose $T(K) = \exp[-\sup_{|z|\leq 1} u_K^*(z)]$, et $C(K) = e^{-\gamma(K)}$, on obtient en utilisant une inégalité de N.SIBONY, une comparaison $T(K) \leq C(K) \leq AT(K)^\delta$ où les constantes $A, \delta > 0$, sont indépendantes du compact K pris dans la boule unité.

3. L'article de P.LELONG montre que l'opérateur de Monge-Ampère complexe s'annule sur un ensemble partout dense pour L^1_{loc} dans le cône des fonctions plurisousharmoniques positives et l'opérateur est discontinu au voisinage de toute fonction V de ce cône.

3. Le mémoire de J.-P.DEMAILLY et B.GAVEAU traite un problème voisin du précédent en prenant un point de vue statistique : Ω étant un domaine pseudo-convexe de C^n, et $F = (F_1,\ldots,F_p)$ une application holomorphe $\Omega \to C$, avec croissance donnée, on étudie la courbure de Ricci des surfaces de niveau $X_a = F^{-1}(a)$ lorsque X_a est sans singularité (on munit X_a de la métrique $\alpha = \frac{1}{4}\, dd^c \|z\|^2$) ; on donne un contrôle de croissance "en moyenne" par rapport à a pour la forme de courbure R à l'approche de $b\Omega$, en utilisant essentiellement des majorations de formes différentielles et de courants positifs.

4. L'exposé de H. BEN MESSAOUD montre que si Θ est un courant positif fermé, de dimension p dans C^n, il existe pour tout ℓ, $p < \ell < n-1$ un courant T de dimension ℓ qui a même nombre de Lelong que Θ en tout point de C^n, ce qui étend le résultat connu relatif à $\ell = n-1$. La construction de T peut se faire avec contrôle de croissance de l'indicatrice $\nu_T(r)$ par $\nu_\Theta(r)$.

5. L'article de N.MOK montre qu'une variété kaehlérienne X de courbure bisectionnelle positive est analytiquement isomorphe à une variété affine dès qu'est vérifiée une certaine majoration de la courbure scalaire en fonction de la distance géodésique, en même temps qu'une majoration du volume des tranches $B(O,r) \cap X$.

6. Le problème de Neumann pour le $\bar{\partial}$ et ses estimations sous-elliptiques, dans les domaines pseudo-convexes de C^n fait l'objet de l'article de A.TALHAOUI ; il donne des conditions locales suffisantes en un point frontière pour l'existence d'une solution dans le cas d'une pseudo-convexité faible du bord $b\Omega$. En un point de sous-ellipticité il établit pour les ordres de contact des courbes analytiques complexes avec $b\Omega$ une borne supérieure conjecturée par Th.BLOOM.

7. L'article de J.LE POTIER apporte des résultats concernant l'existence de fibrés vectoriels holomorphes de rang $r = 2$ sur une surface complexe non algébrique M, compacte avec nombre de Betti $b_1 = \text{rang } H^1(M, Z) = 0$ et avec fibré canonique $K(M) = \det. T^*(M)$ trivial, quand on se fixe les classes de Chern c_1 et c_2 de E. Le problème conduit à l'étude des classes d'isomorphismes de fibrés sur M en supposant nul le groupe de Picard.

8. L'exposé de P.de BARTOLOMEIS étudie les applications harmoniques $N \to M$ de variétés riemanniennes; les applications holomorphes ou antiholomorphes sont harmoniques si N, M sont kaehlériennes, et l'on cherche des cas où l'implication inverse est vraie ce qui conduit à étudier le cas des applications pluriharmoniques. On donne un énoncé où N possède une exhaustion plurisousharmonique et M a une courbure positive ; les applications harmoniques qui minimisent l'énergie sont alors holomorphes .

9. L'exposé de B.FUGLEDE vise à étendre la théorie des fonctions finement holomorphes de $\mathbb{C}$ à C^d , $d > 1$; ceci suppose d'abord le choix d'une topologie "fine" sur C^d . On compare τ^d (topologie produit des topologies fines sur C) , τ_{psh} la moins fine qui rend continues les fonctions plurisousharmoniques , et enfin τ_{2d} , qui est la topologie fine sur R^{2d} ; on a $\tau^d \subset \tau_{psh} \subset \tau_{2d}$ et l'exposé donne pour τ^d des résultats assez analogues au cas $n = 1$, τ^d dépendant toutefois du choix des axes. On obtient là une approche du cas τ_{psh} , qui est peut être le plus intéressant pour la suite de cette recherche.

10. C'est encore une extension de l'analyse complexe que traite l'exposé de G.RABY, en démontrant une version du Nullstellensatz pour deux fonctions sous-analytiques de classe C^r , $r \geqslant 0$. Il montre que les fonctions continues, sous-analytiques sur un ensemble fermé et sous-analytique Y dans $\Omega \subset R^n$ sont des restrictions de fonctions continues et sous-analytiques dans Ω .

11. Les exposés suivants concernent l'étude des systèmes différentiels . Celui de H.AIRAULT reprend l'étude classique (R.FUCHS,PAINLEVE,R.GARNIER) des conditions d'intégrabilité d'un système linéaire ; des exemples permettent d'explorer la liaison entre le système linéaire et les équations qui expriment la condition d'intégrabilité ; on examine le cas où elles conduisent à des équations à points critiques fixes ; dans certains cas on peut se ramener à un système hamiltonien ; une étude plus poussée concerne les équations 3 et 5 de Painlevé.

12. L'étude des systèmes de Pfaff ayant une singularité polaire normale est l'objet d'un gros mémoire de B.KLARES et C.SADLER ; ce cas se ramène à celui d'une singularité à une seule variable pour une forme polynôme et l'on donne des développements de la solution et une version convergente pour la monodromie.

13. L'exposé de J.-P.DEMAILLY concerne les opérateurs microdifférentiels analytiques ; il donne une démonstration d'un théorème de KASHIWARA de la constructibilité du faisceau des solutions d'un système holonome en utilisant des stratifications particulières de Whitney d'un système différentiel sur un ouvert à frontière non caractéristique.

14. L'article de H.CHARRIÈRE étudie l'existence de secteurs spiralés dans C ou C^n de sommet l'origine dans lesquels on a une solution holomorphe de l'équation $\tau u = F(x, u)$ admettant un développement asymptotique en 0, où τ est un champ de vecteurs singulier en 0 du type $\tau = \sum_1^n \lambda_i x_i \frac{\partial}{\partial x_i}$, et ceci pour F holomorphe au voisinage de $(0,0)$; elle obtient des énoncés qui généralisent ceux de S.KAPLAN dans ce problème étudié par H.Poincaré et qui bénéficie d'un intérêt nouveau.

Nous remercions les auteurs qui nous ont confié leurs textes, Madame Orion qui a préparé les manuscrits, et l'édition Springer qui édite et diffuse ce séminaire en contribuant ainsi à faire connaître rapidement des résultats nouveaux.

P.LELONG, P.DOLBEAULT, H.SKODA

TABLE DES MATIÈRES

Séminaire P.LELONG,P.DOLBEAULT,H.SKODA
(Analyse)
22e et 23e année, 1982/1983.

ÉTUDE DES CONDITIONS D'INTÉGRABILITÉ ASSOCIÉES A UN SYSTÈME DIFFÉRENTIEL LINÉAIRE

par H. A I R A U L T

TABLE DES MATIÈRES.

On donne des exemples de systèmes différentiels linéaires de type "Flaschka-Newell" [4] dont les conditions d'intégrabilité se ramènent à une équation différentielle du 2ème ordre " à points critiques fixes", [1,2], ou bien à un système hamiltonien. Puis on étudie de façon directe les hamiltoniens associés aux équations 3 et 5 de Painlevé. [5,6,7].

INTRODUCTION

La réduction des conditions d'intégrabilité d'un système linéaire de la forme :

$$(I)\quad \begin{cases} y_{\zeta\zeta} = p(\zeta,x)y \\ y_x = ay + by_\zeta \end{cases}$$

fut d'abord faite par R. Fuchs [8] qui obtint ainsi l'équation transcendante 6 de Painlevé [2].

L'étude fut poursuivie par R. Garnier [3] qui obtint toutes les équations transcendantes $1 \leftrightarrow 6$ de Painlevé comme conditions d'intégrabilité d'un système de la forme (I) avec un potentiel approprié $p(\zeta,x)$.

Le problème "inverse" suivant s'était posé : "Etant donné une équation de Painlevé (E), trouver un système linéaire (S) telles que les conditions d'intégrabilité de (S) se ramènent à l'équation (E)".

Ce problème fut abordé par Flaschka et Newell [4] avec un système linéaire (S_o) différent de celui de Fuchs [8] : on peut dans ce cas aussi associer un système (S_o) à chacune des six transcendantes de Painlevé [4,6].

Dans les exemples qui suivent, nous partons d'un système linéaire du type (S_o) et nous considérons les équations qui donnent les conditions d'intégrabilité de ce système ; ces équations semblent toujours se ramener à des équations à points critiques fixes !

D'autre part, l'approche hamiltonienne pour les équations transcendantes de Painlevé a été faite par Malmquist [5] et chaque équation transcendante de Painlevé peut être mise sous forme d'un système hamiltonien. Il est donc naturel d'essayer d'écrire sous forme de système hamiltonien, les conditions d'intégrabilité d'un système différentiel linéaire.

On donnera l'exemple d'un hamiltonien associé aux conditions d'intégrabilité d'un système linéaire du type Flaschka-Newell [4]. On utilisera deux solutions particulières du système pour obtenir l'hamiltonien [9].

Toutefois la relation entre ces systèmes hamiltoniens associés à des conditions d'intégrabilité, et les équations sans points critiques mobiles n'est pas entièrement claire ; en effet, on remarque qu'il existe des équations différentielles du 2ème ordre avec points critiques mobiles qui peuvent aussi être mises sous forme de systèmes hamiltoniens. On donne un exemple simple.

Dans la dernière partie, on fait une étude détaillée des hamiltoniens associés aux équations 3 et 5 de Painlevé.

EXEMPLE 1 - Obtention simultanée des équations 2 et 3 de Painlevé [1,2] à l'aide d'un système du type "Flaschka-Newell".

Soit le système différentiel [4].

$$(S)\qquad \begin{cases} v_{1\zeta} = Av_1 + Bv_2 \\ v_{2\zeta} = Cv_1 + Dv_2 \end{cases} \qquad \begin{cases} v_{1x} = Pv_1 + Qv_2 \\ v_{2x} = Rv_1 + Sv_2 \end{cases}$$

A,B,C,D,P,Q,R,S sont des fonctions des variables x et ζ, algèbriques en ζ .

On suppose $S = -P$ et $D = -A$.

Les conditions d'intégrabilité du système (S) sont :

$$(1.1)\qquad \begin{cases} A_x = P_\zeta + QC - BR \\ B_x = 2PB - 2AQ + Q_\zeta \\ C_x = 2AR - 2CP + R_\zeta \end{cases}$$

THÉORÈME.

On suppose Q=R indépendants de ζ, $P=P_1\zeta$ avec P_1 = constante. $B+C = \frac{k_{-1}}{\zeta} + k_1\zeta$ où k_{-1} et k_1 sont des fonctions de x seul. On pose $Q = -\frac{y'}{y}$. Alors les conditions d'intégrabilité (1.1) se ramènent à la seule équation différentielle

$$\alpha \left[\left(\frac{y'}{y}\right)'' - 2\left(\frac{y'}{y}\right)^3 \right]' = \gamma y^2 + \frac{\delta}{y^2} + 2\left(x \frac{y'}{y}\right)' \qquad (1.2)$$

où α, γ et δ sont des constantes. (' désigne la dérivée par rapport à x).

REMARQUE - Si $\gamma = \delta = 0$ alors $z = \frac{y'}{y}$ satisfait l'équation 2 de Painlevé.
Si $\alpha = 0$, alors y satisfait un cas particulier de l'équation 3 de Painlevé.

DÉMONSTRATION

On pose $H = B - C$; $K = B + C$, alors les conditions (1-1) sont :

$$K' = 2\,P\,H \qquad (1.3)$$

$$H' = 2\,P\,K - 4AQ \qquad (1.4)$$

$$A' = \frac{\partial P}{\partial \zeta} - QH \qquad (1.5)$$

De (1.4), on tire $A = \frac{1}{4Q}\,[2PK-H']$. On remplace dans (1.5). Cela donne :

$$\frac{d}{dx}\left(\frac{1}{4Q}\left(2PK - \frac{K''}{2P}\right)\right) = P_1 - \frac{QK'}{2P} \qquad (1.6)$$

ou bien

$$\frac{d}{dx}\left(\frac{1}{4Q}\left(4\,P_1^2\,\zeta^2 K - K''\right)\right) = 2P_1^2\,\zeta - QK' \qquad (1.7)$$

Si $K = \ldots + k_n\zeta^n + \ldots$, en identifiant les coefficients de ζ^n dans (1.7), on obtient le système d'équations :

$$(1.8)\quad \begin{cases} \dfrac{d}{dx}\left(\dfrac{1}{4Q}(4P_1^2 k_{n-2} - k_n'')\right) = -Qk_n' \quad \text{si} \quad n \neq 1. \\[2ex] \dfrac{d}{dx}\left(\dfrac{1}{4Q}(4P_1^2 k_{n-2} - k_n'')\right) = -Qk_n' + 2P_1^2 \quad \text{si} \quad n=1. \end{cases}$$

Le système est récurrent de 2 en 2.

On fait l'hypothèse $K = \dfrac{k_{-1}}{\zeta} + k_1\zeta$. Le système se réduit à :

$$\begin{cases} \dfrac{d}{dx}\left(\dfrac{1}{4Q}\, k''_{-1}\right) = Q\, k'_{-1} & (1.9) \\[2ex] \dfrac{d}{dx}\left(\dfrac{1}{4Q}(k_1'' - 4\, P_1^2\, k_{-1})\right) = Qk_1' - 2P_1^2 & (1.10) \\[2ex] \dfrac{d}{dx}\left(\dfrac{1}{4Q} \times 4P_1^2\, k_1\right) = 0 & (1.11) \end{cases}$$

De (1.11), on obtient $k_1 = 4\,\alpha\,Q$ où α est constante. De (1.10), on a :

$$\alpha\, Q'' - P_1^2\, k_{-1} = (2\,\alpha\, Q^2 - 2P_1^2 x + a)Q \qquad (1.12)$$

où a est constante.

On pose $Q = -\dfrac{y'}{y}$ et on intègre (1.9) ; alors $k'_{-1} = \gamma y^2$ et $k'_{-1} = \dfrac{\delta}{y^2}$ (γ et δ sont constantes) sont deux solutions indépendantes de (1.9).

Donc $k_{-1} = \beta + \int(\gamma y^2 + \dfrac{\delta}{y^2})$ où β est constante. On remplace dans (1.12) et on obtient l'équation (1.2) ; (on prend pour simplifier $P_1^2 = -1$).

<u>EXEMPLE 2</u> - On obtient des équations à points critiques fixes. On prend encore un système du type (S) (voir [10 ; 11a et 6b])

<u>REMARQUE</u>

Dans le cas du système [3,8]
$$y_{\zeta\zeta} = py$$
$$y_x = ay + by_\zeta ,$$

les conditions d'intégrabilité du système se réduisent à l'équation

$$\frac{\partial p}{\partial x} = -\frac{1}{2}\frac{\partial^3 b}{\partial \zeta^3} + 2p\frac{\partial b}{\partial \zeta} + b\frac{\partial p}{\partial \zeta}. \qquad (R)$$

R. Garnier obtient les équations 1, 2 et 3 de Painlevé en prenant $b(\zeta) = \frac{1/2}{\zeta-\lambda}$ où λ est une fonction de x seul. La méthode est la suivante :

En égalant les coefficients des poles de même ordre dans (R), on trouve que

$$p(\zeta) = \frac{3/4}{(\zeta-\lambda)^2} - \frac{\frac{d\lambda}{dx}}{(\zeta-\lambda)} + \left(\frac{d\lambda}{dx}\right)^2 + h$$

où h est un polynome en ζ.

On obtient pour λ les équations 1 et 2 de Painlevé en prenant le polynome h de degré inférieur à 4. Le cas où h est de degré 5 ou supérieur ne donne plus une équation de la forme $\lambda'' = F(\lambda,\lambda',x)$. [Voir 3 p. 49].

EXEMPLE 3

LA MISE DES CONDITIONS D'INTÉGRABILITÉ D'UN SYSTEME LINÉAIRE (S_o) SOUS FORME D'UN SYSTÈME HAMILTONIEN. [Voir 6,a ; 9,b]

Soit le système [4,6]

$$\begin{cases} \dfrac{dY}{d\zeta} = \Gamma Y & (3\text{-}1) \\ \\ \dfrac{dY}{dx} = MY & (3\text{-}2) \end{cases}$$

où Y est un vecteur de $\mathbb{R}^2$ et Γ et M sont des matrices 2×2, fonctions de x et de ζ.

On fait les hypothèses suivantes sur Γ et M

$$\Gamma = \Gamma_o + \Gamma_1\zeta + \Gamma_2\zeta^2$$

$$M = M_o + M_1\zeta$$

avec $\Gamma_o = \begin{pmatrix} A_o & B_o \\ C_o & -A_o \end{pmatrix}$, $\Gamma_1 = \begin{pmatrix} A_1 & B_1 \\ C_1 & -A_1 \end{pmatrix}$, $\Gamma_2 = \begin{pmatrix} A_2 & B_2 \\ C_2 & -A_2 \end{pmatrix}$

$$M_o = \begin{pmatrix} P_o & Q_o \\ R_o & -P_o \end{pmatrix} \quad \text{et} \quad M_1 = \begin{pmatrix} P_1 & Q_1 \\ R_1 & -P_1 \end{pmatrix}$$

et $A_o,B_o,C_o,A_1,B_1,C_1,A_2,B_2,C_2,P_o,Q_o,R_o,P_1,Q_1,R_1$ sont des fonctions de x seul.

On suppose qu'il existe deux solutions [4,6,9] de la forme

$$Y = e^{T(x,\zeta)}\left[\begin{pmatrix} 1 \\ 0 \end{pmatrix} + \frac{Y_1}{\zeta} + \frac{Y_2}{\zeta^2} + \dots\right]$$

et $\quad Z = e^{-T(x,\zeta)} \left[\begin{pmatrix} 0 \\ 1 \end{pmatrix} + \sum_{n=1}^{\infty} \frac{Z_n}{\zeta^n} \right]$

avec $\quad T(x,\zeta) = g(x)\zeta + h(x)\zeta^2 + k(x)\zeta^3$.

On fait de plus l'hypothèse :

$$Y_1 = \begin{pmatrix} -H \\ \beta \end{pmatrix} \quad \text{et} \quad Z_1 = \begin{pmatrix} -\beta \\ H \end{pmatrix} \tag{3.3}$$

CONCLUSION : k = constante (et h = constante, on prendra $h = 0$). On doit avoir

$$H = -\frac{B_o^2}{6k} - 2g\beta^2 + 6k\beta^4 \tag{3.4}$$

et les conditions d'intégrabilité du système sont :

$$B_o' = g' \cdot \frac{\partial H}{\partial \beta} \quad \text{et} \quad \beta' = -g' \cdot \frac{\partial H}{\partial B_o} \tag{3.5}$$

(' désigne la dérivée par rapport à x).

DÉMONSTRATION

On remplace les solutions Y et Z dans les équations (3-1) et (3-2) et on égale les termes de même puissance en ζ.

Avec (3-1), on a :

$$\begin{cases} 3k\, Y_o = \Gamma_2\, Y_o & (3.6) \\ 2h\, Y_o + 3k\, Y_1 = \Gamma_1\, Y_o + \Gamma_2\, Y_1 & (3.7) \\ g\, Y_o + 2h\, Y_1 + 3k\, Y_2 = \Gamma_o\, Y_o + \Gamma_1\, Y_1 + \Gamma_2\, Y_2 & (3.8) \\ g\, Y_1 + 2h\, Y_2 + 3k\, Y_3 = \Gamma_o\, Y_1 + \Gamma_1\, Y_2 + \Gamma_2\, Y_3 \quad \text{terme en } 1/\zeta & (3.9) \\ g\, Y_2 + 2h\, Y_3 + 3k\, Y_4 - Y_1 = \Gamma_o\, Y_2 + \Gamma_1\, Y_3 + \Gamma_2\, Y_4 \quad \text{terme en } 1/\zeta^2 & (3.10) \end{cases}$$

et des équations analogues avec Z.

$$- 3\,k\,Z_o = \Gamma_2 Z_o \;\ldots\; \text{etc} \;\ldots\; \text{(3.6-bis)} \;\ldots$$

De (3.6)-(3.7)-(3.8) et bis, on obtient

$$\left\{\begin{array}{l} A_2 = 3k \;;\; C_2 = 0\,, \\ \qquad B_2 = 0, \\ A_1 = 2h\,,\; B_1 = C_1 = 6k\beta \\ A_o = g-B_1\beta = g-6k\beta^2 \\ C_o = C_1 H + 4h\beta + 6k\beta_2 \qquad \text{où on a posé } Y_2 = \begin{pmatrix}\alpha_2\\ \beta_2\end{pmatrix} \\ B_o = -HB_1 + 4h\beta - 6k\gamma_2 \qquad Z_2 = \begin{pmatrix}\gamma_2\\ \delta_2\end{pmatrix} \end{array}\right. \tag{3.11}$$

De (3-2), on a :

$$k'(x) = 0,\; h'(x) = 0 \tag{3.12}$$

$$g'Y_o = M_1\, Y_o \tag{3.13}$$

$$g'\, Y_1 = M_o\, Y_o + M_1\, Y_1 \tag{3.14}$$

$$g'\, Y_2 + Y_1' = M_o\, Y_1 + M_1\, Y_2 \tag{3.15}$$

et les équations analogues en Z.

De (3.13) et (3.14) on a :

$$\begin{array}{l} P_1 = g' \\ R_1 = 0,\; Q_1 = 0 \\ P_o = 0\,,\; R_o = 2g'\beta \;\text{ et }\; Q_o = 2g'\beta \end{array} \tag{3.16}$$

On écrit les conditions d'intégrabilité pour le système comme on avait fait dans l'exemple 1. On trouve $\beta_2=\gamma_2$ et $B_o=-C_o$ et les conditions d'intégrabilité se réduisent à :

$$\begin{cases} \beta' = -2g'(\beta H + \beta_2) & (3.17) \\ B_o' = -4g'\beta\,(g-6k\beta^2) & (3.18) \end{cases}$$

avec $B_o = -\,6k[\,H\beta + \beta_2]$ (3.19)

On utilise alors (3.9), on obtient en prenant la 2ème composante :

$$2g\beta + 4h\beta_2 + 6k\beta_3 = HB_o + 6k\beta^3 + C_1\alpha_2 \qquad (3.20)$$

Avec la première composante de (3.10), on obtient :

$$H = -B_1\beta\alpha_2 + B_o\beta_2 + B_1\beta_3 \qquad (3.21)$$

On remplace dans (3.21) $6k\beta_3$ obtenu avec (3.20), on a :

$$(1+C_o\beta)\,H = B_o\beta_2 - 2g\beta^2 + 6k\beta^4 \qquad (3.22)$$

et on remplace β_2 par sa valeur obtenue avec (3.19).

$$\boxed{H = -\frac{B_o^2}{6k} - 2g\beta^2 + 6k\beta^4} \qquad (3.23)$$

On vérifie alors que les conditions d'intégrabilité (3.17) (3.18) sont les conditions (3.5).

<u>EXEMPLE 4</u> - <u>Une équation avec des points critiques mobiles mise sous forme de système hamiltonien.</u>

Soit l'équation $y'' = 6y^2 + S(x)$ (4.1)

On suppose $S'(x) \neq 0$; on multiplie par y' et on intègre, on a :

$$\frac{1}{2}(y')^2 = 2y^3 + S(x)\cdot y - \int y\cdot S' \tag{4.2}$$

on pose

$$H = \frac{1}{2}(y')^2 - 2y^3 - S(x)y \tag{4.3}$$

alors

$$H' = -S'\cdot y \tag{4.4}$$

et l'équation (4.1) est équivalente au système hamiltonien

$$\begin{cases} y' = \dfrac{\partial H}{\partial \mu} \\ \\ \mu' = -\dfrac{\partial H}{\partial y} \quad \text{avec} \quad \mu = y' \end{cases}$$

<u>Conjecture</u> : On suppose que S est une fonction entière de x et que $\zeta = \exp \int H dx$ est entière, alors on a $S(x) = ax + b$. [1,a, p.224].

APPENDICE 1

ÉTUDE DE L'ÉQUATION (E_3)

$$y'' = \frac{1}{y}(y')^2 - \frac{1}{z} y' + \frac{1}{z} (\alpha y^2 + \beta) + \gamma y^3 + \frac{\delta}{y} \qquad (1)$$

(' désigne la dérivée par rapport à z)

on pose $z = e^x$, on est ramené à l'équation

$$y'' = \frac{(y')^2}{y} + e^x(\alpha y^2 + \beta) + e^{2x}(\gamma y^3 + \frac{\delta}{y}) \qquad (2)$$

(' désigne maintenant la dérivée par rapport à x).

Soit [1,b,p.15]

$$2\zeta = \frac{y'^2}{y^2} + (\frac{\delta}{y^2} - \gamma y^2)e^{2x} + 2e^x(\frac{\beta}{y} - \alpha y) \qquad (3)$$

et

$$2\Gamma = \zeta - \frac{y'}{y} + \frac{a}{2} \qquad (4)$$

on a aussi

$$2\Gamma = \frac{y''}{2y} - e^{2x} \gamma y^2 + e^x \frac{\beta}{2y} - \frac{3}{2} e^x \alpha y - \frac{y'}{y} + \frac{a}{2} \qquad (5)$$

LEMME 1.

Si y est une solution de (2), alors (y,Γ) est une solution du système

$$\begin{cases} \Gamma' = -(\alpha e^x y + \gamma e^{2x} y^2) & (6) \\ y'' = 4\Gamma y + 2y' - ay + 2\gamma e^{2x} y^3 + 3\alpha e^x y^2 - e^x \beta & (7) \end{cases}$$

Réciproquement soit (y,V) une solution du système (6) - (7) alors il existe une constante δ telle que y soit une solution de (2) et V est égal à Γ défini par (4).

DÉMONSTRATION.

L'obtention de (6)-(7) à partir de l'équation (2) est immédiate. Réciproquement, soit (y, V) une solution de (6) - (7) ; on calcule

$$m = yy'' - (y')^2 - e^x(\alpha y^3 + \beta y) - e^{2x}\gamma y^4 \tag{8}$$

En remplaçant y" par sa valeur calculée avec (7) on a :

$$m = 4Vy^2 + 2yy' + \gamma e^{2x}y^4 + 2\alpha e^x y^3 - 2e^x\beta y - ay^2 - (y')^2 \tag{9}$$

En dérivant (9), on trouve que $m' = 2m$, donc $m = \delta e^{2x}$ où δ est constante. Ce qui prouve que y satisfait (2).

REMARQUE. Si on pose $Y = e^x y$, le système (6)-(7) s'écrit

$$\begin{cases} \Gamma' = -(\alpha Y + \gamma Y^2) & (10) \\ Y'' = 4\Gamma Y + 4Y' + 2\gamma Y^3 + 3\alpha Y^2 - \beta e^{2x} - (a+3)Y & (11) \end{cases}$$

Soit le système suivant (avec $k^2 = \gamma$)

$$\begin{cases} kY' + \alpha Y + \gamma Y^2 = -2\lambda' & (12) \\ kY(2\lambda' - 4\lambda + M) = \lambda'' - (4 + \frac{\alpha}{k})\lambda' - \frac{k\beta}{2} e^{2x} & (13) \end{cases}$$

LEMME 2.

(Y,λ) satisfait (12) - (13) si et seulement si $(Y, \Gamma = 2\lambda + kY)$ satisfait (10) - (11) et on a $M = \frac{\alpha^2}{2\gamma} + \frac{2\alpha}{k} + \frac{a+3}{2}$. (14)

DÉMONSTRATION.

Supposons que (Y,Γ) satisfait (10)-(11) soit ; $2\lambda = \Gamma - kY$; alors (Y,λ) satisfait (12). On dérive (12) et on remplace Y" par sa valeur calculée dans (11) Γ par $2\lambda + kY$ et Y' par sa valeur calculée avec (12). On trouve (13).

Réciproquement, soit (Y,λ) une solution de (12)-(13). On remplace dans (13), λ' et λ'' par leurs valeurs calculées avec (12) et la dérivée de (12). On trouve alors

$$Y'' = 4(2\lambda + kY)Y + 4Y' + 2\gamma Y^3 + 3\alpha Y^2 - \beta e^{2x} - \left(2M - \frac{4\alpha}{k} - \frac{\alpha^2}{\gamma}\right) Y \qquad (15)$$

Soit $V = 2\lambda + kY$ alors (V,Y) satisfait (10)-(11) avec $a+3 = 2M - \frac{4\alpha}{k} - \frac{\alpha^2}{\gamma}$.

D'autre part, on a :[voir 12]

LEMME 3.

L'équation (2) est équivalente au système :

$$k(e^x y)' + \alpha e^x y + \gamma e^{2x} y^2 = -2\lambda' \qquad (16)$$

$$k e^x y(-2\lambda'' - k\beta e^{2x} - 2\lambda'\frac{\alpha}{k}) = \gamma\delta e^{4x} + 4(\lambda')^2 \qquad (17)$$

COROLLAIRE.

Soit y une solution de (2) et soit λ défini par $2\lambda = \Gamma - ke^x y$, on a :

$$-2\lambda' = k(e^x y)' + \alpha e^x y + \gamma e^{2x} y^2 \qquad (18)$$

et λ satisfait l'équation différentielle

$$[\gamma\delta e^{4x} + 4(\lambda')^2][2\lambda' - 4\lambda + M] = [-2\lambda'' - k\beta e^{2x} - 2\lambda'\frac{\alpha}{k}]\left[\lambda'' - (4 + \frac{\alpha}{k})\lambda' - \frac{k\beta e^{2x}}{2}\right] \qquad (19)$$

et M est la constante définie par (14)

DÉMONSTRATION.

Cela résulte immédiatement de (13) et de (17) en éliminant $ke^x y$.

LEMME 4.

Réciproquement, on suppose que (13) et (17) soient vérifiés ; alors on en déduit

$$kY' + \alpha Y + \gamma Y^2 = -2\lambda' \quad \text{ou bien} \quad \lambda'' = 2\lambda'$$

(donc y est une solution de (2) d'après le lemme 3).

Démonstration.

On dérive (13) et (17), on a :

$$kY'(-2\lambda'' - k\beta e^{2x} - 2\lambda'\frac{\alpha}{k}) + kY(-2\lambda''' - 2k\beta e^{2x} - 2\lambda''\frac{\alpha}{k}) = 4\gamma\delta e^{4x} + 8\lambda'\lambda'' \tag{20}$$

et

$$kY'(2\lambda' - 4\lambda + M) + kY(2\lambda'' - 4\lambda') = \lambda''' - (4+\frac{\alpha}{k})\lambda'' - k\beta e^{2x} \tag{21}$$

on multiplie (21) par kY et on élimine $kY\lambda'''$ entre (20) et (21), on a :

$$\gamma YY'(2\lambda' - 4\lambda + M) + \gamma Y^2(2\lambda'' - 4\lambda') + (2+\frac{\alpha}{k})\, 2\lambda'' kY + 2k\beta e^{2x} k\, Y \tag{22}$$

$$= -kY'(\lambda'' + \frac{k}{2}\beta e^{2x} + \frac{\lambda'\alpha}{k}) - 2\gamma\delta e^{4x} - 4\lambda'\lambda''$$

On remplace dans (22) $kY(2\lambda' - 4\lambda + M)$ par sa valeur calculée avec (13), on a :

$$(kY' + \gamma Y^2)(2\lambda'' - 4\lambda') + 2\alpha Y\lambda'' + 4kY\lambda'' + 2k\beta e^{2x} kY + 2\gamma\delta e^{4x} + 4\lambda'\lambda'' = 0 \tag{23}$$

On remplace dans (23)

$kY(-2\lambda'' - k\beta e^{2x} - 2\frac{\lambda'\alpha}{k})$ par $\gamma\delta e^{4x} + 4(\lambda')^2$ et on arrive à :

$$(kY' + \gamma Y^2 + \alpha Y)(2\lambda'' - 4\lambda') = -2\lambda'(2\lambda'' - 4\lambda') \tag{24}$$

donc on a les deux solutions

$$kY' + \gamma Y^2 + \alpha Y = -2\lambda'$$

$$\text{et} \quad \lambda'' = 2\lambda' \tag{25}$$

Passage à l'ancienne variable $z = e^x$

Soit y une solution de (1), on définit [11b]

$$h = \frac{z}{4}\left(\frac{y'}{y}\right)^2 - \frac{1}{2}\frac{y'}{y} + \frac{a}{4z} + \frac{1}{4}\left(\frac{\delta}{y^2} - \gamma y^2\right)z + \frac{1}{2}\left(\frac{\beta}{y} - \alpha y\right) \tag{26}$$

$2h_o = h - ky.$

On a : $dz = z dx$ et $z\frac{d}{dz} = \frac{d}{dx}$ et aussi $\frac{d^2}{dx^2} = z\frac{d}{dz} + z^2\frac{d^2}{dz^2}$ (27)

$$h = \frac{\Gamma}{z} \quad \text{et} \quad \lambda = zh_o \tag{28}$$

(16) devient

$$-2\frac{d}{dz}\lambda = k\frac{d}{dz}(zy) + \alpha y + \gamma z y^2 \tag{29}$$

(13) devient

$$ky = \frac{z\frac{d^2}{dz^2}\lambda - \left(3 + \frac{\alpha}{k}\right)\frac{d}{dz}\lambda - \frac{k\beta}{2}z.}{2z\frac{d}{dz}\lambda - 4\lambda + M} \tag{30}$$

(17) devient

$$ky\left(-2z\frac{d^2}{dz^2}\lambda - 2\left(1 + \frac{\alpha}{k}\right)\frac{d}{dz}\lambda - k\beta z\right) = \gamma\delta z^2 + 4\left(\frac{d}{dz}\lambda\right)^2 \tag{31}$$

et $\lambda = zh_o$ satisfait à l'équation différentielle (' désigne ici la dérivée par rapport à z).

$$\left(z\lambda'' - \left(3 + \frac{\alpha}{k}\right)\lambda' - \frac{k\beta z}{2}\right)\left(2z\lambda'' + 2\left(1 + \frac{\alpha}{k}\right)\lambda' + k\beta z\right) = (\gamma\delta z^2 + 4\lambda'^2)(4\lambda - 2z\lambda' - M) \tag{32}$$

On simplifie (32), on a l'équation $E(\alpha,\beta,k,\delta)$

$$(z\lambda'')^2 - 2z\lambda'\lambda'' + 4(\lambda')^2(z\lambda' - 2\lambda) + a(\lambda')^2 = k\beta z(2 + \frac{\alpha}{k})\lambda' + \frac{k^2\beta^2 z^2}{4} - \gamma\delta z^2(z\lambda' - 2\lambda + \frac{M}{2}) \quad (33)$$

APPENDICE 2

ÉTUDE DE L'ÉQUATION (E_5)

$$y'' = (\frac{1}{2y} + \frac{1}{y-1})(y')^2 - \frac{y'}{z} + \frac{(y-1)^2}{z^2}(\alpha y + \frac{\beta}{y}) + \frac{\gamma y}{z} + \frac{\delta y(y+1)}{y-1} \quad (1)$$

Le changement de variable $z = e^x$:

Si on pose $z = e^x$, on est ramené à l'équation

$$y'' = (\frac{1}{2y} + \frac{1}{y-1})(y')^2 + (y-1)^2(\alpha y + \frac{\beta}{y}) + \gamma e^x y + \delta e^{2x}\frac{y(y+1)}{y-1} \quad (2)$$

(' désigne maintenant la dérivée par rapport à x). On essaye d'intégrer; l'équation (2) s'écrit sous la forme :

$$\left(\frac{y'}{\sqrt{y}(y-1)}\right)' = \left[(y-1)^2(\alpha + \frac{\beta}{y^2}) + \gamma e^x + \delta e^{2x}\frac{y+1}{y-1}\right]\frac{\sqrt{y}}{y-1} \quad (3)$$

On multiplie les deux côtés de (3) par $\frac{2y'}{\sqrt{y}(y-1)}$ et on intègre ;

on obtient

$$\frac{(y')^2}{y(y-1)^2} = 2(\alpha y - \frac{\beta}{y}) - \frac{2\gamma e^x}{y-1} - \frac{2\delta e^{2x} y}{(y-1)^2} + \int \frac{2\gamma e^x}{y-1} + \int \frac{4\delta e^{2x} y}{(y-1)^2} \quad (4)$$

on pose

$$w = \frac{(y')^2}{2y(y-1)^2} - (\alpha y - \frac{\beta}{y}) + \frac{\gamma e^x}{y-1} + \frac{\delta e^{2x} y}{(y-1)^2} \tag{5}$$

on a :

$$w' = \frac{\gamma e^x}{y-1} + \frac{2\delta e^{2x} y}{(y-1)^2} \tag{6}$$

LEMME 1 - Soit y une solution de (2), alors (y,w) est une solution du système :

$$w' = \frac{\gamma e^x}{y-1} + \frac{2\delta e^{2x} y}{(y-1)^2} \tag{7}$$

$$y'' = (3y-1)(y-1)w + 2\alpha y(y-1)(2y-1) - 2\beta(y-1) + (1-2y)\gamma e^x - 2\delta e^{2x} y \tag{8}$$

Réciproquement, soit (y,w) une solution de (7) - (8), alors y est une solution de (2).

On pose

$$\Gamma = w + \frac{\gamma e^x}{2} + \frac{\delta e^{2x}}{4} \tag{9}$$

on a :

$$2\Gamma' = \gamma e^x (\frac{y+1}{y-1}) + \delta e^{2x} (\frac{y+1}{y-1})^2 \tag{10}$$

On fait le changement de fonction $Y = \frac{y+1}{y-1}$ (11)

on a =

$$\Gamma = \frac{(Y')^2}{2(Y^2-1)} - (\alpha y - \frac{\beta}{y}) + \frac{\gamma}{2} e^x Y + \frac{\delta e^{2x}}{4} Y^2 \tag{12}$$

$$\Gamma' = \frac{\gamma e^x}{2} Y + \frac{\delta e^{2x}}{2} Y^2 \tag{13}$$

et l'équation (2) devient

$$Y'' = \frac{Y(Y')^2}{Y^2-1} - 2(\alpha y + \frac{\beta}{y}) - \frac{\gamma e^x}{2}(Y^2-1) - \frac{\delta e^{2x}}{2} Y(Y^2-1) \tag{14}$$

Retour à l'ancienne variable z.

(' désigne à nouveau la dérivée par rapport à z).

$dz = z\,dx\ ,\ \frac{d}{dz} = \frac{1}{z}\ \frac{d}{dx}\ .$

On a :

$$w = \frac{z^2(y')^2}{2y(y-1)^2} - (\alpha y - \frac{\beta}{y}) + \frac{\gamma z}{y-1} + \frac{\delta z^2 y}{(y-1)^2} \tag{15}$$

$$w' = \frac{\gamma}{y-1} + \frac{2\delta zy}{(y-1)^2} \tag{17}$$

$$\Gamma = w + \frac{\gamma z}{2} + \frac{\delta z^2}{4} \tag{18}$$

$$\Gamma = \frac{z^2(Y')^2}{2(Y^2-1)} - (\alpha y - \frac{\beta}{y}) + \frac{\gamma z Y}{2} + \frac{\delta z^2}{4} Y^2 \tag{19}$$

$$\Gamma' = \frac{\gamma Y}{2} + \frac{\delta z Y^2}{2} \tag{20}$$

et l'équation (1) avec la nouvelle fonction Y est :

$$Y'' = \frac{Y(Y')^2}{Y^2-1} - \frac{Y'}{z} - \frac{2}{z^2}(\alpha y + \frac{\beta}{y}) - \frac{\gamma}{z}\,\frac{Y^2-1}{2} - \frac{\delta}{2} Y(Y^2-1) \tag{21}$$

Soit $H = \frac{\Gamma}{z}$ (22)

$$H = \frac{z(y')^2}{2y(y-1)^2} - \frac{1}{z}(\alpha y - \frac{\beta}{y}) + \frac{\gamma}{y-1} + \frac{\delta zy}{(y-1)^2} + \frac{\gamma}{2} + \frac{\delta z}{4} \tag{23}$$

LEMME 2 :

$$H = \frac{u'}{u} \quad \text{où } u \text{ est entière} \tag{24}$$

LEMME 3 :

H est une fonction hamiltonienne pour l'équation (1).

DÉMONSTRATION [11]

On définit μ par

$$y' = \frac{y(y-1)^2}{z} \mu + \frac{f(y)}{z} \tag{25}$$

où $f(y)$ est une fonction de y seul.

$$H = A\mu^2 + B\mu + C \quad \text{avec} \quad A = \frac{y(y-1)^2}{2z} \quad , \; B = \frac{f(y)}{z} \tag{27}$$

$$H = \frac{z(y')^2}{2y(y-1)^2} - \frac{B^2}{4A} + C. \tag{28}$$

D'où on calcule immédiatement C avec (23) et (28)

L'équation (1) est équivalente au système

$$\begin{cases} y' = \dfrac{\partial H}{\partial \mu} \\ \mu' = -\dfrac{\partial H}{\partial y} \end{cases} \tag{29}$$

On pose :

$$2h_1 = H - \frac{k}{2} \cdot \frac{y+1}{y-1} \tag{30}$$

$$2h_2 = H + \frac{k}{2} \frac{y+1}{y-1} \tag{31}$$

$$\text{avec} \quad 2\delta = -k^2 \tag{32}$$

LEMME 4 :

$h_1 = \frac{u_1'}{u_1}$ et $h_2 = \frac{u_2'}{u_2}$ où u_1 et u_2 sont entières

et on a :

$$\frac{k}{2}\,\frac{y+1}{y-1} = \frac{u'_2}{u_2} - \frac{u_1'}{u_1} \tag{33}$$

REMARQUE $\frac{y+1}{y-1} = \frac{2}{y-1} + 1$ (34)

donc $$\frac{k}{y-1} = \frac{v_2'}{v_2} - \frac{v_1'}{v_1} \tag{35}$$

où v_1 et v_2 sont entières.

on a :

$$h_1 = \frac{z(y')^2}{4y(y-1)^2} - \frac{1}{2z}\left(\alpha y - \frac{\beta}{y}\right) + \frac{\gamma-k}{2(y-1)} + \frac{\delta z y}{2(y-1)^2} + \frac{\delta z}{8} + \frac{\gamma-k}{4} \tag{36}$$

h_1 et h_2 sont à des constantes et des termes en $\frac{1}{z}$ près, égaux à l'hamiltonien calculé par Jimbo-Miwa - [6] -

LEMME 5 : h_1 et h_2 sont des fonctions hamiltoniennes pour l'équation (1).

DÉMONSTRATION :

Soit μ défini par

$$y' = \frac{2y(y-1)^2}{z}\,\mu + B \tag{37}$$

avec $$B = ky + \frac{g(y)}{z} \tag{38}$$

où g est une fonction de y.

$$H = A\mu^2 + B\mu + C \quad \text{avec} \quad A = \frac{y(y-1)^2}{z} \tag{39}$$

et

$$C = \frac{B^2}{4A} - \frac{1}{2z}\left(\alpha y - \frac{\beta}{y}\right) + \frac{\gamma-k}{2(y-1)} + \frac{\delta z y}{2(y-1)^2} + \frac{\delta z}{8} + \frac{\gamma-k}{4} \tag{40}$$

on a :
$$\begin{cases} y' = \dfrac{\partial H}{\partial \mu} \\ \mu' = -\dfrac{\partial H}{\partial y} \end{cases}$$

De (22) et (30), on a

$$2zh_1 = \Gamma - \frac{kz}{2} Y \tag{41}$$

De (20), on a :

$$(2zh_1)' = \frac{(\gamma-k)}{2} Y + \frac{\delta z Y^2}{2} - \frac{kz}{2} Y' \tag{42}$$

LEMME 6 :

L'équation (1) (ou (21)) est équivalente au système :

$$\begin{cases} 2g' = (\gamma-k) Y + \delta z Y^2 - kz Y' & (43) \\[2ex] Y = \dfrac{g'' + \dfrac{(\gamma-k)}{kz} g' + \dfrac{(\alpha+\beta)k}{z} + \dfrac{\gamma k}{4}}{\dfrac{(\gamma-k)^2}{2kz} + \dfrac{(\beta-\alpha)k}{z} - \dfrac{\delta k}{4} z - \dfrac{2\delta g'}{k} - \dfrac{kg}{z}} = \dfrac{M}{N} & (44) \end{cases}$$

où on a posé $g = 2zh_1$ et $2\delta = -k^2$ (45)

DÉMONSTRATION :

On pose $g = zH - \frac{kz}{2} Y$ (46)

si Y satisfait (21), l'obtention de (43) est immédiate, en utilisant (20).

D'après (21) et (19) on a :

$$Y'' = \frac{2YH}{z} - \frac{Y'}{z} + \frac{2\alpha}{z^2}(Y+1) - \frac{2\beta}{z^2}(Y-1) - \frac{\gamma}{z}\left(\frac{3Y^2-1}{2}\right) - \delta Y\left(Y^2 - \frac{1}{2}\right) \quad (47)$$

On dérive (43) et on remplace zH par (46), Y" par (47) et Y' par sa valeur calculée avec (43). Les coëfficients de Y^2 et Y^3 s'annulent et on obtient (44).

LEMME 7 :

Si Y satisfait (21) et (43), on a l'identité

$$Y^2\left[\frac{k(\alpha+\beta)}{z} + \frac{am}{kz} - m'\right] + Y\left[\frac{2k}{z}(\alpha-\beta) - \frac{a^2}{2kz} - \frac{2}{kz}m^2\right] + \left[\frac{k(\alpha+\beta)}{z} + \frac{a}{kz}m + m'\right] = 0 \quad (48)$$

avec $m = g' - \frac{\delta z}{2}$ et on a posé $a = \gamma - k$. (49)

DÉMONSTRATION :

On a d'après (43) $m = \frac{(\gamma-k)}{2} Y + \frac{\delta z}{2}(Y^2-1) - \frac{kzY'}{2}$

On dérive, et on remplace Y" par (21) et Y' par sa valeur calculée avec (43). On obtient le polynôme (48) en Y^2.

LEMME 8 :

Soit $M = g'' + \frac{(\gamma-k)}{kz} g' + \frac{(\alpha+\beta)k}{z} + \frac{\gamma k}{4}$ (50)

(voir formule (44))

On a : $M = m' + \frac{am}{kz} + \frac{k(\alpha+\beta)}{z}$ (51)

DÉMONSTRATION :

On utilise (49).

LEMME 9 :

$$N = \frac{(\gamma - k)^2}{2kz} + \frac{(\beta-\alpha)k}{z} + k(n' - \frac{n}{z}) \quad \text{avec} \quad n' = m. \qquad (52)$$

(voir (44) pour la définition de N)

LEMME 10 : Soit $n = g - \frac{\delta z^2}{4} = 2zh_1 - \frac{\delta z^2}{4}$ (53)

(h_1 est donné par (36))

n vérifie l'équation différentielle

$$(n'')^2 = -\frac{2}{z}(n')^3 + (n')^2 [k^2 + \frac{2}{z^2} n - \frac{2(\beta-\alpha)}{z^2}]$$
$$+ n' [\frac{2a}{z^2}(\alpha+\beta) - \frac{2k^2 n}{z} + \frac{a^2}{2z}] + \frac{4\alpha\beta k^2}{z^2} + \frac{k^2 n^2}{z^2} - \frac{a^2 n}{2z^2} - \frac{a^2}{2z^2}(\beta-\alpha) \qquad (54)$$

DÉMONSTRATION :

$Y = \frac{M}{N}$, on remplace dans (48) : $Y^2P + YQ + M = 0$, on utilise (51) pour simplifier par M ; on obtient $MP + NQ + N^2 = 0.$ (55)

soit

$$-(m')^2 + [\frac{k(\alpha+\beta)}{z} + \frac{a}{kz} m]^2 + [\frac{a^2}{2kz} + \frac{(\beta-\alpha)k}{z} + k(n' - \frac{n}{z})][-\frac{k}{z}(\beta-\alpha) - \frac{2}{kz} m^2 + k(n' - \frac{n}{z})] = 0 \qquad (56)$$

On rempalce m par n' et on obtient (54).

LEMME 11 : [6,a p.151 et 7, p. 369]

L'équation différentielle (54) s'écrit sous la forme :

$$(n'')^2 = \frac{1}{k^2z^2}\left[k^2(n-n'z) + (n')^2 - \frac{a^2}{4} \right]^2$$

$$- \frac{1}{k^2z^2}\left[n' - \frac{a}{2} + \mu_1\right]\left[n' - \frac{a}{2} - \mu_1\right]\left[n' + \frac{a}{2} - \mu_2\right]\left[n' + \frac{a}{2} + \mu_2\right] \qquad (57)$$

$$\text{avec} \quad 2\alpha k^2 = \mu_1^2 \quad \text{et} \quad 2\beta k^2 = -\mu_2^2 \qquad (58)$$

$$2\delta = -k^2 \qquad \text{et} \quad a = \gamma - k$$

DÉMONSTRATION :

On considère le deuxième membre de (54) comme un polynome en n. Donc :

$$(n'')^2 = \frac{k^2n^2}{z^2} - \frac{2kn}{z}\left[\frac{a^2}{4kz} + kn' - \frac{1}{kz}(n')^2\right] + \ldots \qquad (59)$$

$$(n'')^2 = \left[\frac{kn}{z} - \frac{a^2}{4kz} - kn' + \frac{1}{kz}(n')^2\right]^2 + \Lambda$$

avec

$$\Lambda = -\left[\frac{a^2}{4kz} + kn' - \frac{1}{kz}(n')^2\right]^2 - \frac{2}{z}(n')^3 + (n')^2\left[k^2 - \frac{2(\beta-\alpha)}{z^2}\right]$$

$$+ n'\left[\frac{2a}{z^2}(\alpha+\beta) + \frac{a^2}{2z}\right] + \frac{4\alpha\beta k^2}{z^2} - \frac{a^2}{2z^2}(\beta-\alpha) \qquad (60)$$

On écrit Λ comme un polynome en (n'), on a :

$$\Lambda = -\frac{1}{k^2z^2}(n')^4 + \left[\frac{a^2}{2k^2z^2} - \frac{2(\beta-\alpha)}{z^2}\right](n')^2 \qquad (61)$$

$$+ \frac{2a}{z^2}(\alpha+\beta)n' - \frac{a^4}{16k^2z^2} + \frac{4\alpha\beta k^2}{z^2} - \frac{a^2}{2z^2}(\beta-\alpha)$$

On pose $2\alpha k^2 = \mu_1^2$, $2\beta k^2 = -\mu_2^2$

on a :

$$\Lambda = -\frac{1}{k^2 z^2}[n' - \frac{a}{2} + \mu_1]\,[n' - \frac{a}{2} - \mu_1]\,[n' + \frac{a}{2} - \mu_2][n' + \frac{a}{2} + \mu_2] \qquad (62)$$

REFERENCES

[1] P. Painlevé (a) Bull. Soc. Math. Fr.
(b) Acta Math. 25 (1902) p. 1-86

[2] E. Gambier, Acta Math. 33, 1910 p. 1-55.

[3] R. Garnier, Ann. Ec. Norm. Sup. 29. p. 1-126 (1912)

[4] H. Flaschka et A.C. Newell. Comm. Math. Phys. 76. (1980) p. 65-116.

[5] J. Malmquist, Ark. Math. Astr. Fys. 17. p. 1922-1923.

[6] M. Jimbo et T. Miwa. (a) Physica 1-D. 1980 p. 80-158
(b) Physica 2-D. 1981 n°3 p. 407-448.

[7] K. Okamoto. Proc. Japan Acad. 56 Serie A. (1980) p. 264-268 et p.367-371.

[8] R. Fuchs. CR. Acad. Sci. 1905 p. 555-558.

[9] D.V. Chudnovsky et G.V. Chudnovsky. (a) Journal of Math. Physics. Vol. 22 (Nov. 1981) n°11 p. 2518-2522.
(b) Letters in Mathematical Physics 4 (1980) p. 373-380.

[10] H. C. Morris et R.K. Dodd. Physics Letters vol. 75.A. n°4 - Janvier 1980.

[11] H. Airault. (a) CR. Acad. Sci. t. 294. n°5 p.185-188
(b) CR. Acad. Sci. t. 295 (1982) p. 619-622. et à paraître (1983).

[12] V.I. Gromak. Diff. Urav. 11 n°2, 1975, P. 373-376.

Laboratoire Associé 213 du C.N.R.S.
"Analyse complexe et Géométrie"
Tour 45-46, 5e étage
4, Place Jussieu
75230-PARIS CEDEX 05

Séminaire P.LELONG,P.DOLBEAULT,H.SKODA
(Analyse)
22e et 23e année, 1982/1983.

SUR L'ANALYTICITÉ COMPLEXE DE CERTAINES APPLICATIONS HARMONIQUES

par Paolo de BARTOLOMEIS (*) (**)

0 - Introduction et préliminaires

Soient (N, g) et (M, h) deux variétés Riemanniennes et soit $f : N \to M$ une application lisse :

on appelle densité d'énergie de f la fonction :

$$e(f) : N \to \mathbb{R}_+$$

définie par :

$$e(f)(x) = \frac{1}{2} \operatorname{trace}_g f^* (h)(x)$$

En termes de coordonnées locales on a :

$$e(f)(x) = \frac{1}{2} g^{ij}(x) \frac{\partial f^\alpha}{\partial x_i}(x) \frac{\partial f^\beta}{\partial x_j}(x) h_{\alpha\beta}(f(x)).$$

(*) Istituto di Matematica Applicata "G. Sansone"
Viale Morgagni 44 , I-50134 Firenze, Italia

(**) Cet article a pu être réalisé grâce au concours du CNR .

On appelle <u>énergie</u> de f

$$E(f) = \int_N e(f)\, d\mu$$

où on peut supposer N compact, autrement on considère l'énergie sur les sous ensembles compacts. E définit une fonctionnelle

$$E : L_1^2(N, M) \to \mathbb{R} .$$

DÉFINITION. - <u>On dit que</u> f <u>est harmonique si</u> $f \in L_1^2(N,M) \cap C^o(N,M)$ <u>et elle est un point critique pour</u> E.

L'équation de Euler-Lagrange associée à E est un système elliptique $\tau(f) = 0$ où $\tau(f)$ est le <u>champ de tension</u> de f

$$\tau(f) = g^{ij} \left[\frac{\partial^2 f^\alpha}{\partial x_i \partial x_j} - {}^N\Gamma_{ij}^k \frac{\partial f^\alpha}{\partial x_k} + {}^M\Gamma_{\beta\gamma}^\alpha \frac{\partial f^\beta}{\partial x_i} \frac{\partial f^\gamma}{\partial x_j} \right] = \Delta_N f^\alpha + g^{ij}\, {}^M\Gamma_{\beta\gamma} \frac{\partial f^\beta}{\partial x_i} \frac{\partial f^\gamma}{\partial xj}$$

Si (N, g) et (M, h) sont deux variétés Kähleriennes, on peut considérer en termes de coordonnées locales complexes

$$|\partial f|^2 = g^{i\bar{j}} \frac{\partial f^\alpha}{\partial w_i} \overline{\frac{\partial f^\beta}{\partial w_j}} h_{\alpha\bar{\beta}} \qquad \text{et}$$

$$|\bar{\partial} f|^2 = g^{\bar{i}j} \frac{\partial f^\alpha}{\partial \bar{w}_i} \overline{\frac{\partial f^\beta}{\partial \bar{w}_j}} h_{\alpha\bar{\beta}}$$

On a la décomposition de l'énergie comme :

énergie de type ∂ : $E'(f) = \int_N |\partial f|^2 \, d\mu$

énergie de type $\bar{\partial}$: $E''(f) = \int_N |\bar{\partial} f|^2 \, d\mu$

avec $E = E' + E''$.

On sait (v. [3]) que les applications qui minimisent l'énergie sont les mêmes qui minimisent l'énergie de type ∂ ou l'énergie de type $\bar{\partial}$.

En plus on a que :

$$\tau(f) = g^{i\bar{j}} \left[\frac{\partial^2 f^{\alpha}}{\partial w_i \, \partial \bar{w}_j} + {}^{M}\Gamma^{\alpha}_{\beta\gamma} \frac{\partial f^{\beta}}{\partial w_i} \frac{\partial f^{\gamma}}{\partial \bar{w}_j} \right]$$

et donc :

les applications holomorphes ou antiholomorphes $f : N \to M$ entre deux variétés Kählériennes sont harmoniques.

La théorie de l'analyticité complexe des applications harmoniques recherche des conditions sur f, N, M sous lesquelles on a l'implication inverse.

Il est important de souligner que, dans le but de construire des applications analytiques complexes $f : N \to M$ (et cela est un problème crucial en géométrie complexe) la méthode des applications harmoniques (c'est-à-dire :

α) construire des applications harmoniques $f : N \to M$

β) Montrer que telles applications sont analytiques complexes),

permet d'utiliser, dans la théorie de plusieurs variables complexes et de la géométrie complexe, beaucoup d'instruments et de techniques de l'analyse réelle non linéaire.

Comme exemple des résultats obtenus par cette méthode, il suffit d'indiquer les travaux de S. T. Yau et Y. T. Siu [8] et Y. T. Siu [7].

La construction que l'on va décrire est motivée par l'étude de la structure complexe de certaines variétés Kählériennes non compactes qui sont triviales du point de vue topologique, à savoir e.g.

N simplement connexe à coubure sectionnelle $\leq o$ (ou $\leq -K$)

N à courbure sectionnelle > 0

1 - La formule de la variation seconde de l'énergie et l'équation $\bar{\nabla} s = o$.

Soient (N, g) et (M, h) deux variétés Kählériennes et soit $f : N \to M$ une application harmonique.

Soit $V = f^*([TM]_{1,0})$ le fibré induit et $s \in \mathcal{C}(V)$; si $\Delta = \{t \in \mathbb{C} \,|\, \|t\| < 1\}$ est le disque unité, on appelle variation de type $(1, 0)$ de f issue de s toute application C^∞ de $N \times \Delta$ dans M, notée $(p, t) \to f_t(p)$ tel que :

i) $f_o = f$

ii) $\left(\frac{\partial f_t}{\partial t}\right)_{t=0} = s$, $\left(\frac{\partial f_t}{\partial \bar{t}}\right)_{t=0} \equiv 0$.

Si supp $s = K$ est compact on a,que la variation seconde de l'énergie de type $\bar{\partial}$ de f le long de $\{f_t\}_{t \in \Delta}$ est donnée par la forme quadratique : (v. [2], [4], [8], [9])

$$L(s) = \frac{\partial^2}{\partial t \, \partial \bar{t}} \int_K |\bar{\partial} f_t|^2 \, d\mu \,\Big|_{t=o} =$$

$$= \int_N |\bar{\nabla} s|^2 \, d\mu + \int_N (g^{i\bar{j}} R_{\alpha\bar{\beta}\mu\bar{\nu}} \frac{\partial f^\alpha}{\partial \bar{w}_i} \frac{\overline{\partial f^\beta}}{\partial \bar{w}_j} s^\mu \overline{s^\nu}) \, d\mu \, .$$

où

a) $\bar{\nabla} : \mathcal{C}(f^*([TM]_{1,0}) \to \mathcal{C}([T^*N]^{0,1} \otimes f^*([TM]_{1,0}))$

est la $\bar{\partial}$ - différentielle covariante :

en coordonnées locales :

si $s = s^{\alpha} \dfrac{\partial}{\partial z_{\alpha}}$

$\bar{\nabla} s = (\dfrac{D}{\partial \bar{w}_i} s)^{\alpha} d\bar{w}_i \otimes \dfrac{\partial}{\partial z_{\alpha}}$ où $\dfrac{D}{\partial \bar{w}_i}$ sont les dérivations co-variantes dans les directions $\dfrac{\partial}{\partial \bar{w}_i}$ par rapport à la connexion induite de $f^*([TM]_{1,0})$

b) $|\ |$ est la norme dans la structure induite.

c) $R_{\alpha\bar{\beta}\mu\bar{\nu}}$ est le tenseur de courbure de M.

Supposons maintenant que :

1°) la courbure bisectionnelle holomorphe de M soit >0

2°) f minimise l'énergie et donc, en particulier pour toute $s \in \mathcal{C}(V)$, à support compact on a $L(s) \geq 0$.

Si l'on peut se débarrasser en quelque manière du terme $\int_N |\bar{\nabla} s|^2 d\mu$, on obtient que

$$\int_N (g^{i\bar{j}} R_{\alpha\bar{\beta}\mu\bar{\nu}} \frac{\partial f^{\alpha}}{\partial \bar{w}_i} \overline{\frac{\partial f^{\beta}}{\partial \bar{w}_j}} s^{\mu} \overline{s^{\nu}}) d\mu = 0$$

et donc si $s \equiv 0$, il en suit $\bar{\partial} f = 0$ et f est holomorphe.

On va donc d'une façon naturelle étudier l'équation

$$\bar{\nabla} s = 0 \qquad (\#)$$

En particulier, dans le cas où N est non compacte, on cherche des solutions non triviales de $(\#)$ avec conditions de croissance à l'infini qui remplacent l'hypothèse "s est à support compact". Un exemple des conditions de croissance dont on a besoin est donné par le lemme suivant :

LEMME 1. - Dans la situation précédente, soit $s \in \mathcal{C}(V)$, $s \not\equiv 0$ telsque

a) $\overline{\nabla} s = 0$

b) Il existe $\sigma : N \to [1, +\infty[$, exhaustive C^∞ propre telle que

$$\int_N |s|^2 \frac{|d\sigma|_N^2}{\sigma^2} \cdot d\mu < +\infty$$

Alors f est holomorphe.

Preuve. - A cause du théorème de prolongement unique de Aronszaijn, il suffit de montrer que $\bar{\partial} f = 0$ dans un ouvert U ; soit U tel que $s|_U \neq 0$; pour tout $r \in \mathbb{R}_+$, soit $\tilde{h}_r : \mathbb{R}_+ \to [0,1]$ C^∞ tel que :

$$\tilde{h}_r(t) = \begin{cases} 1 & \text{si} \quad t \leq r \\ 0 & \text{si} \quad t \geq 2r \end{cases}$$

et $|\tilde{h}'_r(t)| \leq \frac{c}{r} \leq \frac{2c}{t}$; soit $h_r(p) = \tilde{h}_r(\sigma(p))$.

On a que $h_r s$ est à support compact et donc si l'on considère la variation seconde de l'énergie de type $\bar{\partial}$ de f le long d'une variation de type $(1,0)$ issue de $h_r s$ on obtient, pour r assez grand et $N_r = \{p \in N | \sigma(p) \geq r\}$:

$$0 \leq -\int_U (g^{i\bar{j}} R_{\alpha\bar{\beta}\mu\bar{\nu}} \frac{\partial f^\alpha}{\partial \bar{w}_i} \overline{\frac{\partial f^\beta}{\partial \bar{w}_i}} s^\mu \bar{s}^\nu)\, d\mu \leq -\int_N h_r^2 (g^{i\bar{j}} R_{\alpha\bar{\beta}\mu\bar{\nu}} \frac{\partial f^\alpha}{\partial \bar{w}_i} \overline{\frac{\partial f^\beta}{\partial \bar{w}_j}} s^\mu \bar{s}^\nu) d\mu \leq$$

$$\leq \int_N |\overline{\nabla} h_r s|^2 d\mu = \int_N |\partial h_r|^2 |s|^2 d\mu = \int_{N_r} \|\tilde{h}'_r(\sigma(p))\|^2 |d\sigma|_N^2 |s|^2 d\mu \leq C_1 \int_{N_r} |s|^2 \frac{|d\sigma|_N^2}{\sigma^2} d\mu \to 0$$

lorsque $r \to \infty$.

2 - Un cas particulier : $f : \mathbb{C} \to M$, avec $\dim_{\mathbb{C}} M = 1$.

Considérons d'abord le cas $f : N \to M$ avec $\dim_{\mathbb{C}} N = 1$ et $\dim_{\mathbb{C}} M = m \geq 1$; soit $\mathfrak{I}$ le faisceau des germes des sections locales de $V = f^*([TM]_{1,0})$ telles que $\bar{\nabla}_s = 0$.

$\mathfrak{I}$ est un faisceau analytique et on peut montrer qu'il est localement libre (v. [6], [8]).

Cela signifie que l'on peut considérer sur V une structure de fibré vectoriel holomorphe de telle façon que $\bar{\nabla} = \frac{\partial}{\partial \bar{z}}$.

En particulier donc si $N = \mathbb{C}$, on peut établir une équivalence de fibrés

$$F : \mathbb{C} \times \mathbb{C}^m \to V$$

de telle façon que les sections holomorphes de $\mathbb{C} \times \mathbb{C}^m$ correspondent aux sections $\bar{\nabla}$-parallèles de V, et donc il existe un système $\{b_1, \ldots, b_m\}$ de sections $\bar{\nabla}$-parallèles de V qui engendrent la fibre en tout point.
Si $\dim_{\mathbb{C}} M = 1$ soit $b_1 \in \mathcal{C}(V)$, $b_1 \neq 0$ tel que $\bar{\nabla} b_1 = 0 = \frac{D}{\partial \bar{w}} b_1$.

On a que (v. aussi [5], [10])

$$\frac{\partial^2}{\partial w \partial \bar{w}} \log |b_1|^2 (w) = -K(w)[|\partial f|^2 - |\bar{\partial} f|^2](w)$$

où K est la courbure de M et $J(f) = |\partial f|^2 - |\bar{\partial} f|^2$ est le Jacobien de f.

Supposons que :

i) $K > 0$

ii) f préserve l'orientation, c'est-à-dire $J(f) \geq 0$.

On a deux cas :

<u>Cas a</u> .- $J(f) \not\equiv 0$.

On sait (v. [5]) que les zéros de $J(f)$ sont isolés : donc il est possible de construire une fonction bornée ω de telle façon que $\Psi = \omega - \log |b_1|^2$ soit strictement sousharmonique dans $\mathbb{C}$.

Soit $\eta \in C_o^\infty(\mathbb{C})$ tel que $\eta \equiv 1$ auprès de zéro. Considérons l'équation

$$(*) \qquad \frac{D}{\partial \bar{w}} a = \frac{1}{w} \frac{D}{\partial \bar{w}} \eta b_1$$

si l'on pose $a = u b_1$, on obtient l'équation :

$$(**) \qquad \frac{\partial u}{\partial \bar{w}} = \frac{1}{w} \frac{\partial \eta}{\partial \bar{w}} .$$

Maintenant, à l'aide des résultats de la théorie de Hörmander-Bombieri on peut trouver une solution C^∞ de $(**)$ qui satisfait à :

$$\int_{\mathbb{C}} \|u\|^2 e^{-\Psi} dw \wedge d\bar{w} < +\infty$$

et donc

$$\int_{\mathbb{C}} \|u\|^2 e^{-\Psi} dw \wedge d\bar{w} = \int_{\mathbb{C}} \|u\|^2 |b_1|^2 e^{-\omega} dw \wedge d\bar{w} \geq c \int_{\mathbb{C}} |u\, b_1|^2 dw \wedge d\bar{w} .$$

Si l'on considère le champ $s = (w\, u - \eta)\, b_1 \not\equiv 0$ on a tout de suite $\frac{D}{\partial \bar{w}} s = 0$ et $\int_{\mathbb{C}} \frac{|s|^2}{1+\|w\|^2} dw \wedge d\bar{w} < +\infty$ et en employant le <u>lemme 1</u> avec $\sigma \cong |w|$ on obtient que f est holomorphe.

Cas b . - $J(f) \equiv 0$.

La fonction $\log |b_1|^2$ est harmonique sur $\mathbb{C}$. On considère la fonction strictement sousharmonique $\Psi = -\log |b_1|^2 + \log(1 + \|w\|^2) + \log \|w\|^2$ et on résout l'équation

$$(***) \qquad \frac{\partial u}{\partial \bar{w}} = \frac{\partial \eta}{\partial \bar{w}}$$

avec l'estimation

$$\int_{\mathbb{C}} \|u\|^2 e^{-\Psi} dw \wedge d\bar{w} < +\infty$$

à cause de la singularité de Ψ en 0 on a $u(0) = 0$ et $u - \eta$ est holomorphe $\not\equiv 0$; $s = (u - \eta) b_1$ satisfait à :

i) $\dfrac{D}{\partial \bar{w}} s = 0$

ii) $\displaystyle\int_{\mathbb{C}} \frac{|s|^2}{(1+\|w\|^2)^2} dw \wedge d\bar{w} < +\infty$.

On a que $\log |b_1|^2 = \mathrm{Re}\, h$ avec $h \in \mathcal{O}(\mathbb{C})$ et donc $|b_1|^2 = \|e^{h/2}\|^2$ et $|s|^2 = \|q\|^2$ avec $q \in \mathcal{O}(\mathbb{C})$: de ii) il découle que $|s|^2$ est constant.

Si l'on pose $\sigma(w) = \log(1 + \|w\|^2)$ on obtient

$$\int_{\mathbb{C}} |s|^2 \frac{|d\sigma|^2}{\sigma^2} dw \wedge d\bar{w} < +\infty$$

et f est holomorphe (et donc constante).

On a donc démontré le résultat suivant (annoncé dans [1]).

THÉORÈME 2. - Soit M une surface de Riemann à courbure positive, soit $f : \mathbb{C} \to M$ une application harmonique minimisant l'énergie et préservant l'orientation (resp. anti préservant l'orientation) : alors f est holomorphe (resp. anti-holomorphe).

3 - Quelques généralisations

Dans le cas $\dim_{\mathbb{C}} N > 1$ on a d'abord, pour l'étude locale de l'équation $\overline{\nabla} s = 0$, le lemme suivant :

LEMME 3. - Soit $f : N \to M$, avec $\dim_{\mathbb{C}} M = 1$ et courbure K de $M \neq 0$; soit $V = f^* ([TM]_{1,0})$ et soit $\mathfrak{J}$ le faisceau des sections locales s de V tel que $\overline{\nabla} s = 0$: alors les faits suivants sont équivalents :

i) $f^* (\mathrm{Ric}\ M) = [f^*(\mathrm{Ric}\ M)]^{1,1}$

ii) $\mathfrak{J}$ est un faisceau localement libre de rang 1 .

Preuve. - Soient $w_1, \ldots, w_n$ des coordonnées locales complexes sur N et soit z une coordonnée locale complexe sur M ; alors si $s = s^o \frac{\partial}{\partial z}$

$$\overline{\nabla} s = 0 \Leftrightarrow \frac{D}{\partial \overline{w}_j} s = 0 \qquad 1 \leq j \leq n$$

où

$$\frac{D}{\partial \overline{w}_j} s = \left(\frac{\partial s^o}{\partial \overline{w}_j} + {}^M\Gamma \; s^o \; \frac{\partial f}{\partial \overline{w}_j} \right) \frac{\partial}{\partial z}$$

donc pour prouver ii) il est nécessaire et suffisant de montrer que, en tout point $p \in N$, il existe s tel que $s(p) \neq 0$ et $\frac{D}{\partial \bar{w}_j} s = 0 \quad 1 \leq j \leq n$;

soit $s = e^q \frac{\partial}{\partial z}$; on a le système $\frac{\partial q}{\partial \bar{w}_j} e^q + {}^M\Gamma e^q \frac{\partial f}{\partial \bar{w}_j} = 0 \quad 1 \leq j \leq n$ i.e :

$$\frac{\partial q}{\partial \bar{w}_j} = - {}^M\Gamma \frac{\partial f}{\partial \bar{w}_j} \qquad 1 \leq j \leq n .$$

d'où les conditions de compatibilité :

$$\frac{\partial}{\partial \bar{w}_k} \left({}^M\Gamma \frac{\partial f}{\partial \bar{w}_j} \right) = \frac{\partial}{\partial \bar{w}_j} \left({}^M\Gamma \frac{\partial f}{\partial \bar{w}_k} \right)$$

Maintenant on a :

$$\frac{\partial}{\partial \bar{w}_k} \left({}^M\Gamma \frac{\partial f}{\partial \bar{w}_j} \right) = \frac{\partial\, {}^M\Gamma}{\partial z} \overline{\frac{\partial f}{\partial w_k}} \frac{\partial f}{\partial \bar{w}_j} = - K \overline{\frac{\partial f}{\partial w_k}} \frac{\partial f}{\partial \bar{w}_j}$$

et donc d' l'hypothèse $K \neq 0$ il découle : $\mathfrak{F}$ est un faisceau localement libre si et seulement si $\overline{\frac{\partial f}{\partial w_k}} \frac{\partial f}{\partial \bar{w}_j} = \overline{\frac{\partial f}{\partial w_j}} \frac{\partial f}{\partial \bar{w}_k}$.

i.e. $\qquad [f^*(\mathrm{Ric}\ M)]^{1,1} = f^*(\mathrm{Ric}\ M)$.

<u>Exemple</u> : Considérons la définition suivante :

DÉFINITION. - <u>On dit que l'application</u> $f : N \to M$ <u>entre deux variétés Kählériennes est pluriharmonique si pour toute sous-variété locale complexe de</u> N <u>de dimension</u> 1 W, $f|_W : W \to M$ <u>est harmonique</u>.

On a que toute application pluriharmonique de N dans une surface de Riemann à courbure $\neq 0$ satisfait aux conditions i) et ii) <u>du lemme 3</u>.

On utilise le lemme 3 dans la proposition suivante :

PROPOSITION 4. - Soit N une variété Kählérienne de dimension m, complète, non compacte, topologiquement triviale telle qu'il existe $\sigma : N \to [1+\infty[$ exhaustion C^∞ propre et $\Psi : N \to \mathbb{R}$, strictement plurisousharmonique telles que :

i) $\log \sigma^2 - \log |d\sigma|_N^2 \geq \Psi$

ii) il existe $0 \in N$ tel que au voisinage de 0 $\Psi \approx m \log(|w_1|^2 + \ldots + |w_m|^2)$ où $w_1, \ldots, w_m$ sont des coordonnées locales complexes au voisinage de 0

iii) il existe une fonction c continue et positive sur N telle que pour tout $p \in N$, tout $v \in \mathcal{C}([TN]_{1,0})$

$$(*) : \quad \langle \partial\bar{\partial}\Psi + \text{Ric } N ,\ v \wedge \bar{v} \rangle (p) \geq c(p)|v|^2 .$$

Soit M une surface de Riemann à courbure $K > 0$: alors toute fonction $f : N \to M$, harmonique, minimisant l'énergie telle que

$$(o) : \quad f^*(\text{Ric } M) = [f^*(\text{Ric } M)]^{1,1} \geq 0$$

est holomorphe.

Preuve. - Des hypothèses il découle qu'il existe $a \in \mathcal{C}(f^*([TM]_{1,0}))$; $a \neq 0$ tel que $\bar{\nabla} a = 0$. D'un calcul direct on a que

$$-\log |a|^2 = [f^* (\text{Ric } M)]^{1,1}$$

et donc à cause de (o) la fonction $\varphi = -\log |a|^2 + \Psi$ est encore strictement plurisousharmonique et satisfait $(*)$.

Soit $\eta \in C_o^\infty(N)$ tel que $\eta \equiv 1$ auprès de 0. On considère l'équation

$$\bar{\nabla} p = \bar{\nabla} \eta \, a$$

et si l'on écrit $p = u\,a$, on obtient

$$\bar{\partial} u \otimes a = \bar{\partial} \eta \otimes a$$

Encore à l'aide des résultats de la théorie de Hörmander-Bombieri on peut trouver $u \in C^\infty(N)$ tel que

$$\bar{\partial} u = \bar{\partial} \eta$$

et

$$\int_N \|u\|^2 e^{-\varphi} d\mu < +\infty$$

à cause de la singularité de φ en 0 on a $u(0) = 0$ donc si l'on pose

$$s = (u - \eta)\, a$$

on obtient : $s \not\equiv 0$, $\bar{\nabla} s = 0$ et

$$\int_N |s|^2 \frac{|d\sigma|_N^2}{\sigma^2} d\mu \leq \int_N |s|^2 e^{-\Psi} d\mu < +\infty$$

La thèse découle immédiatement du lemme 1.

RÉFERENCES

[1] P. de BARTOLOMEIS, "Sur l'analyticité complexe de certaines applications harmoniques" C.R. Acad. des Sciences, Paris, t. 294, S.I. 525-527 (1982).

[2] J. EELLS, L. LEMAIRE, "A report on harmonic maps" Bull. London Math. Soc. 10, 1-68 (1978).

[3] A. LICHNEROWICZ, "Applications harmoniques et variétés Kählериennes" Symp. Math. 3, 341-402 (1970).

[4] E. MAZET, "La formule de la variation seconde de l'énergie au voisinage d'une application harmonique" J. Diff. Géom. 8, 279-296 (1973).

[5] R. SCHOEN, S.T. YAU, "On univalent harmonic maps between surfaces" Inventiones Math. 44, 265-278 (1978).

[6] Y.T. SIU, "Some remarks on the complex-analyticity of harmonic maps" SEA Bull. Math. 3, 240-253 (1979).

[7] Y.T. SIU, "The complex-analyticity of harmonic maps and the strong rigidity of compact Kähler manifolds" Ann. of Math. 112 (1), 73-111 (1980).

[8] Y.T. SIU, S.T. YAU, "Compact Kähler manifolds of positive bisectional curvature" Inventiones Math. 59 (2), 189-204 (1980).

[9] R.T. SMITH, "The second variation formula for harmonic mappings" Proc. AMS 47, 229-236 (1975).

[10] D. TOLEDO, "Harmonic maps from surfaces to certain Kähler manifolds" Math. Scand. 45, 13-26 (1979).

Séminaire P.LELONG,P.DOLBEAULT,H.SKODA
(Analyse)
22e et 23e année, 1982/1983.

COURANTS INTERMÉDIAIRES ASSOCIÉS A UN COURANT POSITIF FERMÉ

par Hédi BEN MASSAOUD

INTRODUCTION.

Soit θ un courant positif, fermé de bidimension (p,p) sur un ouvert Ω de $\mathbb{C}^n$. On note pour $z \in \mathbb{C}^n$ et r un réel > 0, $\nu_\theta(z,r)$, ($\nu_\theta(r)$ quand $z = 0$), le réel égal au rapport entre la masse du courant θ sur la boule euclidienne de centre z et de rayon r dans Ω, et le volume $\frac{\pi^p}{p!} r^{2p}$ de la boule de rayon r dans $\mathbb{C}^p$. Et on définit le nombre de Lelong, $\nu_\theta(z)$, comme étant la limite quand r tend vers 0 de $\nu_\theta(z,r)$.

Un résultat de H.SKODA [9] et [10] et de P.LELONG [7] affirme que :
Pour tout $\varepsilon > 0$, il existe une fonction V p.s.h. sur $\mathbb{C}^n$ telle que :

i) $\nu_{T_1}(z) = \nu_\theta(z)$ avec $T_1 = \frac{i}{2\pi}\partial\bar{\partial} V$ et $z \in \mathbb{C}^n$

ii) $V(z) \leqslant C(\varepsilon) \operatorname{Log}^2 r \,.\, \nu_\theta(r + \varepsilon r)$.

L'objet du présent travail est de donner une généralisation de ce résultat en démontrant le théorème suivant :

THÉORÈME 1. - *Pour $\varepsilon > 0$ et tout entier ℓ, $1 \leqslant \ell < n-p$, il existe un courant T_ℓ, positif, fermé de type (ℓ,ℓ) dans $\mathbb{C}^n$ tel que :*

1/ $\nu_{T_\ell}(z) = \nu_\theta(z)$, $\forall z \in \mathbb{C}^n$

2/ $\nu_{T_\ell}(r) \leqslant C(\varepsilon) \operatorname{Log}^{2\ell} r \,.\, \nu_\theta(r + \varepsilon r)$.

La construction du courant T_ℓ est un prolongement naturel de celle de [10], faite dans le cas $\ell = 1$. Dans ce but, on choisit une partition de l'unité $(\rho_j)_j$ de classe $\mathcal{C}^\infty$ dans $\mathbb{C}^n$ et une famille tronquante de fonction y_j dans $\mathcal{D}(\mathbb{C}^n)$, y_j étant égale à 1 au voisinage de support de ρ_j.

Soient τ l'application holomorphe définie de $\mathbb{C}^n \times \mathbb{C}^n$ dans $\mathbb{C}^n$ par $\tau(x,z) = z - x$, β la forme de Kähler sur $\mathbb{C}^n$, $\beta(x) = \frac{i}{2}\, \partial\bar{\partial}|x|^2$, on pose

$$u_{\ell,j}(z) = -\int_{\mathbb{C}^n} |z-x|^{-2p-2\ell+2} y_j(x)\, \tau^\star \beta^{p+\ell-1} \wedge \theta(x) .$$

$u_{\ell,j}$ est une $(\ell-1,\ell-1)$-forme différentielle à coefficients localement sommables dans $\mathbb{C}^n$. En particulier, $u_{1,j}$ est le potentiel local associé au poids $x \mapsto -|x|^{-2p}$ et à la mesure trace de Θ, utilisé dans [9] pour la construction du courant T_1.

On pose $u_\ell(x) = \sum_{j=1}^{\infty} \rho_j(x)\, u_{\ell,j}(z)$ et on considère le courant $\frac{i}{2}\partial\bar{\partial} u_\ell$ qui se décompose sous la forme $\frac{i}{2}\partial\bar{\partial} u_\ell = \Theta_\ell + w_\ell$ où w_ℓ est une (ℓ,ℓ)-forme $\mathcal{C}^\infty$ sur $\mathbb{C}^n$ vérifiant : pour $\varepsilon > 0$, $\|w_\ell\| \leqslant c(\varepsilon) \dfrac{\nu_\Theta^\ell((1+\varepsilon)(1+|z|))}{(1+|z|)^{2\ell}}$ et où Θ_ℓ est un (ℓ,ℓ)-courant positif dans $\mathbb{C}^n$ ($\|w_\ell\|$ désigne la somme des modules des coefficients de w_ℓ).

L'estimation ci-dessus est en quelque sorte une estimation du défaut de positivité du (ℓ,ℓ)-courant fermé $\frac{i}{2}\partial\bar{\partial} u_\ell$. Le courant T est alors choisi égal à

$\frac{i}{2}\partial\bar{\partial} u_\ell + (\frac{i}{2}\partial\bar{\partial} w)^\ell = \Theta_\ell + w_\ell + (\frac{i}{2}\partial\bar{\partial} w)^\ell$, où w est une fonction continue, suffisamment fortement plurisousharmonique (p.s.h.), de sorte que $w_\ell + (\frac{i}{2}\partial\bar{\partial} w)^\ell$ soit un (ℓ,ℓ)-courant positif.

La construction de la fonction w est faite dans [9]. Elle permet de démontrer le théorème 1 dans le cas $\ell = 1$. Dans ce cas, la démonstration de P.LELONG [7], repose essentiellement sur la formule de Jensen qui dit que pour une fonction v, p.s.h. dans $\mathbb{C}^n$, $z_o \in \mathbb{C}^n$ on a : $\lim_{r\to o} \lambda(v,z_o,r)\log^{-1} r = \nu_{i/2\partial\bar{\partial} v}(z_o)$ où $\lambda(v,z_o,r)$ est la moyenne sphèrique de la fonction v.

En effet, dans le cas $\ell = 1$, on prend $v = u_1 + w$ et comme w est continue, $\lim_{r\to o} \lambda(v,z_o,r)\,\mathrm{Log}^{-1} r = \lim_{r\to o} \lambda(u_1,z_o,r)\log^{-1} r$, et on montre (voir [7]), que cette dernière limite est égale à $\nu_\Theta(z_o)$.

La démonstration que nous exposons dans ce papier ne prolonge pas celle de [7] dans la mesure où elle ne s'appuie pas directement sur la manipulation du courant $\frac{i}{2}\partial\bar{\partial} u_\ell$ et que le travail est fait sur le (ℓ,ℓ)-courant Θ_ℓ qui est le recollement par la partition de l'unité (ρ_j), de courants positifs Θ_j, définis localement et relatifs aux fonctions y_j. La densité étant un problème local, tout revient alors à déterminer la densité du courant Θ_j. La difficulté essentielle que porte le courant θ_j est qu'il n'est pas fermé et pour déterminer sa densité en un point z_o, objet du § 2, on ramène le travail sur θ_j à la considération d'un courant positif fermé T_o dont on sait déterminer la densité, $\nu_{T_o}(z_o)$, en fonction de $\nu_\theta(z_o)$, par des moyens classiques. Cette opération fait apparaître des termes correctifs dont l'estimation montre qu'ils sont aussi petits qu'on le veut.

Dans ce papier on ne considère pas les cas $p = 0$ et $p = n-1$, qui échappent aux modes de calcul qu'on fait ici et qui sont traités à part dans [9]. On signale aussi que dans le cas $p = n-1$ et θ à croissance lente ($\int_1^{+\infty} t^{-q-2}\, \nu_\theta(t)dt < \infty$, q entier ≥ 0), P.LELONG [6] construisit un potentiel canonique u_1 vérifiant $\frac{i}{2}\partial\bar{\partial} u_1 = \theta$.

Le § 3 est consacré à la construction globale du courant T_ℓ qui se fait par recollement des courants θ_j par la partition de l'unité (ρ_j) et à l'estimation 2/ de $\nu_{T_\ell}(r)$ qui est relative à un choix précis des familles (ρ_j) et (y_j).

Dans le § 1, on fait des rappels utiles pour la suite sur les propriétés des courants positifs fermés. Le lecteur trouvera des détails plus exhaustifs sur ce point dans P.LELONG [5] et R.HARVEY [4].

Pour $z \in \mathbb{C}^m$, $z = (z_1, \ldots, z_m)$ on désignera par $|z| = (\sum_{j=1}^{m} |z_j|^2)^{1/2}$, la norme euclidienne dans $\mathbb{C}^m$.

On notera $B_m(r)$ ($B(r)$, quand $m = n$) la boule euclidienne de centre 0 et de rayon r dans $\mathbb{C}^m$.

Pour s entier > 0, on note σ_s, le réel $\sigma_s = (-1)^{s(s-1)/2} . 2^{-s} = i^{s^2}\, 2^{-s}$ et on désignera par $C(\varepsilon, n, p, \ell)$, une constante ne dépendant que de ε, p, n, ℓ et qui peut varier d'une formule à l'autre.

Le présent travail a été réalisé sous la direction du professeur Henri SKODA, je tiens à lui exprimer toute ma reconnaissance pour ses conseils et pour le temps qu'il m'a généreusement accordé.

Je remercie M. Pierre LELONG d'avoir accepté la présidence du Jury et M. Jacques VAUTHIER d'avoir bien voulu s'y joindre.

Mes remerciements vont également à Madame Orion qui s'est chargée du travail délicat de la frappe du manuscrit.

I. PRÉLIMINAIRES SUR LES COURANTS.

Soient Ω un ouvert de $\mathbb{C}^n$, q un entier, $0 \leq q \leq n$, on note $D_{q,q}(\Omega)$ l'ensemble des formes différentielles de bidegré (q,q), de classe $\mathscr{C}^\infty$ et à support compact dans Ω. On appelle courant de bidimension (q,q) sur l'ouvert Ω, tout élément de l'espace $[D_{q,q}(\Omega)]'$.

Soit $T \in D'_{p,p}(\Omega)$, T s'écrit en écriture canonique : $T = \sum'_{I,J} \sigma_{n-p} T_{IJ} dz_I \wedge d\bar{z}_J$, la sommation se fait sur les multiindices I et J,

$I = (i_1, i_2, \ldots, i_{n-p})$, $J = (j_1, \ldots, j_{n-p})$, strictement croissants tels que $|I| = |J| = n-p$, et T_{IJ} est une distribution. On désignera par $\|T\|$, la masse du courant T, définie par $\|T\| = \sum'_{I,J} |T_{IJ}|$. Ceci en identifiant 0-courant et 2n-courant à l'aide de la (n,n)-forme, choisie comme fondamentale, $(\frac{i}{2})^n dz_1 \wedge d\bar{z}_1 \wedge \ldots \wedge dz_n \wedge d\bar{z}_n$.

Le courant T est dit positif si quelque soit les formes $\alpha_1, \ldots, \alpha_p$ de classe $\mathscr{C}^\infty$, de bidegré $(1,0)$, le (n,n)-courant $T \wedge (\frac{i}{2} \alpha_1 \wedge \bar{\alpha}_1) \wedge \ldots \wedge (\frac{i}{2} \alpha_p \wedge \bar{\alpha}_p)$ est une mesure positive.

Dans le cas où $P = n-1$, T s'écrit $T = \sum_{k,j=1}^{n} \frac{i}{2} T_{kj}\, dz_k \wedge d\bar{z}_j$, et la condition de positivité est équivalente à :

(1): $\forall \lambda \in \mathbb{C}^n$, $\sum_{1 \leq k,j \leq n} T_{kj} \lambda_k \bar{\lambda}_j \geq 0$.

En particulier si $T = \frac{i}{2} \partial\bar{\partial} v$ où v est une fonction s.c.s. (semi-continue supérieurement), T est positif équivaut à v p.s.h., autrement dit

$$\mathscr{H}(v,\lambda) = \sum_{1 \leq k,\, j \leq n} \frac{\partial^2 v}{\partial z_k \partial \bar{z}_j} \lambda_k \bar{\lambda}_j \geq 0 .$$

Les courants positifs vérifient les propriétés suivantes :

a/ Un courant positif est d'ordre nul, autrement dit, ses coefficients sont des mesures complexes.

b/ Si $\rho \in D(\mathbb{C}^n)$, une fonction $\mathscr{C}^\infty$, à support compact, positive le courant régularisé $\theta \star \rho$ est positif.

c/ Si θ est un courant positif et si w est une $(1,1)$-forme différentielle, de classe $\mathscr{C}^\infty$, positive, le courant $\theta \wedge w$ est positif.

On introduit les formes différentielles sur $\mathbb{C}^n$, associées aux structures khälériennes sur $\mathbb{C}^n$ et $\mathbb{P}_{n-1}(\mathbb{C})$, qui jouent un rôle important dans l'étude des propriétés métriques des courants positifs sur $\mathbb{C}^n$.

On pose :

$$\alpha = \frac{i}{2}\partial\bar\partial \operatorname{Log}|x|^2$$

$$\beta = \frac{i}{2}\partial\bar\partial |x|^2 \text{ , la forme de Kähler sur } \mathbb{C}^n$$

$$\gamma = \frac{i}{2}\partial|x|^2 \wedge \bar\partial|x|^2 .$$

On a la relation :

$\alpha = |x|^{-2}\beta - |x|^{-4}\gamma$, comme $\gamma\wedge\gamma = 0$ et que β et γ commutent on a la relation :

(2) : pour tout entier $s \geq 1$, $\alpha^s = |x|^{-2s}\beta^s - s\,|x|^{-2s-2}\beta^{s-1}\wedge\gamma$

A un courant positif T sur $\mathbb{C}^n$, de bidimension (p,p) , on associe les mesures positives suivantes :

$\sigma_T = \frac{1}{p!} T\wedge\beta^p$, $\nu_T = \pi^{-p}\, T\wedge\alpha^p$, appelées respectivement mesure trace et mesure projective du courant T .

On montre (voir [4] ou [5]) qu'il existe une constante $c(n,p)$ telle que :

(3) : $\|T\| \leq c(n,p)\sigma_T$.

On pose d'autre part : $\sigma_T(r) = \int_{|x|<r} d\sigma_T(x)$, c'est la mesure σ_T portée par la boule de rayon r

et $\nu_T(r) = \pi^{-p}\, p!\, r^{-2p}\, \sigma_T(r)$.

On a le résultat suivant dû à P.LELONG [5] .

PROPOSITION 1. - *Soit* T *un courant positif , fermé de bidimension* (p,p) *sur* $\mathbb{C}^n$, *on a pour* $0 < r_1 < r_2$:

(4) : $$\int_{r_1<|x|<r_2} d\nu_T(x) = \pi^{-p}\, p!\left[r_2^{-2p}\sigma_T(r_2) - r_1^{-2p}\sigma_T(r_1)\right]$$

$r^{-2p}\sigma_T(r)$ *est donc une fonction croissante de* r *et le réel positif,* $\nu_T(0) = \lim_{r\to 0} \pi^{-p}\, p!\, r^{-2p}\, \sigma_T(r)$ *est défini et on l'appelle nombre de Lelong du courant* T *en* 0 .

On définit de même le nombre de Lelong , $\nu_T(x_o)$, du courant T au point x_o par :

$$\nu_T(x_o) = \lim_{r\to o} \pi^{-p} p!\, r^{-2p} \int_{|x-x_o|<r} d\sigma(x) .$$

Remarque 1. La formule (4), étant locale, reste valable si on remplace T par yT où y est une fonction $\mathscr{C}^\infty$, à support compact, égale à 1 au voisinage de 0 et pour r_1 , r_2 petits .

Remarque 2. Si on suppose que $\nu_T(0)$ existe pour un courant T positif alors $\nu_{y_T}(0)$ existe et est égal à $y(0)\nu_T(0)$ pour toute fonction y , $\mathscr{C}^\infty$ sur $\mathbb{C}^n$.

Remarque 3. J.-P.DEMAILLY [2] a généralisé la formule (4) par une formule semblable, faisant intervenir des termes correctifs dûs au courant $i\partial\bar\partial T$, dans le cas d'un courant T d'ordre nul et tel que les courants dT et $i\partial\bar\partial T$ soient d'ordre nul.

En poussant un peu plus loin la formule de [2]. H.SKODA [11] a montré l'existence du nombre de Lelong pour un courant T positif, de bidimension (p,p) vérifiant : $\frac{i}{2}\partial\bar\partial T \wedge \beta^{p-1}$ est une mesure positive.

On rappelle maintenant des résultats indispensables pour la suite et concernant des questions relatives aux courants positifs et à l'intégration sur les fibres.

Soient Ω_1 un ouvert de $\mathbb{C}^m$, Ω_2 un ouvert de $\mathbb{C}^n$ et f une application de classe $\mathscr{C}^\infty$, propre, définie de Ω_1 dans Ω_2 .

Pour $T \in D'_{p,p}(\Omega_1)$, on définit le courant $f_\star T \in D'_{p,p}(\Omega_2)$ par la formule :

(5) : $\langle f_\star T , \varphi\rangle = \langle T , f^\star \varphi\rangle$ pour $\varphi \in D_{p,p}(\Omega_2)$.

L'opérateur $f_\star$ commute avec l'opérateur d : $f_\star(dT) = d(f_\star T)$.

Si T est une forme différentielle à coefficients localement intégrables sur Ω_1 et f une submersion de Ω_1 dans Ω_2 alors $f_\star T$ est aussi une forme différentiable a coefficients localement intégrables sur Ω_2 , obtenue en intégrant T sur les fibres de f .

La proposition suivante nous montre que la densité d'un courant positif fermé est indépendante du changement des coordonnées locales :

PROPOSITION 2. - Soient T un courant positif fermé sur Ω_1 , F une application

<u>holomorphe propre de</u> Ω_1 <u>dans</u> Ω_2 . <u>Alors</u> $F_\star T$ <u>est un courant positif, fermé sur</u> Ω_2 <u>et pour tout point</u> $x_o \in \Omega_1$ <u>tel que</u> F <u>est un isomorphisme analytique au voisinage de</u> x_o , <u>on a</u> :

$$\nu_{F_\star T}(F(x_o)) = \nu(T, x_o) .$$

Ce résultat a été établi par Y.T.SIU [8] au moyen de la théorie du Slicing de H.FEDERER [3] et redemontré dans [2] d'une manière relativement élémentaire.

II. <u>PROBLÈME LOCAL</u>. Soit ℓ entier $\geqslant 1$, tel que $p + \ell < n$.

Pour la commodité des calculs, en particulier des dérivations sous le signe somme, on suppose pour le moment que θ est une $(n-p,n-p)$-forme différentielle $\mathcal{C}^\infty$, positive et à support compact dans $\mathbb{C}^n$.

On associe à θ , la $(\ell - 1, \ell - 1)$-forme différentielle, à coefficients dans $L^1_{loc}(\mathbb{C}^n)$ définie par :

(5') : $u_\ell(z) = - \int_{\mathbb{C}^n} |z-x|^{-2p-2\ell+2} \tau^\star \beta^{p+\ell-1} \wedge \theta(x)$ où τ est l'application de $\mathbb{C}^n \times \mathbb{C}^n$ dans $\mathbb{C}^n$: $(x,z) \mapsto z - x$.

Pour calculer le courant $\frac{i}{2} \partial\bar\partial u_\ell$, on va représenter u_ℓ comme image directe d'un courant sur $\mathbb{C}^n \times \mathbb{C}^n$. Pour celà. on désigne par p_1, p_2 la Ière et la 2ème projection de $\mathbb{C}^n \times \mathbb{C}^n$ sur $\mathbb{C}^n$:

$$p_1 : (x,z) \longrightarrow x \qquad ; \quad p_2 : (x,z) \mapsto z .$$

Et on introduit la $(p+\ell-1, p+\ell-1)$-forme différentielle , $K_\ell(x)$, à coefficients localement sommables sur $\mathbb{C}^n$, définie par :

$K_\ell(x) = - |x|^{-2p-2\ell+2} \beta^{p+\ell-1}(x)$, on notera $\tilde K_\ell$ le courant associé à K_ℓ , la forme u_ℓ , s'écrit alors : $u_\ell(z) = p_{2\star}(\tau^\star \tilde K_\rho \wedge p_1^\star \theta)$ (6)

$p_1^\star \theta$ est l'image réciproque de la forme θ , $\tau^\star \tilde K_\ell$ est l'image réciproque du courant $\tilde K_\ell$, cette image réciproque est bien définie car τ est une submersion. On vérifie que $\tau^\star \tilde K_\ell$ n'est autre que le courant $\widetilde{\tau^\star K_\ell}$ définie par la forme différentielle $\tau^\star K_\ell$.

L'image directe par p_2 du courant $\widetilde{\tau^\star K_\ell} \wedge p_1^\star \theta$, défini sur $\mathbb{C}^n \times \mathbb{C}^n$, est bien définie car la restriction de p_2 au support de $\widetilde{\tau^\star K_\ell} \wedge p_1^\star \theta$ est une application propre.

Pour mieux préciser les coefficients de u_ℓ, on développe la forme $\tau^\star \beta^{p+\ell-1}$ par la formule du binôme et on prend sa composante de bidegrés (p,p) en x et $(\ell-1, \ell-1)$ en z, la seule composante utile dans (5'). En effet, on a :

$\tau^\star \beta(x,z) : \frac{i}{2}\partial\bar\partial|z-x|^2 = \beta_1+\beta_2+\beta_3+\beta_4$, avec $\beta_1 = p_1^\star\beta$, $\beta_2 = p_2^\star\beta$ et

$\beta_3(x,z) = -\bar\beta_4(x,z) = \frac{i}{2}\partial_x\,\bar\partial_{\bar z}|z-x|^2 = -\sum_{j=1}^{n}\frac{i}{2}\,dx_j\wedge d\bar z_j$. On a formellement,

$$\tau^\star \beta^{p+\ell-1} = \sum_{s_1=0}^{p+\ell-1} C_{p+\ell-1}^{s_1}\,\beta_1^{s_1}(\beta_2+\beta_3+\beta_4)^{p+\ell-s_1-1}.$$

En utilisant encore deux fois de suite la formule du binôme, on exprime $\tau^\star\beta^{p+\ell-1}$ comme somme de puissances de β_1, β_2, β_3 et β_4.

En exprimant la condition sur les bidegrés, en écrivant pour $m>0$,

$(\beta_3\wedge\beta_4)^m = (m!)^2\,(-1)^{m^2}\sum'_{|I|=|J|=m}\sigma_m\,dx_I\wedge d\bar x_J\wedge dz_J\wedge d\bar z_I$ et en reportant dans (5') on aura :

$$(\underline{\underline{7}}) : \quad u_\ell(z) = \sum_{\substack{|I|=|J|=p-s\\ \max(0,p-\ell+1)\leqslant s\leqslant p}} C(n,p,\ell,s)\sigma_{p-s}\,dz_J\wedge d\bar z_I\wedge p_2^\star\beta^{\ell-p+s-1}(P_\ell\star p_1^\star\beta^s\wedge\sigma_{p-s}\,dx_I\wedge d\bar x_J\wedge\theta(x))(z)$$

où P_ℓ est l'application définie sur $\mathbb{C}^n\setminus\{0\}$ par : $P_\ell(x) = |x|^{-2p-2\ell+2}$

Les coefficients de $u_\ell(z)$ sont donc des combinaisons linéaires finies de produits de convolution de la fonction P_ℓ, localement sommable dans $\mathbb{C}^n$, par des coefficients de θ.

Comme les applications p_1, p_2 et τ sont holomorphes et comme les courants intervenant dans la formule (6) de u_ℓ sont de degré pair, les opérateurs ∂ et $\bar\partial$ commutent avec les images directes et réciproques et on a :

$(\underline{\underline{8}})$: $\frac{i}{2}\partial\bar\partial u_\ell = p_{2\star}[\tau^\star(\frac{i}{2}\partial\bar\partial K_\ell)\wedge p_1^\star\theta] + J_1(\theta)+J_2(\theta)+J_3(\theta)$; avec :

$J_1(\theta) = \frac{i}{2}p_{2\star}[\tau^\star(\partial\tilde K_\ell)\wedge p_1^\star\bar\partial\theta]$, $J_2(\theta) = -\frac{i}{2}p_{2\star}[\tau^\star(\bar\partial\tilde K_\ell)\wedge p_1^\star\partial\theta]$ et

$$J_3(\theta) = \frac{i}{2}p_{2\star}[\tau^\star\tilde K_\ell\wedge p_1^\star\,\partial\bar\partial\theta]$$

mais $\tau^\star(\frac{i}{2}\partial\bar\partial\tilde K_\ell) = (p+\ell-1)\tau^\star\alpha^{p+\ell}$, où l'on a noté par $\tau^\star\alpha^{p+\ell}$, le courant associé à cette forme à coefficients localement sommable.

En effet, dans $\mathbb{C}^n\setminus\{0\}$, on a par un calcul immédiat

$$\frac{i}{2}\partial\bar\partial K_\ell = (p+\ell-1)\Big[\frac{i}{2}\frac{\partial\bar\partial|x|^2\wedge\beta^{p+\ell-1}}{|x|^{2p+2\ell}} - (p+\ell)\,\frac{i}{2}\frac{\partial|x|^2\wedge\bar\partial|x|^2\wedge\beta^{p+\ell-1}}{|x|^{2p+2\ell+2}}\Big]$$

et d'après (2) , $\frac{i}{2}\partial\bar{\partial}K_\ell = (p+\ell-1)\alpha^{p+\ell}$ sur $\mathbb{C}^n \setminus \{0\}$.

Comme $p+\ell<n$, les dérivées premières et secondes des coefficients de K_ℓ sont des fonctions localement sommables, il en résulte que la différentielle extérieure de $\tilde{K}_\ell$, au sens des courants, coïncide avec la différentielle extérieure ordinaire et on a :

$$\frac{i}{2}\partial\bar{\partial}\tilde{K}_\ell = \frac{i}{2}\widetilde{\partial\bar{\partial}K_\ell} = (p+\ell-1)\alpha^{p+\ell},$$

ce qui implique :

(9) : $\frac{i}{2}\partial\bar{\partial}u_\ell = (p+\ell-1)p_{2\star}\,[\tau^\star\,\alpha^{p+\ell}\wedge p_1^\star\,\theta] + J_1(\theta) + J_2(\theta) + J_3(\theta)$.

On supprime maintenant l'hypothèse "θ , $\mathscr{C}^\infty$" .

PROPOSITION 3. - *On suppose que θ est un courant positif sur $\mathbb{C}^n$, à support compact tel que $\partial\theta$, $\bar{\partial}\theta$ et $\partial\bar{\partial}\theta$ sont des courants d'ordre nul alors la formule* (9) *subsiste au sens des courants.*

Démonstration. Soit $(\rho_\varepsilon)_\varepsilon$ une famille régularisante, $\rho_\varepsilon \in D(\mathbb{C}^n)$, positive et telle que $\rho_\varepsilon \underset{\varepsilon\to 0}{\to} \delta_o$, la convergence a lieu dans $D'(\mathbb{C}^n)$. A la forme différentielle, de classe $\mathscr{C}^\infty$ et à support compact, $\theta_\varepsilon = \theta\star\rho_\varepsilon$, on associe, par la formule (6) , la $(\ell-1, \ell-1)$-forme $u_{\ell,\varepsilon}$. D'après (7), $u_{\ell,\varepsilon} = u_\ell\star\rho_\varepsilon$. Comme les coefficients de u_ℓ sont dans $L^1_{loc}(\mathbb{C}^n)$, $u_{\ell,\varepsilon}\underset{\varepsilon\to 0}{\to}u_\ell$ au sens de $D'_{n-\ell,n-\ell}(\mathbb{C}^n)$, muni de la topologie faible. On remarque aussi que le second membre de (9) a pour coefficients des combinaisons linéaires finies de produits de convolution $H_\ell\star S$ où H_ℓ est une fonction homogène de degré $-2p-2\ell$ quand S est un coefficient de θ , $-2p-2\ell+1$ quand S est un coefficient de $\bar{\partial}\theta$ ou $\partial\theta$ et $-2p-2\ell+2$ quand S est un coefficient de $\partial\bar{\partial}\theta$, donc dans tous les cas, un produit de convolution d'une fonction localement sommable par une mesure à support compact, le résultat est donc une fonction localement sommable. D'où $J_1(\theta_\varepsilon)$, $J_2(\theta_\varepsilon)$, $J_3(\theta_\varepsilon)$ et $p_{2\star}\,[\tau^\star\,\alpha^{p+\ell}\wedge p_1^\star\,\theta_\varepsilon]$ tendent respectivement vers $J_1(\theta)$, $J_2(\theta)$, $J_3(\theta)$ et $p_{2\star}\,[\tau^\star\,\alpha^{p+\ell}\wedge p_1^\star\,\theta]$ dans $D'_{n-\ell,n-\ell}(\mathbb{C}^n)$ quand ε tend vers 0 et (9) est conservée quand on passe à la limite.

Soit maintenant θ un courant positif, fermé de bidimension (p,p) sur $\mathbb{C}^n$, on applique la proposition 3 au courant $y\,\theta$ où y est une fonction de classe $\mathscr{C}^\infty$, à support compact, réelle et positive. On a alors , au sens des courants :

(10) : $\frac{i}{2}\partial\bar{\partial}u_{\ell,y} = (p+\ell-1)p_{2\star}\,[\,\tau^\star\,\alpha^{p+\ell}\wedge p_1^\star(y\,\theta)] + J_1(y\,\theta) + J_2(y\,\theta) + J_3(y\,\theta)$

avec

$$J_1(y\theta) = p_{2\star}[\frac{i}{2}\tau^\star(\partial\widetilde{K}_\ell)\wedge p_1^\star(\partial^- y\wedge\theta)]$$
$$J_2(y\theta) = -p_{2\star}[\frac{i}{2}\tau^\star(\partial^-\widetilde{K}_\ell)\wedge p_1^\star(\partial y\wedge\theta)]$$
$$J_3(y\theta) = p_{2\star}[\tau^\star\widetilde{K}_\ell\wedge p_1^\star(\frac{i}{2}\partial\partial^- y\wedge\theta)].$$

On remarque que $J_j(y\theta)$, $j = 1,2,3$ est une (ℓ,ℓ)-forme, $\mathcal{C}^\infty$ sur le complémentaire du support de $1 - y$. Et on peut donner une expression intégrale de $J_j(y\theta)$. En effet, soit $K_1(x,z)$ la composante de bidegrés (ℓ,ℓ) en z et $(p,p-1)$ en x de la forme $\frac{i}{2}\tau^\star(\partial K_\ell)$, alors :

$J_1(y\theta) = \int_{\mathbb{C}^n} K_1(x,x)\wedge\partial^- y(x)\wedge\theta(x)$, d'autre part, on a :

$\frac{i}{2}\partial K_\ell = (p+\ell-1)\sum_{j=1}^n |x|^{-2p-2\ell}\bar{x}_j\, dx_j\wedge\beta^{p+\ell-1}$, ce qui donne

$\frac{i}{2}\tau^\star(\partial K_\ell) = (p+\ell-1)\sum_{j=1}^n |z-x|^{-2p-2\ell}(\bar{z}_j-\bar{x}_j)(dz_j-dx_j)\wedge\tau^\star\beta^{p+\ell-1}$.

Les coefficients de la forme $K_1(x,\tau)$ sont donc majorés par $C|z-x|^{-2p-2\ell+1}$ où C est une constante ne dépendant que de n,p et ℓ. D'après (3), les coefficients mesure de θ, sont majorés par la mesure trace, σ_θ, de θ. Ce qui implique

$$\|J_1(y\theta)\| \leqslant C(n,p,\ell)\int_{\mathbb{C}^n} |z-x|^{-2p-2\ell+1}\|\partial^- y(x)\|\, d\sigma_\theta(x).$$

En procédant de la même façon pour $J_2(y\theta)$ et $J_3(y\theta)$, on obtient :

(11) : $\|J_1(y\theta)+J_2(y\theta)+J_3(y\theta)\| \leqslant C(n,p,\ell)\int_{\mathbb{C}^n}\left[\frac{\|\partial y\|}{|z-x|}+\|\partial\partial^- y\|\right]\frac{d\sigma_\theta(x)}{|z-x|^{2p+2\ell-2}}$.

L'estimation (11) est utile car elle permet de mesurer dans (10) le défaut de positivité du courant $\frac{i}{2}\partial\partial^- u_{\ell,y}$. En effet, pour $\theta\mathcal{C}^\infty$, le courant $p_{2\star}[\tau^\star\alpha^{p+\ell}\wedge p_1^\star(y\theta)]$ est positif car θ et α étant des formes positives il en est de même pour $p_1^\star\theta$ et $\tau^\star\alpha$. α étant une $(1,1)$-forme, le courant $(\tau^\star\alpha)^{p+\ell}\wedge p_1^\star(y\theta)$ est positif sur $\mathbb{C}^n\times\mathbb{C}^n$, ainsi que son image directe $p_{2\star}[(\tau^\star\alpha)^{p+\ell}\wedge p_1^\star y\theta]$.

Soit y une fonction $\mathcal{C}^\infty$, à support compact, positive et égale à 1 au voisinage de 0, posons :

(12) : $\theta_y = p_{2\star}[(\tau^\star\alpha)^{p+\ell}\wedge p_1^\star(y\theta)]$.

Le point crutial dans la démonstration du théorème 1 est la détermination de la densité du (ℓ,ℓ)-courant positif θ_y. Ceci est l'objet de la proposition suivante :

PROPOSITION 4. - Le nombre $\nu(\theta_y, 0) = \lim_{r\to o} \nu(\theta_y, r)$ existe et on a : $\nu(\theta_y, 0) = \pi^{p+\ell}\nu_\theta(0)$.

L'idée directrice de la démonstration est suggérée par le fait que le courant θ_y n'est pas fermé, ce qui empêche l'utilisation de la proposition 1 . Et pour cela, on ramène le calcul de $\nu(\theta_y,0)$ au calcul de $\nu(T_o, (0,0))$ où T_o est le $(n+\ell, n+\ell)$-courant positif, défini sur $\mathbb{C}^n \times \mathbb{C}^n$, fermé au voisinage de (0,0) et donné par $T_o = p_2^\star \alpha^{p+\ell} \wedge p_1^\star(y\,\theta)$.

Dans ce but, on encadre le nombre $\nu(\theta_y,r)$, (après transformation de la mesure-trace du courant θ_y sur $B(r)$ de manière à faire apparaître la mesure-trace du courant T_o au voisinage de (0,0) et après une intégration sur les fibres de l'application p_2), par un terme principal se comportant comme $\nu(T_o, (0,0))$ quand r tend vers 0 , et trois autres termes correctifs $I_1(k,r)$, $I_2(k, r)$, $I_3(r)$, k réel $\geqslant 2$, plus compliqués mais dont la limite quand $r \to 0$, est de l'ordre de $\frac{1}{k}$. Comme $\nu(\theta_y, r)$ est indépendant du réel k choisi quelconque, fixé, au départ, on aura $\nu(\theta_y, 0) = \nu(T_o,(0,0))$.
Ensuite, le courant T_o étant positif, fermé, au voisinage de (0,0), il est élémentaire de déterminer sa densité en (0,0) .

Pour la commodité de la lecture on procède, après quelques modifications de la mesure-trace de θ_y , en deux étapes au bout desquelles on établira que : pour tout $\varepsilon > 0$, et tout $k \geqslant 2$, il existe deux constantes

$c_1(\varepsilon, p, \ell)$ et $c_2(\varepsilon, p, \ell)$ telles que :

$$-k^{-2}\, c_1 \leqslant \nu(\theta_y, 0) - \pi^{p+\ell}\nu_\theta(0) \leqslant \frac{c_2}{k^2} .$$

Dans la première étape, on calcule le nombre $\nu(T_o,(0,0))$ et dans la deuxième on fait la minimisation des termes correctifs $I_j(k,r), j = 1,2,3$.

Démonstration. Soit $\varepsilon>0$, fixé et k un réel $\geqslant 2$, fixé, d'après la proposition 1 , ($\underline{\underline{\star}}$) : $\exists R = R_\varepsilon$ tel que $\forall t < R$, on a : $0 < \nu_\theta(t) - \nu_\theta(0) < \varepsilon$.
Soit $r < R$, suffisamment petit pour avoir $kr < R$. Par définition on a :

$$\nu(\theta_y, r) = \pi^{-n+\ell} r^{-2n+2\ell} \int_{B(r)} \theta_y \wedge \beta^{n-\ell}$$

En posant :

($\underline{\underline{12'}}$) : $\theta_o = \tau^\star \alpha^{p+\ell} p_1^\star(y\,\theta)$, en intégrant sur les fibres de p_2 (θ_y, donné par (12) et en divisant l'intégrale en trois parties on aura :

($\underline{\underline{13}}$) : $\nu(\theta_y, r) = I_o(k,r) + I_2(k,r) + I_3(r)$,

avec :

($\underline{\underline{14}}$) : $$I_o(k,r) = \pi^{-n+\ell} r^{-2n+2\ell} \int_{\{|x| \leq kr\}\times\{|z|<r\}} \theta_o \wedge p_2^\star \beta^{n-\ell}$$

($\underline{\underline{14'}}$) : $$I_2(k,r) = \pi^{-n+\ell} r^{-2n+2\ell} \int_{\{R \geq |x| > kr\}\times\{|z|<r\}} \theta_o \wedge p_2^\star \beta^{n-\ell}$$

($\underline{\underline{14''}}$) : $$I_3(r) = \pi^{-n+\ell} r^{-2n+2\ell} \int_{\{|x|>R\}\times\{|z|<r\}} \theta_o \wedge p_2^\star \beta^{n-\ell}$$

On considère l'application F définie de $\mathbb{C}^n \times \mathbb{C}^n$ dans $\mathbb{C}^n \times \mathbb{C}^n$ par :

$$F(x,z) = (x,z-x) .$$

F est un difféomorphisme analytique de $\mathbb{C}^n \times \mathbb{C}^n$ sur $\mathbb{C}^n \times \mathbb{C}^n$, qui conserve l'orientation de $\mathbb{C}^n \times \mathbb{C}^n$. On remarque que : $\tau = p_2 \circ F$, $p_1 \circ F = p_1$ et $F^\star = (F^{-1})_\star$, ce qui implique que $\theta_o = (F^{-1})_\star T_o$.

Pour faire apparaître dans (14), la mesure-trace de T_o, portée par une boule centrée en $(0,0)$ on remarque que d'un côté on a :

($\underline{\underline{15}}$) : $\{|x| < kr\}\times\{|z| < r\} = \{|\frac{x}{k^2}| < \frac{r}{k}\}\times\{|z|<r\} \subseteq \{|\frac{x}{k^2}|^2 + |z|^2 < (1+k^{-2})r^2\} = (a_{k^2})^{-1}(B_{2n}(\rho_k$

où $\rho_k = (1+k^{-2})^{1/2}$ et d'une façon générale pour $\rho > 0$, a_ρ l'application de $\mathbb{C}^n \times \mathbb{C}^n$ dans $\mathbb{C}^n \times \mathbb{C}^n$ définie par : $a_\rho(x,z) = (\frac{x}{\rho}, z)$

et on a :

($\underline{\underline{16}}$) : $\{|x| < kr\} \times \{|z| < r\} \supseteq \{ |\frac{x}{k}|^2 + |x|^2 < r^2\} = (a_k)^{-1} (B_{2n}(r))$.

et que d'autre part on a :

$$p_2^\star \beta < (a_{k^2})^\star (p_1^\star \beta + p_2^\star \beta) \text{ , ce qui implique}$$

($\underline{\underline{17}}$) $$p_2^\star \beta^{n-\ell} < (a_{k^2})^\star (p_1^\star \beta + p_2^\star \beta)^{n-\ell}$$

Pour obtenir une minoration de la forme $p_2^\star \beta^{n-\ell}$, on écrit :

$$p_2^\star \beta^{n-\ell} = [\, a_k^\star(p_1^\star \beta + p_2^\star \beta) - k^{-2}\, p_1^\star \beta]^{n-\ell}$$

en développant le second membre par la formule du binôme, on aura :

$$p_2^\star \beta^{n-\ell} = a_k^\star(p_2^\star \beta + p_1^\star \beta)^{n-\ell} + \sum_{s=1}^{n-\ell} C_{n-\ell}^s \frac{(-1)^s}{k^{2s}} p_1^\star \beta^s \; a_k^\star(p_1^\star \beta + p_2^\star \beta)^{n-\ell-s}$$

on minore $p_2^\star \beta^{n-\ell}$ en omettant les termes positifs dans la somme ,

$$p_2^\star \beta^{n-\ell} > a_k^\star (p_1^\star \beta + p_2^\star \beta)^{n-\ell} - \frac{1}{k^2} \sum_{1 \leq s,\text{impair} \leq n-\ell} C_{n-\ell}^s \, k^{-2s+2} \, p_1^\star \beta^s \; a_k^\star(p_1^\star \beta + p_2^\star \beta)^{n-\ell-s}$$

Comme $k^{-2s+2} < 1$, $\forall s \geq 1$,

(18) : $$p_2^\star \beta^{n-\ell} > a_k^\star(p_1^\star \beta + p_2^\star \beta)^{n-\ell} - k^{-2}(p_1^\star \beta + p_2^\star \beta)^{n-\ell} .$$

En reportant (15) et (17) dans (14) et vu que $\theta_o = (F^{-1})_\star T_o$ est un courant positif et que $p_1^\star \beta + p_2^\star \beta$ est la forme de Khäler sur $\mathbb{C}^n \times \mathbb{C}^n$, on aura, en intégrant sur les fibres de $a_{k^2}^\star$:

(19) : $$I_o(k,r) < (1 + k^{-2})^{n-\ell} \, \nu((a_{k^2} \circ F^{-1})_\star \, T_o \, , \, \rho_k \, r) .$$

Et en reportant (16) et (18) dans (14), on aura :

(20) : $$\nu((a_k \circ F^{-1})_\star \, T_o, \, r) - k^{-2} \, I_1(k,r) < I_o(k, r)$$

avec :

(21) : $$I_1(k,r) = \pi^{-n+\ell} \, r^{-2n+2\ell} \int_{\{|x|< kr\} \times \{|z| < r\}} \theta_o \wedge (p_1^\star \beta + p_2^\star \beta)^{n-\ell} .$$

En reportant (19) et (20) dans (13), $I_2(k,r)$ et $I_3(r)$ étant deux réels positifs on aura :

(22) : $$\nu((a_k \circ F^{-1})_\star \, T_o, \, r) - k^{-2} \, I_1(k,r) < \nu(\theta_y,r) < (1+k^{-2})^{n-\ell} \nu((a_{k^2} \circ F^{-1})_\star T_o, \rho_k r) + I_2(k,r) + I_3(r) .$$

D'après la proposition 2 et vu que T_o est fermé au voisinage de (0,0) et que $(a_k \circ F^{-1})(0,0) = (0,0)$ on aura :

$$\lim_{r \to o} \nu((a_{k^2} \circ F^{-1})_\star \, T_o, \, \rho_k \, r) = \lim_{r \to o} \nu((a_k \circ F^{-1})_\star \, T_o, r) = \nu(T_o, (0,0)) .$$

La proposition 4 serait donc démontrée si on prouve que : $\nu(T_o,(0,0)) = \pi^{p+\ell} \, \nu_\theta(0)$ et que :

(22') : $$\limsup_{r \to o} \; I_1(k,r) < c_1 < +\infty$$

(22") : $$\limsup_{r \to o} \; (I_2(k,r) + I_3(r) < c^2/k$$

car il suffira de choisir k , après avoir fait tendre $r \to 0$ dans (22) , tel que

$$k^1 \max(c_1,c_2) < \varepsilon .$$

On entame maintenant les deux étapes :

<u>Ière étape</u>. $\nu(T_o, (0,0)) = \pi^{p+\ell}\, \nu_{\theta}(0)$, $T_o = p_2^{\star}\ \alpha^{p+\ell} \wedge p_1^{\star}(y\theta)$,

on a :

(23) : $\nu(T_o, r) = \pi^{-n+\ell}\ r^{-2n+2\ell} \int_{B_{2n}(r)} T_o \wedge (p_1^{\star}\beta + p_2^{\star}\ \beta)^{n-\ell}$.

Comme θ est de bidegré $(n-p, n-p)$ sur $\mathbb{C}^n$, seule la composante de bidegré (p,p) en x et $(n-p-\ell, n-p-\ell)$ en z de la forme $(p_1^{\star}\ \beta + p_2^{\star}\ \beta)^{n-\ell}$ est utile dans l'intégrale ci-dessus et comme y est égale à 1 au voisinage de 0 , on aura sur $B_{2n}(r)$, pour r assez petit :

$$T_o \wedge (p_1^{\star}\ \beta + p_2^{\star}\ \beta)^{n-\ell} = C^p_{n-\ell}\ p_2^{\star}(\alpha^{p+\ell} \wedge \beta^{n-\ell-p})\ \ p_1^{\star}(\theta \wedge \beta^p)$$
$$= C^p_{n-\ell}(n-p-\ell)!p!\ p_2^{\star}(d\sigma_{\alpha^{p+\ell}}) \otimes p_1^{\star}\ d\sigma_{\theta} ,$$

en reportant dans (23) et en séparant **les** variables, on aura :

(24) : $$\nu(T_o, r) = C^p_{n-\ell}\ \frac{r^{-2n+2\ell}}{\delta(2n-2\ell-2p)} \int_{|z|<r} d\sigma_{\alpha^{p+\ell}}(z).(r^2-|z|^2)^p.\ \nu_{\theta}((r^2 - |z|^2)^{1/2})$$

où $\delta(2n-2\ell-2p) = \frac{\pi^{n-\ell-p}}{(n-\ell-p)!}$, posons $I(r) = \frac{C^p_{n-\ell}}{\delta(2n-2\ -2p)} \int_{|z|<r} d\sigma_{\alpha^{p+\ell}}(z)\ (r^2 - |z|^2)^p$.

D'après la proposition 1, appliquée au courant θ, (24) donne :

(25) : $$\nu_{\theta}(0)\ r^{-2n+2\ell}\ I(r) \leq \nu(T_o,r) \leq \nu_{\theta}(r)\ I(r) r^{-2n+2\ell} .$$

En transformant $I(r)$ par l'intégrale de Stelljess, une intégration par parties (La masse du courant $\alpha^{p+\ell}$ est nulle en 0), et en appliquant la proposition 1 au courant positif, fermé, associé à la forme $\alpha^{p+\ell}$, on obtient :

(26) : $$\nu_{\alpha^{p+\ell}}(0) I'(r) \leq I(r) \leq \nu_{\alpha^{p+\ell}}(r)\ I'(r)$$

avec $I'(r) = 2p\ C^p_{n-\ell} \int_0^r t^{2n-2\ell-2p+1}\ (r^2 - t^2)^{p-1}\ dt$.

On pose $m = n - \ell - p$, alors $I'(r) = 2p\ C^p_{n-\ell}\ I_{2m,p-1}$ avec $I_{2m,p-1} = \int_0^r t^{2m+1}(r^2 - t^2)^{p-1} dt$. En intégrant par partie $I_{2m,p-1}$, on aura la formule de récurrence : $I_{2m,p-1} = \frac{2m}{2p} I_{2m-2,p}$, ce qui donne $I_{2m,p-1} = \frac{1}{2p\ C^p_{m+p}}\ r^{2(m+p)}$ et $I'(r) = r^{2n-2\ell}$.

En substituant $I'(r)$ par $r^{2n-2\ell}$ dans (26) et en reportant, l'encadrement obtenu pour $I(r)$, dans (25) on obtient après avoir fait tendre r vers 0 :

$$\nu(T_o, (0,0)) = \nu_{\alpha^{p+\ell}}(0)\nu_{\theta}(0) .$$

Et pour finir cette étape, il suffit de voir que $\nu(\alpha^s,0) = \pi^s$ pour tout entier s, $0<s<n$. En effet, comme $\alpha^n \equiv 0$ sur $\mathbb{C}^n \setminus \{0\}$, la formule (4) de la proposition 1, donne :

(27) $$\nu(\alpha^s, 0) = \pi^{-n+s} r^{-2n+2s} \int_{B(r)} \alpha^s \wedge \beta^{n-s} = \lim_{\mu \to 0} \pi^{-n+s} r^{-2n+2s} \int_{B(\mu,r)} \alpha^s \wedge \beta^{n-s}$$

où $B(\mu, r) = \{z \in \mathbb{C}^n \ / \ \mu \leq |z| < r\}$, la forme α n'ayant plus de singularité dans $B(\mu, r)$ on applique la formule de Stokes à

$\alpha^s \wedge \beta^{n-s} = \partial(\frac{i}{2}\, \partial^- \operatorname{Log}|z|^2 \wedge \alpha^{s-1} \wedge \beta^{n-s})$ sur $B(\mu, r)$, on aura :

$$\int_{B(\mu,r)} \alpha^s \wedge \beta^{n-s} = -\mu^{-2} \int_{S(\mu)} \frac{i}{2}\, \partial^- |z|^2 \wedge j_\mu^\star\, \alpha^{s-1} \wedge j_\mu^\star \beta^{n-s} + r^{-2} \int_{S(r)} \frac{i}{2}\, \partial^- |z|^2 \wedge j_r^\star\, \alpha^{s-1} \wedge j_r^\star\, \beta^{n-s}$$

où j_r est l'injection canonique de $S(r)$ dans $\mathbb{C}^n$.

Comme $j_r^\star(\alpha) = r^{-2}\, j_r^\star(\beta)$ (à cause de (2) et du fait que $j_r^\star(\partial|z|^2) + j_r^\star(\partial^-|z|^2) = j_r^\star(d|z|^2) = d(r^2) = 0$ qui implique que $j_r^\star(\gamma) = j_r^\star(\partial|z|^2) \wedge j_r^\star(\partial^-|z|^2) = 0$), on aura

$$\int_{B(\mu,r)} \alpha^s \wedge \beta^{n-s} = -\mu^{-2s} \int_{S(\mu)} \frac{i}{2}\, \partial^-|z|^2 \wedge j_\mu^\star(\beta^{n-1}) + r^{-2s} \int_{S(r)} \frac{i}{2}\, \partial^-|z|^2 \wedge j_r^\star\, (\beta^{n-1})$$

et en réutilisant Stokes dans le second membre on aura :

$$\int_{B(\mu,r)} \alpha^s \wedge \beta^{n-s} = -\pi^n\, \mu^{2n-2s} + r^{2n-2s}\, \pi^n .$$

En substituant dans (27) et comme $s<n$, on aura :

$$\nu(\alpha^s, 0) = \pi^s .$$

<u>IIème étape</u>. Estimations de $I_j^{\cdot}(k,r)$ $j = 1,2,3$, on commence par estimer la mesure $\theta_o \wedge p_2^\star\, \beta^{n-\ell}$. Il est clair que

(28) $\theta_o \wedge p_2^\star\, \beta^{n-\ell} \leq d\mu_o$ avec $d\mu_o = \theta_o \wedge (p_1^\star \beta + p_2\, \beta)^{n-\ell}$

$d\mu_o$ est une mesure positive sur $\mathbb{C}^n \times \mathbb{C}^n$.

D'après (2) et (1) on a : $(\tau^\star \alpha)(x,z) \leq |z-x|^{-2} (\tau^\star \beta)\,(x,z) \leq 2|z-x|^{-2} (p_1^\star \beta + p_2^\star\, \beta)$,

θ_o étant donné par (12'), ceci implique :

$$d\mu_o(x,z) \leq 2^{p+\ell} .\ p_1^\star(y\theta) \wedge (p_1^\star \beta + p_2^\star\, \beta)^{n+p} .\ |z-x|^{-2p-2\ell} .$$

Comme θ est de bidegré $(n-p,n-p)$ sur $\mathbb{C}^n$ et $0 \leq y \leq 1$,

au aura :

$$d\mu_o(x,z) \leq c(n,p,\ell)\ |z-x|^{-2p-2\ell}\ d\lambda(z) \otimes d\sigma_0(x)$$

où $d\lambda(z)$, désigne la mesure de Lebesgue sur $\mathbb{C}^n$.

Posons $g_\ell(x,z) = -|z-x|^{-2p-2\ell}$, l'estimation ci-dessus devient :

($\underline{\underline{29}}$) : $d\mu_o(x,z) \leqslant -c(n,p,\ell)g_\ell(x,z)\ d\lambda(z)\otimes d\sigma_\theta(x)$.

En reportant (28) + (29) successivement dans (21), (14') et (14") et en utilisant Fubini à chaque fois, on remarque que $I_1(k,r)$, $I_2(k,r)$ et $I_3(r)$ sont estimés par des sortes de moyennes de fonctions v_j , $j = 1,2,3$, 2n-sous-harmoniques . En effet , soient

$$v_1(z) = \int_{\{|x|\leqslant kr\}} g_\ell(x,z)\ d\sigma_\theta(x) \qquad , \ v_2(z) = \int_{\{kr<|x|\leqslant R\}} g\ (x,z)\ d\ _\theta(x)$$

et $$v_3(z) = \int_{\{|x|>R\}} g_\ell(x,z)\ d\sigma_\theta(x)$$

on a, d'après (14") + (28) + (29) , que $I_3(r) \leqslant -c(n,p,\ell)\ r^{-2n+2\ell}\int_{|z|<r} v_3(z)\ d\lambda(z)$.

La fonction $v_3(z)$, étant $\mathcal{C}^\infty$ sur $\{|z|<r\}$, l'estimation ci-dessus de $I_3(r)$, implique que $I_3(r) \underset{r\to o}{\to} 0$.

Les estimations de $I_1(k,r)$ et $I_2(k,r)$ sont basées essentiellement sur le fait que d'une part la fonction $g_\ell(x,z)$ a sa moyenne sphérique par rapport à z , $\lambda_z(g_\ell, 0, t) = \frac{1}{w_{2n}t^{2n-1}}\int_{|z|=t} g_\ell(x,z)ds(z)$, (ds est la mesure de Lebesgue sur $s(t)$ et w_{2n} = aire de la sphère unité de $\mathbb{C}^{2n}$) ,ne dépendant que de t et de $|x|$ et que d'autre part la fonction définie, pour x fixé par : $z \to g_\ell(x,z)$ est $\mathcal{C}^\infty$ pour $|z|<|x|$. En effet (14') + (28) + (29) + Fubini impliquent :

($\underline{\underline{30}}$) : $I_2(k,r) \leqslant -c(n,p,\ell)r^{-2n+2\ell}\int_o^r t^{2n-1}\ \lambda(v_2, 0, t)dt$.

A cause du facteur $|x|^{-2\ell}$ que porte la fonction g_ℓ , $\lambda(v_2, 0, t)$ se comporte comme $-k^{-2\ell}t^{-2\ell}$ pour $t \leqslant r$. Plus précisément on a :

($\underline{\underline{31}}$) : $$\lambda(v_2, 0, t) = \frac{1}{w_{2n}\ t^{2n-1}}\int_{|z|=t} ds(z)\int_{kr<|x|\leqslant R} g_\ell(x,z)d\sigma_\theta(x) .$$

En appliquant le théorème des accroissements finis à la fonction $z \to g_\ell(x,z)$ pour z, $|z| = t \leqslant r$ et $|x| > kr$, on aura :

$$\left| -|z-x|^{-2p-2\ell} + |x|^{-2p-2\ell} \right| \leqslant (p+\ell)\left|\frac{z}{x}\right|\ |x|^{-2p-2\ell} \leqslant \frac{p+\ell}{k}|x|^{-2p-2\ell}$$

ce qui implique $-|z-x|^{-2p-2\ell} > -(1+\frac{p+\ell}{k})\ |x|^{-2p-2\ell}$.

En reportant ceci dans (31) , on obtient : $\lambda(v_2, 0, t) \geqslant -(1+\frac{p+\ell}{k})\int_{kr<|x|\leqslant R} d\sigma_\theta(x)|x|^{-2p-2\ell}$

En utilisant l'intégrale de Steeljesset une intégration par partie on aura :

$$\lambda(v_2, 0, t) \geqslant -(1+\frac{p+\ell}{k})(\nu_\theta(R)R^{-2\ell} + (2p+2\ell)\int_{kr}^{R} \nu_\theta(s)s^{-2\ell-1}\,ds) .$$

R étant choisi dans (★) , de sorte que $\forall s < R, \nu_\theta(s) < \nu_\theta(0) + \varepsilon$ et comme $r > t$, on aura :

$\lambda(v_2, 0, t) \geqslant -c(p, \ell, R) - C(p, \ell, \varepsilon)(kt)^{-2\ell}$, en substituant ceci dans (30) et en faisant tendre $r \to 0$, on aura :

$$\limsup_{r\to o} I_2(k,r) \leqslant C(n,p,\ell)k^{-2\ell}, \text{qui est (22'').}$$

Pour avoir (22') , il suffit de prouver le lemme suivant :

LEMME 1. - <u>Pour tout</u> $r > 0$, <u>on a</u> : $\lambda_z(g_\ell, 0, r) \geqslant \max(-r^{-2p-2\ell}, -|x|^{-2p-2\ell})$.

Le lemme implique l'estimation (22') et finit, et la deuxième étape, et la démonstration de la proposition 4 . En effet, (21) + (28) + (29) + Fubini impliqent :

(32): $I_1(k,r) \leqslant -c(n,p,)r^{-2n+2\ell}\int_o^r t^{2n-1}\lambda(v_1,0,t)dt$,

mais pour $t < r$, on a, par Fubini ,

$$\lambda(v_1,0,t) = \int_{|x|<kr} \lambda_z(g_\ell, 0,t)d\sigma_\theta(x) = \int_{|x|\leqslant t} \lambda_z(g_\ell, 0,t)d\sigma_\theta(x) + \int_{t<|x|\leqslant kr} \lambda_z(g_\ell,0,t)d\sigma_\theta(x) .$$

En utilisant le lemme 1 et l'inégrale de Steeljess, on aura :

$$\lambda(v_1, 0, t) \geqslant -\sigma_\theta(t)t^{-2p-2\ell} - \int_t^{kr} s^{-2p-2\ell}\, d\sigma_\theta(s) .$$

En intégrant par partie :

$$\lambda(v_1,0,t) > -\delta(2p)[\nu_\theta(kr).(kr)^{-2\ell} + (2p+2\ell)\int \nu_\theta(s)s^{-2\ell-1}\,ds]$$

avec $\delta(2p) = \frac{\pi^p}{p!}$.

Comme $s \leqslant kr < R$, on aura d'après (★) , ($r^{-2\ell}$ étant majoré par $t^{-2\ell}$),

$\lambda(v_1,0,t) > -c(\varepsilon, p, \ell)t^{-2\ell}$ et en reportant dans (32) , on aura (22').

<u>Démontrons donc le lemme 1</u> :

▪ Si $|x| \geqslant r$, la fonction : $z \to g_\ell(x,z)$ étant 2n-sousharmonique on a :

$\lambda_z(g_\ell, 0, r) \geqslant g_\ell(x,0) = -|x|^{-2p-2\ell} = \max(-r^{-2p-2\ell}, -|x|^{-2p-2\ell})$.

▪ Si $|x| < r$, on se ramène à la situation précédente en montrant que la moyenne $\lambda_z(g_\ell, 0, r)$ ne dépend que de r et de $|x|$ et on pourra donc changer le rôle de r et de $|x|$. Plus précisément , soit x, $|x| = \rho < |z| = r$, alors on a :

$\lambda_z(g_\ell, 0, r) = \lambda_x(g_\ell, 0, \rho)$.

En effet, soient ξ et $\zeta \in S$, la sphère unité de $\mathbb{C}^n$, tels que $x = \rho\xi$, $z = r\zeta$.

On a : $\lambda_z(g_\ell, o, r) = \frac{1}{w_{2n}} \int_S -|r\zeta - \rho\xi|^{-2p-2\ell} dS(\zeta)$. Soit $h \in O(\mathbb{R}^{2n})$, le groupe orthogonal de $\mathbb{R}^{2n}$; dS étant invariante par $O(\mathbb{R}^{2n})$, on a :

$$\lambda_z(g_\ell, o, r) = \frac{1}{w_{2n}} \int_S -|r\, h(\zeta) - \rho\,\xi|^{-2p-2\ell} dS(\zeta) = \frac{1}{w_{2n}} \int_S -|r\zeta - \rho h^{-1}(\xi)|^{-2p-2\ell} dS(\zeta)$$

donc $\lambda_z(g_\ell, 0, r)$ est indépendante de ξ. Ce qui implique :

$$\lambda_z(g_\ell, 0, r) = \frac{1}{w_{2n}^2} \int_S dS(\xi) \int_S -|r\zeta - \rho\xi|^{-2p-2\ell} dS(\zeta) = \frac{1}{w_{2n}^2} \int_S dS(\zeta) \int_S -|r\zeta - \rho\xi|^{-2p-2\ell} dS(\xi)$$

$$= \lambda_x(g\ ,0,\rho)$$

ce qui démontre le lemme.

§ 3 - Problème global

Soient $(\rho_j)_j$ une partition de l'unité sur $\mathbb{C}^n$, $\rho_j \in \mathcal{D}(\mathbb{C}^n)$, $(y_j)_j$ une famille tronquante, $y_j \in \mathcal{D}(\mathbb{C}^n)$, $y_j \geqslant 0$, égale à 1 au voisinage de support de ρ_j.

A chaque y_j, on associe la $(p-1, \ell-1)$ - forme $u_{\ell,j} = p_{2\star}[\tilde{K}_\ell \wedge p_1^\star(y_j\theta)]$ on récolle ces formes par la partition de l'unité (ρ_j) et on obtient une $(\ell-1, \ell-1)$ - forme $u_\ell(z) = \sum_{j=1}^{\infty} \rho_j(z)\, u_{\ell,j}(z)$. La proposition suivante nous donne le recollement des courants θ_{y_j} qu'on notera θ_j.

Proposition 5 :

Soit ℓ entier $1 \leqslant \ell < n-p$. Alors il existe une (ℓ,ℓ) - forme, w_ℓ, de classe $\mathcal{C}^\infty$ sur $\mathbb{C}^n$, telle que :

$$\frac{i}{2}\, \partial\bar{\partial}\, u_\ell = (p+\ell-1) \sum_{j=1}^{\infty} \rho_j\, \theta_j + w_\ell$$

Et pour un choix précis des familles (ρ_j) et (y_j), on a pour $\varepsilon > 0$:

(32') $\qquad \| \ _\ell\| \leqslant C(\varepsilon, n, \rho, \ell)\, (1+|z|)^{-2\ell}\, \nu_\theta((1+5\varepsilon)\,(1+|z|))$.

Remarque 4 : Comme w_ℓ est $\mathcal{C}^\infty$ et comme $(\rho_j)_j$ est localement finie, d'après la proposition 4 et la remarque 2, le nombre $\nu(\frac{i}{2}\, \partial\bar{\partial}\, u_\ell, z_o)$ existe et est égal à

$(p+\ell-1)\Pi^{p+\ell}\nu_\theta(z_o)$. Donc quitte à rendre le courant $\frac{i}{2}\partial\bar\partial\, u_\ell$ positif, en lui ajoutant un courant suffisamment positif, fermé et de densité partout nulle on peut prendre T_ℓ égal à $\frac{1}{p+\ell-1}\,\Pi^{-p-\ell}\,\frac{i}{2}\partial\bar\partial\, U_\ell$.

<u>Démonstration de la proposition</u> 5 : La famille (ρ_j) étant localement finie, on a

$$\frac{i}{2}\partial\bar\partial\, U_\ell = \sum_{j=1}^{\infty} \rho_j\, \frac{i}{2}\partial\bar\partial\, U_{\ell,j} + \sum_{j=1}^{\infty} \frac{i}{2}\,\partial\rho_j\wedge\bar\partial\, U_{\ell,j} - \sum_{j=1}^{\infty} \frac{i}{2}\,\bar\partial\rho_j\wedge\partial U_{\ell,j} + \sum_{j=1}^{\infty} \frac{i}{2}\,\partial\bar\partial\rho_j\wedge U_{\ell,j}$$

d'après (10) on a :

$$\frac{i}{2}\partial\bar\partial\, U_\ell = (p+\ell-1)\sum_{j=1}^{\infty} \rho_j\theta_j + w_1 + w_2 + w_3 + w_4$$

avec

$$w_1 = \sum_{j=1}^{\infty} \rho_j\,[J_1(y_j\theta) + J_2(y_j\theta) + J_3(y_j\theta)] ,$$

$$w_2 = \sum_{j=1}^{\infty} \frac{i}{2}\,\partial\rho_j\wedge\bar\partial\, U_{\ell,j} \quad , \quad w_3 = -\sum_{j=1}^{\infty} \frac{i}{2}\,\bar\partial\rho_j\wedge\partial U_{\ell,j} \quad , \quad w_4 = \sum_{j=1}^{\infty} \frac{i}{2}\partial\bar\partial\rho_j\wedge U_{\ell,j}$$

$J_k(y_j\theta)$, $k=1,2,3$ est $\mathcal{C}^\infty$ sur le complémentaire du $\mathrm{Supp}(1-y_j)$, donc $\mathcal{C}^\infty$ au voisinage de $\mathrm{Supp}\,\rho_j$, d'où w_1 est une (ℓ,ℓ)-forme de classe $\mathcal{C}^\infty$ sur $\mathbb{C}^n$.

Pour montrer que w_2 est $\mathcal{C}^\infty$, on considère $y\in\mathcal{D}(\mathbb{C}^n)$, par (6), on associe au courant $y\theta$, la $(\ell-1,\ell-1)$-forme $U_{\ell,y}$. Comme $\sum_{j=1}^{\infty}\partial\rho_j\wedge\bar\partial\, U_{\ell,y} = \partial(\sum_j \rho_j)\wedge\bar\partial\, U_{\ell,y} = 0$, on a : $w_2 = \sum_{j=1}^{\infty}\frac{i}{2}\,\partial\rho_j\wedge\bar\partial(U_{\ell,j} - U_{\ell,y})$,
un coefficient de la $(\ell-1,\ell-1)$-forme $U_{\ell,j} - U_{\ell,y}$ est, d'après (7) , de la forme $P_\ell\star P_1^\star(y_j-y)\,H$ où H est un coefficient mesure de θ . Donc pour montrer que w_2 est de classe $\mathcal{C}^\infty$, il suffit de montrer que la $(1,1)$-forme $\sum_{j=1}^{\infty}\partial\rho_j\wedge\bar\partial(P_\ell\star(y_j-y)H)$ est de classe $\mathcal{C}^\infty$. Soit alors L un compact de $\mathbb{C}^n$, il existe un entier N tel que $L\cap\mathrm{Supp}\,\partial\rho_j = \emptyset$, $\forall_j > N$. En prenant y égale à 1 au voisinage $(\bigcup_{j=1}^{N}\mathrm{Supp}\,\rho_j)$, on aura $y_j - y$ nulle au voisinage de $\mathrm{Supp}\,\rho_j$ ce qui implique que $P_\ell\star(y_j-y)H$ est $\mathcal{C}^\infty$ au voisinage de $\mathrm{Supp}\,\rho_j$ donc $\partial\rho_j\wedge\bar\partial(P_\ell\star(y_j-y)H$ est $\mathcal{C}^\infty$ sur $\mathbb{C}^n$, donc w_2 restreinte à L est $\mathcal{C}^\infty$ sur $\mathbb{C}^n$, ce qui implique que w_2 l'est aussi. En procédant de même pour w_3 et w_4 on conclut que $w_\ell = w_1+w_2+w_3+w_4$ est

$\mathcal{C}^\infty$ sur $\mathbb{C}^n$. Pour estimer $\|w_\ell\|$, on choisit (ρ_j) et (y_j) comme suit : soit $\varepsilon > 0$ et soit χ une fonction de classe $\mathcal{C}^\infty$, décroissante, définie sur $\mathbb{R}^+$ par

$\chi(t) = 1$ si $t \leqslant 1$ et $\chi(t) = 0$ si $t \geqslant 1 + \varepsilon$. On pose :

$$\chi_j(x) = \chi\left(\frac{|z|}{j}\right) = \begin{cases} 1 & \text{si } |z| \leqslant j \\ 0 & \text{si } |z| \geqslant (1+\varepsilon)_j \end{cases}$$ et on prend :

$$\rho_1 = \chi_1 \,,\ \rho_j = \chi_j - \chi_{j-1} \quad \text{pour } j \geqslant 2 \quad \text{et} \quad y_j(x) = \chi\left(\frac{x}{(1+2\varepsilon)_j}\right) = \begin{cases} 1, \text{si } |x| \leqslant (1+2\varepsilon)_j \\ 0, \text{si } |x| \geqslant (1+\varepsilon)(1+2\varepsilon)_j \end{cases}$$

Le support de ρ_j étant contenu dans $\{z \in \mathbb{C}^n,\ j-1 \leqslant |z| \leqslant (1+\varepsilon)_j\}$, y_j vaut bien 1 au voisinage de support de ρ_j. On vérifie que $\sum_{j=1}^{\infty} \rho_j(z) = 1$.

χ étant $\mathcal{C}^\infty$, il existe une constante $\bar{c}(\varepsilon)$ telle que :

<u>(33)</u> :
$$\|\partial^- y_j\| \leqslant \frac{c(\varepsilon)}{(1+2\varepsilon)j}$$
$$\|\partial\partial^- y_j\| \leqslant \frac{c(\varepsilon)}{(1+2\varepsilon)^2 j^2}$$

avec (11) on obtient $$\|w_1\| \leqslant c(n,p,\ell) \sum_{j=1}^{\infty} \rho_j(z) \int_{\mathbb{C}^n} \left[\frac{\|\partial^y j\|}{|z-x|} + \|\partial^- y_j\|\right] \frac{d\sigma_\theta(x)}{|z-x|^{2p+2\ell-2}}$$

quand $x \in \operatorname{Supp} \partial y_j$ et $z \in \operatorname{Supp} \rho_j$, on a $|z-x| \geqslant (1+2\varepsilon)_j - (1+\varepsilon)_j = \varepsilon_j$.
d'où, avec (33), on aura
$$\|w_1\| \leqslant c(n,p,\ell,\varepsilon) \sum_{j=1}^{\infty} \frac{\rho_j(z)}{j^{2p+2\ell}}\, \sigma_\theta((1+2\varepsilon)_j).$$

$z \in \operatorname{Supp} \rho_j \Longrightarrow j-1 \leqslant |z| \leqslant (1+\varepsilon)_j, \Longrightarrow \frac{|z|}{1+\varepsilon} \leqslant j \leqslant 1+|z| . \Rightarrow \frac{1+|z|}{2(1+\varepsilon)} \leqslant j \leqslant 1+|z|$.

ce qui implique

<u>(34)</u> $$\|w_1\| \leqslant c(\varepsilon,n,p,\ell)\, \frac{\nu_\theta((1+5\varepsilon)(1+|z|))}{(1+|z|)^{2\ell}}$$

D'autre part on a :
$w_2 = \frac{i}{2}\, \partial^-\chi_1 \wedge 1\partial^-\, U_{\ell,1} + \sum_{j=2}^{\infty} \frac{i}{2}\, \partial(\chi_j - \chi_{j-1}) \wedge \partial^-\, U_{\ell,j}$, en regroupant les termes en χ_j.,

$w_2 = \sum_{j=1}^{\infty} \frac{i}{2} \partial\chi_j \wedge \partial^-(U_{\ell,j} - U_{\ell,j+1})$, mais $\partial^-(U_{\ell,j} - U_{\ell,j+1})$ est une $(\ell-1,\ell)$-forme dont les coefficients sont, d'après (7), des combinaisons linéaires finies des (0,1) formes $(\partial^- P_\ell) \star (y_j - y_{j+1})H$ où H est un coefficient mesure de θ ;

D'après (3), le coefficient $|H|$ est majoré par la mesure trace σ_θ, de θ , d'autre part $\| \partial^- P_\ell (z-x)\| \leqslant c|z-x|^{-2p-2\ell+1}$. Ce qui implique que :

(34') $$\|w_2\| \leqslant C(n,p,\ell) \sum_{j=1}^{\infty} \| \partial\chi_j(z)\| \int_{\mathbb{C}^n} |z-x|^{-2p-2\ell+1} (y_{j+1} - y_j)\, d\sigma_\theta(x)$$

χ étant $\mathcal{C}^\infty$, il existe une constante $C(\varepsilon)$ telle que $\| \partial\chi_j\| \leqslant \frac{c(\varepsilon)}{j}$.

$$\left.\begin{array}{l} x \in \mathrm{Supp}(y_{j+1} - y_j) \Rightarrow |x| \geqslant (1+2\varepsilon)_j \\ z \in \mathrm{Supp}\ \partial\chi_j \Rightarrow j < |z| < (1+\varepsilon)_j \end{array}\right\} \Rightarrow |z-x| \geqslant \varepsilon_j \quad \text{et} \quad \frac{1+|z|}{2(1+\varepsilon)} < j < |z| .$$

d'où, avec (34') :

(35) $$\|w_2\| \leqslant C(\varepsilon,n,p,\ell)(1+|z|)^{-2p-2\ell} \sum_{j<|z|} \int_{\mathbb{C}^n} (y_{j+1} - y_j)(x)\, d\sigma_\theta(x).$$

Comme $\mathrm{Supp}(y_{j+1} - y_j) \subseteq \{|x| < (1+\ \varepsilon)(j+1)\} \subseteq \{|x| \leqslant (1+5\varepsilon)(1+|z|)\}$ et comme

$$\sum_{j<|z|} (y_{j+1} - y_j) \leqslant y_{E(z)+1} \leqslant 1 \quad \text{où} \quad E(z) = \text{partie entière de } |z|$$

on aura, avec (35) :

(36) $$\|w_2\| \leqslant c(n,p,\ell,\varepsilon) \frac{\nu_\theta((1+5\varepsilon)(1+|z|))}{(1+|z|)^{2\ell}}$$

Et avec des procédés semblables pour majorer les coefficients de w_3 et w_4 , on aboutit à des estimations du genre (36). Ce qui donne l'estimation (32') de w_ℓ et finit la démonstration de la proposition 5 .

w_ℓ étant une forme $\mathcal{C}^\infty$, réelle, il est immédiat que $w_\ell \geqslant - c(n,p,\ell) \| w_\ell \| \beta^\ell$
$\|w\|$ s'identifie avec une fonction continue. Et d'après (32'), on a :

(36') $$w_\ell \geqslant - c(n,p,\ell,\varepsilon)\ \nu_\theta(1+5\varepsilon)(1+|z|))(1+|z|)^{-2\ell} \beta^\ell .$$

Pour rendre donc le (ℓ,ℓ) - courant $\frac{i}{2}\partial\partial^- U_\ell$ positif, sans changer sa fermeture et sa densité, il suffira de lui ajouter un (ℓ,ℓ)-courant, T_2 positif, fermé, de densité partout nulle et tel que, au sens des courants,

(37) $$T_2 \geq C(\varepsilon,n,p,\ell) \quad \nu_\theta(1+5\varepsilon)(1+|z|))(1+|z|)^{-2\ell}\beta^\ell \quad .$$

Ce courant, T_2, nous est fourni par la proposition suivante dûe à H. SKODA [9] et où on construit une fonction w, plurisouharmonique, continue telle que le courant $\frac{i}{2}\partial\bar{\partial} w$ satisfait la condition (37) pour $\ell = 1$.

Proposition 6

Pour tout $\ell \geq 1$ et pour tout $\varepsilon > 0$, il existe une fonction w p.s.h, continue telle que :

i) $\frac{i}{2}\partial\bar{\partial} w \geq [\nu_\theta((1+5\varepsilon)(1+|z|))]^{\frac{1}{\ell}} (1+|z|)^{-2} \beta$

ii) $w(z) \leq \mathrm{Log}^2|z| \quad . [\nu_\theta(1+5\varepsilon)(1+|z|))]^{\frac{1}{\ell}}$

Démonstration i) est équivalente, d'après (1), à :

$$\forall \lambda \in \mathbb{C}^n, \quad \mathcal{H}(w,\lambda) = \sum_{j=1}^{n} \frac{\partial^2 w}{\partial z_j \, \partial \bar{z}_k} \quad \lambda_j \bar{\lambda}_k \quad \geq \quad [\nu_\theta((1+5\varepsilon)(1+|z|))]^{\frac{1}{\ell}} (1+|z|)^{-2} |\lambda|^2$$

cherchons w sous la forme $w = h \circ q$ où h est une application convexe croissante de $\mathbb{R}$ dans $\mathbb{R}$ et q une fonction p.s.h dans $\mathbb{C}^n$.

Si on suppose h de classe $\mathcal{C}^2$ et q de classe $\mathcal{C}^2$ on aura :

$\mathcal{H}(w,\lambda) = h''(q(z)) \left| \sum_{j=1}^{n} \frac{\partial q}{\partial^z j} \lambda_j \right|^2 + h'(q(z)) \quad \mathcal{H}(q,\lambda)$. Ce qui implique

$\mathcal{H}(w,\lambda) \geq h'(q(z)) \quad \mathcal{H}(q,\lambda)$. On prend $q(z) = \mathrm{Log}(1+|z|^2) + \frac{1}{2} \mathrm{Log}^2(1+|z|^2)$

alors $\mathcal{H}(q,\lambda) \geq \dfrac{|\lambda|^2}{(1+|z|)^2}$ et donc i) est satisfaite si on choisit h convexe croissante telle que

$h'(q(z)) \quad \geq \quad [\nu_\theta((1+5\varepsilon)(1+|z|)]^{\frac{1}{\ell}}$. Soit q^{-1} la fonction inverse de q, alors i) est remplie si on choisit $w = h \circ q$ telle que

$h'(t) \quad \geq \quad [\nu_\theta((1+5\varepsilon)(1+q^{-1}(t)))]^{\frac{1}{\ell}}$. Comme $\nu_\theta(r)$ est croissante et quitte à remplacer ν_θ par sa régularisée $\nu_{\theta,\varepsilon} = \nu_\theta \star \rho_\varepsilon$ où

$\rho_\varepsilon \in \mathcal{D}(\mathbb{R})$, Supp $\rho_\varepsilon \subseteq [-\varepsilon, 0]$, on peut prendre

$$h(t) = \int_0^t [\nu_\theta\ (1 + 5\varepsilon)(1+q^{-1}(s)))]^{\frac{1}{\ell}}\ ds$$

et on vérifie que ii) est satisfaite par ce choix de h .

On est maintenant prêt à démontrer le théorème 1.

<u>Démonstration du théorème 1</u> :

Soit w , la fonction p.s.h continue construite dans la proposition précédente, on définit, par récurrence sur $\ell \geqslant 1$, le courant positif fermé, $(\frac{i}{2}\partial\bar{\partial} w)^\ell$:

pour $\ell = 1$, c'est bien défini

$$\ell = 2, \text{ on pose } \qquad \int_{\mathbb{C}^n} (\frac{i}{2}\partial\bar{\partial} w)^2 \wedge \varphi = \int_{\mathbb{C}^n} w.\frac{i}{2}\partial\bar{\partial} w \wedge \frac{i}{2}\partial\bar{\partial}\varphi,\ \forall \varphi \in \mathcal{D}_{n-2,n-2}(\mathbb{C}^n).$$

Le courant $\frac{i}{2}\partial\bar{\partial} w$ étant positif donc d'ordre nul, et la fonction w étant continue, le courant $w.\frac{i}{2}\partial\bar{\partial} w$ est bien défini.

Supposons, défini, le courant $(\frac{i}{2}\partial\bar{\partial} w)^{\ell-1}$ on pose :

$$\underline{(38)} \quad \int_{\mathbb{C}^n} (\frac{i}{2}\partial\bar{\partial} w)^\ell \wedge \varphi = \int_{\mathbb{C}^n} w.(\frac{i}{2}\partial\bar{\partial} w)^{\ell-1} \wedge \frac{i}{2}\partial\bar{\partial}\varphi \quad , \forall \varphi \in \mathcal{D}_{n-\ell,n-\ell}(\mathbb{C}^n).$$

Pour plus de détails sur ce point on renvoie à BEDFORD [1] .

D'après la proposition 6 i) on a :

$$(\frac{i}{2}\partial\bar{\partial} w)^\ell \geqslant \nu_\theta\ ((1+5\varepsilon)(1+|z|))(1+|z|)^{-2\ell}\ \beta^\ell$$

et avec (36') on aura

$$w_\ell + c(n,p,\ell,\varepsilon)(\frac{i}{2}\partial\bar{\partial} w)^\ell \geqslant 0 ,$$

et on prend

$$T_\ell = \frac{1}{(p+\ell-1)^{\pi p+\ell}} \left[\frac{i}{2}\partial\bar{\partial} u + c(n,p,\ell,\varepsilon)(\frac{i}{2}\partial\bar{\partial} w)^\ell \right] .$$

D'après le remarque 4 , pour montrer la partie 1) du théorème 1, il suffit de voir que $\nu(\frac{i}{2}\partial\bar{\partial} w)^\ell,0) = 0$. Pour cela, soit χ_μ une fonction $\mathcal{C}^\infty$ sur $\mathbb{R}^+$

définie par $\chi_\mu(t) = \begin{cases} 1 & t \leqslant 1 \\ 0 & t \geqslant 1+\mu \end{cases}$. On considère pour

pour $r > 0$, la fonction $\chi_{r,\mu}(z) = \chi_\mu\left(\frac{|z|}{r}\right)$, $\chi_{r,\mu}$ est égale à 1 sur $B(r)$.

On a : $\nu\left(\left(\frac{i}{2}\partial\bar\partial w\right)^\ell, r\right) \leqslant \pi^{-n+\ell}\, r^{-2n+2\ell} \int_{\mathbb{C}^n} \left(\frac{i}{2}\partial\bar\partial w\right)^\ell \chi_{r,\mu}(z) \wedge \beta^{n-\ell}$

χ_μ étant $\mathcal{C}^\infty$, il existe une constante $c(\mu)$ telle que $\partial\bar\partial\chi_{r,\mu} \leqslant c(\mu) r^{-2}\beta$ comme $\mathrm{Supp}\left(\frac{i}{2}\partial\bar\partial\, \chi_{r,\mu}\right) \subseteq B(r, r+\mu r)$ et comme w est positive, on a en utilisant (38) dans l'intégrale ci-dessus,

(39) $\nu\left(\left(\frac{i}{2}\partial\bar\partial w\right)^\ell, r\right) \leqslant c(\mu)\, M_w(r,\mu r)\, \nu\left(\left(\frac{i}{2}\partial\bar\partial w\right)^{\ell-1}, r+\mu r\right)$ où

$M_w(r+\mu r) = \sup\limits_{|z|=r+\mu r} w(z) \geqslant 0$.

comme $\nu\left(\frac{i}{2}\partial\bar\partial w, 0\right) = 0$, ($w$ est continue), la récurrence de (39), implique que

$\nu\left(\left(\frac{i}{2}\partial\bar\partial w\right)^\ell, 0\right) = 0$.

Pour montrer la partie 2) du théorème, on itère $(\ell-1)$-fois l'opération faite pour avoir (39), ce qui donne

$$\nu\left(\left(\frac{i}{2}\partial\bar\partial w\right)^\ell, r\right) \leqslant c(\mu,\ell)\, \left[M_w(r+3^{\ell-1}\mu r)\right]^{\ell-1} \nu\left(\frac{i}{2}\partial\bar\partial w, r+3^{\ell-1}\mu r\right).$$

En appliquant la formule de Jensen, on aura :

(39') $\nu\left(\left(\frac{i}{2}\partial\bar\partial w\right)^\ell, r\right) \leqslant c(\mu,\ell)\, \left[M_w(r+3^\ell \mu r)\right]^\ell$

et avec la proposition 6 ii), et en prenant $\mu = \varepsilon.3^{-\ell}$, $\varepsilon \leqslant 1$, on aura pour $r \geqslant 1$,

(40) $\nu\left(\left(\frac{i}{2}\partial\bar\partial w\right)^\ell, r\right) \leqslant c(\varepsilon,n,p,\ell)\, \mathrm{Log}^{2\ell} r.\ \nu_\theta((1+5\varepsilon)(1+r))$.

D'autre part, d'après (32'), on aura :

(41) $\nu_{w_\ell}(r) = \pi^{-n+\ell}\, r^{-2n+2\ell} \int_{B(r)} w_\ell \wedge \beta^{n-\ell} \leqslant c(n,p,\ell)\ \nu_\theta((1+5\varepsilon)(1+r))$.

Reste à estimer $\nu(\theta_\ell, r)$ où $\theta_\ell = \sum\limits_{j=1}^{\infty} \rho_j\, \theta_j$.

D'après (28) + (29), où on remplace y par y_j , on obtient :

$$\nu(\theta_\ell,r) \leqslant r^{-2n+2\ell} c(n,p,\ell) \sum_{j=1}^{\infty} \int_{B(r)\times\mathbb{C}^n} \rho_j(z)\, y_j(x)\, |z-x|^{-2p-2\ell}\, d\lambda\, z \otimes d\sigma_\theta(x).$$

comme $z \in \operatorname{Supp} \rho_j$ et $x \in \operatorname{Supp} y_j$, on a : $j-1 < |z| < (1+\varepsilon)j$,

$|x| \leqslant (1+5\varepsilon)j$.

donc seul les j tels que $j-1 < r$ sont utiles dans la somme ci-dessus,

ce qui implique : $|x| < (1+5\varepsilon)(r+1)$ et

$$\nu_{\theta_\ell}(r) \leqslant r^{-2n+2\ell} c(n,p,\ell) \int_{B(r)} d\lambda|z| \int_{|x|\leqslant(1+5\varepsilon)(r+1)} |z-x|^{-2p-2\ell}\, d\sigma\theta(x)$$

En posant $V_4(z) = - \int_{|x|\leqslant(1+5\varepsilon)(r+1)} |z-x|^{-2p-2\ell}\, d\sigma_\theta(x)$ et en utilisant

Fubini en aura :

<u>(42)</u> $$\nu_{\theta_\ell}(r) \leqslant - c(n,p,\ell) r^{-2n+2\ell} \int_0^r t^{2n-1}\, \lambda(V_4,0,t)\, dt.$$

Soit g_ℓ la fonction du Lemme 1 , $g_\ell(x,z) = - |z-x|^{-2p-2\ell}$.

Avec Fubini on a :

$$\lambda(V_4,0,t) = \int_{|x|\leqslant(1+5\varepsilon)(r+1)} d\sigma_\theta(x)\, \lambda_z(g_\ell,0,t) = \int_{|x|\leqslant t} d\sigma_\theta(x)\, \lambda_z(g_\ell,0,t) + \int_{t<|x|\leqslant(1+5\varepsilon)(r+1)} d\sigma_\theta(x)\, \lambda_z(g_\ell,0,t)$$

En utilisant le lemme 1 (page 12) et l'intégrale de Steeljess on aura :

$$\lambda(V_4,0,t) \geqslant - \sigma_\theta(+) t^{-2p-2\ell} - \int_t^{(1+5\varepsilon)(r+1)} d\sigma_\theta(s)\, s^{-2p-2\ell}$$

$\nu_\theta(s)$ étant une fonction croissante de s , on aura en intégrant par partie

pour $t \leqslant r$:

$$\lambda(V_4,0,t) \geqslant - \delta(2p) \left[1 + \frac{p+\ell}{\ell} \right] \nu_\theta((1+5\varepsilon)(r+1)) \,.\, t^{-2\ell}$$

et en reportant dans (42), on obtient :

<u>(43)</u> $$\nu_{\theta_\ell}(r) \leqslant c(n,\varepsilon,p,\ell)\, \nu_\theta((1+5\varepsilon)(r+1))$$

Et (40) + (41) + (43) donnent l'estimation cherchée pour $\nu(T_\ell,r)$

Remarque 5 : Comme la mesure σ_θ majore les coefficients de θ , on prend les fonctions $\sigma_\theta(r)$ ou $\nu_\theta(r)$ comme indicatrice de croissance du courant θ et on dira que θ est d'ordre fini ρ si $\limsup_{r\to+\infty} \dfrac{\operatorname{Log} \nu_\theta(r)}{\operatorname{Log} r} = \rho$.

Et pour préciser l'ordre du courant T_ℓ , exhibé dans le théorème 1 , dans le cas où θ est d'ordre fini, on fait un deuxième choix de la fonction w , donnée dans la proposition 6 . Pour cela, on considère (d'après H. SKODA [9]) pour un réel $d>0$, la fonction $g(t)$ définie par

$$g(t) = t^d \int_1^t \frac{[\nu_\theta(\tau+5\varepsilon\tau)]^{\frac{1}{\ell}}}{\tau^{d+1}}\, d\tau \quad , \qquad t \geqslant 1 .$$

Quitte à remplacer $\nu_\theta(\tau+5\varepsilon\tau)$ par $\nu_\theta(\tau_o+\tau+5\varepsilon\tau)$ où le réel τ_o est tel que $\nu_\theta(\tau_o) > 0$, on peut supposer que $\nu_\theta(\tau+5\varepsilon\tau) > 0$ pour $\tau \geqslant 1$. En supposant pour l'instant que $\nu_\theta(s)$ est une fonction de classe $\mathcal{C}^1$, on a

$$\text{(44)}\qquad g'(t) = d\, t^{d-1} \int_1^t \frac{[\nu_\theta(\tau+5\,\varepsilon\tau)]^{\frac{1}{\ell}}}{\tau^{d+1}}\, d\tau + \frac{[\nu_\theta(t+5\varepsilon t)]^{\frac{1}{\ell}}}{t}$$

$$\text{(45)}\qquad g''(t) = d(d-1)\, t^{d-2} \int_1^t \frac{[\nu_\theta(\tau+5\varepsilon\tau)]^{\frac{1}{\ell}}}{\tau^{d+1}}\, d\tau + (d-1)\, \frac{\nu_\theta(t+5\varepsilon t)^{\frac{1}{\ell}}}{t^2} + \\ + \frac{1+5\varepsilon}{\ell} \cdot \frac{\nu'_\theta(t+5\varepsilon t)}{t\nu_\theta(t+5\varepsilon t)^{1-\frac{1}{\ell}}} .$$

Un calcul immédiat du Hessien de la fonction $G(z) = g(1+|z|)$, donne pour tout $\lambda \in \mathbb{C}^n$:

$$\text{(45')}\qquad \mathcal{H}(G,\lambda) = g'(1+|z|) \left[\frac{|\lambda|^2}{2|z|} - \frac{|\langle\lambda,z\rangle|^2}{4|z|^3} \right] + g''(1+|z|)\, \frac{|\langle\lambda,z\rangle|^2}{4|z|^2} .$$

Soit encore, par Cauchy-Schwartz :

$$\mathcal{H}(G,\lambda) \geqslant \frac{1}{4}\, g'(1+|z|)\, \frac{|\lambda|^2}{|z|} + g''(1+|z|)\, \frac{|(\lambda,z)|^2}{4|z|^2}$$

si $d \geqslant 1$, $g''(t) \geqslant 0$ et par conséquent (avec (44)) :

$$\underline{(46)} : \quad \mathcal{H}(G,\lambda) \geqslant \frac{1}{4} \frac{[\nu_\theta((1+|z|)(1+5\varepsilon))]^{\frac{1}{\ell}}}{(1+|z|)^2} \quad |\lambda|^2$$

Si $0 < d < 1$, on minore $g''(t)$, en omettant le troisième terme de droite dans (45), grace à l'inégalité :

$$|<\lambda,(z)>^2 \leqslant |\lambda|^2 |z|^2 ,$$

ce qui donne pour $t = 1 + |z|$

$$\mathcal{H}(G,\lambda) \geqslant |\lambda|^2 \frac{d}{4} t^{d-2} (d + \frac{1}{|z|} \int_0^t \frac{[\nu_\theta(\tau+5\varepsilon\tau)]^{\frac{1}{\ell}}}{\tau^{d+1}} d\tau +$$

$$+ \frac{|\lambda|^2 [\nu_\theta(t+5\varepsilon t)]^{\frac{1}{\ell}}}{4t^2} (\frac{t}{|z|} + d-1)$$

ce qui donne

$$\underline{(47)} \quad \mathcal{H}(G,\lambda) \geqslant \frac{d |\lambda|^2 \nu_\theta(1+5\varepsilon)(1+|z|))^{\frac{1}{\ell}}}{4 (1+|z|)^2}$$

En prenant $w(z) = G(z)$, on aura une estimation du genre i) Proposition 6. Et pour estimer $\nu_{T_\ell}(r)$, il suffit d'estimer $\nu((\frac{i}{2}\partial\bar\partial w)^\ell, r)$. Avec (39') on aura :

$$\nu((\frac{i}{2}\partial\bar\partial w) ,r) \leqslant c(\varepsilon,\ell,d)(1+(1+\varepsilon)r)^{d\ell} \left[\int_1^{1+(1+\ )r} \frac{[\nu_\theta(\tau+5\varepsilon\ell)]^{\frac{1}{\ell}}}{\tau^{d+1}} d\tau \right]^\ell$$

et par l'inégalité de Minkovski on aura :

$$\nu(\frac{i}{2}\partial\bar\partial w)^\ell, r) \leqslant c(\varepsilon,\ell,n,d)\, r^{d\ell+\ell-1} \int_1^{1+(1,\varepsilon)r} \frac{\nu_\theta(\tau+5\varepsilon\tau)}{\tau^{d\ell+\ell}} d\tau$$

Et avec (41) et (43) on aura :

$$\nu_{T_\ell}(r) \leqslant c(\varepsilon,n,p,\ell)\ \nu_\theta((1+5\varepsilon)r) + c(\varepsilon,\ell,n,d) r^{d\ell+\ell-1} \int_1^{1+(1+\varepsilon)r} \frac{\nu_\theta(\tau+5\varepsilon\tau)}{\tau^{d\ell+\ell}} d\tau .$$

BIBLIOGRAPHIE

[1] E. BEDFORD Math. ann. n° 249, p. 289 - 304.

[2] J.P. DEMAILLY Sur les nombres de Lelong associés à l'image directe d'un courant positif, fermé. Annales de l'Institut Fourrier, 1981.

[3] H. FEDERER Geometric mesure theory ; Springer-Verlag Band 153, Berlin, Heidelberg N.Y. 1969.

[4] R. HARVEY Holomorphic chains and their Boundaries; Procedings of Symposia in pure Mathematics of the Amer. Math. Soc., held at Williams town, vol. 30, P.1.

[5] P. LELONG Fonctions p.s.h et formes différentielles positives ; Gordon and Breach, N.Y. et Dunod, Paris, 1969.

[6] P. LELONG Fonctions entières (n-variables) et fonctions p.s.h d'ordre fini dans $\mathbb{C}^n$. J. Analyse math., Jérusalem, t. 12 - 1964.

[7] P. LELONG Sur la structure des courants positifs fermés. Séminaire Pierre Lelong (Analyse) 1975/76, n° 578, p. 136.

[8] Y.T. SIU Analycity of sets associated to Lelong numbers and the extension of closed positive currents. Inv. Math. t. 27, p. 58 - 156, 1974.

[9] H. SKODA Sous ensembles analytiques d'ordre fini ou infini dans $\mathbb{C}^n$ S.M.F., t. 100, 1972.

[10] H. SKODA Nouvelle méthode pour l'étude des potentiels associés aux ensembles analytiques. Séminaire P.Lelong (Analyse) 72-73, n° 410, p.117.

[11] H. SKODA Prolongement des courants positifs, fermés de masse finie. Inventiones math 1981.

UNIVERSITÉ PARIS VI
ANALYSE COMPLEXE
ET GÉOMÉTRIE
Laboratoire Associé au C. N. R. S.
(L.A. 213)
4, PLACE JUSSIEU
75230 PARIS - CEDEX 05
TOUR 45-46 5° ÉTAGE

Séminaire P.LELONG,P.DOLBEAULT,H.SKODA
(Analyse)
22e et 23e année, 1982/1983.

ÉTUDE ASYMPTOTIQUE DANS DES SECTEURS SPIRALÉS AUTOUR DE L'ORIGINE DE L'ÉQUATION $\sum_{i=1}^{n} \lambda_i x_i \frac{\partial u}{\partial x_i} = F(x,u)$ ET THÉORÈME DE BOREL-RITT.

par Hélène CHARRIÈRE

On se donne un champ de vecteurs singulier $\tau = \sum_{i=1}^{n} \lambda_i x_i \frac{\partial}{\partial x_i}$ et une fonction $F(x,y)$ holomorphe au voisinage de 0 dans $\mathbb{C}^n \times \mathbb{C}^p$, à valeurs dans $\mathbb{C}^p$, telle que $F(0,0) = 0$. L'existence d'une solution u holomorphe au voisinage de 0, d'ailleurs unique, de l'équation $\tau u = F(x,u)$, lorsque la condition $|\sum_{i=1}^{n} \lambda_i m_i| \geqslant C \sum_{i=1}^{n} m_i$ est vérifiée pour tout $(m_1,\ldots,m_n)$ dans $\mathbb{N}^n$ (C constante), a été prouvée par Poincaré ; le résultat est encore vrai lorsque $\tau = \sum_{i=1}^{n} \lambda_i x_i \frac{\partial}{\partial x_i} + \sum_{i=1}^{n} g_i(x) \frac{\partial}{\partial x_i}$, où $\sum_{i=1}^{n} \lambda_i x_i \frac{\partial}{\partial x_i}$ vérifie la condition $|\sum_{i=1}^{n} \lambda_i m_i| \geqslant C \sum_{i=1}^{n} m_i$ et $\sum_{i=1}^{n} g_i(x) \frac{\partial}{\partial x_i}$ est un champ de vecteurs nilpotent commutant avec $\sum \lambda_i x_i \frac{\partial}{\partial x_i}$ ou lorsque τ est un champ qu'une transformation holomorphe intersible met sous cette forme, donc finalement pour tout champ $\tau = \sum_{i=1}^{n} f_i(x) \frac{\partial}{\partial x_i}$ où $f_1,\ldots,f_n$ sont des fonctions holomorphes au voisinage de 0 dans $\mathbb{C}^n$, prenant la valeur 0 à l'origine, telles que les valeurs propres $\lambda_1,\ldots,\lambda_n$ de la matrice $(\frac{\partial f_i}{\partial x_j}(0))$ vérifient la condition $|\sum_{i=1}^{n} \lambda_i m_i| \geqslant C \sum_{i=1}^{n} m_i$. On trouve un résultat encore plus général dans KAPLAN [1] où certains λ_i peuvent être nuls. Par ailleurs il existe des équations du type $\tau u = F(x,u)$ pour lesquelles on est sûr qu'il n'existe pas de solution holomorphe au voisinage de 0 ; c'est le cas par exemple pour $x_1 \frac{\partial u}{\partial x_1} - \theta x_2 \frac{\partial u}{\partial x_2} = f(x_1,x_2)$ où $\theta = \sum_{j=1}^{\infty} 2^{-n_j}$, $(n_j)_{j \in \mathbb{N}^*}$ est une suite croissante d'entiers positifs tels que $\lim_{j\to+\infty} \frac{n_{j+1}}{2^{n_j}} = +\infty$, $f(x_1,x_2) = \sum_{j=1}^{\infty} x_1^{p_j} x_2^{q_j}$, $q_j = 2^{n_j}$, p_j est un entier compris entre 0 et q_j, tel que $|\theta - \frac{p_j}{q_j}| = \inf_{0 \leqslant p \leqslant q_j} |\theta - \frac{p}{q_j}|$. Le problème étudié ici est de savoir, lorsqu'il n'existe pas de solution holomorphe au voisinage de 0, s'il existe des secteurs, ayant pour sommet l'origine, où l'on puisse trouver une solution holomorphe à l'équation $\tau u = F(x,y)$, admettant en 0 un développement asymptotique.

1/ Secteurs spiralés.

a) Secteurs spiralés dans $\mathbb{C}$.

On définit dans $\mathbb{C}$ l'ensemble $S(a,b,\alpha,\beta,\rho)$ par

$$x \in S(a,b,\alpha,\beta,\rho) \Leftrightarrow \begin{cases} \alpha < a \arg x + b \log|x| < \beta \\ |x| < \rho \end{cases}$$

où $a, b, \alpha, \beta, \rho$ sont des nombres réels tels que $\alpha < \beta$, $\rho > 0$, $(a, b) \neq (0,0)$.

On dit que $S(a, b, \alpha, \beta, \rho)$ est un secteur spiralé de sommet l'origine ; il a en général l'allure suivante :

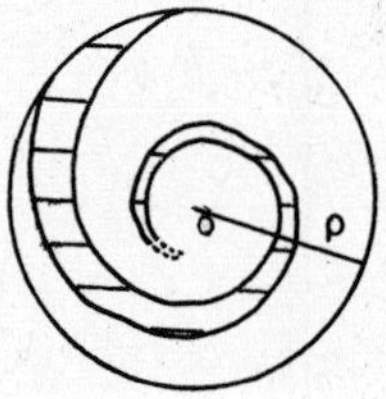

-si $a = 0$, $S(0, b, \alpha, \beta, \rho)$ est l'ensemble vide ou une couronne ; on éliminera ce cas puisque on veut étudier l'équation au voisinage de l'origine ;

-si $b = 0$ on retrouve les secteurs habituels, qu'on désignera parfois par secteurs droits :

Il sera parfois utile de paramétrer un secteur spiralé : si $a, b, \alpha, \beta, \rho$ sont des nombres réels tels que $\rho > 0$, $(a, b) \neq (0,0)$, $\alpha < \beta$ et λ un nombre complexe non nul, l'ensemble des $x = \rho e^{\lambda t}$, où t est un nombre complexe vérifiant

$$\begin{cases} \mathrm{Re}(\lambda t) < 0 \\ \alpha < a\,\mathrm{Re}(t) + b\,\mathrm{Im}(t) < \beta \end{cases}$$,est un secteur spiralé, noté $S(a, b, \alpha, \beta, \rho, \lambda)$.

Dans le plan des t , on a la figure suivante :

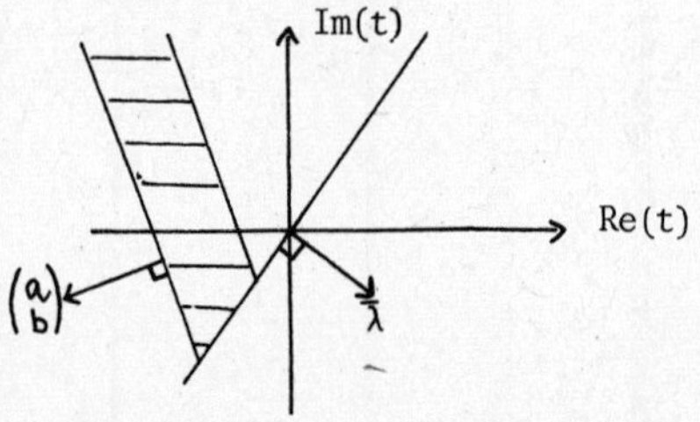

On élimine les cas où $\frac{\lambda}{a - ib}$ est réel ($\bar{\lambda}$ et $a + ib$ "parallèles") car $S(a, b, \alpha, \beta, \rho, \lambda)$ est alors l'ensemble vide ou une couronne. Les secteurs "droits" correspondent aux cas où $\frac{\lambda}{b + ia}$ est un réel ($\bar{\lambda}$ et $a + ib$ "perpendiculaires") .

b) Secteurs spiralés dans $\mathbb{C}^n$.

On appellera ainsi un produit de n secteurs spiralés de $\mathbb{C}$.

2/ Théorème de Borel-Ritt dans un secteur spiralé de $\mathbb{C}$.

On connait le théorème de Borel-Ritt, qui à tout secteur droit de sommet 0 dans $\mathbb{C}$ et à toute série formelle $\sum_{n=o}^{\infty} a_n x^n$ associe une fonction f , holomorphe dans le secteur et admettant $\sum_{n=o}^{\infty} a_n x^n$ comme développement asymptotique à l'origine. Ce résultat se généralise aux secteurs spiralés de $\mathbb{C}$.

THÉORÈME 1. - Soit S un secteur spiralé de $\mathbb{C}$ et $\sum_{n=o}^{\infty} a_n x^n$ une série formelle ; il existe une fonction f , holomorphe dans S , telle que, pour tout entier naturel N , $x^{-(N+1)}(f - \sum_{n=o}^{N} a_n x^n)$ soit borné dans S .

(On peut aussi, pour définir le développement asymptotique, imposer la condition : pour tout entier naturel N , $x^{-N}(f - \sum_{n=o}^{N} a_n x^n)$ tend vers 0 lorsque x tend vers 0 dans S ; si $x^{-(N+1)}(f - \sum_{n=o}^{N} a_n x^n)$ est borné dans S pour tout N , $x^{-N}(f - \sum_{n=o}^{N} a_n x^n)$ tend vers 0 avec x ; réciproquement si pour tout N , $x^{-N}(f - \sum_{n=o}^{N} a_n x^n)$ tend vers 0 avec x , $x^{-(N+1)}(f - \sum_{n=o}^{N} a_n x^n)$ est borné, pour tout N , dans tout sous-secteur strict de S) .

Démonstration.

On se donne le secteur $S(a, b, \alpha, \beta, \rho)$ et un réel δ positif aussi petit que l'on veut ; on pose $\mu = \varepsilon(a + ib)$, où ε est un réel choisi assez petit pour avoir $-\frac{\pi}{2} + \delta < \mathrm{Im}(-\mu \log x) < \frac{\pi}{2} - \delta$, et dont le signe reste à déterminer; un tel ε existe , puisque, si x est dans S , on a , par hypothèse :

$$\alpha < \mathrm{Im}((a+ib)\log x) < \beta .$$

On choisit ensuite le signe de ε pour avoir $\lim_{x \to o} \mathrm{Re}(-\mu \log x) = +\infty$.

On définit la suite $\alpha_n(x) = 1 - \exp\left(-\frac{1}{(1+|a_n|)x^{\mu}}\right)$: c'est une suite de fonctions plates dans S , c'est-à-dire dont le développement asymptotique à l'origine est nul.

On pose $f(x) = \sum_{n=0}^{\infty} a_n\, \alpha_n(x) \left(\frac{x}{\rho}\right)^n$; la série qui définit f converge uniformément sur tout compact de S puisque :

$$|a_n\, \alpha_n(x)\, (\frac{x}{\rho})^n| \leqslant |a_n| \frac{|x^{-\mu}|}{1+|a_n|} |\frac{x}{\rho}|^n .$$

f est donc holomorphe dans S . On vérifie facilement que pour tout entier N $x^{-N}(f - \sum_{n=0}^{N} a_n x^n)$ tend vers 0 quand x tend vers 0 dans S. On a donc le résultat pour tout sous-secteur strict de S . Pour avoir le résultat annoncé , on fait la démonstration précédente en partant d'un secteur strictement plus grand que le secteur donné.

3/ Théorème de Borel-Ritt à plusieurs variables.

Il existe différentes façons de généraliser à plusieurs variables le théorème de Borel-Ritt : on peut par exemple se donner une série entière formelle à plusieurs variables et chercher à lui associer une fonction. Cette manière a été utilisée dans Gérard-Sibuya [2], RAMIS [3] . On ne se servira pas ici de ce type de développement : si on considère l'équation $\lambda_1 x_1 \frac{\partial u}{\partial x_1} + \lambda_2 x_2 \frac{\partial u}{\partial x_2} = f(x_1,x_2,u)$ et qu'on cherche une série formelle solution du type $\sum_{m=0}^{\infty} a_m(x_2)x_1^m$, où $a_m(x_2)$ est une fonction holomorphe, on obtient d'abord : $\lambda_2 x_2 \frac{da_o}{dx_2} = f(0,x_2,a_o)$. Si cette équation admet une solution formelle en x_2 , elle admet une solution holomorphe au voisinage de 0 ; après translation on peut supposer $a_o(x_2) = 0$ et $f(0,x_2,0) = 0$; on a ensuite, par identification

$$\lambda_1\, m\, a_m + \lambda_2 x_2 \frac{da_m}{dx_2} = \frac{\partial f}{\partial u}(0,x_2,0)a_m + Q_m(a_1, \ldots, a_{m-1})$$

où Q_m est un polynôme par rapport à $a_1, \ldots, a_{m-1}$, dont les coefficients sont des fonctions holomorphes de x_2 , sur un même voisinage de 0 . Si cette équation admet une solution formelle en x_2 , elle admettra une solution holomorphe dans un voisinage de 0 commun à $a_1, \ldots, a_{m-1}$. On est donc amené à considérer des séries formelles à une variable, à coefficients fonctions holomorphes des autres variables; les développements asymptotiques correspondants seront supposés uniformes par rapport aux variables "paramètres" figurant dans les coefficients.

Avant d'énoncer le résultat donnons quelques notations.

Soient $S_1,\dots,S_n$ n secteurs spiralés de $\mathbb{C}$, de sommet 0 et T un ensemble quelconque. On définit, par récurrence sur n, l'ensemble $\mathcal{A}_{u.T}(\prod_{j=1}^{n} S_j)$ des fonctions $f(t, x_1, \dots, x_n)$ définies sur $T \times \prod_{j=1}^{n} S_j$, holomorphes de $(x_1,\dots,x_n)$ dans $\prod_{j=1}^{n} S_j$ pour lesquelles il existe n séries formelles $\sum_{m\in\mathbb{N}} a_m^i(t, x_1, \dots, \hat{x}_i, \dots, x_n)x_i^m$, à coefficients dans $\mathcal{A}_{u.T}(\prod_{\substack{j=1\\ j\neq i}}^{n} \Pi S_j)$ telles que, pour tout entier M positif ou nul

$x_i^{-(M+1)}(f - \sum_{m=o}^{M} a_m^i(t, x_1,\dots,\hat{x}_i,\dots,x_n)x_i^m)$ soit une fonction bornée de

$\mathcal{A}_{u.T\times S_i}(\prod_{\substack{j=1\\ j\neq i}}^{n} S_j)$.

On notera $f \sim \begin{cases} \sum_{m=o}^{\infty} a_m^i(t,x_1,\dots,\hat{x}_i,\dots,x_n)x_i^m \\ 1\leq i\leq n \end{cases}$ et on dira que f admet n développements asymptotiques uniformes au voisinage de 0 dans $\prod_{j=1}^{n} S_j$.

Lorsque n = 1, la condition se réduit à : $x^{-(M+1)}(f - \sum_{m=o}^{M} a_m(t)x^m)$ est bornée (comme fonction de deux variables).

On peut définir maintenant, par récurrence sur n, l'ensemble $\mathcal{A}_u(\prod_{j=1}^{n} S_j)$ des fonctions $f(x_1,\dots,x_n)$ holomorphes sur $\prod_{j=1}^{n} S_j$, pour lesquelles il existe n séries formelles $\sum_{m\in\mathbb{N}} a_m^i(x_1,\dots,\hat{x}_i,\dots,x_n)x_i^m$, à coefficients dans $\mathcal{A}_u(\prod_{\substack{j=1\\ j\neq i}}^{n} S_j)$, telles que, pour tout entier naturel M, $x_i^{-(M+1)}(f - \sum_{m=o}^{M} a_m^i(x_1,\dots,\hat{x}_i,\dots,x_n)x_i^n)$ soit une fonction bornée de $\mathcal{A}_{u,S_i}(\prod_{\substack{j=1\\ j\neq 1}}^{n} S_j)$.

Si n = 1, on convient de poser $\mathcal{A}_u(\prod_{\phi}) = \mathbb{C}$, $\mathcal{A}_{u,T}(\prod_{\phi})$ = l'ensemble des fonctions bornées sur T.

On a quelques propriétés immédiates :

1) Si f est dans $\mathcal{A}_{u,T}(\prod_{j=1}^{n} S_j)$ (resp. $\mathcal{A}_u(\prod_{j=1}^{n} S_j)$), la fonction

$x_i^{-(M+1)}(f - \sum_{m=0}^{M} a_m^i(t, x_1,\dots,\hat{x}_i,\dots,x_n)x_i^m)$ est aussi dans $\mathcal{A}_{u,T}(\prod_{j=1}^{n} S_j)$

(resp. $\mathcal{A}_u(\prod_{j=1}^{n} S_j)$), pour tout entier naturel M.

On doit montrer pour cela :

-que cette dernière fonction admet un développement asymptotique par rapport à x_i

-que ses développements asymptotiques par rapport aux autres variables ont des coefficients holomorphes de x_i.

Cela résulte de la définition ; remarquons que l'hypothèse : "$x_i^{-(M+1)}(f - \sum_{m=o}^{M} a_m^i \, x_i^m)$ est dans $\mathcal{A}_{u.T\times S_i}(\prod_{\substack{j=1\\ j\neq i}}^{n} S_j)$ (resp. $\mathcal{A}_{u.S_i}(\prod_{j=1}^{n} S_j)$) et bornée", est plus forte que dans le cas d'une variable; elle est justifiée par le fait suivant : si $x_1 g(x_1,\ldots,x_n)$ admet un développement asymptotique par rapport à la variable x_2, uniforme par rapport aux autres variables, il n'en est pas de même nécessairement pour g.

2) La somme, le produit de deux éléments de $\mathcal{A}_{u.T}(\prod_{j=1}^{n} S_j)$ (resp. $\mathcal{A}_u(\prod_{j=1}^{n} S_j)$) sont dans $\mathcal{A}_{u.T}(\prod_{j=1}^{n} S_j)$ (resp. $\mathcal{A}_u(\prod_{j=1}^{n} S_j)$).

3) Si f est dans $\mathcal{A}_{u.T}(\prod_{j=1}^{n} S_j)$ (resp. $\mathcal{A}_u(\prod_{j=1}^{n} S_j)$), ses n développements asymptotiques uniformes sont uniques et on a :

$$a_m^i(t, x_1, \ldots, \hat{x}_i, \ldots, x_n) = \frac{1}{m!} \lim_{x_i \to o} \frac{\partial^m f}{\partial x_i^m}(t, x_1, \ldots, x_i, \ldots, x_n)$$

où la limite est uniforme sur $T \times \prod_{\substack{j=1\\ j\neq i}}^{n} S_j$.

4) Si f est dans $\mathcal{A}_{u.T}(\prod_{j=1}^{n} S_j)$ et si on a :

$$f \sim \left\{ \begin{array}{l} \sum_{m\geq o} a_m^i(t, x_1, \ldots, \hat{x}_i, \ldots, x_n) x_i^m \\ 1 \leq i \leq n \end{array}\right.$$

$$a_m^i \sim \left\{ \begin{array}{l} \sum_{\ell\geq o} a_{m\,\ell}^{i\,j}(t, x_1, \ldots, \hat{x}_i, \ldots, \hat{x}_j, \ldots, x_n) x_j^\ell \\ 1 \leq j \neq i \leq n \end{array}\right.$$

alors $a_{m\,j}^{i\,\ell} = a_{\ell\,m}^{j\,i}$ pour $1 \leq j \neq i \leq n$, m et ℓ dans $\mathbb{N}$.

5) Toute fonction f dans $\mathcal{A}_u(\prod_{j=1}^{n} S_j)$ est bornée.

6) Si f est dans $\mathcal{A}_{u.T}(\prod_{j=1}^{n} S_j)$ et si $f \sim \left\{ \begin{array}{l} \sum_{m\geq o} a_m^i(t, x_1, \ldots, \hat{x}_i, \ldots, x_n) x_i^m, \\ 1 \leq i \leq n \end{array}\right.$

$\frac{\partial f}{\partial x_k}$ est dans $\mathcal{A}_{u.T}(\prod_{j=1}^{n} S'_j)$ pour tout sous-secteur strict S'_j de S_j et on a

$$\frac{\partial f}{\partial x_k} \sim \begin{cases} \sum\limits_{m\geq o} m a_m^k(t, x_1, \ldots, \hat{x}_k, \ldots, x_n) x_k^{m-1} \\ \sum\limits_{\substack{m\geq o \\ 1\leq i\neq k\leq n}} \frac{\partial a_m^i}{\partial x_k}(t, x_i, \ldots, \hat{x}_i, \ldots, x_n) x_i^m \end{cases} .$$

On peut maintenant énoncer le théorème de Borel-Ritt.

THÉORÈME 2. - <u>Etant donnés un secteur spiralé</u> $\prod_{j=1}^{n} S_j$ <u>dans</u> $\mathbb{C}^n$ <u>et</u> n <u>séries formelles</u> $\sum_{m=o}^{\infty} a_m^i(x_1,\ldots,\hat{x}_i,\ldots,x_n)x_i^m$ <u>telles que</u>

1/ <u>pour tout</u> i <u>tel que</u> $1 \leq i \leq n$ <u>et tout</u> m <u>dans</u> $\mathbb{N}$, $a_m^i \in \mathcal{A}_u(\prod_{\substack{j=1 \\ j\neq i}} S_j)$

2/ $a_{m\,\ell}^{i\,j} = a_{\ell\,m}^{j\,i}$ <u>pour</u> i, j <u>tels que</u> $1 \leq i,j \leq n$ <u>et</u> (m, ℓ) <u>dans</u> $\mathbb{N}^2$ <u>où</u> $a_{m\,\ell}^{i\,j}$ <u>et</u> $a_{\ell\,m}^{j\,i}$ <u>sont définis par</u>

$$a_m^i \sim \begin{cases} \sum a_{m\,\ell}^{i\,j}\, x_j^\ell \\ 1 \leq \ell \neq i \leq n \end{cases}$$

$$a_\ell^j \sim \begin{cases} \sum a_{\ell\,m}^{j\,i}\, x_i^m \\ 1 \leq i \neq \ell \leq n \end{cases}$$

<u>il existe, pour tout sous-secteur strict</u> S'_j <u>de</u> S_j, <u>une fonction</u> $f \in \mathcal{A}_u(\prod_{j=1}^{n} S'_j)$ <u>telle que</u> $f \sim \begin{cases} \sum a_m^i(x_1,\ldots,\hat{x}_i,\ldots,x_n)x_i^m \\ 1 \leq i \leq n \end{cases}$

<u>Démonstration.</u>

On emploiera la notation, plus pratique : $\sum_{m_i=o}^{\infty} a_{m_i}(x_1,\ldots,\hat{x}_i,\ldots,x_n)\, x_i^{m_i}$ au lieu de $\sum_{m=o}^{\infty} a_m^i(x_1,\ldots,\hat{x}_i,\ldots,x_n)x_i^m$. On pose :

(1) $\quad a_{m_i}(x_1,\ldots,\hat{x}_i,\ldots,x_n) = \sum_{m_j \leq M_j} a_{m_i m_j}\, x_j^{m_j} + x_j^{M_j+1} A_{m_i M_j}(x_1,\ldots,\hat{x}_i,\ldots,x_n)$

où M_j est un entier naturel et $j \neq i$.

La condition 2/ de compatibilité énoncée dans le théorème s'écrit ici $a_{m_i m_j} = a_{m_j m_i}$ pour i,j tels que $1 \leq i,j \leq n$, m_i et m_j dans $\mathbb{N}$. Avec (1) elle entraîne :

(2) $\quad \sum_{m_i\leq M_i} a_{m_i} x_i^{m_i} - \sum_{m_j \leq M_j} a_{m_j} x_j^{m_j} = x_j^{M_j+1} \sum_{m_i\leq M_i} A_{m_i M_j} x_i^{m_i} - x_i^{M_i+1} \sum_{m_j \leq M_j} A_{m_j M_i} x_j^{m_j}$.

Les fonctions $A_{m_iM_j}$ sont dans $\mathcal{A}_u(\prod_{\substack{j=1\\j\neq i}}^{n} S_j)$. On peut donc écrire :

$$(3)\quad A_{m_iM_j} = \sum_{m_k\leq M_k} A_{m_iM_jm_k}(x_1,\dots,\hat{x}_i,\dots,\hat{x}_k,\dots,x_n)x_n^{m_k} + x_k^{M_k+1} A_{m_iM_jM_k}(x_1,\dots,\hat{x}_i,\dots,x_n)$$

où $A_{m_iM_jm_k}$ est dans $\mathcal{A}_u(\prod_{\substack{j=1\\j\neq i,k}}^{n} S_j)$, $A_{m_iM_jM_k}$ dans $\mathcal{A}_u(\prod_{\substack{j=1\\j\neq i}}^{n} S_j)$ et $k\neq i$.

Les formules (2) entraînent, par addition :

$$\sum_{m_i\leq M_i} a_{m_i} x_i^{m_i} - \sum_{m_k\leq M_k} a_{m_k} x_k^{m_k} = x_j^{M_j+1} \sum_{m_i\leq M_i} A_{m_iM_j} x_i^{m_i} - x_i^{M_i+1} \sum_{m_j\leq M_j} A_{m_jM_i} x_j^{m_j}$$
$$+ x_k^{M_k+1} \sum_{m_j\leq M_j} A_{m_jM_k} x_j^{m_j} - x_j^{M_j+1} \sum_{m_k\leq M_k} A_{m_kM_j} x_k^{m_k}.$$

D'après la formule (2) le premier membre vaut : $x_k^{M_k+1} \sum_{m_i\leq M_i} A_{m_iM_k} x_i^{m_i} - x_i^{M_i+1} \sum_{m_k\leq M_k} A_{m_kM_i} x_k^{m_k}$,

donc

$$(4)\quad x_k^{M_k+1}\Big(\sum_{m_i\leq M_i} A_{m_iM_k} x_i^{m_i} - \sum_{m_j\leq M_j} A_{m_jM_k} x_j^{m_j}\Big) = x_i^{M_i+1}\Big(\sum_{m_k\leq M_k} A_{m_kM_i} x_k^{m_k} - \sum_{m_j\leq M_j} A_{m_jM_i} x_j^{m_j}\Big)$$
$$- x^{M_j+1}\Big(\sum_{m_k\leq M_k} A_{m_kM_j} x_k^{m_k} - \sum_{m_i\leq M_i} A_{m_iM_j} x_i^{m_i}\Big) .$$

Avec les formules (3) et (4) on a :

$$x_k^{M_k+1}\Big(\sum_{m_i\leq M_i} A_{m_iM_k} x_i^{m_i} - \sum_{m_j\leq M_j} A_{m_jM_k} x_j^{m_j}\Big) = x_i^{M_i+1}\Big[\sum_{m_k\leq M_k}\Big(A_{m_kM_i} - \sum_{m_j\leq M_j} A_{m_jM_im_k} x_j^{m_j}\Big)x_k^{m_k}$$
$$-x_k^{M_k+1} \sum_{m_j\leq M_j}\Big(A_{m_jM_iM_k} x_j^{m_j}\Big] - x_j^{M_j+1}\Big[\sum_{m_k\leq M_k}\Big(A_{m_kM_j} - \sum_{m_i\leq M_i} A_{m_iM_jm_k} x_i^{m_i}\Big)x_k^{m_k} - x_k^{M_k+1} \sum_{m_i\leq M_i} A_{m_iM_jM_k} x_i^{m_i}\Big]$$

c'est-à-dire

$$x_k^{M_k+1}\Big(\sum_{m_i\leq M_i} A_{m_iM_k} x_i^{m_i} - \sum_{m_j\leq M_j} A_{m_j M_k} x_j^{m_j}\Big) = x_k^{M_k+1}\Big(x_j^{M_j+1} \sum_{m_i\leq M_i} A_{m_iM_jM_k} x_i^{m_i} - x_i^{M_i+1} \sum_{m_j\leq M_j} A_{m_jM_iM_k} x_j^{m_j}\Big)$$
$$+x_i^{M_i+1} \sum_{m_k\leq M_k}\Big(A_{m_kM_i} - \sum_{m_j\leq M_j} A_{m_jM_im_k} x_j^{m_j}\Big)x_k^{m_k} - x_j^{M_j+1} \sum_{m_k\leq M_k}\Big(A_{m_kM_j} - \sum_{m_i\leq M_i} A_{m_iM_jm_k} x_i^{m_i}\Big)x_k^{m_k}$$

(5)

$$\Leftrightarrow\begin{cases}\sum\limits_{m_i\leq M_i} A_{m_iM_k}x_i^{m_i} - \sum\limits_{m_j\leq M_j} A_{m_jM_k}x_j^{m_j} = x_j^{M_j+1}\sum\limits_{m_i\leq M_i} A_{m_iM_jM_k}x_i^{m_i} - x_i^{M_i+1}\sum\limits_{m_j\leq M_j} A_{m_jM_iM_k}x_j^{m_j}\\ x_i^{M_i+1}\sum\limits_{m_k\leq M_k}(A_{m_kM_i} - \sum\limits_{m_j\leq M_j} A_{m_jM_im_k}x_j^{m_j})x_k^{m_k} = x_j^{M_j+1}\sum\limits_{m_k\leq M_k}(A_{m_kM_j} - \sum\limits_{m_i\leq M_i} A_{m_iM_jm_k}x_i^{m_i})x_k^{m_k}\ .\end{cases}$$

Cette dernière formule et la formule (3) entraînent :

$$x_i^{M_i+1}\sum_{\substack{m_k\leq M_k\\ m_j\leq M_j}}(A_{m_kM_im_j} - A_{m_jM_im_k})x_j^{m_j}x_k^{m_k} + x_i^{M_i+1}x_j^{M_j+1}\sum_{m_k\leq M_k} A_{m_kM_jM_i}x_k^{m_k}$$

$$= x_j^{M_j+1}\sum_{\substack{m_k\leq M_k\\ m_i\leq M_i}}(A_{m_kM_jm_i} - A_{m_iM_jm_k})x_i^{m_i}x_k^{m_k} + x_j^{M_j+1}x_i^{M_i+1}\sum_{m_k\leq M_k} A_{m_kM_iM_j}x_k^{m_k}$$

d'où l'on tire :

$$(6)\ \begin{cases} A_{m_kM_im_j} = A_{m_jM_im_k}\\ A_{m_kM_iM_j} = A_{m_kM_jM_i}\ .\end{cases}$$

On itère le procédé pour définir, par récurrence sur k $(2\leq k\leq n-1)$, des fonctions $A_{m_{i_1}M_{i_2}\ldots M_{i_{k-1}}m_{i_k}}$ dans $\mathcal{A}_u(\prod\limits_{\substack{j=1\\ j\neq i_1,i_k}}^{n} S_j)$ et $A_{m_{i_1}M_{i_2}\ldots M_{i_k}}$ dans $\mathcal{A}_u(\prod\limits_{\substack{j=1\\ j\neq i_1}}^{n} S_j)$,

en posant :

$$A_{m_{i_1}M_{i_2}\ldots M_{i_k}} = \sum_{m_{i_{k+1}}\leq M_{i_{k+1}}} A_{m_{i_1}M_{i_2}\ldots M_{i_k}m_{i_{k+1}}}(x_1,\ldots,\hat{x}_{i_1},\ldots,\hat{x}_{i_{k+1}},\ldots,x_n)x_{i_{k+1}}^{m_{i_{k+1}}}$$
$$+ x_{i_{k+1}}^{M_{i_{k+1}}+1} A_{m_{i_1}M_{i_2}\ldots M_{i_k}M_{i_{k+1}}}(x_1,\ldots,\hat{x}_{i_1},\ldots,x_n)\ .$$

On établit facilement les formules :

$$(7)\ \begin{cases} A_{m_{i_1}M_{i_2}\ldots M_{i_k}} = A_{m_{i_1}M_{i_{\sigma(2)}}\ldots M_{i_{\sigma(k)}}} & \text{pour toute permutation } \sigma \text{ de l'ensemble } \{2,3,\ldots,k\}\\ A_{m_{i_1}M_{i_2}\ldots M_{i_{k-1}}m_{i_k}} = A_{m_{i_1}M_{i_{\sigma(2)}}\ldots M_{i_{\sigma(k-1)}}m_{i_k}} & \\ \qquad = A_{m_{i_k}M_{i_{\sigma(2)}}\ldots M_{i_{\sigma(k-1)}}m_{i_1}} & \text{pour toute permutation } \sigma \text{ de l'ensemble } \{2,3,\ldots,k-1\}\end{cases}$$

$$
(8)\quad\begin{cases}
\text{et} \\
\displaystyle\sum_{m_i\leq M_i} a_{m_i} x_i^{m_i} - \sum_{m_j\leq M_j} a_{m_j} x_j^{m_j} = x_j^{M_j+1} \sum_{m_i\leq M_i} A_{m_iM_j} x_i^{m_i} - x_i^{M_i+1} \sum_{m_j\leq M_j} A_{m_jM_i} x_j^{m_j} \\
\displaystyle\sum_{m_i\leq M_i} A_{m_iM_k} x_i^{m_i} - \sum_{m_j\leq M_j} A_{m_jM_k} x_j^{m_j} = x_j^{M_j+1} \sum_{m_i\leq M_i} A_{m_iM_jM_k} x_i^{m_i} - x_i^{M_i+1} \sum_{m_j\leq M_j} A_{m_jM_iM_k} x_j^{m_j}. \\
\dots \\
\displaystyle\sum_{m_i\leq M_i} A_{m_iM_{k_1}\dots M_{k_r}} x_i^{m_i} - \sum_{m_j\leq M_j} A_{m_jM_{k_1}\dots M_{k_r}} x_j^{m_j} = x_j^{M_j+1} \sum_{m_i\leq M_i} A_{m_iM_jM_{k_1}\dots M_{k_r}} x_i^{m_i} \\
\qquad\qquad\displaystyle - x_i^{M_i+1} \sum_{m_j\leq M_j} A_{m_jM_iM_{k_1}\dots M_{k_r}} x_j^{m_j} \\
\dots \\
\displaystyle\sum_{m_i\leq M_i} A_{m_iM_{k_1}\dots M_{k_{n-1}}} x_i^{m_i} - \sum_{m_j\leq M_j} A_{m_jM_{k_1}\dots M_{k_{n-1}}} x_j^{m_j} = x_j^{M_j+1} \sum_{m_i\leq M_i} A_{m_iM_jM_{k_1}\dots M_{k_{n-1}}} x_i^{m_i} \\
\qquad\qquad\displaystyle - x_i^{M_i+1} \sum_{m_j\leq M_j} A_{m_jM_iM_{k_1}\dots M_{k_{n-1}}} x_j^{m_j}.
\end{cases}
$$

Les deux premières lignes de (8) sont les formules (2) et (5). On déduit chaque ligne de (8) de la précédente de la même façon que l'on a déduit (5) de (2) .

On peut construire maintenant une fonction f holomorphe ayant les n développements asymptotiques donnés. Pour $(M) = (M_1,\dots,M_n)$ dans $\mathbb{N}^n$ on définit :

$$
f_{(M)}(x) = \sum_{m_1\leq M_1} a_{m_1} x_1^{m_1} + x_1^{M_1+1} \sum_{m_2\leq M_2} A_{m_2M_1} x_2^{m_2}
$$

$$
+\dots+ x_1^{M_1+1}\dots x_r^{M_r+1} \sum_{m_{r+1}\leq M_{r+1}} A_{m_{r+1}M_rM_{r-1}\dots M_1} x_{r+1}^{m_{r+1}} +\dots+ x_1^{M_1+1}\dots x_{n-1}^{M_{n-1}+1} \sum_{m_n\leq M_n} A_{m_nM_{n-1}\dots M_1} x_n^{m_x}.
$$

Sous cette forme il est évident que $f_{(M)}(x)$ admet $\sum_{m_1\leq M_1} a_{m_1} x_1^{m_1}$ comme développement asymptotique à l'ordre M_1 , par rapport à la variable x_1 , uniformément par rapport aux autres. La définition de $f_{(M)}$ semble faire jouer un rôle particulier à la variable x_1 ; il n'en est rien, car $f_{(M)}$, pour tout entier i tel que $2\leq i\leq n$ s'écrit aussi :

$$
f_{(M)}(x) = \sum_{m_i\leq M_i} a_{m_i} x_i^{m_i} + x_i^{M_i+1} \sum_{m_1\leq M_1} A_{m_1M_i} x_1^{m_1} +\dots+ x_i^{M_i+1} (x_1^{M_1+1}\dots x_i^{\widehat{M_i+1}}\dots x_r^{M_r+1}) \sum_{m_{r+1}\leq M_{r+1}} A_{m_{r+1}M_r\dots\widehat{M_i}\dots M_1} x_{r+1}^{m_{r+1}}
$$

$$
+\dots+ x_i^{M_i+1} (x_1^{M_1+1}\dots x_i^{\widehat{M_i+1}}\dots x_r^{M_r+1}) \sum_{m_n\leq M_n} A_{m_nM_{n-1}\dots\widehat{M_i}\dots M_1} x_n^{m_n}.
$$

On le démontre en utilisant successivement les formules de (8). La fonction $f_{(M)}$ admet donc $\sum_{m_i \leq M_i} a_{m_i} x_i^{m_i}$ comme développement asymptotique à l'ordre M_i, par rapport à la variable x_i, uniformément par rapport aux autres.

Supposons maintenant $M_1 = \ldots = M_n = M$ et posons $f_M = f_{(M,\ldots M)}$. Il existe une fonction g_M dans $\mathcal{A}_u(\prod_{j=1}^n S_j)$ telle que $f_{M+1} - f_M = (x_1 \ldots x_n)^{M+1} g_M$: en effet il existe, pour $1 \leq i \leq n$, une fonction g_M^i dans $\mathcal{A}_u(\prod_{j=1}^n S_j)$ telle que $f_{M+1} - f_M = x_i^{M+1} g_M^i$. Si C_M est un réel positif tel que $|g_M| \leq C_M$ sur $\prod_{j=1}^n S_j$, on a alors $|f_{M+1} - f_M| \leq (x_1 \ldots x_n)^{M+1} C_M$ sur $\prod_{j=1}^n S_j$.

Soient $\mu_i (1 \leq i \leq n)$ des nombres complexes tels que, pour x_i dans S_i, on ait :

$$\begin{cases} \frac{1}{n}\left(-\frac{\pi}{2} + \delta\right) \leq \operatorname{Im}(-\mu_i \log x_i) \leq \frac{1}{n}\left(\frac{\pi}{2} - \delta\right) \\ \lim_{x_i \to 0} \operatorname{Re}(-\mu_i \log x_i) = +\infty \end{cases}$$

où δ est un réel fixé aussi petit que l'on veut (voir la démonstration du théorème 1).

Posons $\alpha_M(x) = 1 - \exp\left(-\frac{1}{c_M M! x_1^{\mu_1} \ldots x_n^{\mu_n}}\right)$

$h_M = (f_{M+1} - f_M)\alpha_M$ pour M entier ≥ -1 (on convient de poser $f_{-1} = 0$ et $\alpha_{-1} = 1$)

$$f = \sum_{M=-1}^{+\infty} h_M .$$

On a, sur $\prod_{j=1}^n S_j$, $|h_M(x)| \leq \frac{1}{M!} \prod_{i=1}^n |x_i^{M+1-\mu_i}|$ et f, définie par une série convergeant normalement sur tout compact de $\prod_{j=1}^n S_j$, est holomorphe sur $\prod_{j=1}^n S_j$.

Montrons que f répond à la question :

$$x_i^{-M}\Big(f - \sum_{m_i \leq M} a_{m_i} x_i^{m_i}\Big) = x_i^{-M}\Big(\sum_{N=-1}^{M-1} h_N - \sum_{m_i \leq M} a_{m_i} x_i^{m_i} + \sum_{N=M}^{+\infty} h_N\Big)$$

$$= x_i^{-M}\Big(f_M - \sum_{m_i \leq M} a_{m_i} x_i^{m_i} - \sum_{N=-1}^{M-1} (f_{N+1} - f_N)\exp\Big(-\frac{1}{c_N N! \prod_{i=1}^n x_i^{\mu_i}}\Big) + \sum_{N=M}^{+\infty} h_N\Big)$$

$x_i^{-M-1}\big(f_M - \sum_{m_i \leq M} a_{m_i} x_i^{m_i}\big)$ est une fonction bornée de $\mathcal{A}_u(\prod_{j=1}^n S_j)$

$\exp(-\dfrac{1}{c_N N!\prod_{i=1}^{n} x_i^{\mu_i}})$ est une fonction plate de $\mathcal{A}_u(\prod_{j=1}^{n} S_j)$, c'est-à-dire dont

les n développements asymptotiques sont nuls; il en est donc de même pour

$$x_i^{-M-1}\sum_{N=o}^{M-1}(f_{N+1}-f_N)\exp(-\frac{1}{c_N N!\prod_{i=1}^{n} x_i^{\mu_i}})$$

$x_i^{-M}\sum_{N=M}^{+\infty} h_N$ tend vers 0 lorsque x_i tend vers 0 dans S_i , uniformément par rapport aux autres variables puisqu'on a : $|x_i^{-M}\sum_{N=M}^{+\infty} h_N| \leqslant \prod_{j\neq i}|x_j^{M+1-\mu_j}|\,|x_i^{1-\mu_i}|\sum_{N=M}^{+\infty}\frac{(\prod_{i=1}^{n} x_i)^{N-M}}{N!}$

Au total, $x_i^{-M}(f-\sum_{m_i\leqslant M} a_{m_i} x_i^{m_i})$ tend vers 0 lorsque x_i tend vers 0 dans S_i , uniformément par rapport aux autres variables, et $x_i^{-M-1}(f-\sum_{m_i\leqslant M} a_{m_i} x_i^{m_i})$ admet, par rapport à ces autres variables, un développement jusqu'à l'ordre M-1 . Sur tout sous-secteur strict $\prod_{j=1}^{n} S_j'$ de $\prod_{j=1}^{n} S_j$, $x_i^{-M-1}(f-\sum_{m_i\leqslant M} a_{m_i} x_i^{m_i})$ est donc une fonction bornée, admettant par rapport aux variables d'indice $j\neq i$ un développement jusqu'à l'ordre M-1 , ce qui suffit.

4/ Application à l'étude asymptotique de $\sum_{i=1}^{n}\lambda_i x_i\frac{\partial u}{\partial x_i}=F(x,u)$.

On suppose que $\lambda_1,\dots,\lambda_n$ sont des nombres complexes non nuls et on se donne, sous forme paramétrée, n secteurs spiralés de $\mathbb{C}$, $S_i(a,b,\alpha_i,\beta_i,\rho_i,\lambda_i)$. On suppose $F(x,u)=\sum_{m=o}^{\infty} f_m(x)u^m$, avec $f_m(x)$ dans $\mathcal{A}_u(\prod_{j=1}^{n} S_j)$, $\sum_{m=o}^{\infty} f_m(x)u^m$ uniformément convergente dans tout compact de $\prod_{j=1}^{n}(S_j\cup\{0\})\times D$, où D est un disque ouvert autour de 0 dans $\mathbb{C}^p$ et $\lim_{x\to o} f_o(x)=0$.
On demande enfin que l'équation $\sum_{i=1}^{n}\lambda_i x_i\frac{\partial u}{\partial x_i}=F(x,u)$ admette une solution formelle

à n variables , $\sum_{m_i\geqslant o} u_{m_1 m_2\dots m_n} x_1^{m_1}\dots x_n^{m_n}$. On a le résultat suivant :

THÉORÈME 3. - Dans le secteur $\prod_{i=1}^{n} S_i(a,b,\alpha_i,\beta_i,\rho_i,\lambda_i)$ de $\mathbb{C}^n$, l'équation $\sum\lambda_i x_i\frac{\partial u}{\partial x_i}=F(x,u)$ admet une solution holomorphe, ayant pour développement asymptotique $\sum_{m_i\geqslant o} u_{m_1\dots m_n} x_1^{m_1}\dots x_n^{m_n}$. De plus, lorsque F(x,u) est holomorphe au voisinage de 0 dans $\mathbb{C}^n \times \mathbb{C}^p$ et que la condition de Poincaré $\left|\sum_{i=1}^{n} \lambda_i m_i\right| \geq C \sum_{i=1}^{n} m_i$ est vérifiée, cette solution est unique et holomorphe autour de 0.

Donnons une indication de démonstration dans le cas de deux variables.

On a vu au paragraphe 3 que l'existence d'une série formelle à 2 variables $\sum_{m_i \geq o} u_{m_1 m_2} x_1^{m_1} x_2^{m_2}$ solution de l'équation $\lambda_1 x_1 \frac{\partial u}{\partial x_1} + \lambda_2 x_2 \frac{\partial u}{\partial x_2} = F(x,u)$ entraînait l'existence de deux séries formelles solutions , $\sum_{m \geq o} u_m^1(x_2) x_1^m$ et $\sum_{m \geq o} u_m^2(x_1) x_2^m$. A l'aide du théorème 2 , on construit une fonction $\tilde{u} \in \mathcal{A}_u(S_1 \times S_2)$ admettant ces deux séries formelles comme développements asymptotiques uniformes. On pose ensuite $u = \tilde{u} + v$ et on est ramené au cas d'une équation

$\lambda_1 x_1 \frac{\partial v}{\partial x_1} + \lambda_2 x_2 \frac{\partial v}{\partial x_2} = F(x,v)$, où $F(x,0)$ est une fonction plate de $\mathcal{A}_u(S_1 \times S_2)$, c'est-à-dire dont les deux développements asymptotiques sont nuls .

Soit B_{m_1,m_2} l'espace vectoriel sur $\mathbb{C}$ des fonctions f holomorphes dans $S_1 \times S_2$, telles que $\dfrac{f(x_1,x_2)}{x_1^{m_1} x_2^{m_2}}$ soit borné dans $S_1 \times S_2$. C'est un espace de Banach pour la norme

$$\|f\|_{m_1,m_2} = \sup_{x \in S_1 \times S_2} \left| \frac{f(x)}{x_1^{m_1} x_2^{m_2}} \right| .$$

Posons $\tau = \lambda_1 x_1 \frac{\partial}{\partial x_1} + \lambda_2 x_2 \frac{\partial}{\partial x_2}$

$A(x) = \frac{\partial F}{\partial v}(x,0)$.

On saura résoudre l'équation $\tau(v) = F(x,v)$ si, pour m_1 et m_2 assez grands, l'application $\tau - A(x)$ possède un inverse à droite continu de $B^p_{m_1 m_2}$ dans lui-même. Si on peut montrer que $\tau - A(0)$ est continûment inversible à droite et que la norme de $(\tau - A(0))^{-1} : B^p_{m_1,m_2} \longrightarrow B^p_{m_1,m_2}$ est majorée par une constante indépendante de (m_1,m_2) , on peut ramener, par un argument de perturbation, l'inversion de $\tau - A(x)$ à celle de $\tau - A(0)$. On peut supposer $A(0)$ triangulaire et on est alors ramené à trouver un inverse continu à $\tau - a_o$, où a_o est dans $\mathbb{C}$, c'est-à-dire à résoudre l'équation $\tau v = a_o v + g$, où g est dans $B_{m_1 m_2}$. On distingue alors deux cas :

1/ 0 n'est pas sur le segment $[\lambda_1,\lambda_2]$, c'est-à-dire qu'on est dans les conditions de Poincaré

$$v(x_1,x_2) = \int_{\infty}^{o} e^{-a_o t} g(x_1 e^{\lambda_1 t}, x_2 e^{\lambda_2 t})dt$$ est solution de

l'équation $\tau v = a_o v + g$.

On vérifie que $\|v\|_{m_1,m_2} \leqslant C\|g\|_{m_1,m_2}$, où C ne dépend pas du couple (m_1,m_2) .

2/ 0 est sur le segment $[\lambda_1,\lambda_2]$

$$v(x_1,x_2) = \int_{\log(\frac{c}{x_2})^{\lambda_1/\lambda_2}}^{o} e^{-a_o t} g(x,e^{\lambda_1 t}, x_2 e^{\lambda_2 t})dt$$ est solution de

$\tau v = a_o v + g$ et $\|v\|_{m_1,m_2} \leqslant C\|g\|_{m_1,m_2}$ où C ne dépend pas du couple (m_1,m_2) ,

ce qui termine.

[1] KAPLAN (S.). - Formal and convergent power series solutions of singular partial differential equations. Trans. Amer. Math. Soc., 256, 163-183, 1979.

[2] GÉRARD (R.) et SIBUYA (Y.). - Equations différentielles et systèmes de Pfaff dans le champ complexe. L.N. in Math., 712, 131-288, Springer-Verlag, 1979.

[3] RAMIS (J.-P.). - id. 289-292.

I.R.M.A.
7, rue René Descartes
67084-STRASBOURG

Séminaire P.LELONG,P.DOLBEAULT,H.SKODA
(Analyse)
22e et 23e année, 1982/1983.

CONSTRUCTIBILITÉ DES FAISCEAUX DE SOLUTIONS DES SYSTÈMES DIFFÉRENTIELS HOLONOMES

d'après Masaki KASHIWARA

par Jean-Pierre DEMAILLY*

0. Introduction.

Le présent travail est une version écrite détaillée d'un exposé oral sur l'étude des opérateurs microdifférentiels analytiques, qui constituait le sujet de deuxième thèse de l'auteur (Thèse de Doctorat d'Etat soutenue le 19 Octobre 1982 à l'Université de Paris VI sous la direction de Henri SKODA , le sujet de deuxième thèse ayant été posé par Louis BOUTET de MONVEL).

Ce texte vise en principe un public de non-spécialistes, et se présente comme une introduction élémentaire à quelques idées de base de la théorie algébrique des systèmes d'équations aux dérivées partielles (cf. S-K-K [5]) . L'objectif final est la démonstration de la constructibilité du faisceau des solutions d'un système holonôme, due à M.KASHIWARA [3] , (1975). Nous nous sommes inspirés sans vergogne de la littérature existante, en particulier du cours de KASHIWARA [4] à l'Université de Paris-Nord.

Le paragraphe 1 rappelle brièvement la construction des faisceaux $\mathcal{D}_X$ et $\mathcal{E}_X$ des opérateurs différentiels et microdifférentiels sur une variété analytique complexe X . Nous montrons ensuite le lien entre la notion classique de système différentiel et la notion intrinsèque de $\mathcal{D}_X$-module cohérent $\mathcal{M}$; par exemple, si $\mathcal{F}$ est un faisceau de $\mathcal{D}_X$-modules, le faisceau des solutions à valeurs dans $\mathcal{F}$ est donné par $\mathcal{H}om_{\mathcal{D}_X}(\mathcal{M},\mathcal{F})$. Après quelques rappels sur la géométrie symplectique du fibré cotangent T^*X, nous donnons au paragraphe 3 la définition des systèmes holonômes, appelés aussi systèmes surdéterminés maximaux. Le paragraphe 4 est consacré à la démonstration d'un théorème de prolongement pour les solutions holomorphes d'un système différentiel sur un ouvert à frontière non caractéristique. Ce dernier théorème est l'outil essentiel pour la démonstration du théorème de KASHIWARA , moyennant quelques résultats de H.WHITNEY [6] , [7] sur l'existence de "bonnes" stratifications d'un ensemble analytique. Pour rester accessible au lecteur non spécialiste, nous avons évité l'usage (non indispensable ici) du langage des catégories dérivées.

Conventions et notations.

Tous les faisceaux (ou foncteurs à valeurs dans la catégorie des faisceaux) seront désignés par des lettres majuscules cursives, leurs espaces de sections par des lettres majuscules droites. Ainsi par exemple, si $\mathcal{F}$ et $\mathcal{G}$ sont des faisceaux de $\mathcal{A}$-modules sur X , on écrira $\mathrm{Hom}_{\mathcal{A}}(X\,;\mathcal{F},\mathcal{G}) = \Gamma(X\,;\mathcal{H}om_{\mathcal{A}}(\mathcal{F},\mathcal{G}))$.

*Institut Fourier, Laboratoire de Mathématiques pures associé au C.N.R.S., B.P. 74
38402 - SAINT MARTIN d'HÈRES CEDEX

Un faisceau $\mathcal{I}$ de $\mathcal{A}$-modules est dit injectif si le foncteur exact à gauche $\mathcal{H}om_{\mathcal{A}}(\ .\ ,\mathcal{I})$ est aussi exact à droite. Etant donné des $\mathcal{A}$-modules $\mathcal{M}, \mathcal{F}$ et une résolution cohomologique $0 \to \mathcal{F} \to \mathcal{I}^{\cdot}$ de $\mathcal{F}$ par des faisceaux injectifs, les faisceaux de cohomologie du complexe $\mathcal{H}om_{\mathcal{A}}(\mathcal{M},\mathcal{I}^{\cdot})$ ne dépendent pas (à isomorphisme près) du choix de la résolution injective (cf. R.GODEMENT [2]) ; on pose alors :

$$\mathcal{E}xt^j_{\mathcal{A}}(\mathcal{M},\mathcal{F}) = \mathcal{H}^j(\mathcal{H}om_{\mathcal{A}}(\mathcal{M},\mathcal{I}^{\cdot})) ,$$

$$\mathrm{Ext}^j_{\mathcal{A}}(X ; \mathcal{M},\mathcal{F}) = H^j(\mathrm{Hom}_{\mathcal{A}}(X ; \mathcal{M},\mathcal{I}^{\cdot})) .$$

Si de plus $\mathcal{M}$ possède une résolution homologique libre $\mathcal{L}_{\cdot} \to \mathcal{M} \to 0$, on a un isomorphisme

$$\mathcal{E}xt^j_{\mathcal{A}}(\mathcal{M},\mathcal{F}) \simeq \mathcal{H}^j(\mathcal{H}om_{\mathcal{A}}(\mathcal{L}_{\cdot} , \mathcal{F})) .$$

Enfin, si Z est une partie de X , $\mathcal{F}|_Z$ désigne la restriction à Z du faisceau $\mathcal{F}$, $\mathcal{F}_Z$ le faisceau des sections de $\mathcal{F}$ à support dans Z .

1. Construction des faisceaux $\mathcal{D}_X$ et $\mathcal{E}_X$.

Soit X une variété analytique complexe de dimension n , $\Omega \subset X$ un ouvert de carte , $x = (x_1,\dots,x_n)$ des coordonnées locales sur Ω , et $\xi = (\xi_1,\dots,\xi_n)$ les coordonnées correspondantes sur les fibres du fibré cotangent $T^{\star} X$. Le faisceau $\mathcal{D}_X$ des opérateurs différentiels sur X est défini comme suit.

DÉFINITION 1.1. - Pour tout ouvert $U \subset \Omega$, $\Gamma(U , \mathcal{D}_X)$ est l'ensemble des opérateurs différentiels de la forme

$$P(x,D_x) = \sum_{|\alpha|\leqslant m} a_\alpha(x) D_x^\alpha ,$$

avec $\alpha \in \mathbb{N}^n$, $m \in \mathbb{N}$, $a_\alpha \in \Gamma(U , \mathcal{O}_X)$.

La fonction sur $T^{\star} X|_\Omega$ définie par

$$P(x, \xi) = \sum_{|\alpha|\leqslant m} a_\alpha(x)\xi^\alpha$$

est appelée symbole total de P (dans les coordonnées $x_1,\dots,x_n$) .

Un calcul aisé montre que le symbole total du composé $P \circ Q$ est donné par

$$(1.1) \qquad (P \circ Q)(x, \xi) = \sum_{\alpha\in\mathbb{N}^n} \frac{1}{\alpha!} \partial_\xi^\alpha P \, \partial_x^\alpha Q .$$

Si U n'est plus contenu dans un ouvert de carte, $\Gamma(U,\mathcal{D}_X)$ est défini par recollement au moyen des formules de changement de variable. $\mathcal{D}_X$ devient ainsi un faisceau d'anneaux sur X .

Le faisceau $\mathcal{E}_X$ des opérateurs microdifférentiels sera quant à lui un faisceau d'anneaux sur $T^\star X$.

DÉFINITION 1.2. - Soit $m \in \mathbb{Z}$ un entier fixé , $U \subset T^\star X|_\Omega$ un ouvert . Le module $\Gamma(U, \mathcal{E}_X(m))$ est l'ensemble des séries formelles $\sum_{-\infty < j \leqslant m} P_j(x,\xi)$ telles que :

(1.2) $P_j \in \Gamma(U, \mathcal{O}_{T^\star X})$ est homogène de degré j en ξ ;

(1.3) Quel que soit $K \subset\subset U$, il existe $\varepsilon > 0$ tel que

$$\sum_{j \leqslant 0} \frac{\varepsilon^{-j}}{(-j)!} \sup_K |P_j(x,\xi)| < +\infty .$$

La loi produit de l'anneau filtré $\mathcal{E}_X = \bigcup_{m \in \mathbb{Z}} \mathcal{E}_X(m)$ est déduite de la formule (1.1) : étant donné $P \in \Gamma(U, \mathcal{E}_X(m))$ et $Q \in \Gamma(U, \mathcal{E}_X(\ell))$, $R = P \circ Q \in \Gamma(U, \mathcal{E}_X(m+\ell))$ est l'opérateur dont les composantes homogènes R_s sont les sommes (finies)

$$R_s = \sum_{\substack{\alpha \in \mathbb{N}^n \\ j+k=s+|\alpha|}} \frac{1}{\alpha!} \partial_\xi^\alpha P_j \, \partial_x^\alpha Q_k .$$

La condition de convergence (1.3) relative à R résulte d'une inégalité démontrée par BOUTET de MONVEL et KRÉE [1] .

Si $P \in \mathcal{E}_X(m)$, le symbole principal de P est défini par $\sigma_m(P) = P_m$. On vérifie aisément que $\sigma_m(P)$ est défini intrinsèquement sur $T^\star X$.

Propriétés du symbole principal. Soit $Q \in \mathcal{E}_X(\ell)$. On a :

(1.4) $P \circ Q \in \mathcal{E}_X(m+\ell)$ et $\sigma_{m+\ell}(P \circ Q) = P_m Q_\ell$;

(1.5) $[P,Q] = PQ - QP \in \mathcal{E}_X(m+\ell-1)$ et $\sigma_{m+\ell-1}([P,Q]) = \{P_m, Q_\ell\}$,

où $\{f,g\} = \sum_{j=1}^{n} \frac{\partial f}{\partial \xi_j} \frac{\partial g}{\partial x_j} - \frac{\partial f}{\partial x_j} \frac{\partial g}{\partial \xi_j}$

est le crochet de Poisson des fonctions f,g définies sur $T^\star X$.

Soit $\pi : T^\star X \to X$ la projection sur la base. Comme les seules fonctions entières homogènes de degré j sont les polynômes de degré j si $j \geqslant 0$ et 0 si $j < 0$, on voit que

$$\pi_\star \mathcal{E}_X = \mathcal{D}_X ;$$

$\pi^{-1} \mathcal{D}_X = \pi^{-1} \pi_\star \mathcal{E}_X$ est donc un faisceau de sous-anneaux de $\mathcal{E}_X$. La proposition suivante montre que $\mathcal{E}_X$ va jouer le rôle de "localisé" de $\pi^{-1} \mathcal{D}_X$.

PROPOSITION 1.3. - <u>Soit</u> $P \in \Gamma(U, \mathcal{E}_X(m))$ <u>un opérateur dont le symbole principal</u> $P_m(x,\xi)$ <u>ne s'annule pas sur</u> U . <u>Alors</u> P <u>est inversible</u>, <u>i.e. il existe</u> $Q \in \Gamma(U, \mathcal{E}_X(-m))$ <u>tel que</u> $P \circ Q = Q \circ P = 1$.

<u>Démonstration</u>. On pose $Q_{-m} = \frac{1}{P_m}$, de sorte que

$$Q_{-m} \circ P = 1 - R \quad , \quad \text{où} \quad R \in \Gamma(U, \mathcal{E}_X(-1)) \ .$$

On vérifie alors que la série $(1 - R)^{-1} = 1 + R + R^2 + \dots$ est convergente , par suite il suffit de poser

$$Q = (1 - R)^{-1} Q_{-m} \ .$$

2. <u>Systèmes différentiels</u>.

On peut démontrer que $\mathcal{D}_X$, $\mathcal{E}_X$ sont des faisceaux d'anneaux cohérents; il en résulte qu'on a une bonne théorie des modules sur ces anneaux.

DÉFINITION 2.1. - <u>Un système différentiel sur</u> X <u>est la donnée d'une</u> $\mathcal{D}_X$<u>-module cohérent</u> $\mathcal{M}$ <u>sur</u> X .

Pour justifier cette définition, nous allons montrer le lien avec la notion usuelle de système différentiel. Etant donné un faisceau $\mathcal{F}$ de $\mathcal{D}_X$-modules (par exemple $\mathcal{F} = \mathcal{O}_X$, $\mathcal{F} = \mathcal{C}^\infty$, $\mathcal{F} =$ distributions, hyperfonctions,...) et une matrice $P = (P_{ij})$, $1 \leqslant i \leqslant N_1$, $1 \leqslant j \leqslant N$ d'opérateurs différentiels, on considère le système

$$\text{(2.1)} \qquad \sum_{j=1}^{N} P_{ij}(x,D)u_j = 0 \quad , \ i = 1 , \dots , N_1 \ ,$$

dont les inconnues sont les sections $u_1,\dots,u_N \in \mathcal{F}$. Soit P' l'opérateur $\mathcal{D}_X$-linéaire à gauche : $R = (R_1,\dots,R_{N_1}) \mapsto RP$.

Soit $\mathcal{M}$ le conoyau de P' :

$$0 \leftarrow \mathcal{M} \leftarrow \mathcal{D}_X^N \xleftarrow{P'} \mathcal{D}_X^{N_1} \ .$$

Si à cette suite exacte on applique le foncteur exact à gauche $\mathcal{H}om_{\mathcal{D}_X}(\cdot , \mathcal{F})$, il vient la suite exacte :

$$0 \to \mathcal{H}om_{\mathcal{D}_X}(\mathcal{M},\mathcal{F}) \to \mathcal{F}^N \xrightarrow{P} \mathcal{F}^{N_1} \ ,$$

donc $\mathcal{H}om_{\mathcal{D}_X}(\mathcal{M},\mathcal{F})$ s'identifie au faisceau des solutions de P dans le faisceau $\mathcal{F}$.

Le noyau Ker P' étant un faisceau cohérent, il existe d'autre part une suite exacte (localement sur X) :

$$\text{(2.2)} \qquad \mathcal{D}_X^N \xleftarrow{P'} \mathcal{D}_X^{N_1} \xleftarrow{Q'} \mathcal{D}_X^{N_2} \ ,$$

et en appliquant à nouveau le foncteur $\mathcal{H}om_{\mathcal{D}_X}(\ .\ ,\mathcal{F})$ on obtient la suite

$$\mathcal{F}^{N} \xrightarrow{P} \mathcal{F}^{N_1} \xrightarrow{Q} \mathcal{F}^{N_2} .$$

Puisque (2.2) est le début d'une résolution libre du module $\mathcal{M}$, on a d'après l'introduction :

$$\mathcal{E}xt^{1}_{\mathcal{D}_X}(\mathcal{M},\mathcal{F}) \simeq \text{Ker } Q/\text{Im } P .$$

Si l'on considère le système différentiel non homogène $Pu = v$, on voit donc que $\mathcal{E}xt^{1}_{\mathcal{D}_X}(\mathcal{M},\mathcal{F})$ représente le groupe des données $v = (v_1,\dots,v_{N_1})$ compatibles (i.e. $Qv = 0$) modulo celles qui sont représentables par P .

DÉFINITION 2.2. - Soit $\mathcal{M}$ un $\mathcal{D}_X$-module cohérent. Le support singulier de $\mathcal{M}$, noté $SS(\mathcal{M})$, est le sous-ensemble de $T^{\star}X$ défini par

$$SS(\mathcal{M}) = \text{Supp}(\mathcal{E}_X \otimes_{\pi^{-1}\mathcal{D}_X} \pi^{-1}\mathcal{M}) .$$

Exemple. Considérons le cas d'un système $\mathcal{M} = \mathcal{D}_X/\mathcal{D}_X P$ à une seule équation d'ordre m : $Pu = 0$. On a alors

$$\mathcal{E}_X \otimes_{\pi^{-1}\mathcal{D}_X} \pi^{-1}\mathcal{M} = \mathcal{E}_X/\mathcal{E}_X P ,$$

$SS(\mathcal{M}) = \{\text{points de } T^{\star}X \text{ où } P \text{ non inversible}\}$

$\qquad = \{P_m(x,\xi) = 0\}$.

3. Rappels de géométrie symplectique.

Sur le fibré cotangent $T^{\star}X$ habite naturellement une 1-forme ω , dite 1-forme canonique, et définie par :

$$\omega_{(x,\xi)}(\zeta) = \langle \xi , \pi_{\star}\zeta \rangle$$

pour $(x,\xi) \in T^{\star}X$, $\zeta \in T_{(x,\xi)}(T^{\star}X)$, $\pi : T^{\star}X \to X$.

En coordonnées locales, on voit aussitôt que $\omega = \sum_{j=1}^{n} \xi_j \, dx_j$; par suite la forme $\sigma = d\omega$, dite 2-forme canonique, s'écrit

$$\sigma = \sum_{j=1}^{n} d\xi_j \wedge dx_j .$$

Les énoncés qui suivent sont relatifs à la géométrie symplectique définie par σ sur $T^{\star}X$.

DÉFINITION 3.1. - Soit Λ un sous-ensemble analytique de $T^{\star}X$. Λ est dit isotrope, resp. involutif, lagrangien, si et seulement si en tout point régulier de Λ on a :

$$T\Lambda \subset (T\Lambda)^{\perp} \text{ , resp. } T\Lambda \supset (T\Lambda)^{\perp} \text{ , } T\Lambda = (T\Lambda)^{\perp} .$$

La proposition qui suit caractérise une importante classe de sous-variétés isotropes.

PROPOSITION 3.2. - Soit Λ un sous-ensemble analytique conique irréductible de $T^\star X$ tel que $Y = \pi(\Lambda)$ soit une sous-variété lisse de X. Alors :

(3.1) Λ est isotrope si et seulement si $\Lambda \subset T_Y^\star X$, où $T_Y^\star X$ est le fibré conormal à Y. Dans ce cas $\omega|_{\mathrm{Reg}\,\Lambda} = 0$.

(3.2) Λ est lagrangien si et seulement si $\Lambda = T_Y^\star X$.

Démonstration. Il est aisé de voir que $T_Y^\star X$ est une variété lagrangienne, de sorte que les conditions (3.1) et (3.2) sont suffisantes. Inversement la condition Λ isotrope signifie que $\sigma|_{\mathrm{Reg}\,\Lambda} = 0$. Soit Λ' l'ensemble (dense) des points réguliers de Λ où $\pi : \Lambda \to Y$ est submersive, et $(y,\xi) \in \Lambda'$. La conicité de Λ implique que le vecteur vertical $(0, \xi)$ est tangent à Λ'. On a donc

$0 = \sigma((0,\xi), T_{(y,\xi)}\Lambda') = \langle \xi, \pi_\star T_{(y,\xi)}\Lambda'\rangle = \langle \xi, T_y Y\rangle$, d'où $\omega|_{\Lambda'} = 0$ et $(y,\xi) \in T_Y^\star X$. Par suite $\Lambda = \overline{\Lambda'} \subset T_Y^\star X$. Λ est lagrangien si et seulement si Λ est isotrope de dimension maximale $\dim X = \dim T_Y^\star X$, d'où la conclusion (3.2). □

Il se trouve que le support singulier d'un système différentiel vérifie toujours la propriété d'involutivité.

THÉORÈME 3.3. - Soit $\mathcal{M}$ un $\mathcal{D}_X$-module cohérent. Alors $SS(\mathcal{M})$ est un ensemble analytique involutif.

Indications sur la démonstration. Pour toute suite exacte $0 \to \mathcal{M}' \to \mathcal{M} \to \mathcal{M}'' \to 0$ on a $SS(\mathcal{M}) = SS(\mathcal{M}') \cup SS(\mathcal{M}'')$. Il suffit donc de considérer le cas d'un module $\mathcal{M} = \mathcal{D}_X/\mathcal{J}$ où $\mathcal{J}$ est un idéal à gauche. Soit $\bar{\mathcal{J}}$ l'idéal gradué de $\mathcal{O}_{T^\star X}$ engendré par les symboles principaux des éléments de $\mathcal{J}$. Puisque $(P,Q) \in \mathcal{J}\times\mathcal{J} \Rightarrow [P,Q] \in \mathcal{J}$, on a aussi l'implication $(f,g) \in \bar{\mathcal{J}}\times\bar{\mathcal{J}} \Rightarrow \{f,g\} \in \bar{\mathcal{J}}$. Cette condition traduit l'involutivité de $SS(\mathcal{M})$, du moins lorsque $\bar{\mathcal{J}} = \sqrt{\bar{\mathcal{J}}}$; en effet $SS(\mathcal{M})$ est l'ensemble des zéros de $\bar{\mathcal{J}}$, donc $\mathcal{J}_{SS(\mathcal{M})} = \sqrt{\bar{\mathcal{J}}}$ d'après le théorème des zéros de Hilbert. □

DÉFINITION 3.4. - Un système différentiel est dit holonôme si $SS(\mathcal{M})$ est une sous-variété lagrangienne, autrement dit si $\dim SS(\mathcal{M}) = \dim X$ en tout point.

4. Un théorème de prolongement.

Le résultat qui suit donne en particulier une condition suffisante pour que le morphisme de restriction

$$\mathrm{Hom}_{\mathcal{D}_X}(\Omega; \mathcal{M}, \mathcal{O}_X) \longrightarrow \mathrm{Hom}_{\mathcal{D}_X}(\Omega'; \mathcal{M}, \mathcal{O}_X), \quad \Omega' \subset \Omega \subset X,$$

soit surjectif, autrement dit pour que les solutions holomorphes de $\mathcal{M}$ sur Ω' se prolongent à Ω.

THÉORÈME 4.1. - Soit $\mathcal{M}$ un $\mathcal{D}_X$-module cohérent, Ω, $(\Omega_c)_{c \in \mathbb{R}}$ des ouverts de X ayant les propriétés suivantes :

(4.1) $c' \leqslant c \Rightarrow \Omega_{c'} \subset \Omega_c$;

(4.2) $\Omega = \bigcup_{c \in \mathbb{R}} \Omega_c$, $\Omega_c = \bigcup_{c' < c} \Omega_{c'}$;

(4.3) $c' \leqslant c \Rightarrow \overline{\Omega_c - \Omega_{c'}}$ compact ;

(4.4) Soit $Z_{c_o} = \bigcap_{c > c_o} \overline{\Omega_c - \Omega_{c_o}}$. Alors $Z_{c_o} \subset \Omega_c$ si $c > c_o$;

(4.5) Pour tout $c \in \mathbb{R}$, la frontière $\partial\Omega_c = \overline{\Omega}_c - \Omega_c$ est au voisinage de Z_c une sous-variété de classe C^1 non caractéristique par rapport à $\mathcal{M}$ [i.e. si $\partial\Omega_c = \{f = 0\}$ au voisinage de $z \in Z_c$, alors $(z, \partial f_z) \notin SS(\mathcal{M})$].

Alors pour tout $j \in \mathbb{N}$ et tout $c \in \mathbb{R}$ on a

$$\mathrm{Ext}^j_{\mathcal{D}_X}(\Omega; \mathcal{M}, \mathcal{O}_X) \simeq \mathrm{Ext}^j_{\mathcal{D}_X}(\Omega_c; \mathcal{M}, \mathcal{O}_X).$$

Démonstration. Posons $E^j_c = \mathrm{Ext}^j_X(\Omega_c; \mathcal{M}, \mathcal{O}_X)$, de sorte que pour $c' \leqslant c$ on a un morphisme de restriction

$$E^j_c \to E^j_{c'}.$$

Pour montrer qu'il s'agit d'un isomorphisme quels que soient c, c', il suffit de prouver les deux propriétés :

$$\varinjlim_{c > c_o} E^j_c \xrightarrow{\simeq} E^j_{c_o}, \tag{4.6}$$

$$E^j_{c_o} \to \varprojlim_{c < c_o} E^j_c. \tag{4.7}$$

Commençons par démontrer (4.6) . Soit $0 \to \mathcal{O}_X \to \mathcal{I}^\cdot$ une résolution $\mathcal{D}_X$-injective de $\mathcal{O}_X$, $\mathcal{G}^\cdot = \mathcal{H}om_{\mathcal{D}_X}(\mathcal{M}, \mathcal{I}^\cdot)$ et

$$F = \bigcap_{c > c_o} \Omega_c .$$

Tout ouvert qui contient F contient un Ω_c , $c > c_o$, à cause des conditions (4.3) et (4.4) . On obtient par conséquent

$$\varinjlim_{c>c_o} E_c^j = \varinjlim H^j(\Gamma(\Omega_c, \mathcal{G}^\cdot))$$
$$= H^j(\varinjlim \Gamma(\Omega_c, \mathcal{G}^\cdot)) = H^j(\Gamma(F, \mathcal{G}^\cdot)) ,$$

et il s'agit de vérifier que

$$H^j(\Gamma(F,\mathcal{G}^\cdot)) \xrightarrow{\simeq} H^j(\Gamma(\Omega_{c_o}, \mathcal{G}^\cdot)) .$$

Comme $\mathcal{G}^\cdot$ est un complexe de faisceaux flasques (cf. GODEMENT [2] , lemme 7.3.2) on a une suite exacte

$$0 \to \Gamma_Z(F, \mathcal{G}^\cdot) \to \Gamma(F, \mathcal{G}^\cdot) \to \Gamma(\Omega_{c_o}, \mathcal{G}^\cdot) \to 0$$

avec $Z = Z_{c_o} = F - \Omega_{c_o}$. Il suffit donc de montrer que

$$H^j(\Gamma_Z(F, \mathcal{G}^\cdot)) = H^j(\Gamma(F, \mathcal{G}_Z^\cdot)) = 0 ,$$

ou encore que le complexe flasque $\mathcal{G}_Z^\cdot$ est lui-même exact au-dessus de F . Or il est clair que la fibre de $\mathcal{G}_Z^\cdot$ en tout point $x \in F$ est donnée par

$$\mathcal{G}_{Z,x}^\cdot = \mathcal{G}_{\Omega - \Omega_{c_o},x}^\cdot = \mathcal{H}om_{\mathcal{D}_X}(\mathcal{M}, \mathcal{I}_{\Omega - \Omega_{c_o}}^\cdot)_x .$$

Soit $\mathcal{L}_\bullet \to \mathcal{M} \to 0$ une résolution libre de $\mathcal{M}$ au voisinage de x . Comme le double complexe

$$\mathcal{H}om_{\mathcal{D}_X}(\mathcal{L}_\bullet, \mathcal{I}_{\Omega - \Omega_{c_o}}^\cdot)_x$$

est exact en degré $\neq 0$ par rapport à la différentielle de $\mathcal{L}_\bullet$, sa cohomologie totale est isomorphe à celle de $\mathcal{G}_{Z,x}^\cdot$.

On va montrer que le terme E_2 de la suite spectrale associée à la première filtration est nul. Il vient successivement :

$$\mathcal{H}^j(\mathcal{I}_{\Omega - \Omega_{c_o}}^\cdot) = \mathcal{H}_{\Omega - \Omega_{c_o}}^j(\mathcal{O}) ,$$
$$E_1^{i,j} = \mathcal{H}om_{\mathcal{D}_X}(\mathcal{L}_i, \mathcal{H}_{\Omega - \Omega_{c_o}}^j(\mathcal{O}))_x ,$$
$$E_2^{i,j} = \mathcal{E}xt_{\mathcal{D}_{X,x}}^i(\mathcal{M}_x , \mathcal{H}_{\Omega - \Omega_{c_o}}^j(\mathcal{O})_x) .$$

Si $x \notin \partial\Omega_{c_o}$, on a $\mathcal{H}^j_{\Omega - \Omega_{c_o}}(\Theta)_x = 0$, tandis qu'au voisinage d'un point $x \in F \cap \partial\Omega_{c_o} \subset Z_{c_o}$, $\Omega - \Omega_{c_o}$ est d'après l'hypothèse (4.5) un domaine à bord $\Omega - \Omega_{c_o} = \{f \geqslant 0\}$, avec $\xi = \partial f_x \neq 0$ et $(x, \xi) \notin SS(\mathcal{M})$.

Nous admettrons le lemme suivant, élémentaire mais de démonstration laborieuse.

LEMME 4.2. - $\mathcal{H}^j_{\Omega - \Omega_{c_o}}(\Theta)_x$ <u>a une structure de</u> $\mathcal{E}_{X,(x,\xi)}$<u>-module prolongeant la</u> $\mathcal{D}_{X,x}$<u>-structure naturelle</u>.

Comme $\mathcal{E}_{(x,\xi)}$ est un $\mathcal{D}_x$-module plat, il vient

$$\mathcal{E}xt^i_{\mathcal{D}_X}(\mathcal{M}_x , \mathcal{H}^j_{\Omega-\Omega_{c_o}}(\Theta)_x) = \mathcal{E}xt^i_{\mathcal{E}_{(x,\xi)}}(\mathcal{M}_x \otimes_{\mathcal{D}_X} \mathcal{E}_{(x,\xi)} , \mathcal{H}^j_{\Omega-\Omega_{c_o}}(\Theta)_x) ,$$

et $\mathcal{M}_x \otimes_{\mathcal{D}_X} \mathcal{E}_{(x,\xi)} = 0$ puisque $(x, \xi) \notin SS(\mathcal{M})$.

<u>Preuve de (4.7)</u> . La difficulté essentielle est ici de commuter la $\varprojlim$ avec les foncteurs H^j . Ceci est possible en raisonnant par récurrence sur j et en utilisant le lemme algébrique qui suit.

LEMME 4.3. - <u>Soit</u> $(F^{\bullet}_{\nu})_{\nu \in \mathbb{N}}$ <u>un système projectif de complexes (avec des morphismes de complexes</u> $F^{\bullet}_{\nu+1} \to F^{\bullet}_{\nu}$) .

<u>On a alors un morphisme naturel</u>

$$\phi^j : H^j(\varprojlim F^{\bullet}_{\nu}) \longrightarrow \varprojlim H^j(F^{\bullet}_{\nu}) .$$

(4.8) <u>On suppose que pour tous</u> i, ν <u>fixés la suite des images</u> $\mathrm{Im}(F^i_{\mu} \to F^i_{\nu})$, $\mu \geqslant \nu$, <u>est stationnaire</u>.

<u>Alors</u> ϕ^j <u>est surjectif</u>.

(4.9) <u>On suppose de plus que la suite des images</u> $\mathrm{Im}(H^{j-1}(F^{\bullet}_{\mu}) \longrightarrow H^{j-1}(F^{\bullet}_{\nu}))$ <u>est stationnaire pour tout</u> ν . <u>Alors</u> ϕ^j <u>est un isomorphisme</u>.

Posons $F^{\bullet}_c = \mathrm{Hom}_{\mathcal{D}_X}(\Omega_c ; \mathcal{M}, \mathcal{J}^{\bullet}) = \Gamma(\Omega_c , \mathcal{H}om_{\mathcal{D}_X}(\mathcal{M}, \mathcal{J}^{\bullet}))$.

Il est clair que $\varprojlim_{c<c_o} F^{\bullet}_c = F^{\bullet}_{c_o}$, et la condition (4.8) est évidente puisque les faisceaux $\mathcal{H}om_{\mathcal{D}_X}(\mathcal{M}, \mathcal{J}^{\bullet})$ sont flasques. D'autre part , la condition (4.9) résulte de l'hypothèse de récurrence. Le lemme 4.3

implique alors

$$E^j_{c_o} = H^j(F^\bullet_{c_o}) \xrightarrow{\simeq} \varprojlim H^j(F^\bullet_c) = \varprojlim E^j_c \ .$$

La conclusion du théorème s'obtient en vérifiant de même que

$$\operatorname{Ext}^j_{\mathcal{D}_X}(\Omega\,;\mathcal{M},\,\theta_X) \xrightarrow{\simeq} \varprojlim_{c\in\mathbb{R}} \operatorname{Ext}^j_{\mathcal{D}_X}(\Omega_c\,;\mathcal{M},\,\theta_X) \ .$$

5. <u>Constructibilité des solutions d'un système holonôme.</u>

La démonstration s'effectuera en plusieurs étapes.

THÉORÈME 5.1. – <u>Soit</u> $\mathcal{M}$ <u>un</u> $\mathcal{D}_X$-<u>module holonôme.</u> <u>Alors pour tout</u> $j \in \mathbb{N}$ <u>et tout</u> $x \in X$, $\dim_{\mathbb{C}} \mathcal{E}xt^j_{\mathcal{D}_X}(\mathcal{M},\,\theta_X)_x < +\infty$.

<u>Démonstration.</u> La question est locale, donc on peut supposer X ouvert dans $\mathbb{C}^n$ et $x = 0$. Par hypothèse $\Lambda = SS(\mathcal{M})$ est une sous-variété lagrangienne de $T^\star X$. Un raisonnement géométrique simple va nous montrer que la sphère $S_r = \{x \ ; \ |x| = r\}$ est non caractéristique par rapport à $\mathcal{M}$ dès que r est > 0 assez petit.

Sinon il existe une suite $x_\nu \in \mathbb{C}^n - \{0\}$ tendant vers 0 telle que $(x_\nu, \bar{x}_\nu) \in \Lambda$ [noter que $\bar{x}_\nu = \partial(|x|^2 - r^2)_{x=x_\nu}$] ; il existe donc en fait une courbe analytique réelle $t \mapsto \gamma(t) = (x(t), \overline{x(t)})$ contenue dans Λ , telle que $x(0) = 0$ et $x(t) \neq 0$ si $0 < t < \varepsilon$. Comme Λ est isotrope et conique, on a $\omega|_\Lambda = 0$ (cf. proposition 3.2), donc $\omega|_\gamma = <\overline{x(t)}, dx(t)> = 0$ et $d|x(t)|^2 = 0$, ce qui est contradictoire.

Appliquons le théorème de prolongement aux boules $\Omega_r = \{x \ ; |x| < r\}$.

On obtient pour $0 < r' < r < \varepsilon$:

$$\operatorname{Ext}^j_{\mathcal{D}_X}(\Omega_r\,;\mathcal{M},\,\theta_X) \simeq \operatorname{Ext}^j_{\mathcal{D}_X}(\Omega_{r'}\,;\mathcal{M},\,\theta_X)$$

$$\simeq \varinjlim_{r'>0} \simeq \mathcal{E}xt^j_{\mathcal{D}_X}(\mathcal{M},\,\theta_X)_0 \ .$$

Soit $\mathcal{L}_\bullet \to \mathcal{M} \to 0$ une résolution libre de $\mathcal{M}$ au voisinage de 0 . Le morphisme de restriction

$$\rho : \operatorname{Hom}_{\mathcal{D}_X}(\Omega_r\,;\mathcal{L}_\bullet, \theta_X) \to \operatorname{Hom}_{\mathcal{D}_X}(\Omega_{r'}\,;\mathcal{L}_\bullet, \theta_X)$$

induit alors un isomorphisme en cohomologie. Si l'on pose $\mathcal{L}_j = \mathcal{D}_X^{N_j}$, il vient $\operatorname{Hom}_{\mathcal{D}_X}(\Omega;\mathcal{L}_\bullet, \theta_X) = \Gamma(\Omega, \theta_X)^{N_j}$, par suite ρ est un morphisme compact entre complexes de Fréchet .

D'après un théorème de L.SCHWARTZ, les espaces de cohomologie sont de dimension finie.

THÉORÈME 5.2. - Soit $\mathcal{M}$ un système holonôme, $\Lambda = SS(\mathcal{M})$ et Y une sous-variété lisse de X. On suppose que Y est plate par rapport à $\mathcal{M}$, c'est-à-dire que Y vérifie les conditions suivantes :

(5.1) $\pi^{-1}(Y) \cap \Lambda \subset T^\star_Y X$;

(5.2) $C_{\pi^{-1}}(Y)(\Lambda)_p \subset \{ \zeta \in T_p(T^\star X) \; ; \; \langle\omega_p, \zeta\rangle = 0 \}$,

où l'ensemble de gauche est le cône normal à $\pi^{-1}(Y)$ le long de Λ, défini comme l'ensemble des limites de suites $a_\nu(\lambda_\nu - \eta_\nu)$, $a_\nu \in \mathbb{R}$, et où $\lambda_\nu \in \Lambda$, $\eta_\nu \in \pi^{-1}(Y)$ tendent vers un point $p \in T^\star_Y X$ fixé.

Alors pour tout j, $\mathcal{E}xt^j_{\mathcal{D}_X}(\mathcal{M}, \mathcal{O}_X)|_Y$ est un faisceau localement constant de rang fini.

Démonstration. Fixons $y_o \in Y$ et choisissons une carte locale en y_o de sorte que Y s'identifie à un sous-espace linéaire de $\mathbb{C}^n$, avec $y_o = 0$. Alors pour $0 < r < \varepsilon$ et pour $y \in Y$, $|y| < \varepsilon$ (ε assez petit), la sphère $\{x \; ; \; |x - y| = r\}$ est non caractéristique par rapport à $\mathcal{M}$. Sinon il existe des suites $\{x_\nu\}_{\nu\in\mathbb{N}} \subset X$, $\{y_\nu\}_{\nu\in\mathbb{N}} \subset Y$ convergeant vers 0 telles que $(x_\nu, \overline{x_\nu - y_\nu}) \in \Lambda$, $x_\nu \neq y_\nu$.

Quitte à extraire une sous-suite, nous pouvons choisir $c_\nu > 0$ de sorte que $\lim_\nu c_\nu(x_\nu - y_\nu) = \xi$ existe et soit non nul. Alors $p = (0, \bar{\xi}) \in \Lambda \cap \pi^{-1}(Y) \subset T^\star_Y X$.

On a donc $\lambda_\nu = (x_\nu, c_\nu(\bar{x}_\nu - \bar{y}_\nu)) \in \Lambda$, $\eta = (y_\nu, c_\nu(\bar{x}_\nu - \bar{y}_\nu)) \in \pi^{-1}(Y)$ et $\lim_\nu c_\nu(\lambda_\nu - \eta_\nu) = (\xi, 0) \in C_{\pi^{-1}(Y)}(\Lambda)_p$. L'hypothèse (5.2) implique $\langle\omega_p, (\xi, 0)\rangle = \langle \bar{\xi}, \xi\rangle = 0$, ce qui est contradictoire.

Dans ces conditions, le théorème de prolongement s'applique avec

$\Omega = \{|x| < \varepsilon\}$, $\Omega_c = \{x \; ; \; |x - (1 - c)y| < c\varepsilon\}$, $0 < c < 1$,

$y \in Y \cap \Omega$ étant fixé; par hypothèse $\partial\Omega_c$ est non caractéristique et les conditions (4.1) - (4.4) sont clairement vérifiées.

Il vient donc :

$$\begin{aligned} \operatorname{Ext}^j_{\mathcal{D}_X}(\Omega; \mathcal{M}, \mathcal{O}_X) &\simeq \lim_{\substack{\to \\ c\to 0}} \operatorname{Ext}^j_{\mathcal{D}_X}(\Omega_c ; \mathcal{M}, \mathcal{O}_X) \\ &\simeq \mathcal{E}xt^j_{\mathcal{D}_X}(\mathcal{M}, \mathcal{O}_X)_y \; . \end{aligned}$$

Ceci montre que $\mathcal{E}xt^j_X(\mathcal{M}, \mathcal{O}_X)_{|Y\cap\Omega}$ est le faisceau des applications localement constantes à valeurs dans $Ext^j_X(\Omega ; \mathcal{M}, \mathcal{O}_X)$, espace dont la dimension est finie d'après le théorème 5.1. □

Le reste de la démonstration n'utilise plus les propriétés spécifiques des $\mathcal{D}_X$-modules, mais simplement l'existence de "bonnes" stratifications d'un ensemble analytique.

DÉFINITION 5.3. - Soit $(X_\alpha)_{\alpha\in A}$ une famille de sous-ensembles de X . On dit que $(X_\alpha)_{\alpha\in A}$ est une stratification de X si

(5.3) $X = \bigsqcup_{\alpha\in A} X_\alpha$ et $X_\alpha \cap X_\beta = \phi$ lorsque $\alpha \neq \beta$;

(5.4) la famille $(X_\alpha)_{\alpha\in A}$ est localement finie ;

(5.5) $\bar{X}_\alpha$ et $\bar{X}_\alpha - X_\alpha$ sont des ensembles analytiques ;

(5.6) $\bar{X}_\alpha \cap X_\beta \neq \phi$ implique $\bar{X}_\alpha \supset X_\beta$.

$(X_\alpha)_{\alpha\in A}$ est appelée une stratification de Whitney si les strates X_α sont lisses et si les deux conditions supplémentaires (5.7) , (5.8) sont réalisées pour tous α , β :

(5.7) $\overline{T^\star_{X_\alpha} X} \cap \pi^{-1}(X_\beta) \subset T^\star_{X_\beta} X$;

(5.8) $C_{\pi^{-1}(X_\alpha)}(T^\star_{X_\beta} X) \subset \{v\in T(T^\star X) ; \langle \omega,v \rangle = 0\}$.

PROPOSITION 5.4 (WHITNEY [6] , [7]) . Toute stratification $X = \bigsqcup_{\alpha\in A} X_\alpha$ peut se raffiner en une stratification de Whitney $X = \bigsqcup_{\beta\in B} X'_\beta$. (i.e.pour tout β, il existe α tel que $X'_\beta \subset X_\alpha$).

Le lemme suivant caractérise la structure des sous-variétés lagrangiennes coniques.

LEMME 5.5. - Soit Λ une sous-variété lagrangienne conique de $T^\star X$. Alors il existe une famille localement finie $(V_\alpha)_{\alpha\in A}$ de sous-variétés lisses, telles que les ensembles $\bar{V}_\alpha - V_\alpha$ soient des ensembles analytiques, et telles que

$$\Lambda = \bigsqcup_{\alpha\in A} \overline{T^\star_{V_\alpha} X} .$$

Démonstration. On peut supposer Λ irréductible. La projection $\pi(\Lambda)$ est un ensemble analytique d'après le théorème de REMMERT. Posons $V_1 = \mathrm{Reg}\, \pi(\Lambda)$. La proposition 3.2 implique $\Lambda \cap \pi^{-1}(V_1) = T^\star_{V_1} X$. Le raisonnement se poursuit par récurrence sur $\dim \pi(\Lambda)$ en considérant $\Lambda_1 = \overline{\Lambda - T^\star_{V_1} X}$ (qui est encore un sous-ensemble analytique lagrangien). □

Nous pouvons enfin énoncer le résultat que nous avions en vue.

THÉORÈME 5.6 (M.KASHIWARA [3]). - Soit $\mathcal{M}$ un $\mathcal{D}_X$-module holonome. Alors pour tout $j \in \mathbb{N}$, $\mathcal{E}xt^j_{\mathcal{D}_X}(\mathcal{M}, \mathcal{O}_X)$ est un faisceau constructible, i.e. il existe une stratification $X = \bigsqcup_{\alpha \in A} X_\alpha$ telle que $\mathcal{E}xt^j_{\mathcal{D}_X}(\mathcal{M}, \mathcal{O}_X)\,|\,X_\alpha$ soit localement constant de rang fini pour chaque strate X_α.

Démonstration. D'après le lemme 5.5 on peut construire une stratification $X = \bigsqcup_{\alpha \in A} X_\alpha$ telle que

$$\Lambda = SS(\mathcal{M}) \subset \bigsqcup_\alpha \overline{T^*_{X_\alpha} X} .$$

Quitte à raffiner, on peut supposer qu'il s'agit d'une stratification de Whitney. D'après la condition (5.7) il vient

$$\Lambda \subset \bigsqcup_\alpha T^*_{X_\alpha} X$$

de sorte que les hypothèses (5.1) et (5.2) sont satisfaites pour chaque strate $Y = X_\alpha$.

Le théorème 5.2 permet de conclure.

BIBLIOGRAPHIE

[1] BOUTET de MONVEL (L.), KRÉE (P.). - Pseudo-differential operators and Gevrey classes ; Ann. Inst. Fourier, 17, 1967, p. 295-323.

[2] GODEMENT (R.). - Topologie algébrique et théorie des faisceaux ; Paris, Hermann, 1957.

[3] KASHIWARA (M.). - On the maximally overdetermined systems of linear differential equations I ; Publ. R.I.M.S., Kyoto Univ., vol. 10, n° 2, 1975, p. 563-579.

[4] KASHIWARA (M.). - Systèmes d'équations micro-différentielles ; Cours polycopié à l'Université de Paris-Nord, rédigé par T.Monteiro-Fernandes, 1976-1977.

[5] SATO (M.), KAWAI (T.) and KASHIWARA (M.). - Microfunctions and pseudo-differential equations ; in Lecture Notes in Math., n° 287, Springer, Berlin-Heidelberg-New York, p. 265-529, 1973.

[6] WHITNEY (H.). - Tangents to an analytic variety ; Ann. of Math. 81, p. 496-549, 1964.

[7] WHITNEY (H.). - Local properties of analytic sets ; Differential and Combinatorial Topology, Princeton Univ. Press, p. 205-244, 1965.

Séminaire P.LELONG,P.DOLBEAULT,H.SKODA
(Analyse)
22e et 23e année, 1982/1983.

MAJORATION STATISTIQUE DE LA COURBURE

D'UNE VARIÉTÉ ANALYTIQUE

par Jean-Pierre DEMAILLY et Bernard GAVEAU

0 - INTRODUCTION.

L'objet de ce travail est d'étudier la croissance de la courbure de Ricci d'une sous-variété analytique dans un ouvert strictement pseudoconvexe borné $\Omega \subset \mathbb{C}^n$. Une telle étude avait déjà été entreprise dans [5], [4] pour le cas des diviseurs de la boule de $\mathbb{C}^2$ ou $\mathbb{C}^3$. De manière générale, étant donné une application analytique $F = (F_1, \ldots, F_p) : \Omega \to \mathbb{C}^p$ ayant une certaine croissance, on regarde si la courbure des surfaces de niveau de F peut-être estimée. En codimension $p > 1$, on sait que la croissance de l'aire d'une surface de niveau prise isolément n'est pas reliée à la croissance de F (cf[2]), mais que l'estimation de l'aire subsiste néanmoins en moyenne (cf[7]). On est donc amené à étudier de même des majorations statistiques de la courbure.

Pour tout $\zeta \in \mathbb{C}^p$, on considère la surface de niveau $X_\zeta = F^{-1}(\zeta)$. La variété X_ζ sera supposée sans singularités. On munit alors X_ζ de la métrique kählérienne $\alpha = \frac{1}{4} dd^c |z|^2$ induite par la métrique euclidienne usuelle de $\mathbb{C}^n$, et on désigne par R la forme de courbure de Ricci correspondante de X_ζ (la définition précise est donnée au §3). Nous montrons le résultat suivant.

<u>Théorème 1.</u> Soit $\delta(z) = d(z,\partial\Omega)$ la distance de z au bord $\partial\Omega$. On suppose que $F_1,\ldots,F_p$ sont bornées. Alors pour tout entier $q = 0, 1,\ldots,n-p$ on a l'estimation

$$\int_{\zeta \in \mathbb{C}^p} d\lambda(\zeta) \int_{X_\zeta} \delta^{p+q} \, [\mathrm{Log}(1 + 1/\delta)]^{-q} \, R^q \wedge \alpha^{n-p-q} < +\infty$$

avec $d\lambda$ = mesure de Lebesgue de $\mathbb{C}^p$.

Une estimation plus générale valable pour un ordre de croissance quelconque des fonctions F_j sera énoncée dans le th. 3.6. Le th. 1 equivaut respectivement pour $q = o$, $q = 1$, $q = \dim X_\zeta = n-p$ à une majoration de l'aire, de la courbure scalaire $K = \mathrm{trace}(R)$, et de la courbure totale $\Gamma = \| R^{n-p}/_{(n-p)!} \|$ de X_ζ. Lorsque q est quelconque, on a simplement une estimée des fonctions symétriques élémentaires des courbures principales de X (= valeurs propres de la forme R). La démonstration consiste essentiellement à effectuer de multiples intégrations par parties, en exploitant le fait qu'on dispose d'un bon contrôle du potentiel de la forme R. Même en codimension $p = 1$, il semble peu probable qu'on puisse obtenir une version individuelle du th. 1 (i.e. pour tout ζ, $\int_{X_\zeta} < +\infty$) : les résultats obtenus dans [3] indiquent que la croissance des singularités d'une hypersurface quelconque n'est pas liée à la croissance de l'équation.

Dans le dernier paragraphe, on montre que la courbure totale d'une hypersurface vérifie une équation de type Monge-Ampère, généralisant ainsi le résultat analogue de [4] dans le cas des courbes et des surfaces.

<u>Théorème 2.</u> Soit X une hypersurface de Ω dont la courbure totale Γ n'est identiquement nulle sur aucune composante de X. Alors Γ vérifie l'équation

$$i\partial\overline{\partial}\,\mathrm{Log}\ \Gamma = -(n+1)\,R + 2\pi[Z]$$

où $[Z]$ est le diviseur des zéros de Γ .

Cette formule pourrait s'avérer utile pour obtenir des estimées fines de Γ et de ses dérivées covariantes, en utilisant la théorie du potentiel le long de l'hypersurface X elle-même.

1. MAJORATION DE L'AIRE D'UN DIVISEUR.

Les résultats de ce paragraphe sont tout à fait classiques. Nous avons préféré cependant reproduire l'essentiel des démonstrations, d'une part pour fixer les notations, et d'autre part parce que nous aurons besoin de toute façon des éléments techniques qui interviennent ici.

Soit $\Omega \subset \mathbb{C}^n$ un ouvert strictement pseudoconvexe borné de classe C^2. On sait qu'il existe une fonction $\rho \in C^2(\overline{\Omega})$ ayant les propriétés suivantes :

(1.1) $\rho < 0$ sur Ω ;

(1.2) $\rho = 0$, $d\rho \neq 0$ sur le bord $\partial\Omega$;

(1.3) ρ est strictement plurisousharmonique (p.s.h. en abrégé) sur $\overline{\Omega}$.

On pose $\beta = dd^c\rho = 2i\partial\overline{\partial}\rho$ où $d^c = i(\overline{\partial} - \partial)$, et pour tout $a < 0$ on définit :

$$\Omega(a) = \{z \in \Omega\ ;\ \rho(z) < a\},\ S(a) = \{z \in \Omega\ ;\ \rho(z) = a\}.$$

Soit $a_o < 0$ tel que $d\rho \neq 0$ pour $\rho \geqslant a_o$. L'ensemble $S(a)$, $a \geqslant a_o$, est donc une sous-variété compacte de classe C^2 , canoniquement orientée par la forme volume $d^c\rho \wedge \beta^{n-1}$. Dans l'intégrale du th. 1, il sera commode de remplacer la distance au bord δ par $|\rho|$ et la (1.1) forme $\alpha = \frac{1}{4}\,dd^c|z|^2$ par β (il existe en effet des constantes $C_1 > C_2 > 0$ telles que $C_2\delta \leqslant |\rho| \leqslant C_1\delta$ et $C_2\alpha \leqslant \beta \leqslant C_1\alpha$ sur $\overline{\Omega}$). Nous serons alors amenés à effectuer de multiples intégrations par parties du type suivant.

<u>Lemme 1.1</u>. Soit X une sous-variété analytique fermée de codimension p dans Ω, V une fonction p.s.h. sur X, θ une forme fermée de bidegré $(n-p-1, n-p-1)$ à coefficients continus sur X. On se donne une fonction χ : $]-\infty, 0] \to \mathbb{R}$ convexe décroissante, de classe C^2 sur $]-\infty, 0[$, telle que $\chi(0) = \chi'(0) = 0$.

$$(1.4) \quad \int_X \chi(\rho)\, dd^cV\wedge\theta = -\int_X V|\chi'(\rho)|dd^c\rho\wedge\theta + \int_X V\chi''(\rho)d\rho\wedge d^c\rho\wedge\theta$$

sous réserve que les trois intégrales soient absolument convergentes.

Dans le cas particulier $X = \Omega$, $p = 0$, on obtient pour tout $a \in [a_o, 0[$:

$$(1.5) \quad \int_{\Omega(a)} (a-\rho)dd^cV\wedge\theta = \int_{S(a)} Vd^c\rho\wedge\theta - \int_{\Omega(a)} V\, dd^c\rho\wedge\theta.$$

<u>Démonstration</u>. Pour vérifier (1.4), on commence par tronquer les intégrales en remplaçant X par $X \cap \Omega(a)$ et χ par $\chi_a(t) = \chi(t) - \chi(a) - \chi'(a)(t-a)$, $a < 0$, puis on passe à la limite quand $a \to 0$. Grâce aux procédés standards de régularisation, on se ramène également au cas où ρ, θ, V sont de classe C^∞. La formule (1.4) s'obtient alors à partir des identités :

$$\begin{aligned}(1.6) \quad d[\chi_a(\rho)d^cV\wedge\theta] &= \chi_a(\rho)\, dd^cV\wedge\theta + \chi'_a(\rho)\, d\rho\wedge d^cV\wedge\theta \\ &= \chi_a(\rho)\, dd^cV\wedge\theta + \chi'_a(\rho)\, dV\wedge d^c\rho\wedge\theta,\end{aligned}$$

$$(1.7) \quad d[V\chi'_a(\rho)d^c\rho\wedge\theta] = \chi'_a\, dV\wedge d^c\rho\wedge\theta + V\chi'_a(\rho)\, dd^c\rho\wedge\theta + V\chi''_a(\rho)\, d\rho\wedge d^c\rho\wedge\theta$$

en appliquant deux fois la formule de Stokes. L'égalité $d\rho\wedge d^cV\wedge\theta = dV\wedge d^c\rho\wedge\theta$ utilisée implicitement dans (1.7) se démontre en observant que la 2-forme $d\rho\wedge d^cV - dV\wedge d^c\rho$ ne contient pas de terme de bidegré (1,1). Les intégrales de bord sont nulles car $\chi_a(a) = \chi'_a(a)=0$. La vérification de (1.5) est analogue à celle de (1.4) avec $X = \Omega$ et $\chi_a(t) = a - t$, mais ici (1.7) fait apparaître l'intégrale de bord $\int_{S(a)} V d^c\rho\wedge\theta$.□

Lemme 1.2. Soit T un courant $\geqslant 0$ fermé de bidegré $(n-p-1,\ n-p-1)$ sur X et $\chi :]-\infty,0[\to \mathbb{R}$ une fonction décroissante de classe C^1 telle que $\chi(0_-) = 0$. Alors

$$(1.8)\qquad \int_X |\chi'(\rho)|\, d\rho \wedge d^c\rho \wedge T = \int_X \chi(\rho)\, dd^c\rho \wedge T.$$

La démonstration est semblable à celle du lemme 1.1. On applique la formule de Stokes sur $X \cap \Omega(a)$ en écrivant

$$d[\chi_a(\rho)\, d^c\rho \wedge T \;=\; \chi_a(\rho)\, dd^c\rho \wedge T + \chi'_a(\rho)\, d\rho\wedge d^c\rho \wedge T \quad \text{avec} \quad \chi_a(t) = \chi(t)-\chi(a).\square$$

Lorsque V est une fonction p.s.h., on sait que les moyennes de $V_+ = \sup(V,o)$ sur les pseudo-sphères $S(a)$ majorent les moyennes de $V_- = \sup(-V,0)$. De façon précise :

Lemme 1.3. Soit η une fonction croissante $\geqslant 0$ sur l'intervalle $[a_o,0[$. On suppose que la fonction p.s.h. V vérifie une condition de croissance au bord du type

$$\int_{S(a)} V_+\, d^c\rho \wedge \beta^{n-1} \leqslant \eta(a)\ , \quad a \in [a_o,0[\,.$$

Alors il existe une constante $C_1 > 0$ telle que

$$(1.9)\qquad \int_{S(a)} V_-\, d^c\rho \wedge \beta^{n-1} \leqslant C_1\,(\eta(a) + ||V_-||_o)\ ,$$

où $a \in [a_o,0[$ et $||V_-||_o = \int_{\Omega(a_o)} V_-\, \beta^n$.

<u>Démonstration</u>. En choisissant pour θ la $(n-1,n-1)$- forme positive $\theta = \beta^{n-1}$ la formule (1.5) entraîne

$$(1.10)\qquad \int_{S(a)} V_+ d^c\rho \wedge \beta^{n-1} - \int_{S(a)} V_- d^c\rho \wedge \beta - \int_{\Omega(a)} V\beta^n \geq 0$$

$$(1.11)\qquad \int_{S(a)} V_- d^c\rho \wedge \beta^{n-1} \leq \eta(a) + \int_{\Omega(a)} V_- \beta^n .$$

Puisque $d\rho \neq 0$ pour $\rho \geq a_o$, il existe une constante $C_2 > 0$ telle que

$$(1.12)\qquad \beta^n \leq C_2 \; d\rho \wedge d^c\rho \wedge \beta^{n-1} \quad \text{sur } \Omega \setminus \Omega(a_o).$$

Posons $\lambda(a) = \int_{S(a)} V_- d^c\rho \wedge \beta^{n-1}$. Pour $a \geq a_o$, l'égalité (1.11) implique

$$\lambda(a) \leq \eta(a) + ||V_-||_o + C_2 \int_{\Omega(a)\setminus\Omega(a_o)} V_- d\rho \wedge d^c\rho \wedge \beta^{n-1}$$

$$= \eta(a) + ||V_-||_o + C_2 \int_{a_o}^{a} \lambda(t)\,dt.$$

Il suffit maintenant de reproduire la démonstration du lemme de Gronwall. La formule de Stokes montre que la fonction λ est continue sur $[\, a_o, 0[$, car $dV_- = dV_+ - dV$ est à coefficients L^1_{loc}. En posant $\Lambda(a) = e^{-C_2 a} \int_{a_o}^{a} \lambda(t)dt$, il vient :

$$\Lambda'(a) = e^{-C_2 a} (\lambda(a) - C_2 \int_{a_o}^{a} \lambda(t)dt) \leq e^{-C_2 a_o}(\eta(a) + ||V_-||_o).$$

Comme η est croissante, on obtient donc

$$\Lambda(a) \leq e^{-C_2 a_o} (a - a_o) (\eta(a) + ||V_-||_o) ,$$

d'où $\lambda(a) \leq C_1 (\eta(a) + ||V_-||_o)$ avec $C_1 = 1 + C_2 |a_o| \, e^{-C_2 a_o}$. □

Certaines classes de fonctions holomorphes seront d'un intérêt tout particulier dans la suite.

<u>Définition 1.4</u>. Soit $\eta : [-\infty, 0[\to \mathbb{R}$ une fonction croissante > 0 de classe C^1.

On définit les classe $A_\eta(\Omega) \subset N_\eta(\Omega)$ de fonctions holomorphes sur Ω par les conditions suivantes :

(1.13) $F \in A_\eta(\Omega)$ si et seulement si il existe une constante $M \geqslant 0$ telle que

$$\mathrm{Log}\,|F(z)| \leqslant M\ \eta(\rho(z)) \quad , \quad z \in \Omega \quad ;$$

(1.14) $F \in N_\eta(\Omega)$ si et seulement si il existe une constante $m \geqslant 0$ telle que

$$\int_{S(t)} \mathrm{Log}_+ |F(z)|\ d^c \rho \wedge \beta^{n-1} \leqslant m\ \eta(t) \quad , \quad t \in [a_o, 0[.$$

On considère sur $A_\eta(\Omega)$, $N_\eta(\Omega)$ les fonctionnelles

$$(1.15) \quad \begin{cases} \phi_\eta(F) = M_\eta(F) + ||\mathrm{Log}_-\ |F|\ ||_o \quad , \\ \varphi_\eta(F) = m_\eta(F) + ||\mathrm{Log}_-\ |F|\ ||_o \quad , \end{cases}$$

$M_\eta(F)$ et $m_\eta(F)$ étant respectivement les plus petites constantes possibles M, m dans (1.13) et (1.14).

La classe $N_\eta(\Omega)$ correspondant à $\eta \equiv 1$ est usuellement dénommée classe de Nevanlinna (d'où la notation). Cette classe intervient de manière naturelle lorsqu'on cherche à obtenir des majorations de l'aire d'un diviseur (cf [1] , [6]).

<u>Théorème 1.5.</u> Soit $F \in N_\eta(\Omega)$ et $[Z]$ le diviseur des zéros de F. Etant donné $\varepsilon > 0$, on considère la fonction convexe de classe C^2 :

$$\chi(t) = \int_t^0 \frac{du}{\eta(u)^{1+\varepsilon}} \quad , \ t < 0.$$

Il existe des constantes $C_3(\varepsilon)$, $C_4(\varepsilon) > 0$ indépendantes de F telles que :

(1.16) Condition de Blaschke : $\int \chi(\rho)\ [Z] \wedge \beta^{n-1} \leqslant C_3(\varepsilon)\ \varphi_\eta(F)$;

(1.17) Condition de Malliavin : $\int \frac{1}{\eta(\rho)^{1+\varepsilon}} [Z] \wedge d\rho \wedge d^c\rho \wedge \beta^{n-2} \leqslant C_4(\varepsilon)\, \varphi_\eta(F)$.

La démonstration repose essentiellement sur l'équation de Lelong-Poincaré

(1.18) $[Z] = \frac{1}{2\pi} dd^c \operatorname{Log}|F|$ et sur les formules d'intégration par parties des lemmes 1.1 et 1.2. Avec $X = \Omega$ et $T = [Z] \wedge \beta^{n-2}$ le lemme 1.2 montre que

$$\int \frac{1}{\eta(\rho)^{1+\varepsilon}} [Z] \wedge d\rho \wedge d^c\rho \wedge \beta^{n-2} = \int \chi(\rho)\, [Z] \wedge \beta^{n-1}.$$

Les conditions de Blaschke et de Malliavin sont doncéquivalentes. Raisonnons d'abord dans le cas où η est non bornée, c'est-à-dire $\chi'(0) = 0$. D'après l'équation (1.18) et le lemme 1.1 (1.4) il vient :

$$2\pi \int \chi(\rho)\, [Z] \wedge \beta^{n-1} = - \int_\Omega \operatorname{Log}|F| . |\chi'(\rho)|\, dd^c\rho \wedge \beta^{n-1} + \int_\Omega \operatorname{Log}|F|\, \chi''(\rho)\, d\rho \wedge d^c\rho \wedge \beta^{n-1}$$

(1.19) $$\leqslant \int_\Omega \operatorname{Log}_-|F| . |\chi'(\rho)|\, \beta^n + \int_\Omega \operatorname{Log}_+|F|\, \chi''(\rho)\, d\rho \wedge d^c\rho \wedge \beta^{n-1}.$$

L'hypothèse $F \in N_\eta(\Omega)$ entraîne que

$$\int_{S(a)} \operatorname{Log}_+ |F|\, d^c\rho \wedge \beta^{n-1} \leqslant \eta(a)\, \varphi_\eta(F) \quad , \quad a \in [a_o, 0[\,.$$

L'inégalité (1.10) appliquée à $V = \operatorname{Log}_+ |F|$ donne alors

$$\int_{\Omega(a_o)} \operatorname{Log}_+|F|\, \beta^n \leqslant \int_{S(a_o)} \operatorname{Log}_+|F|\, d^c\rho \wedge \beta^{n-1} \leqslant \eta(a_o)\, \varphi_\eta(F), \text{ d'où}$$

(1.20) $$\int_{\Omega(a_o)} \operatorname{Log}_-|F| . |\chi'(\rho)|\, \beta^n + \int_{\Omega(a_o)} \operatorname{Log}_+ |F|\, \chi''(\rho)\, d\rho \wedge d^c\rho \wedge \beta^{n-1} \leqslant C_5\, \varphi_\eta(F).$$

D'après (1.12), les intégrales analogues sur $\Omega \setminus \Omega(a_o)$ sont majorées par :

$$\int_{\Omega \setminus \Omega(a_o)} (\mathrm{Log}_-|F| .\ C_2 |\chi'(\rho)| + \mathrm{Log}_+ |F|\ \chi''(\rho))\ d\rho \wedge d^c\rho \wedge \beta^{n-1} ,$$

soit encore, grâce au théorème de Fubini, par

$$(1.21) \quad C_2 \int_{a_o}^{0} |\chi'(t)| dt \int_{S(t)} \mathrm{Log}_-|F|\ d^c \rho \wedge \beta^{n-1}$$

$$(1.22) \quad + \int_{a_o}^{0} \chi''(t)\ dt \int_{S(t)} \mathrm{Log}_+|F|\ d^c \rho \wedge \beta.$$

On a $\chi'' = -(1+\varepsilon)\eta'\ \eta^{-2-\varepsilon}$, donc (1.22) $\leqslant$ (1.23) avec

$$(1.23) = \int_{a_o}^{0} \chi''(t) dt \times \eta(t)\ \varphi_\eta(F) = \frac{1 + 1/\varepsilon}{\eta^\varepsilon(a_o)}\ \varphi_\eta(F) \leqslant C_6\ \varphi_\eta(F).$$

Enfin, le lemme 1.3 montre que

$$\int_{S(t)} \mathrm{Log}_-|F|\ d^c\rho \wedge \beta^{n-1} \leqslant C_1(\eta(t)\varphi_\eta(F) + ||\mathrm{Log}_-|F|\ ||_o) ,$$

donc l'intégrale (1.21) est inférieure à

$$(1.24) = C_1\ C_2 \int \frac{dt}{\eta^{1+\varepsilon}(t)} \quad (\eta(t)\ \varphi_\eta(F) + \|\mathrm{Log}_-\ |F|\ \|_o \leqslant C_7 \varphi_\eta(F).$$

La condition (1.16) résulte alors de (1.19), (1.20) et des inégalités (1.21) $\leqslant$ (1.24), (1.22) $\leqslant$ (1.23). Lorsque η est bornée, on applique (1.5) au lieu de (1.4), ce qui fait apparaître le terme de bord

$$\int_{S(a)} \mathrm{Log}\ |F|\ d^c\rho \wedge \beta^n \leqslant \eta(a)\ \varphi_\eta(F) \leqslant C_8\ \varphi_\eta\ (F). \square$$

<u>Remarque 1.6.</u> Pour $\eta \equiv 1$, on trouve la condition de Blaschke classique

$$\int |\rho|\ [Z] \wedge \beta^{n-1} < +\infty .$$

2. MAJORATION STATISTIQUE DE L'AIRE D'UNE SOUS-VARIÉTÉ.

Nous allons maintenant étudier le problème de la majoration de l'aire d'une variété intersection complète de codimension quelconque. Soit $F = (F_1,\dots,F_p) : \Omega \to \mathbb{C}^p$ une application analytique. Si $\zeta \in \mathbb{C}^p$, on note X_ζ la surface de niveau $X_\zeta = F^{-1}(\zeta)$. D'après le théorème de Sard, la variété X_ζ est sans singularités pour presque tout $\zeta \in \mathbb{C}^p$. L'estimation du théorème 1.5 n'est plus vraie en général pour chaque surface X_ζ fixée (cf. [2]), mais on a la version statistique suivante, inspirée de [7].

Théorème 2.1. Soient $F_1 \in N_{\eta_1}(\Omega)$, $F_2 \in A_{\eta_2}(\Omega),\dots,F_p \in A_{\eta_p}(\Omega)$ $(\eta_1,\dots,\eta_p \in \mathscr{C}^1(]-\infty,0[$ étant des fonctions croissantes $> 0)$.

Pour tout $\varepsilon > 0$ on pose

$$\chi_p(t) = \frac{1}{(p-1)!}\int_t^0 \frac{(u-t)^{p-1}\,du}{(\eta_1^{1+\varepsilon}\eta_2\cdots\eta_p)(u)}\ ,\quad t \leqslant 0.$$

Il existe une constante $C(p,\varepsilon) > 0$ telle que

$$(2.1)\qquad \int_{\zeta\in\mathbb{C}^p} (1+|\zeta|^2)^{-p-\varepsilon}\, d\lambda(\zeta) \int_{X_\zeta} \chi_p(\rho)\,\beta^{n-p} \leqslant C(p,\varepsilon)\ B(F)$$

avec $B(F) = (1 + m_{\eta_1}(F_1)) \prod_{j=2}^{p} (1+M_{\eta_j}(F_j))$, cf. définition 1.4.

Démonstration. Par récurrence sur p. Considérons d'abord le cas $p = 1$, $\eta = \eta_1$, $F = F_1$, l'hypersurface X_ζ étant définie par $F - \zeta = 0$. D'après le théorème 1.5, il suffit de vérifier :

$$(2.2)\qquad \int_{\zeta\in\mathbb{C}} (1+|\zeta|^2)^{-1-\varepsilon}\,\varphi_\eta(F-\zeta)\,d\lambda(\zeta) \leqslant C_1(\varepsilon)\ (1+\varphi_\eta(F)).$$

Par définition, $\varphi_\eta(F) = m_\eta(F) + \|\mathrm{Log}_-|F|\|_o$ où $m_\eta(F)$ est la plus petite constante m qui intervient dans (1.14). Puisque $\mathrm{Log}_+(x+y) \leqslant \mathrm{Log}_+ x + \mathrm{Log}_+ y + \mathrm{Log} 2$ si $x,y \geqslant 0$, il vient

$$m_\eta(F-\zeta) \leqslant m_\eta(F) + C_2(1 + \mathrm{Log}_+|\zeta|) ,$$

$$\int_{\zeta \in \mathbb{C}} (1 + |\zeta|^2)^{-1-\varepsilon} \, m_\eta(F-\zeta) \, d\lambda(\zeta) \leqslant C_3(\varepsilon) \, (1 + m_\eta(F)).$$

En majorant brutalement $(1+|\zeta|^2)^{-1-\varepsilon}$ par 1, on trouve d'autre part

$$(2.3) \qquad \int_{\zeta \in \mathbb{C}} (1 + |\zeta|^2)^{-1-\varepsilon} \, \mathrm{Log}_-|a-\zeta| \, d\lambda(\zeta) \leqslant C_4 = \int_{|\zeta|<1} \mathrm{Log} \frac{1}{|\zeta|} \, d\lambda(\zeta),$$

d'où $$\int_{\zeta \in \mathbb{C}} (1 + |\zeta|^2)^{-1-\varepsilon} \, \|\mathrm{Log}_-|F-\zeta|\|_o \leqslant C_4 \int_{\Omega(a_o)} \beta^n.$$

(2.2) résulte immédiatement de là. Supposons maintenant le théorème démontré pour $p-1$ (avec $p \geqslant 2$). Posons $\zeta' = (\zeta_1,\ldots,\zeta_{p-1})$, $\zeta = (\zeta',\zeta_p)$, $F' = (F_1,\ldots F_{p-1})$, $X_{\zeta'} = F'^{-1}(\zeta')$. Après remplacement de ε par $\varepsilon/2$, l'hypothèse de récurrence montre que

$$(2.4) \qquad \int_{\zeta' \in \mathbb{C}^{p-1}} (1 + |\zeta'|^2)^{-p+1-\varepsilon/2} \, d\lambda(\zeta') \int_{X_{\zeta'}} \chi_{p-1}(\rho) \, \beta^{n-p+1} \leqslant C_5(\varepsilon) \, B(F').$$

Un calcul immédiat donne :

$$\chi'_1(t) = \frac{-1}{\eta_1^{1+\varepsilon}(t)} \quad , \quad \chi'_p(t) = \frac{-1}{(p-2)!} \int_t^0 \frac{(u-t)^{p-2} \, du}{(\eta_1^{1+\varepsilon}\eta_2\ldots\eta_p)(u)} \quad , \quad p \geqslant 2 \; ;$$

$$\chi''_2(t) = \frac{1}{(\eta_1^{1+\varepsilon}\eta_2)(t)} \quad , \quad \chi''(t) = \frac{1}{(p-3)!} \int_t^0 \frac{(u-t)^{p-3} \, du}{(\eta_1^{1+\varepsilon}\eta_2\ldots\eta_p)(u)} \quad , \quad p \geqslant 3 \, .$$

On en déduit pour $p \geqslant 2$ les inégalités

$$(2.5) \quad \begin{cases} |\chi'_p(t)| \leqslant C_6 \, \chi_{p-1}(t) & \text{si } t \in [\,\mathrm{Inf}\rho, 0] \, , \\ \chi''_p(t) \, \eta_p(t) \leqslant |\chi'_{p-1}(t)| \, . \end{cases}$$

Choisissons ζ' tel que $X_{\zeta'}$ soit sans singularités, et ζ_p valeur non critique de la restriction de F_p à X_p. Appliquons le lemme 1.1 (1.4) à $X = X_{\zeta'}$, $V = \frac{1}{2\pi}$ Log $|F_p - \zeta_p|$, $\Theta = \beta^{n-p}$.

L'équation de Lelong-Poincaré $dd^c V = [X_\zeta]$ considérée sur $X_{\zeta'}$ implique

(2.6) $$\int_{X_\zeta} \chi_p(\rho)\, \beta^{n-p} = - \int_{X_{\zeta'}} V|\chi_p'(\rho)|\, \beta^{n-p+1} + \int_{X_{\zeta'}} V\chi_p''(\rho)\, d\rho\wedge d^c\rho\wedge\beta^{n-p}$$

$$\leqslant \int_{X_{\zeta'}} \mathrm{Log}_-|F_p - \zeta_p| \cdot |\chi_p'(\rho)|\, \beta^{n-p+1} + \int_{X_{\zeta'}} \mathrm{Log}_+|F_p - \zeta_p| \cdot \chi_p''(\rho)\, d\rho\wedge d^c\rho \wedge \beta^{n-p}.$$

Comme ci-dessus on voit que

$$\mathrm{Log}_+|F_p - \zeta_p| \leqslant C_7(M_{\eta_p}(F_p) + 1 + \mathrm{Log}_+|\zeta_p|)\, \eta_p(\rho) \ ;$$

les inégalités (2.5) donnent donc la majoration

(2.7) $$\begin{cases} C_6 \displaystyle\int_{X_{\zeta'}} \mathrm{Log}_-|F_p - \zeta_p|\, \chi_{p-1}(\rho)\, \beta^{n-p+1} \\ + C_7\, (M_{\eta_p}(F_p) + 1 + \mathrm{Log}_+|\zeta_p|) \displaystyle\int_{X_{\zeta'}} |\chi'_{p-1}(\rho)|\, d\rho\wedge d^c\rho \wedge \beta^{n-p}. \end{cases}$$

D'après le lemme 1.2, on a :

(2.8) $$\int_{X_{\zeta'}} |\chi_{p-1}'(\rho)|\, d\rho\wedge d^c\rho \wedge \beta^{n-p} = \int_{X_{\zeta'}} \chi_{p-1}(\rho)\, \beta^{n-p+1}.$$

On intègre maintenant (2.6) avec le poids $(1+|\zeta|^2)^{-p-\varepsilon}$, qu'on majore par $(1 + |\zeta'|^2)^{-p+1-\varepsilon/2}$ $(1 + |\zeta_p|^2)^{-1-\varepsilon/2}$. Si l'on tient compte de (2.3), (2.4), (2.8) et (2.6) $\leqslant$ (2.7) , on obtient finalement l'inégalité attendue (2.1). □

Posons $\eta_\varepsilon(t) = (\eta_1^{1+\varepsilon}\, \eta_2 \ldots \eta_p)\, ((1-\varepsilon)t)$. Des minorations triviales donnent $\chi_p(t) \geqslant \varepsilon^p\, |t|^p/p!\, \eta_\varepsilon(t)$, $\chi_p'(t) \geqslant \varepsilon^{p-1}\, |t|^{p-1}/(p-1)!\eta_\varepsilon(t)$.
Une nouvelle application du lemme 1.2 permet d'énoncer :

Corollaire 2.2. Sous les hypothèses du théorème 2.1 on a

$$(2.9) \quad \int_{\zeta \in \mathbb{C}^p} (1 + |\zeta|^2)^{-p-\varepsilon} \int_{X_\zeta} |\rho|^p \ \eta_\varepsilon(\rho)^{-1} \ \beta^{n-p} < +\infty ,$$

$$(2.10) \quad \int_{\zeta \in \mathbb{C}^p} (1 + |\zeta|^2)^{-p-\varepsilon} \int_{X_\zeta} |\rho|^{p-1} \eta_\varepsilon(\rho)^{-1} \ d\rho \wedge d^c\rho \wedge \beta^{n-p-1} < +\infty.$$

Cas particuliers :

(2.11) les fonctions F_j sont bornées et $\eta_\varepsilon(t) \equiv 1$.

(2.12) Les fonctions F_j sont à croissance polynomiale au bord ,
(i.e. $\mathrm{Log}|F_j| \leqslant C_j \ \mathrm{Log}(1 + {}^1/|\rho|))$; $\eta_\varepsilon(t) = [\mathrm{Log}(1+{}^1/|t|)]^{p+\varepsilon}$.

(2.13) Les fonctions F_j sont d'ordre fini $\tau \geqslant 0$, i.e. pour tout $\varepsilon > 0$, il existe $C(\varepsilon) > 0$ telle que $\mathrm{Log}|F_j| \leqslant C(\varepsilon)|\rho|^{-\tau-\varepsilon}$; on peut prendre alors $\eta_\varepsilon(t) = |t|^{-p\tau-\varepsilon}$ et $\chi_p(\rho) = |\rho|^{p(1+\tau)+\varepsilon}$.

3. INTÉGRALES DE COURBURE.

Soit X une sous-variété analytique de dimension d dans l'ouvert $\Omega(\Omega \subset\subset \mathbb{C}^n$ strictement pseudoconvexe). On désigne par TX le fibré tangent à X.

Définition 3.1. TX étant muni de la métrique euclidienne standard $\alpha = \frac{1}{4} dd^c |z|^2$, on appellera forme de courbure de Ricci de (X,α) la forme de courbure du fibré canonique $\Lambda^d T^\star X$:

$$R = i\, c\, (\Lambda^d T^\star X) = - i\, c(\Lambda^d TX).$$

Cette définition diffère des conventions usuelles, suivant lesquelles $R = i\, c\, (\Lambda^d TX)$. Le choix que nous avons fait sera commode parce que $i\, c(\Lambda^d T^\star X)$ est toujours une $(1,1)$-forme $\geqslant 0$, comme le montre le calcul explicite suivant.

Lemme 3.2. On suppose que X est définie par le système d'équations $F = (F_1,\ldots,F_p) = (0,\ldots,0)$ et que l'application linéaire tangente dF est surjective en tout point de X (on a donc $d = \dim X = n - p$). Pour tout multi-indice croissant $L = \{l_1, \ldots, l_p\} \subset \{1,2,\ldots,n\}$, on pose :

$$J_L(F) = \text{dét} \left[\frac{\partial F_j}{\partial z_{l_k}} \right]_{1 \leq j,\, k \leq p},$$

$$J(F) = \Big(\sum_{|L|=p} |J_L(F)|^2 \Big)^{1/2} > 0.$$

Alors on a les formules suivantes :

(3.1) $\| F^\star(d\lambda) \| = J(F)^2$,

où $d\lambda$ est la (p,p)-forme associée à la mesure de Lebesgue sur $\mathbb{C}^p$;

(3.2) $R = [\, dd^c \operatorname{Log} J(F)]_{|X}$ (restriction de $dd^c \operatorname{Log} J(F)$ à X).

<u>Preuve de (3.1).</u> Soient $(\zeta_1, \ldots, \zeta_p)$, $(z_1, \ldots, z_n)$ des coordonnées orthonormées sur $\mathbb{C}^p$ et $\mathbb{C}^n$. On a

$$d\lambda = 2^{-p}\, i^{p^2}\, d\zeta_1 \wedge \ldots \wedge d\zeta_p \wedge d\bar{\zeta}_1 \wedge \ldots \wedge d\bar{\zeta}_p ,$$

(3.3) $F^\star(d\zeta_1 \wedge \ldots \wedge d\zeta_p) = \sum_{|L|} J_L(F)\, dz_L.$

La formule (3.1) résulte immédiatement de là.

<u>Preuve de (3.2).</u> Pour tout multi-indice L de longueur p, l'égalité (3.3) implique

$$F^\star(d\zeta_1 \wedge \ldots \wedge d\zeta_p) \wedge dz_{\complement L} = \pm\, J_L(F)\, dz_1 \wedge \ldots \wedge dz_n ,$$

$\pm$ étant la signature de la permutation qui réordonne $L \cup \complement L$ en $1,2,\ldots,n$. Fixons $z^\circ \in X$ et un multi-indice M, $|M| = p$, tel que $J_M(F) \neq 0$ au voisinage de z°. Puisque $dz_{\complement L}$ et $dz_{\complement M}$ sont des formes holomorphes de degré maximal $d = n-p$ sur X, on trouve

$$dz_{\complement L} = \pm \frac{J_L(F)}{J_M(F)} dz_{\complement M} \quad \text{(en restriction à TX), et}$$

$$\frac{\alpha^d}{d!} = \sum_{|L|=p} 2^{-p}\, i^{p^2}\, dz_{\complement L} \wedge d\bar{z}_{\complement L} = \frac{J(F)^2}{|J_M(F)|^2}\, 2^{-p}\, i^{p^2}\, dz_{\complement M} \wedge d\bar{z}_{\complement M} .$$

Il vient donc $\|dz_{\complement M}\| = 2^{p/2}\ |J_M(F)|/J(F)$; la forme de courbure de $\Lambda^d T^\star X$ est alors donnée classiquement par

$$R = i\, c\, (\Lambda^d T^\star X) = dd^c \operatorname{Log} \frac{1}{\|dz_{\complement M}\|} = dd^c \operatorname{Log} J(F) ,$$

car $J_M(F)$ est une fonction holomorphe non nulle. □

Nous pouvons maintenant énoncer le résultat essentiel de ce travail.

Théorème 3.3. Soit $F = (F_1,\dots,F_p) : \Omega \to \mathbb{C}^p$ une application holomorphe, avec $F_1 \in N_{\eta_1}(\Omega)$, $F_2 \in A_{\eta_2}(\Omega),\dots,F_p \in A_{\eta_p}(\Omega)$. On suppose que $\operatorname{Log} J(F) \leqslant \mu(\rho)$ sur Ω, avec une fonction $\mu \in \mathcal{C}^1(]-\infty,0[$ croissante > 0. Quel que soit $\varepsilon > 0$, on pose :

$$\chi_{p,q}(t) = \frac{1}{(p+q-1)!} \int_t^0 \frac{(u-t)^{p+q-1}\, du}{\eta_1^{1+\varepsilon}\, \eta_2 \dots \eta_p\, \mu^q(u)} .$$

Pour tout entier $q = 0,1,\dots,n-p$, la courbure de Ricci des surfaces de niveau $X_\zeta = F^{-1}(\zeta)$ vérifie l'estimation

$$(3.4) \qquad \int_{\zeta \in \mathbb{C}^p} (1+|\zeta|^2)^{-p-\varepsilon}\, d\lambda(\zeta) \int_{X_\zeta} \chi_{p,q}(\rho)\ R^q \wedge \beta^{n-p-q} < +\infty.$$

Démonstration. Par récurrence sur q. Pour $q = 0$ l'inégalité (3.4) résulte de (2.1). Nous aurons besoin des lemmes techniques suivants au cours de l'étape de récurrence.

<u>Lemme 3.4.</u> Soit $V \in \mathcal{C}^2(\Omega)$ une fonction p.s.h. telle que $0 \leqslant V \leqslant \mu(\rho)$ sur Ω. Pour tout entier $k = 1,\dots,n$ et tout $\varepsilon > 0$, on définit des fonctions convexes $\Psi_k :]-\infty,0[\to \mathbb{R}$ par $\Psi_k(t) = \frac{1}{(k-1)!} \int_t^0 |u-t| \ \mu(u)^{-k-\varepsilon}\, du$.
Alors :

$$\int_\Omega \Psi_k(\rho)\ (dd^cV)^k \wedge \beta^{n-k} \leqslant (1+\frac{1}{\varepsilon}) \int_\Omega \mu(\rho)^{-\varepsilon}\ \beta^n.$$

<u>Preuve</u> : Il n'est pas restrictif de supposer μ <u>non bornée</u> ; lorsque μ est bornée, on peut toujours écrire μ comme limite décroissante de fonctions non bornées et passer à la limite dans les inégalités. On raisonne alors par récurrence sur k. Des calculs élémentaires donnent :

$$\Psi_1'(t) = -\mu(t)^{-1-\varepsilon}, \quad \Psi'_k(t) = -\frac{1}{(k-2)!} \int_t^0 |u-t|^{k-2}\ \mu(u)^{-k-\varepsilon}\, du \ \text{ si } k \geqslant 2 ,$$

$$\Psi_1''(t) = (1+\varepsilon)\ \mu'(t)\ \mu(t)^{-2-\varepsilon} \quad , \quad \Psi_2''(t) = \mu(t)^{-2-\varepsilon} ,$$

$$\Psi_k''(t) = \frac{1}{(k-3)!} \int_t^0 |u-t|^{k-3}\ \mu(u)^{-k-\varepsilon}\, du \ \text{ si } k \geqslant 3.$$

On en déduit :

$$(3.5) \qquad \Psi_1''(t)\ \mu(t) = (1+\frac{1}{\varepsilon}) \frac{d}{dt} (-\mu^{-\varepsilon})$$

$$(3.6) \qquad \Psi_k''(t)\ \mu(t) \leqslant |\Psi_{k-1}'(t)| \quad \text{pour } k \geqslant 2.$$

Le lemme 1.1 (1.4) appliqué à $\Theta = (dd^cV)^{k-1} \wedge \beta^{n-k}$ entraîne pour tout $k \geqslant 1$:

$$\int_\Omega \Psi_k(\rho)\ (dd^cV)^k \wedge \beta^{n-k} = -\int_\Omega V\ |\Psi_k'(\rho)|\ (dd^cV)^{k-1} \wedge \beta^{n-k+1}$$
$$+ \int_\Omega V\ \Psi_k''(\rho)\ (dd^cV)^{k-1} \wedge d\rho \wedge d^c\rho \wedge \beta^{n-k}$$

$$\leqslant \int_\Omega \Psi_k''(\rho)\ \mu(\rho)\ (dd^cV)^{k-1} \wedge d\rho \wedge d^c\rho \wedge \beta^{n-k}.$$

Si $k = 1$, (3.5) donne le majorant

$$(1+\frac{1}{\varepsilon}) \int_\Omega d(-\mu(\rho)^{-\varepsilon}) \ d^c\rho \wedge \beta^{n-1} = (1+\frac{1}{\varepsilon}) \int_\Omega \mu(\rho)^{-\varepsilon} \ \beta^n ,$$

compte tenu de la formule de Stokes et de ce que $\lim_{\rho \to 0} \mu(\rho)^{-\varepsilon} = 0$.

Si $k \geqslant 2$, (3.6) implique

$$\int_\Omega \Psi_k(\rho) \ (dd^cV)^k \wedge \beta^{n-k} \leqslant \int_\Omega |\Psi'_{k-1}(\rho)| \ (dd^cV)^{k-1} \wedge d\rho \wedge d^c\rho \wedge \beta^{n-k},$$

et l'intégrale de droite est égale à $\int_\Omega \Psi_{k-1}(\rho) \ (dd^cV)^{k-1} \wedge \beta^{n-k+1}$ grâce au lemme 1.2. □

<u>Lemme 3.5.</u> Soit V une fonction p.s.h. telle que $V \leqslant \mu(\rho)$ sur Ω. On suppose que V est de classe C^2 sur un ouvert $\Omega' \subset \Omega$. Soit Ψ_k comme dans le lemme 3.4 si $k \geqslant 1$ et $\Psi_0 \equiv 1$. Alors pour tout $\varepsilon > 0$ et tout entier $k \geqslant 0$, il existe une constante $C \geqslant 0$ indépendante de V et Ω' , telle que

$$\int_{\Omega' \cap \{V<0\}} \Psi_k(\rho) \ e^V \ (dd^cV)^k \wedge \beta^{n-k} \leqslant C < +\infty.$$

<u>Preuve:</u> Pour $k \geqslant 1$, soit γ la fonction convexe > 0 définie par $\alpha(t) = e^{t/k}$ si $t \leqslant 0$ et $\gamma(t) = 1 + {}^t/_k$ si $t \geqslant 0$.
La fonction p.s.h. $\gamma \circ V$ est de classe C^2 sur l'ouvert $\Omega' \cap \{V<0\}$ et vérifie $0 \leqslant \gamma \circ V \leqslant 1 + \frac{1}{k} \ \mu(\rho) \leqslant C_1 \ \mu(\rho)$.
Soit $a < 0$ fixé. On peut écrire $\gamma \circ V$ comme limite décroissante sur $\Omega(a) = \{\rho - a < 0\}$ d'une suite de fonctions p.s.h. $V_\nu \in \mathscr{C}^\infty(\Omega(a))$, obtenues par le procédé habituel de convolution, et vérifiant $0 \leqslant V_\nu \leqslant (C_1 + \frac{1}{\nu}) \ \mu(\rho)$.
Le lemme 3.4 appliqué sur $\Omega(a)$ entraîne

$$\int_{\Omega(a) \cap \Omega' \cap \{V<0\}} \Psi_k(\rho - a) \ (dd^cV_\nu)^k \wedge \beta^{n-k}$$
$$\leqslant (C_1 + \frac{1}{\nu})^k \ (1 + \frac{1}{\nu}) \int_{\Omega(a)} \mu(\rho - a)^{-\varepsilon} \ \beta^n.$$

On fait tendre ν vers $+\infty$, puis a vers 0, ce qui donne

$$\int_{\Omega' \cap \{V<0\}} \Psi_k(\rho)\,(dd^c e^{V/k})^k \wedge \beta^{n-k} \leqslant C_2 = C_1^k\left(1+\frac{1}{\varepsilon}\right)\int_{\Omega} \mu(\rho)^{-\varepsilon}\,\beta^n .$$

L'inégalité évidente

$$dd^c e^{V/k} = \frac{1}{k} e^{V/k}\,(dd^c V + \frac{1}{k}\,dV \wedge d^c V) \geqslant \frac{1}{k} e^{V/k}\, dd^c V$$

implique le lemme 3.5 avec $C = k^k C_2$. □

Revenons maintenant au th. 3.3, en supposant le théorème démontré pour $q-1$ $(q \geqslant 1)$. Des calculs analogues à ceux effectués au §2 (2.5) donnent

$$|\chi'_{p,q}(t)| = \frac{1}{(p+q-2)!}\int_t^0 \frac{(u-t)^{p+q-2}\,du}{\eta_1^{1+\varepsilon}\,\eta_2 \dots \eta_p\,\mu^q(u)} ,$$

(3.7) $\quad \chi''_{p,q}(t)\,\mu(t) \leqslant |\chi'_{p,q-1}(t)| \quad$ si $p \geqslant 1$, $q \geqslant 1$.

On va utiliser le lemme 3.5 avec $\varepsilon = 1$, $k = q-1$, en remarquant qu'il existe une constante C_3 telle que

(3.8) $\quad |\chi'_{p,q}(t)| \leqslant C_3\,\Psi_{q-1}(t) \quad$ pour $t \in [\operatorname{Inf}\rho, 0]$.

D'après (3.7), (3.8), l'hypothèse $\operatorname{Log} J(F) \leqslant \mu(\rho)$ et le lemme 1.1 (avec $V = \operatorname{Log} J(F)$, $R = dd^c V$, $\Theta = R^{q-1} \wedge \beta^{n-p-q}$) on obtient :

$$\int_{X_\zeta} \chi_{p,q}(\rho)\,R^q \wedge \beta^{n-p-q} = -\int_{X_\zeta} |\chi'_{p,q}(\rho)|\,\operatorname{Log} J(F)\,R^{q-1}\wedge \beta^{n-p-q+1}$$

$$+\int_{X_\zeta} \chi''_{p,q}(\rho)\,\operatorname{Log} J(F)\,R^{q-1}\wedge d\rho \wedge d^c\rho \wedge \beta^{n-p-q}$$

$$\leqslant C_3 \int_{X_\zeta} \Psi_{q-1}(\rho)\,\operatorname{Log}_- J(F)\,R^{q-1}\wedge \beta^{n-p-q+1} +$$

$$(3.9) \qquad + \int_{X_\zeta} |\chi'_{p,q-1}(\rho)|\ R^{q-1} \wedge d\rho \wedge d^c\rho \wedge \beta^{n-p-q}.$$

Le lemme 1.2 et l'hypothèse de récurrence montrent que l'intégrale (3.9) fournit une contribution finie dans l'estimation (3.4). La preuve sera achevée si on vérifie que

$$I = \int_{\mathbb{C}^p} d\lambda(\zeta) \int_{X_\zeta} \Psi_{q-1}(\rho)\ \mathrm{Log}\_J(F)\ R^{q-1} \wedge \beta^{n-p-q+1} < +\infty.$$

Soit $\Omega' = \{z \in \Omega\ ;\ J(F)\ (z) \neq 0\}$. Avec le changement de variable $\zeta = F(z)$, le théorème de Fubini donne

$$I = \int_{\Omega'} \Psi_{q-1}(\rho)\ \mathrm{Log}\_J(F)\ R^{q-1} \wedge \beta^{n-p-q+1} \wedge F^\star(d\lambda).$$

La formule (3.1) implique $\beta^{n-p-q+1} \wedge F^\star(d\lambda) \leqslant C_4\ J(F)^2\ \beta^{n-q+1}$, d'où

$$I \leqslant C_4 \int_{\Omega'} \Psi_{q-1}(\rho)\ J(F)^2\ \mathrm{Log}\_J(F)\ R^{q-1} \wedge \beta^{n-q+1}.$$

La fonction à intégrer est nulle en dehors de l'ouvert $\{J(F) < 1\}$, et sur cet ouvert on a $J(F)^2\ \mathrm{Log}\_J(F) \leqslant J(F)$, ce qui donne :

$$I \leqslant C_4 \int_{\Omega' \cap \{J(F)<1\}} \Psi_{q-1}(\rho)\ J(F)\ R^{q-1} \wedge \beta^{n-q+1}.$$

La finitude de I résulte alors du lemme 3.5 avec $V = \mathrm{Log}\, J(F)$, $k = q-1$. □

Supposons en particulier que $F_j \in A_\eta(\Omega)$, $1 \leqslant j \leqslant p$. On a donc par définition $|F_j(z)| \leqslant \exp[M_j\ \eta(\rho(z))]$, $z \in \Omega$. Les inégalités de Cauchy appliquées sur le disque

$$D = \{w \in \Omega ; \ |w_k - z_k| \leqslant C_5 \, \varepsilon \, |\rho(z)| \ , \ w_l = z_l \ \text{ si } \ l \neq k\}$$

fournissent $\left|\frac{\partial F_j}{\partial z_k}\right| \leqslant \frac{C_6}{\varepsilon|\rho|} \exp [M_j \, \eta((1-\varepsilon)\rho)]$,

d'où $\operatorname{Log} J(F) \leqslant C_7(\varepsilon) \ \mu(\rho)$,

avec $\mu(t) = \eta((1-\varepsilon)t) + \operatorname{Log}(1+\frac{1}{|t|})$.

Les fonctions $\chi_{p,q}(t)$ et $|\chi'_{p,q}(t)|$ admettent alors les minorations

$$\chi_{p,q}(t) \geqslant C_8(\varepsilon) \quad |t|^{p+q} \ \nu_{p,q}((1-\varepsilon)t)^{-1} \ ,$$
$$|\chi'_{p,q}(t)| \geqslant C_9(\varepsilon) \quad |t|^{p+q-1} \nu_{p,q}((1-\varepsilon)t)^{-1} \ ,$$

avec $\nu_{p,q}(t) = \eta^{p+\varepsilon} \ [\eta + \operatorname{Log}(1 + {}^1/|t|)\ ]^q$.

Le théorème 3.3 et le lemme 1.2 permettent donc de donner l'énoncé suivant :

<u>Théorème 3.6.</u> Soit $F_j \in A_\eta(\Omega)$, $1 \leqslant j \leqslant p$. La courbure R de X_ζ vérifie les estimations :

(3.10) $$\int_{\zeta \in \mathbb{C}^p} (1+|\zeta|^2)^{-p-\varepsilon} \int_{X_\zeta} |\rho|^{p+q} \ \nu_{p,q}((1-\varepsilon)\rho)^{-1} \ R^q \wedge \beta^{n-p-q} < +\infty$$

(3.11) $$\int_{\zeta \in \mathbb{C}^p} (1+|\zeta| \ )^{-p-\varepsilon} \int_{X_\zeta} |\rho|^{p+q-1} \nu_{p,q}((1-\varepsilon)\rho)^{-1} \ R^q \wedge d\rho \wedge d^c\rho \wedge \beta^{n-p-q-1} < +\infty$$

avec $\eta_{p,q}(t) = \eta^{p+\varepsilon} \ [\eta + \operatorname{Log}(1 + {}^1/|t|)]^q$.

<u>Corollaire 3.7.</u> Dans les cas particuliers suivants, les intégrales (3.10) et (3.11) sont finies avec le choix de $\nu_{p,q}$ indiqué :

(3.12) F_j bornées ; $\nu_{p,q}(t) = [\mathrm{Log}\,(1+{}^1/|t|)]^q$.

(3.13) F_j à coissance polynomiale (cf.(2.12)) ; $\nu_{p,q}(t) = [\mathrm{Log}(1+{}^1/|t|)]^{p+q+\varepsilon}$.

(3.14) F_j d'ordre fini $\tau \geqslant 0$ (cf.(2.13)) ; $\nu_{p,q}(t) = |t|^{-(p+q)\tau-\varepsilon}$.

4. CAS DES FONCTIONS ENTIERES.

Soient $F_1,\ldots F_p$ des fonctions entières dans $\mathbb{C}^n$. On se donne des fonctions croissantes $\eta_1,\ldots,\eta_p$, $\mu \in \mathcal{E}^\circ([0,+\infty[)$ croissantes > 0 telles que

$$\mathrm{Log}\,|F_j(z)| \leqslant M_j\,\eta_j(\,|z|\,)\,,\quad M_j \geqslant 0,$$

$$\mathrm{Log}\;J(F) \leqslant M_o\;\mu(\,|z|\,)\,,\quad M_o \geqslant 0.$$

On note $\alpha = \frac{1}{4}\,dd^c\,|z|^2$ et $B(r)$ la boule de centre 0 et de rayon r dans $\mathbb{C}^n$.

Théorème 4.1. Il existe une constante $C \geqslant 0$ telle que pour $r \geqslant 1$ on ait :

$$\int_{\zeta\in\mathbb{C}^p} (1+|\zeta|^2)^{-p-\varepsilon} \int_{B(r)\cap X_\zeta} (r^2-|z|^2)^{p+q}\; R^q \wedge \alpha^{n-p-q}$$

$$\leqslant C\, r^{2n}[\,(\eta_1\ldots\eta_p\,\mu^q)\,(r) + r^{2p}\,\mu^{q-1}\,(r)].$$

La démonstration est pratiquement identique à celle du théorème 3.3., aussi nous contenterons-nous d'en indiquer les grandes lignes. La boule $B(r)$ est définie par la fonction p.s.h. $\rho(z) = \frac{1}{4}\,(|z|^2 - r^2)$ et on a : $\alpha = dd^c\rho$. En reprenant le raisonnement qui mène aux théorèmes 1.5 et 2.1, on obtient alors pour $a \geqslant 1$:

$$\int_{\zeta\in\mathbb{C}^p} (1+|\zeta|^2)^{-p-\varepsilon} \int_{B(r)\cap X_\zeta} |\rho|^p\,\alpha^{n-p} \leqslant C_1\, r^{2n}\,(\eta_1\ldots\eta_p)\,(r)\;;$$

la quantité r^{2n} qui apparaît dans le membre de droite correspond à l'intégrale de volume $\displaystyle\int_{S(r)} d^c\rho \wedge \alpha^{n-1} = \int_{B(r)} \alpha^n.$

Les lemmes 3.4 et 3.5 admettent de même les analogues suivants. Soit V une fonction p.s.h. de classe C^2 sur $\mathbb{C}^n$ telle que $V \leqslant \mu(|z|)$. Alors pour tout entier $k \geqslant 0$ et tout $\varepsilon > 0$:

$$\int_{B(r)} |\rho|^{k+\varepsilon} (dd^c V)^k \wedge \alpha^{n-k} \leqslant C_2 \; \mu(r)^k \int_{B(r)} |\rho|^{\varepsilon} \alpha^n$$

$$\leqslant C_3 \; r^{2n+2\varepsilon} \mu(r)^k$$

pourvu que V soit $\geqslant 0$, d'où l'on déduit en général :

$$\int_{B(r) \cap \{V<0\}} |\rho|^{k+\varepsilon} \; e^V (dd^c V)^k \wedge \alpha^{n-k} \leqslant C_4 \; r^{2n+2\varepsilon} \; \mu(r)^k.$$

On est alors amené à choisir $\varepsilon = p$, $k = q-1$, ce qui explique la présence du terme $r^{2p}\,\mu^{q-1}(r)$ dans l'estimation du Théorème 4.1. □

<u>Corollaire 4.2.</u> Pour presque tout $\zeta \in \mathbb{C}$, il existe une constante $C(\zeta,\varepsilon)$ telle que pour $r \geqslant 2$ on ait

$$\int_{B(r) \cap X_\zeta} R^q \wedge \alpha^{n-p-q} \leqslant C(\zeta,\varepsilon) \; r^{2(n-p-q)} \; (\mathrm{Log}\; r)^{1+\varepsilon} \; \nu(r(1+\varepsilon))$$

avec $\mu(t) = (\eta_1 \ldots \eta_p \; \mu^q)\,(t) + t^{2p} \mu^{q-1}(t)$.

<u>Démonstration.</u> En remplaçant r par $r(1+\varepsilon)$ le théorème 4.1 implique

$$\int_{\zeta \in \mathbb{C}^p} (1 + |\zeta|^2)^{-p-\varepsilon} \int_{B(r) \cap X_\zeta} R^q \wedge \alpha^{n-p-q} \leqslant C_5 \; r^{2(n-p-q)} \; \nu(r(1+\varepsilon)).$$

Il suffit alors d'appliquer le lemme élémentaire qui suit.

<u>Lemme 4.3.</u> Soit E un espace mesurable, $\mathfrak{m}$ une mesure $\geqslant 0$ σ-finie sur E, $g(\zeta,r)$ une fonction mesurable $\geqslant 0$ sur $E \times [2,+\infty[$, croissante par rapport

à la variable r. On suppose que

$$\int_{\zeta \in E} g(\zeta,r)\, dm(\zeta) \leqslant \nu(r)$$

où ν est une fonction croissante > 0. Alors pour m-presque tout $\zeta \in E$, il existe une constante $C'(\zeta,\varepsilon)$ telle que

$$g(\zeta,r) \leqslant C'(\zeta,\varepsilon)\,(\text{Log } r)^{1+\varepsilon}\, \nu(r(1+\varepsilon)).$$

Démonstration. Soit $\varepsilon > 0$. Le théorème de Fubini implique

$$\int_{\zeta \in E} \int_2^{+\infty} \frac{g(\zeta,r)\, dr}{r(\text{Log } r)^{1+\varepsilon}\nu(r)}\, dm(\zeta) \leqslant \int_2^{+\infty} \frac{dr}{r(\text{Log } r)^{1+\varepsilon}} < +\infty .$$

Pour m-presque tout $\zeta \in E$ on a donc

$$I(\zeta,\varepsilon) = \int_2^{+\infty} \frac{g(\zeta,r)\, dr}{r(\text{Log } r)^{1+\varepsilon}\nu(r)} < +\infty .$$

Puisque g et ν sont croissantes en r on obtient

$$I(\zeta,\varepsilon) \geqslant \frac{g(\zeta,r)}{\nu(r(1+\varepsilon))} \int_r^{r(1+\varepsilon)} \frac{dt}{t(\text{Log } t)^{1+\varepsilon}}$$

$$\geqslant C_6\, \varepsilon \frac{g(\zeta,r)}{\nu(r(1+\varepsilon))\,(\text{Log } r)^{1+\varepsilon}} .$$

Le lemme 4.3 est donc vrai avec $C'(\zeta,\varepsilon) = \dfrac{I(\zeta,\varepsilon)}{C_6\, \varepsilon}$. □

Corollaire 4.4. On suppose que $F_1,\ldots,F_p$ sont des fonctions entières d'ordre τ au plus, i.e. pour tout $\varepsilon > 0$ il existe une constante $M_j(\varepsilon)$ telle que

$$\text{Log}|F_j(z)| \leqslant M_j(\varepsilon)\,(1 + |z|)^{\tau+\varepsilon}.$$

Alors pour presque tout $\zeta \in \mathbb{C}^p$, il y a une constante $C(z,\varepsilon) \geq 0$ telle que pour $r \geq 2$ on ait :

$$\int_{B(r) \cap X_\zeta} R^q \wedge \alpha^{n-p-q} \leq C(\zeta,\varepsilon)\ r^{2(n-p-q)+\varepsilon}\ (r^{(p+q)\tau} + r^{2p+(q-1)\tau}).$$

Les inégalités de Cauchy montrent en effet qu'on peut choisir

$$\eta_1(t) = \ldots = \eta_p(t) = \mu(t) = (1+t)^{\tau+\varepsilon}$$

dans le corollaire 4.3. □

5. ÉQUATION DE MONGE-AMPÈRE SATISFAITE PAR LA COURBURE TOTALE.

Soit X une hyperface (lisse) dans un ouvert $\Omega \subset \mathbb{C}^n$. On note R la forme de la courbure de Ricci de X, $K(z) = \mathrm{Trace}(R)$ la courbure scalaire, et $\Gamma(z) = \text{dét } R = \left\| \frac{R^{n-1}}{(n-1)!} \right\|$ la courbure totale. $K(z)$ est donc la somme des $(n-1)$ courbures principales de X (=valeurs propres de R), $\Gamma(z)$ en est le produit.

On se place en un point $z^\circ \in X$ au voisinage duquel X a une équation de la forme $z_n = \varphi(z_1,\ldots,z_{n-1})$ et on note

$$\varphi_j = \frac{\partial\varphi}{\partial z_j}\ ,\quad 1 \leq j \leq n-1\ ,\quad \alpha_n = \frac{1}{4}\, dd^c|z|^2 = \frac{i}{2} \sum_{j=1}^{n} dz_j \wedge d\bar{z}_j\ ,\quad \text{et}$$

$\Pi : X \to \mathbb{C}^{n-1}$ la projection sur les $(n-1)$ premières coordonnées.

Lemme 5.1. La métrique kählérienne induite $\alpha_{n|X}$ et la forme de Ricci R vérifient les relations :

$$(5.1)\qquad \alpha_{n|X}^{n-1} = \Big(1 + \sum_{j=1}^{n-1} |\varphi_j|^2\Big)\ \Pi^\star\ \alpha_{n-1}^{n-1}\ ,$$

$$(5.2)\qquad R = \frac{1}{2}\, dd^c \operatorname{Log}\Big(1 + \sum_{j=1}^{n-1} |\varphi_j|^2\Big)\ .$$

Dans les coordonnées $z_1,\dots,z_{n-1}$ sur X, on a en effet

$$\alpha_{n|X} = \alpha_{n-1} + \frac{i}{2}\, d\varphi \wedge d\bar\varphi$$

$$\alpha^{n-1}_{n|X} = \alpha^{n-1}_{n-1} + (n-1)\,\frac{i}{2}\, d\varphi \wedge d\bar\varphi \wedge \alpha^{n-2}_{n-1} = (1 + \|d\varphi\|^2)\, \alpha^{n-1}_{n-1}\,,$$

ce qui démontre (5.1) , ainsi que l'égalité

$$\| \Pi^\star \alpha^{n-1}_{n-1} \| = \frac{1}{1 + \sum\limits_{n-1}^{n-1} |\varphi_j|^2}\,.$$

Dans cette formule $\| \Pi^\star \alpha^{n-1}_{n-1}\|$ est le carré du module d'une (n-1)-forme holomorphe sur X. La relation (5.2) est donc bien vraie par définition de $R = ic(\Lambda^{n-1} T^\star X)$. □

Nous aurons besoin du calcul classique qui donne l'expression de la forme volume de $\mathbb{C}^{n-1}$ induite par la forme volume canonique de l'espace projectif $\mathbb{P}^{n-1} = \mathbb{P}(\mathbb{C}^n)$.

<u>Lemme 5.2.</u> Soit $\omega = \frac{1}{4}\, dd^c \operatorname{Log}\,(1 + \sum\limits_{j=1}^{n-1} |z_j|^2)$ sur $\mathbb{C}^{n-1}$. Alors

$$\omega^{n-1} = \frac{\alpha^{n-1}_{n-1}}{(1 + |z|^2)^n}\,.$$

Soit $\phi : X \to \mathbb{C}^{n-1}$ l'application $\phi = (\varphi_1,\varphi_2,\dots,\varphi_{n-1})$. L'égalité (5.2) montre que $R = 2\,\phi^\star\omega$. On a donc d'après le lemme 5.2 :

$$R^{n-1} = 2^{n-1}\, \frac{\phi^\star\, \omega^{n-1}}{(1 + |\phi|^2)^n} = 2^{n-1}\, \frac{|\det(\varphi_{jk})|^2}{(1 + \|d\varphi\|^2)^n}\, \Pi^\star \alpha^{n-1}_{n-1} \tag{5.3}$$

où $\det(\varphi_{jk})$, $1 \leqslant j,k \leqslant n-1$, est le jacobien de ϕ relativement aux coordonnées $z_1,\dots,z_{n-1}$. En comparant (5.1) et (5.3) il vient :

$$\frac{R^{n-1}}{(n-1)!} = 2^{n-1} \frac{|\text{dét} (jk)|^2}{(1+ \|d\varphi\|^2)^{n+1}} \quad \frac{\alpha^{n-1}_{n|X}}{(n-1)!} ,$$

d'où l'égalité des normes :

<u>Proposition 5.3.</u> On a $\Gamma(z) = 2^{n-1} \dfrac{|\text{dét}(\varphi_{jk})|^2}{(1+ \|d\varphi\|^2)^{n+1}}$.

On suppose désormais que Γ ne s'annule identiquement sur aucune composante connexe de X (la condition $\Gamma \equiv 0$ signifie géométriquement que X est une surface développable, c'est-à-dire que X est réunion de droites le long desquelles le plan tangent reste fixe). D'après (5.2) et l'équation de Lelong-Poincaré, on obtient l'équation annoncée dans l'introduction, et déjà démontrée dans [4] pour $n = 2,3$.

<u>Théorème 5.4.</u> $i\partial\bar{\partial} \text{ Log } \Gamma(z) = -(n+1) R + 2 [Z]$, où Z est le diviseur des zéros de $\text{dét}(\varphi_{jk})$, i.e. des zéros de la courbure totale. En particulier $\text{Log } \Gamma$ est une fonction plurisurharmonique en dehors de Z.

Si on calcule successivement la trace et le déterminant dans l'identité du théorème 5.4, on obtient le corollaire suivant.

<u>Corollaire 5.5.</u> Sur l'hypersurface X on a l'identité

$$\Delta \text{ Log } \Gamma = -(2n+2)K + 4\pi \, d\sigma_Z$$

où Δ est le laplacien euclidien de X et $d\sigma_Z$ l'élément d'aire du diviseur Z. De plus, Γ vérifie l'équation de type Monge-Ampère

$$(i\partial\bar{\partial} \text{ Log } \Gamma)^{n-1} = (-1)^{n-1} (n+1)^{n-1} \, \Gamma \, \alpha^{n-1}_{n|X}$$

en dehors du support de Z.

On suppose maintenant que X est définie globalement par une équation $F = 0$, avec F holomorphe dans Ω et $|F| + |dF| \neq 0$ sur X. La proposition 5.3 n'est pas tout à fait satisfaisante, car l'expression de Γ qui y est donnée dépend du choix de la coordonnée z_n. On va donc transformer cette expression pour obtenir Γ en fonctions des dérivées F_j et F_{jk} de F, $1 \leq j,k \leq n$.

Théorème 5.6. R, K et Γ vérifient les formules suivantes :

(5.4) $$R = \frac{1}{2}\,[dd^c \operatorname{Log} \|dF\|^2]_{|X} ;$$

(5.5) $$K(z) = \Delta \operatorname{Log} \|dF\| \quad ;$$

(5.6) $$\Gamma(z) = 2^{n-1} \frac{|Q_F(z)|^2}{\|dF\|^{2n+2}} ,$$

où $Q_F(z)$ est le déterminant d'ordre $n+1$

$$Q_F(z) = \left|\begin{array}{c|c} F_{jk} & \begin{matrix} F_1 \\ \vdots \\ F_n \end{matrix} \\ \hline F_1 \ \cdots \ F_n & 0 \end{array}\right| .$$

On a en effet $\varphi_j = -\dfrac{F_j(z_1,\ldots,z_{n-1},\varphi)}{F_n(z_1,\ldots,z_{n-1},\varphi)}$, et les formules (5.4), (5.5) découlent de (5.2). On notera d'ailleurs que (5.4) n'est qu'un cas particulier de la formule (3.2). Un calcul immédiat montre d'autre part que

$$\varphi_{jk} = -\frac{\partial}{\partial z_k}\left[\frac{F_j(z_1,\ldots,z_{n-1},\varphi)}{F_n(z_1,\ldots,z_{n-1},\varphi)}\right] = -\frac{1}{F_n}\left[\delta_k F_j - \frac{F_j}{F_n}\,\delta_k F_n\right]$$

où $1 \leq j,k \leq n-1$, et où δ_k est l'opérateur différentiel

$$(5.7) \qquad \delta_k = \frac{\partial}{\partial_{zk}} + \varphi_k \frac{\partial}{\partial_{zn}} = \frac{\partial}{\partial_{zk}} - \frac{F_k}{F_n} \frac{\partial}{\partial_{zn}} .$$

On obtient donc

$$\text{dét}(\varphi_{jk}) = \left(-\frac{1}{F_n}\right)^{n-1} \text{dét}\left(\delta_k F_j - \frac{F_j}{F_n} \delta k\, F_n\right)$$

$$= \frac{1}{F_n^{\,n}} \begin{Vmatrix} F_1 \ldots F_{n-1} & F_n \\ \delta_1 F_1 \ldots \delta_1 F_{n-1} & \delta_1 F_n \\ \vdots \qquad \vdots & \vdots \\ \delta_{n-1} F_1 \ldots \delta_{n-1} F_{n-1} & \delta_{n-1} F_n \end{Vmatrix}$$

comme on le voit en effectuant des combinaisons linéaires sur les colonnes pour remplacer les coefficients $F_1,\ldots,F_{n-1}$ de la première ligne par 0. En travaillant de même sur les lignes et en tenant compte de (5.7) on obtient

$$\text{dét}(\varphi_{jk}) = \frac{(-1)^n}{F_n^{n+1}} \begin{Vmatrix} 0 & F_1 & \ldots & F_n \\ F_1 & F_{11} & \ldots & F_{1n} \\ \vdots & \vdots & & \vdots \\ F_n & F_{n1} & & F_{nn} \end{Vmatrix} = \frac{(-1)^n\, Q_F(z)}{F_n^{n+1}}$$

On a donc bien $\Gamma(z) = \dfrac{2^{n-1}\, |Q_F(z)|^2}{|F_n|^{2n+2}\, (1+\|d\varphi\|^2)^{2n+2}} = \dfrac{2^{n-1}\, |Q_F(z)|^2}{\|dF\|^{2n+2}}$. □

BIBLIOGRAPHIE

[1] CHEE PAK SONG. - The Blaschke condition for bounded holomorphic functions ; trans. Amer. Math. Soc. , t. 148 1970, p. 248-263.

[2] CORNALBA (M.) and SHIFFMAN (B.). - A countrexample to the "transcendental Bezout problem" ; Vol. 96(2) , 1972, Vol. 96(2), 1972, p. 402-406.

[3] DEMAILLY (J.-P.). - Construction d'hypersurfaces irréductibles avec lieu singulier donné dans $\mathbb{C}^n$; Ann. Inst. Fourier , t.30, fasc. 3, 1980, p. 219-236.

[4] GAVEAU (B.). - Intégrales de courbure et potentiels sur les hypersurfaces analytiques de $\mathbb{C}^n$; séminaire P. Lelong-H. Skoda 1980/1981, à paraître.

[5] GAVEAU (B.) et MALLIAVIN (P.). - Courbure des surfaces de niveau d'une fonction holomorphe bornée ; C. R. Acad. Sc. Paris , t. 293 (1981) , série I, p. 135-138.

[6] MALLIAVIN (P.) - Fonctions de Green d'un ouvert strictement pseudo-convexe et classe de Nevanlinna ; C.R. Acad. Sc. Paris , t. 278 (1974) , série A, p. 141-144.

[7] STOLL (W.). - A Bezout estimate for complete intersections ; Ann. of Math., Vol. 96(2) , 1972, p. 361-401.

B.GAVEAU

LA 213,ANALYSE COMPLEXE ET GÉOMÉTRIE
UNIVERSITÉ DE PARIS VI - Tour 45-46, 5ème étage
4, Place Jussieu
75230-PARIS CEDEX 05

J.-P.DEMAILLY

Lab.de Math.pures
associé au C.N.R.S.
B.P. 74
38402-St MARTIN d'HÈRES

Séminaire P.LELONG,P.DOLBEAULT,H.SKODA
(Analyse)
22e et 23e année, 1982/1983.

ENSEMBLES EXCEPTIONNELS POUR LES APPLICATIONS HOLOMORPHES DANS $\mathbb{C}^n$.

par Lawrence GRUMAN

Nous voulons étudier les propriétés métriques des ensembles exceptionnels liés à trois problèmes que l'on rencontre dans la théorie de la distribution des valeurs des applications holomorphes.

i) Majoration de l'aire de $F^{-1}(a)$ pour une application holomorphe.

Soient X et Y deux ensembles analytiques, $X \subset \mathbb{C}^n$ de dimension pure p et $Y \subset \mathbb{C}^m$ de dimension pure q, et soit $F : X \to Y$ une application holomorphe. Posons $M_F(r) = \sup_{\substack{z \in X \\ \|z\| \leq r}} \|F\|$ (nous prenons la norme euclidienne et $B_n(a,r)=\{z \in \mathbb{C}^n : \|z-a\| < r\}$), $\sigma_X(r)$ l'aire de dimension 2p de $X \cap B_n(o,r)$, et $\sigma_X(a,r)$ l'aire de dimension 2(p-q) de $F^{-1}(a) \cap X \cap B_n(o,r)$. Si $X = \mathbb{C}^n$ et $Y = \mathbb{C}$, on peut, moyennant la formule de Jensen-Gauss (cf. [14]), majorer asymptotiquement $\sigma_X(a;r)$ par $r^{2(n-1)} \log M_F((1+\varepsilon)r)$ pour tout $\varepsilon > 0$ et ceci quel que soit $a \in \mathbb{C}$, mais un exemple de M. Cornalba et B. Shiffman [9] montre qu'en général, il n'existe pas de majoration asymptotique de $\sigma_X(a;r)$, uniforme en a, par une fonction de r, $\sigma_X(r)$ et $M_F(r)$ (indépendamment de F). On est amené donc à chercher une majoration asymptotique de $\sigma_X(a;r)$ valable pour tout a sauf peut-être pour a appartenant à un petit ensemble de valeurs exceptionnelles. Ainsi, J. Carlson [7,8] a obtenu une majoration asymptotique de σ (a;r) (pour $Y=\mathbb{C}^m$) valable sauf peut-être pour un ensemble de $(2n-2+\varepsilon)$-capacité nulle dans $\mathbb{C}^m$. Au même moment, nous avons obtenu dans [10] une majoration voisine valable pour tout a sauf peut-être pour un ensemble exceptionnel dont l'intersection avec la frontière distinguée de tout polydisque est de mesure nulle (par rapport à la mesure de Lebesgue de dimension n). Les ensembles pluri-polaires ont eux aussi une trace de mesure nulle sur la frontière distinguée de tout polydisque (nous rappelons qu'un ensemble $E \subset \Omega$, un domaine, est pluri-polaire s'il existe une fonction φ plurisousharmonique dans Ω telle que $E \subset \{z \in \Omega : \varphi(z) = -\infty\}$). Ceci nous a amené à conjecturer que l'on pouvait obtenir une majoration asymptotique de $\sigma_X(a;r)$ valable uniformément pour tout a sauf peut-être pour a appartenant à un ensemble pluri-polaire. Nous allons démontrer deux versions de cette conjecture.

ii) Majoration de la trace d'un ensemble analytique sur les plans complexes de $\mathbb{C}^n$.

Soit X un ensemble analytique dans $\mathbb{C}^n$ de dimension pure p et soit $\sigma_X(r)$ l'aire de dimension 2p de $X \cap B_n(o,r)$. Soit $G_q(\mathbb{C}^n)$ la grassmannienne des sous-espaces linéaires de $\mathbb{C}^n$ de dimension q; $G_q(\mathbb{C}^n)$ est une variété complexe compacte de dimension $q(n-q)$ (cf.[21]). Si $l \in G_q(\mathbb{C}^n)$, $q \geqslant n-p$, on pose $\sigma_X(l;r)$ égal à l'aire de dimension $2(p+q-n)$ de $l \cap X \cap B_n(o,r)$. Si $p=n-1$, d'après les travaux de P. Lelong [14] (au cas où $\sigma_X(r)$ est d'ordre fini) et H. Skoda [18] (au cas ou $\sigma_X(r)$ est d'ordre infini), si $0 \notin X$, il existe une fonction $\gamma(r)$ dont la croissance est voisine de celle de $\sigma_X(r)\, r^{-2(n-1)}$ telle que $\sigma_X(l;r) \cdot r^{-2(q-1)}$ soit majorer par $\gamma(r)$ pour tout $l \in G_q(\mathbb{C}^n)$ et ceci quel que soit q. Toutefois, si $p \leqslant n-2$, un exemple de M. Cornalba et B. Shiffman [9] montre qu'en général on ne peut pas majorer $\sigma_X(l;r)$ par une fonction de $\sigma_X(r)$ uniformément en l. On essaie donc de caractèriser l'ensemble des valeurs exceptionnelles $l \in G_q(\mathbb{C}^n)$ pour lesquelles une telle majoration n'est pas possible. Ainsi dans [7] J. Carlson à montré que $\sigma_X(l;r)$ peut être majoré asymptotiquement par $\sigma_X((1+\varepsilon)r)$ pour $\varepsilon > 0$ sauf peut-être pour l appartenant à un ensemble de mesure de Lebesgue zéro dans $G_q(\mathbb{C}^n)$ $(q \geqslant n-p)$ (voir aussi [11]). R. Molzon, B. Shiffman, et N. Sibony [16] et H. Alexander [1] arrivent à montrer, mais seulement pour $q=n-1$, que l'on peut majorer $\sigma_X(l;r)$ par une fonction de $\sigma_X(r)$ sauf peut-être pour l'appartenant à un ensemble exceptionnel E_X tel que pour tout domaine $\Omega \subset G_{n-1}(\mathbb{C}^n)$ et tout ensemble analytique irréductible $Y \subset \Omega$ tel que Y ne soit pas contenu dans un hyperplan de $G_{n-1}(\mathbb{C}^n)$, $E_X \cap Y$ soit localement pluripolaire dans Y (nous rappelons au lecteur qu'un ensemble $E \subset \Omega$ est localement pluripolaire si quel que soit $z \in \Omega$, il existe un voisinage U_z de z tel que $E \cap U_z$ soit pluripolaire). Nous allons prolonger ces résultats au cas $q \geqslant n-p$ arbitraire.

iii) Minorations de la trace d'un ensemble analytique ou d'une fonction plurisousharmonique d'ordre fini sur les plans complexes de $\mathbb{C}^n$.

Soit X un ensemble analytique de dimension pure p dans $\mathbb{C}^n$ (resp. φ une fonction plurisousharmonique dans $\mathbb{C}^n$). Si $p=n-1$, C.O. Kiselman [12] montre que l'ensemble des $l \in G_q(\mathbb{C}^n)$ tel que $\sigma_x(l;r)$ (resp. $\varphi|_l$) ait une croissance asymptotique inférieure à celle de $\sigma_X(r)$ (resp. $M_\varphi(r) = \sup_{\|z\| \leqslant r} \varphi(z)$) est localement pluripopulaire dans $G_q(\mathbb{C}^n)$. Pour $\dim X \leqslant n-2$, les premières minorations de la croissance de $\sigma_X(l;r)$ hors un ensemble exceptionnel ont été obtenu dans [10,11]. En reprennant les mêmes techniques, R. Molzon, B. Shiffman, et N. Sibony [16] et récemment H. Alexander [1] ont montré que l'on peut minorer la croissance asymptotique de $\sigma_X(l;r)$ par une fonction de $\sigma_X(r)$ sauf peut-être pour un ensemble exceptionnel $E_X \subset G_{n-1}(\mathbb{C}^n)$ tel que pour tout domaine $\Omega \subset G_{n-1}(\mathbb{C}^n)$ et tout ensemble analytique irréductible $Y \subset \Omega$ tel que Y ne soit pas contenu dans un hyperplan de $G_{n-1}(\mathbb{C}^n)$, $E_X \cap Y$ soit localement pluripolaire dans Y. Nous allons prolonger ce résultat au cas de $q \geqslant n-p$ arbitraire (resp. à $\varphi|_l$ et q arbitraire), mais simplement dans le cas où $\sigma_X(r)$ (resp. $M_\varphi(r)$) est d'ordre fini, c'est-à-dire $\limsup_{r\to\infty} \frac{\log \sigma_X(r)}{\log r} = \rho < +\infty$ (resp. $\limsup_r \frac{\log M_\varphi(r)}{\log r} = \rho < +\infty$).

Les idées de base seront celles déjà développées dans [10,11] où on travaille avec les propriétés formelles des courants positifs fermés (pour la définition et les propriétés des courants positifs fermés, nous renvoyons le lecteur au livre de P. Lelong [13]). Toutefois, l'élément nouveau sera une exploitation systèmatique d'un résultat récent de E. Bedford et B.A. Taylor [6] qui démontrent que si A est un ensemble de Borel non-pluripolaire dans un domaine strictement pseudo-convexe $\Omega \subset \mathbb{C}^n$, alors il existe un compact $K \subset A$ et une fonction plurisous-harmonique et bornée V dans Ω telle que $\mathrm{Supp}[i\partial\bar{\partial}V]^n \subset K$, $[i\partial\bar{\partial}]^n$ est l'opérateur de Monge-Ampère.

1. Préliminaires.

Pour Ω un domaine contenu dans un ensemble analytique X de dimension n, nous notons par $PSH(\Omega)$ l'ensemble des fonctions plurisousharmoniques dans Ω. Posons $\partial = \sum_{k=1}^{n} \frac{\partial}{\partial z_k} dz_k$ et $\bar{\partial} = \sum_{k=1}^{n} \frac{\partial}{\partial \bar{z}_k} d\bar{z}_k$ comme opérateurs sur l'algèbre extérieure des formes différentielles (si X est une variété complexe, on les calcule pour une carte locale). Si $\varphi \in L^\infty_{loc}(\Omega) \cap PSH(\Omega)$, on définit $(i\partial\bar{\partial}\varphi)^k$ comme courant positif fermé par récurrence (cf.[5]) : pour χ une forme de degré $(n-k,n-k)$ à coéfficients dans $\mathcal{C}^\infty_0(\Omega)$, on pose $\int \chi \wedge (i\partial\bar{\partial}\varphi)^k = \int \varphi\, i\partial\bar{\partial}\, \chi \wedge (i\partial\bar{\partial}\varphi)^{k-1}$. Si X' est le sous-ensemble analytique des points singuliers de X, pour $\Omega \subset X$ un domaine et $\varphi_i \in L_{loc}(\Omega) \cap PSH(\Omega)$, on définit la mesure $\mu = \bigwedge_{i=1}^{n} (i\partial\bar{\partial}\varphi_i)$ sur Ω par $\int_E d\mu = \int_{E \cap (X-X')} d\mu$ (i.e. on prolonge μ de la variété complexe $(X-X')$ à X' par l'extension simple).

<u>Proposition 1</u> : ([6,4]) Soit X un ensemble analytique de dimension pure n. Si $\varphi_j \downarrow \varphi$ ou $\varphi_j \uparrow \varphi$, φ_j, $\varphi \in PSH(\Omega) \cap L^\infty_{loc}(\Omega)$, alors $(i\partial\bar{\partial}\varphi_j)^n \to (i\partial\bar{\partial}\varphi)^n$ faiblement.

Si X est une variété de Stein de dimension n et Ω est un domaine strictement pseudoconvexe dans X, pour K un compact dans Ω, on définit, d'après Bedford [2,4] :

$$C(K) = \sup_{\substack{\varphi \in PSH(\Omega) \\ 0 \leq \varphi \leq 1}} \int_K (i\partial\bar{\partial}\varphi)^n$$

Pour $E \subset \Omega$ arbitraire, on pose $C_\star(E) = \sup_{K \subset E} C(K)$ et $C^\star(E) = \inf_{O \supset E} C_\star(O)$, O un ouvert.

<u>Proposition 2</u> : ([2,3]) Soit X une variété de Stein de dimension n et $\Omega \subset X$ un domaine strictement pseudoconvexe.

i) $C^\star(E)=0$ si et seulement si E est pluripolaire dans Ω ;

ii) Si $E \subset \Omega$ est un ensemble de Borel pluripolaire, alors quel que soit $V \in L^\infty_{loc}(\Omega) \cap PSH(\Omega)$, $\int_E (i\partial\bar{\partial}V)^n = 0$.

<u>Proposition 3</u> : [6] Soit X une variété de Stein de dimension n et $\Omega \subset X$ un domaine strictement pseudoconvexe. Si $E \subset \Omega$ est un ensemble de Borel, alors $C^\star(E)=C_\star(E)$.

Soit $X \subset \mathbb{C}^n$ un ensemble analytique de dimension pure p. Une fonction φ est plurisousharmonique sur X si quel que soit $z \in X$, il existe un voisinage U_z de z dans $\mathbb{C}^n$ et une fonction $\tilde{\varphi} \in PSH(U_z)$ tels que $\tilde{\varphi}|_{U_z \cap X} = \varphi|_{U_z \cap X}$. Un résultat récent de E. Bedford [4] enonce qu'un ensemble $E \subset X$ est localement pluripolaire dans X si et seulement s'il est globalement pluripolaire. En particulier, l'ensemble X' des points singuliers de X est globalement pluripolaire.

<u>Définition</u> : Soit $X \subset \Omega \subset \mathbb{C}^n$ un ensemble analytique. Nous dirons que $E \subset X$ est non-pluripolaire en un point $z \in X$ si quel que soit U_z voisinage ouvert de z dans X, $E \cap U_z$ n'est pas pluripolaire dans U_z.

<u>Proposition 4</u> : Soit $E \subset X$ une variété de Stein (resp. $E \subset X$ un ensemble analytique dans $\mathbb{C}^n$). Alors il existe $z \in X$ (resp. $z \in X-X'$) tel que E soit non-pluripolaire en z.

Démonstration : Posons $\tilde{X} = X - X'$, ce qui est une variété de Stein dans $(\mathbb{C}^n - X')$. Puisque X' est pluripolaire dans X, $E' = E \cap \tilde{X}$ n'est pas pluripolaire, et ainsi on se ramène au cas où X est une variété de Stein. Supposons que quel que soit $z \in X$, il existe un voisinage ouvert U_z de z tel que $E \cap U_z$ soit pluripolaire ; X possède une base dénombrable d'ouverts, donc E est une réunion dénombrable d'ensembles pluripolaire et ainsi est pluripolaire, ce qui donne une contradiction. C.Q.F.D.

Soit $K \subset \mathbb{C}^n$ un compact (resp. $K \subset \Omega$ un compact où Ω est un domaine strictement pseudoconvexe contenu dans X une variété de Stein). Suivant J.Siciak [19], nous définissons la fonction extrémale $u_K(z,\mathbb{C}^n)$ (resp. $u_K(z,\Omega)$) par :

$$u_K(z,\mathbb{C}^n) = \limsup_{z' \to z} \; [\sup_{\varphi \in E_K} \varphi(z')]$$

où $E_K = \{\varphi \in PSH(\mathbb{C}^n) : \varphi \leq 0 \text{ sur } K, \varphi(z) \leq C_\varphi + \log(1+\|z\|)\}$

(resp. $u_K(z,\Omega) = \limsup_{z' \to z} \; [\sup_{\varphi \in E_K} \varphi(z')]$

où $E_K = \{\varphi \in PSH(\Omega) : \varphi \leq -1 \text{ sur } K \text{ et } \varphi \leq 0 \text{ sur } \Omega\}$).

Proposition 5 : [19] $u_K(z,\mathbb{C}^n) \in PSH(\mathbb{C}^n)$ et $u_K(z,\mathbb{C}^n) \leq C_K + \log(1+\|z\|)$ si et seulement si K n'est pas pluripolaire dans $\mathbb{C}^n$.

Proposition 6 : [2,3] $\mathrm{supp}(i\partial\bar\partial u_K(z,\mathbb{C}^n))^n \subset K$ (resp. $\mathrm{supp}(i\partial\bar\partial u_K(z,\Omega))^n \subset K$).

Proposition 7 : [10] Soit θ un courant positif fermé de degré $(n-p)$ à coëfficients $\mathcal{C}^\infty$ et soit $V \in PSH(\mathbb{C}^n)$. Posons $\beta = i\partial\bar\partial\|z\|^2$. Alors

i) $\theta \wedge \beta^{n-p-1} \wedge i\bar\partial\|z\|^2$ est une mesure positive sur $\partial B_n(0,r)$.

ii) $\displaystyle\int_{\partial B_n(o,r)} V\theta \wedge \beta^{n-p-1} \wedge \bar\partial\|z\|^2 = \int_{B_n(o,r)} V\theta \wedge \beta^{n-p} + \int_{B_n(o,r)} (r^2 - \|z\|^2)\, i\partial\bar\partial V \wedge \theta \wedge \beta^{n-p-1}.$

<u>Corollaire 8</u> : Soit $V \in PSH(\mathbb{C}^n)$, $V \geqslant 0$ et soit θ_X le courant d'intégration sur l'ensemble analytique X de dimension pure p. Posons $M_V(r) = \sup_{\|z\| \leqslant r} V(z)$.

Alors quel que soit $\gamma < 1$, il existe une constante $C(\gamma,n)$ telle que

$$\int_{B_n(o,\gamma^q r)} \theta_X \wedge \beta^{p-q} \wedge (i\partial\bar\partial V)^q \leqslant C(\gamma,n) \; [M_V(r)]^q \; \sigma_X(r) \cdot r^{-2q}.$$

<u>Démonstration</u> : Supposons d'abord $V \in PSH(\mathbb{C}^n) \cap \mathcal{E}^\infty(\mathbb{C}^n)$. Posons $T_s = (i\partial\bar\partial V)^s$, $\sigma_s(t) = \int_{B_n(o,t)} T_s \wedge \beta^{p-s} \wedge \theta_\nu$ où θ_ν est une suite de courants positifs fermés à coéfficients $\mathcal{C}^\infty$ telle que $\theta_\nu \to \theta$ faiblement (cf. [10]). Alors

$$M_V(r) \int_{B_n(o,\gamma^s r)} \theta_\nu \wedge T_s \wedge \beta^{p-s} = \int_{\partial B_n(o,\gamma^s r)} M_V(r) \; T_s \wedge \beta^{p-s-1} \wedge i\bar\partial \|z\|^2 \wedge \theta_\nu$$

d'après le théorème de Stokes

$$\geqslant \int_{\partial B_n(0,\gamma^s r)} V \; T_s \wedge \beta^{p-s-1} \wedge i\bar\partial \|z\|^2 \wedge \theta_\nu$$

d'après i) de la proposition 7

$$\geqslant \int_{B_n(0,\gamma^s r)} (r^2 - \|z\|^2) \; T_{s+1} \wedge \beta^{p-s-1} \wedge \theta_\nu$$

d'après ii) de la proposition 7, puisque $V \geqslant 0$

$$\geqslant \int_0^{\gamma^s r} 2t \, \sigma_{s+1}(t) \geqslant \sigma_{s+1}(\gamma^{s+1} r) \int_{\gamma^{s+1} r}^{\gamma^s r} 2t$$

$$\geqslant r^2 \, \sigma_{s+1}(\gamma^{s+1} r) \, [\gamma^{2s} - \gamma^{2(s+1)}]$$

et ainsi on obtient par itération

$$\int_{B_n(0,\gamma^q r)} \theta_\nu \wedge \beta^{p-q} \wedge (i\partial\bar\partial V)^q \leqslant C(\gamma,n)\,[M_V(r)]^q\, r^{-2q} \int_{B_n(o,r)} \theta_\nu \wedge \beta^p$$

On fait maintenant ν tendre vers l'infini pour obtenir

$$\int_{B_n(o,\gamma^q r)} \theta_X \wedge \beta^{p-q} \wedge (i\partial\bar\partial V)^q \leqslant C(\gamma,n)\,[M_V(r)]^q\, r^{-2q} \int_{\overline{B_n(o,r)}} \theta_X \wedge \beta^p$$

Pour le cas général, on choisit une suite $V_\mu \in PSH(\mathbb{C}^n) \cap \mathcal{E}^\infty(\mathbb{C}^n)$ telle que $V_\mu \downarrow V$ et on applique la proposition 1. Finallement, on choisit une suite $r_m \downarrow r$ et on applique l'inégalité ci-dessus. C.Q.F.D.

2. Majoration de l'aire de $F^{-1}(a)$ pour une application holomorphe.

Soit X un ensemble analytique de dimension pure p et soit θ_X le courant positif fermé d'intégration sur la variété complexe $\tilde{X}$ des points réguliers de X. Posons $\sigma_X(r) = \int_{B_n(o,r)} \theta_X \wedge \beta_p$, où $\beta_p = (p!)^{-1}(i\partial\bar\partial\|z\|^2)^p$, ce qui

représente l'aire de dimension $2p$ de $X \cap B_n(o,r)$ [13]. Soient $Y \subset \mathbb{C}^m$ un ensemble analytique de dimension q et $F : X \to Y$ une application holomorphe. Posons finalement $M_F(r) = \sup_{\substack{\|z\|\leqslant r \\ z \in X}} \|F(z)\|$.

Lemme 9 : Soit X un ensemble analytique irreductible de dimension pure p contenu dans un domaine $\Omega \subset \mathbb{C}^n$ et soient X' et $\tilde{X}$ ses points singuliers et réguliers respectivement. Soit $F : X \to Y$ une application holomorphe, où Y est un ensemble analytique de dimension pure q dans $\mathbb{C}^m$ avec $\tilde{Y}^m$ comme points réguliers. Soit $\Omega' = \Omega \cap F^{-1}(\tilde{Y})$. Finalement, soit $\hat{X}$ le sous-ensemble analytique de $\tilde{X}$ où $\text{rang}(\partial f_1,\dots,\partial f_m) < \sup_{z\in\tilde{X}} \text{rang}(\partial f_1,\dots,\partial f_m) = k$. Alors quel que soit $z \in (\tilde{X}-\hat{X}) \cap \Omega'$,

il existe un voisinage U_z de z et V_z de $F(z) \in Y$ tels que

i) $F(U_z)$ soit une variété complexe de dimension k dans V_z;

ii) $\dim(U_z \cap F^{-1}(a)) = p-k$ pour $a \in F(U_z)$.

Démonstration : Par un changement de variables sur X et Y dans un voisinage de z et $F(z)$, on peut supposer sans perte de généralité que $F : B_p(0,1) \to B_q(0,1)$ et $z = 0$, $F(z)=0$, $\operatorname{rang}(\partial f_1,\ldots,\partial f_q) = k$. Puisque $\dim[\partial f_1(0),\ldots,\partial f_q(0)] = k$, on peut supposer, quitte à opérer une permutation des fonctions et des variables, que $\det\left[\frac{\partial f_i(0)}{\partial z}\right]_{j=1,\ldots,k}^{i=1,\ldots,k} \neq 0$. Ainsi, il existe un voisinage U_z de 0 dans $B_p(0,1)$ et U'_z de 0 dans $B_p(0,1)$ tels que l'application $\pi : U_z \to U'_z$ donnée par $z' = (f_1(z),\ldots,f_k(z),z_{k+1},\ldots,z_p)$ soit un biholomorphisme de U_z sur U'_z. Posons $\tilde{f}_j(z) = f_j \circ \pi^{-1}(z)$. Alors $\frac{\partial \tilde{f}_j}{\partial z_l} \equiv 0$ sur U'_z pour $j > k$, $l > k$, parce que autrement $\operatorname{rang}[\partial\tilde{f}_1,\ldots,\partial\tilde{f}_q] > k$ en au moins un point de U'_z. Ainsi pour $q \geq j > k$, $\tilde{f}_j$ est une fonction des seules variables $(z_1,\ldots,z_k)$ et $\tilde{f}_j(z)=z_j$, $1 \leq j \leq k$, donc $\tilde{F}(U'_z) = F(U_z)$ est une variété complexe Y_z de dimension k dans un voisinage V_z de 0 dans $B_q(0,1)$. On peut prendre $\tilde{f}_1,\ldots,\tilde{f}_k$ comme coordonnées locales sur Y_z, et ainsi on voit que $\dim(U'_z \cap \tilde{F}^{-1}(a)) = \dim(U_z \cap F^{-1}(a)) = p-k$ pour $a \in Y_z$. C.Q.F.D.

Lemme 10 : Soit X un ensemble analytique de dimension pure p contenu dans un domaine $\Omega \subset \mathbb{C}^n$ et soit $F : X \to Y$ une application holomorphe, où $Y \subset \mathbb{C}^m$ est un ensemble analytique de dimension pure q. Soient X' les points singuliers de X et $\hat{X} = \{z \in X-X' : \operatorname{rang}[\partial f_1,\ldots,\partial f_m] < q\}$. Alors, il existe un $\exists_\sigma$ pluripolaire $\tilde{Y}$ tel que pour $a \notin \tilde{Y}$, $\dim(X \cap F^{-1}(a)) = p-q$ et aucune branche de $F^{-1}(a)$ ne soit contenue dans $X' \cup \hat{X}$. Si $X^{\#} \subset\subset X$ est un ouvert, il existe un compact pluripolaire $Y^{\#}$ tel que pour $a \notin Y$, $\dim X_j(a) = (p-q)$ quel que soit la branche irréductible $X_j(a)$ de $F^{-1}(a) \cap X$ telle que $X_j(a) \cap \overline{X}^{\#} \neq \emptyset$.

Démonstration : Nous raisonnons par récurrence sur p. Soient X_j les branches irréductibles de X et posons

$$k_j = \sup_{X_j - X'_j} \operatorname{rang}[\partial f_1,\dots,\partial f_m] \quad \text{et} \quad \hat{X}_j = \{z \in X_j - X'_j : \operatorname{rang}[\partial f_1,\dots,\partial f_m] < k_j\}.$$

Si $p = 1$ et $k_j = 0$, alors les fonctions $(f_1,\dots,f_m)$ sont constantes sur X_j, donc $F(X_j) = a_j$; si $k_j = 1$, alors $\hat{X}_j \cup X'_j$ est dénombrable et ainsi $F(\hat{X}_j \cup X'_j)$ est un $\exists_\sigma$ pluripolaire, ce qui achève la démonstration pour $p=1$. Maintenant, on suppose p quelconque. Pour $a \notin Y'$, $\dim(F^{-1}(a) \cap X) \geq p-q$. Posons $X''_j = X' \cap X_j$, donc $X'_j \subset X''_j$. Si $k_j < q$, d'après le lemme 9, $F(X_j - (\hat{X}_j \cup X''_j))$ est un $\exists_\sigma$ pluripolaire Y'_j puisque un ensemble analytique local est un $\exists_\sigma$ pluripolaire. On peut trouver des ouverts Ω_{ij} et des sous-ensembles analytiques W_{ij} de Ω_{ij} de dimension (p-1) au plus tels que $\hat{X}_j \cup X''_j = \cup W_{ij}$. D'après l'hypothèse de récurrence, il existe un $\exists_\sigma$ pluripolaire Y''_j tel que $\dim(F^{-1}(a) \cap W_{ij}) \leq p-1-q$ pour $a \notin Y''_j$. Posons $\tilde{Y} = \cup_j Y'_j \quad \cup_{k_j<q} Y''_j$. Alors pour $a \notin \tilde{Y}$, $\dim(F^{-1}(a) \cap X) = p-q$ et aucune branche de $F^{-1}(a)$ n'est contenue dans $\hat{X} \cap X'$.

Pour $z \in X$, il existe un voisinage ouvert U_z de z dans X tel que pour $y \in U_z$, $\dim(U_z \cap F^{-1}(F(y))) \leq \dim(U_z \cap F^{-1}(F(z)))$. Soit

$$E = \{z \in \bar{X}^{\#} : \dim X_j(a) = p-q \text{ quel que soit } X_j(a) \in F^{-1}(F(z)) \text{ avec } X_j(a) \cap \bar{X}^{\#} \neq \emptyset\}.$$

Si $E = \emptyset$, posons $Y = F(\bar{X}^{\#})$, ce qui est compact et pluripolaire d'après la discussion ci-dessus. Si $E \neq \emptyset$, pour $z \in E$, on trouve un ouvert O_z dans un voisinage de $X^{\#}$ tel que $\dim(O_z \cap F^{-1}(F(y))) \leq p-q$ pour $y \in O_z$. Posons $K_z = F(\bar{X}^{\#} - O_z)$ ce qui est compact et $Y^{\#} = \bigcap_{z \in E} K_z$. C.Q.F.D.

Soit $F : X \to Y$ une application holomorphe, où X est un ensemble analytique de dimension pure p dans $\mathbb{C}^n$ et Y est un ensemble analytique de dimension pure q dans $\mathbb{C}^m$. Pour $a \in Y$, posons θ_a le courant d'intégration sur l'ensemble analytique $X \cap F^{-1}(a)$ et $\sigma_X(a;r) = \int_{B_n(o,r)} \theta_a \wedge \beta^{p-q}$.

(Si a est un élément de l'ensemble exceptionnel du lemme 10, on pose $\sigma_X(a;r)=+\infty$).

Pour $\varepsilon > 0$, $\beta > 1$ données, posons

$$q(r) = (\log r)^{\beta} \ \sigma_X((1+\varepsilon)r)r^{-2q} [\log M_F((1+\varepsilon)r)]^q.$$

<u>Lemme 11</u> : L'ensemble $E(\varepsilon,\beta) = \{a \in Y : \limsup_{r\to\infty} \sigma_X(a;r)\cdot q(r)^{-1} \neq 0\}$ est un ensemble de Borel.

<u>Démonstration</u> : Soit $A_r^t = \{a \in Y$: aucune branche irréductible de $F^{-1}(a)$ n'est contenue dans $X' \cup \hat{X}$ et $\sigma_X(a;r)\cdot q^{-1}(r) > t^{-1}\}$. Alors, d'après le lemme 10 et [20], A_r^t est un ensemble de Borel, et il en est ainsi pour $E(\varepsilon,\beta) = \bigcup_{t\in\mathbb{Z}} \bigcap_{r_i > t} A^t{}_{r_i}$, où r_i est l'ensemble dénombrable des rationnels.

<u>Théoreme 12</u> : Soit $F : X \to Y$ une application holomorphe , où X est un ensemble analytique de dimension pure p dans $\mathbb{C}^n$ et Y est un ensemble analytique de dimension pure q dans $\mathbb{C}^m$. Soit $\varepsilon>0$ et $\beta>1$ donnés. Alors l'ensemble des $a \in Y$ tels que

$$\limsup_{r\to\infty} \frac{\sigma_X(a;r)}{(\log r)^{\beta} \ r^{-2q} \ \sigma_X((1+\varepsilon)r) \ (\log M_F((1+\varepsilon)r))^q} \neq 0$$

est pluripolaire dans Y.

<u>Démonstration</u> : Supposons le contraire. D'après la proposition 3 et le lemme 11, on peut trouver un ensemble K compact et non-pluripolaire dans Y tel que K ne rencontre pas l'ensemble exceptionnel du lemme 10. D'après la proposition 4, on peut trouver un point $a_o \in \tilde{Y}$ tel que K ne soit pas pluripolaire en a_o. Alors il existe un voisinage ω de a_o dans $\mathbb{C}^m$ et des fonctions $g_1,\ldots,g_m$ holomorphes dans ω telles que $\det \left[\dfrac{\partial g_i(a_o)}{\partial w_j}\right]_{1\leq j\leq m}^{1\leq i\leq m} \neq 0$. et $Y \cap \omega = \{w : g_{q+1}(w)=\ldots=g_m(w)=0\}$.

Posons $\tilde{g}_i(w) = g_i(a_o) + \sum_{k=1}^{m} \dfrac{\partial g_i(a_o)w_k}{\partial w_k}$, $i = 1,\ldots,q$. Alors, il existe un voisinage

ω' de a_o tel que $v = (\tilde{g}_1,\ldots,\tilde{g}_q,g_{q+1},\ldots,g_m)$ donne des coordonnées locales dans ω'. Puisque K n'est pas pluripolaire dans $\omega' \cap Y$, on peut, d'après les propositions 5 et 6, trouver $u \in PSH(\mathbb{C}^q)$ telle que $\text{supp}[i\partial\bar{\partial}u]^q \subset \{(\tilde{g}_1(w),\ldots,\tilde{g}_q(w)) : w \in K \cap \omega' \cap Y\}$ et $0 \leq u(v) \leq C + \log(\|v\| + 1)$. Posons $V(z) = u(\tilde{g}_1(F(z)),\ldots,\tilde{g}_q(F(z))$ de sorte que $0 \leq V(z) \leq c' + \log(1 + \|F(z)\|)$. D'après le corollaire 8, on a pour $k < 1$

$$C_o[\log^+ M_F(r)]^q \; \sigma_X(r)\cdot r^{-2q} \geq \int_{B_n(0,k^q r)} (i\partial\bar{\partial}V)^q \wedge \theta_X \wedge \beta_{p-q}.$$

Soit $\mu = [i\partial_{\tilde{g}}\bar{\partial}_{\tilde{g}}u]^q$. D'après la proposition 2 ii), μ n'a pas de masse dans l'ensemble pluripolaire

$$\{a \in \omega' : F^{-1}(a) \text{ a une branche irréductible contenue dans } X' \cup \hat{X}\}.$$

Soit $\eta_\nu \in \mathcal{C}_o^\infty(B_n(0,k^q r))$ une suite telle que $\eta_\nu \uparrow \chi_{B_n(0,k^q r)-(X' \cup \hat{X})}$, où χ est la fonction caractèristique. Alors on a

$$\int_{B_n(0,k^q r)} (i\partial\bar{\partial}V)^q \wedge \theta_X \wedge \beta_{p-q} = \lim_{\nu\to\infty} \int_{B_n(0,k^q r)} \eta_\nu (i\partial\bar{\partial}V)^q \wedge \theta_X \wedge \beta_{p-q}$$

$$\geq \lim_{\nu\to\infty} \int d\mu(a) \int_{B_n(0,k^q r)} \eta_\nu(z)\, \theta_a \wedge \beta_{p-q}$$

d'après le lemme 9 et un changement de coordonnées localement

$$\geq \int d\mu(a) \lim_{\nu\to\infty} \int_{B_n(0,k^q r)} \eta_\nu(z)\, \theta_a \wedge \beta_{p-q}$$

d'apèrs le théorème de la convergence dominée

$$\geq \int \sigma_X(a;k^q r)\, d\mu(a).$$

Posons $k^q = (1+\varepsilon)^{1/2}$, $r_\nu = (1+\varepsilon)^{\nu/2}$ et

$F_\nu = \{a : \sigma_X(a;r_\nu) \geqslant (\log r_\nu)^{\beta'}\, C_o\, \sigma_X((1+\varepsilon)^{1/2} r_\nu) r_\nu^{-2q} [\log M_F((1+\varepsilon)^{1/2} r_\nu)]^q\}$ où $1 < \beta' < \beta$. Alors $\mu(F_\nu)(\log r_\nu)^{\beta'}\, C_o \log^+ M_F((1+\varepsilon)^{1/2} r_\nu)\, \sigma_X((1+\varepsilon)^{1/2} r_\nu)\cdot r_\nu^{-2q} \leqslant$

$\leqslant \int_{F_\nu} \sigma_X(a;r_\nu)\, d\mu(a)$ et ainsi $\mu(F_\nu) \leqslant (\log r_\nu)^{\beta'}$. Soit $E_\nu = \bigcup_{j \geqslant \nu} F_j$. Donc

$\mu(E_\nu) \leqslant \sum_{j=\nu}^{\infty} (\log r_j)^{-\beta'}$ et pour $\nu \geqslant M(\varepsilon,\delta)$, $\mu(E_\nu) \leqslant \delta$. Pour $a \notin E_\nu$

$$\sigma_X(a;r_{\nu'}) \leqslant C_o(\log r_{\nu'})^{\beta'} [\log^+ M_F((1+\varepsilon)^{1/2} r_{\nu'})]^q\, \sigma_X((1+\varepsilon)^{1/2} r_{\nu'})\cdot r_{\nu'}^{-2q}$$

quel que soit $\nu' \geqslant M(\varepsilon,\delta)$ et ainsi pour $r_{\nu'-1} \leqslant r \leqslant r_{\nu'}$

$$\sigma_X(a;r) \leqslant C_o(\log r_{\nu'})^{\beta'} [\log^+ M_F((1+\varepsilon)^{1/2} r_{\nu'})]^q\, \sigma_X((1+\varepsilon)^{1/2} r_{\nu'})\cdot r_{\nu'}^{-2q}$$

$$\leqslant C_o'(\log r)^{\beta'} [\log^+ M_F((1+\varepsilon) r)]^q\, \sigma_X((1+\varepsilon) r)\cdot r^{-2q}$$

ce qui est une contradiction. Donc $E(\varepsilon,\beta)$ est bien pluripolaire. C.Q.F.D.

Si l'on a plus d'information en ce qui concerne le comportement de F sur X, on peut obtenir de meilleures majorations. Ainsi, on pose

$$t_s(r) = \int_{B_n(o,r)} (i\partial\bar\partial \log(1+\|F\|^2))^s \wedge \theta_X \wedge \beta_{p-s}.$$

D'après le corollaire 8, on a $t_s(r) \leqslant C_\varepsilon(\log M_F((1+\varepsilon)r))^s\, \sigma_X((1+\varepsilon)r)\cdot r^{-2s}$, mais la croissance de t_s peut être bien inférieure. Posons ainsi $t(r) = \sup_{1 \leqslant s \leqslant q} t_s(r)$.

<u>Théorème 13</u> : Soit $F : X \to Y$ une application holomorphe, où X est un ensemble analytique de dimension pure p dans $\mathbb{C}^n$ et Y est un ensemble analytique de dimension pure q dans $\mathbb{C}^m$. Alors pour $\varepsilon > 0$, $\beta > 1$, l'ensemble

$$E = \{a \in Y : \limsup_{r \to \infty} \frac{\sigma_X(a;r)}{(\log r)^\beta\, t((1+\varepsilon)r)\cdot r^{-2q}} \neq 0\} \text{ est pluripolaire dans } Y.$$

<u>Démonstration</u> : Supposons le contraire. Alors, comme dans le théorème 12, on construit la fonction plurisousharmonique $V(z)$ associé à un compact K non-pluripolaire dans E. Quitte à rajouter une constante au besoin, on suppose $1 \leq V(z)-\log(1+\|F\|^2) \leq C$. Nous montrons que quel que soit $\delta > 0$, il existe une constante $C(\delta,\gamma)$ telle que

$$(\star) \qquad \int_{B_n(o,r)} (i\partial\bar\partial V)^\gamma \wedge (i\partial\bar\partial \log(1+\|F\|^2))^s \wedge \theta_X \wedge \beta_{p-s-\gamma} \leq C(\delta,\gamma)\, t((1+\delta)^\gamma r)\cdot r^{-2(s+\gamma)}$$

Ceci entraîne, d'après la proposition 7, en posant $h = V-\log(1+\|F\|^2)$:

$$\int_o^r 2t \int_{B_n(o,t)} (i\partial\bar\partial V)^q \wedge \theta_X \wedge \beta_{p-q} - \int_o^r 2t \int_{B_n(o,t)} (i\partial\bar\partial \log(1+\|F\|^2))^q \wedge \theta_X \wedge \beta_{p-q}$$

$$+ \int_{B_n(o,r)} h \sum_{i=0}^{q-1} (i\partial\bar\partial V)^i \wedge (i\partial\bar\partial \log(1+\|F\|^2))^{q-i-1} \wedge \theta_X \wedge \beta_{p-q+1}$$

$$= \int_{\partial B_n(o,r)} h \sum_{i=0}^{q-1} (i\partial\bar\partial V)^i \wedge (i\partial\bar\partial \log(1+\|F\|^2))^{q-i-1} \wedge \theta_X \wedge \beta_{p-q} \wedge \bar\partial\|z\|^2$$

et
$$\int_{B_n(o,r)} h \sum_{i=0}^{q-1} (i\partial\bar\partial V)^i \wedge (i\partial\bar\partial \log(1+\|F\|^2))^{q-i-1} \wedge \theta_X \wedge \beta_{p-q} \wedge i\,\bar\partial\|z\|^2$$

$$\leq C \int_{\partial B_n(o,r)} \sum_{i=0}^{q-1} (i\partial\bar\partial V)^i \wedge (i\partial\bar\partial \log(1+\|F\|^2))^{q-i-1} \wedge \theta_X \wedge \beta_{p-q} \wedge i\bar\partial\|z\|^2$$

$$\leq C \int_{B_n(o,r)} \sum_{i=0}^{q-1} (i\partial\bar\partial V)^i \wedge (i\partial\bar\partial \log(1+\|F\|^2))^{q-i-1} \wedge \theta_X \wedge \beta_{p-q+1}$$

d'où on obtient

$$\int_o^r 2t \int_{B_n(o,t)} (i\partial\bar\partial V)^q \wedge \theta_X \wedge \beta_{p-q} \leq t_q(r) + C'(\delta,\gamma)\; t(r(1+\delta)^{q-1})$$

et la démonstration s'achève comme dans le théorème 12.

Nous montrons maintenant (*), et pour ceci, nous raisonnons par récurrence sur $q = s + \gamma$ et pour q fixé, par récurrence sur γ. Pour $\gamma=0$ et q quelconque, ceci suit de la définition même de t_s. Soit θ_ν une suite de courants positifs fermés qui convergent vers θ_X faiblement et soit $V_\eta \in \mathcal{C}^\infty(\mathbb{C}^n) \wedge PSH(\mathbb{C}^n)$ telles que $V_\eta \downarrow V$. Supposons que r_o soit un point de continuité pour $\sigma_X(r)$. D'après la proposition 7, puisque $h \geq 0$,

$$\int_{\partial B_n(o,r_o)} h\, (i\partial\bar\partial V_\eta)^\gamma \wedge (i\partial\bar\partial \log(1+\|F\|^2))^{s-1} \wedge i\,\bar\partial\|z\|^2 \wedge \theta_\nu \wedge \beta^{p-s-\gamma}$$

$$\geq \int_o^{r_o} 2t \int_{B_n(o,t)} (i\partial\bar\partial V_\eta)^{\gamma+1} \wedge (i\partial\bar\partial\log(1+\|F\|^2))^{s-1} \wedge \theta_\nu \wedge \beta^{p-s-\gamma}$$

$$- \int_o^{r_o} 2t \int_{B_n(o,t)} (i\partial\bar\partial V_\eta)^{\gamma} \wedge (i\partial\bar\partial\log(1+\|F\|^2))^{s} \wedge \theta_\nu \wedge \beta^{p-s-\gamma}.$$

D'après le théorème de Stokes, vu que $h \leq c$, on obtient

$$C \int_{B_n(o,r_o)} (i\partial\bar\partial V_\eta)^{\gamma} \wedge (i\partial\bar\partial\log(1+\|F\|^2))^{s-1} \wedge \theta_\nu \wedge \beta^{p-s-\gamma+1}$$

$$\geq \int_{\partial B_n(o,r_o)} h\, (i\partial\bar\partial V_\eta)^{\gamma} \wedge (i\partial\bar\partial\log(1+\|F\|^2))^{s-1} \wedge i\bar\partial\|z\|^2 \wedge \theta_\nu \wedge \beta^{p-s-\gamma}.$$

On fait d'abord $\nu \to \infty$. Compte tenu du fait que r_o soit une valeur de continuité pour $\sigma_X(r)$, on obtinet pour $k < 1$

$$C \int_{B_n(o,r_o)} (i\partial\bar\partial V_\eta)^{\gamma} \wedge (i\partial\bar\partial\log(1+\|F\|^2))^{s-1} \wedge \theta_X \wedge \beta^{p-s-\gamma+1}$$

$$+ r^2 \int_{B_n(o,r_o)} (i\partial\bar\partial V_\eta)^{\gamma} \wedge (i\partial\bar\partial\, \log(1+\|F\|^2))^{s} \wedge \theta_X \wedge \beta^{p-s-\gamma}$$

$$\geq r^2(1-k^2) \int_{B(o,kr_o)} (i\partial\bar\partial V_\eta)^{\gamma+1} \wedge (i\partial\bar\partial\log(1+\|F\|^2))^{s-1} \wedge \theta_X \wedge \beta^{p-s-\gamma}$$

On fait maintenant $\eta \to \infty$. D'après l'hypothèse de récurrence et proposition 1, on obtient

$$\int_{B(o,kr_o)} (i\partial\bar\partial V)^{\gamma+1} \wedge (i\partial\bar\partial \log(1+\|F\|^2))^{s-1} \wedge \theta_X \wedge \beta^{p-s-\gamma} \leqslant$$

$$\leqslant (1-k^2)^{-1}(C+1)\ C(\gamma,\delta)\ t(r_o(1+\delta)^\gamma)\ r_o^{-2q}$$

et si l'on pose $K = (1+\delta)^{-1}$, on obtient (★) pour kr_o. Mais les points de continuité de $\sigma_X(r)$ sont denses, d'où (★) quel que soit r. C.Q.F.D.

Dans le même ordre d'idée, il y a d'autres variants possibles. Par exemple, si $\Omega \subset \mathbb{C}^n$ est un domaine pseudo-convexe et $\Omega_r = \{z \in \Omega : \|z\| < r, -\log d_\Omega(z) < r\}$, où $d_\Omega(z) = \inf_{z' \in \Omega} \|z-z'\|$, on pose $M_F(r) = \sup_{\Omega_r} \|F\|$. Alors, pour $F : X \to Y$, X un ensemble analytique dans Ω, on obtient des majoration asymptotiques hors d'un ensemble pluripolaire, mais ces majorations contiennent des facteurs supplémentaires de r^s, où s dépend de n (cf.[10]).

3. Majoration de la trace d'un ensemble analytique sur les plans complexes hors un ensembles exceptionnel.

Soit $G_q(\mathbb{C}^n)$ la grassmannienne des sous-espaces de $\mathbb{C}^k$ de dimension q ; $G_q(\mathbb{C}^n)$ se réalise d'une façon naturelle comme une variété projective de dimension q(n-q) dans $\mathbb{P}(\mathbb{C}^s)$, avec $s = C\binom{n}{q}$ de la façon suivante (cf. [21]) : soit $l_1,\ldots,l_q$ des vecteurs dans $\mathbb{C}^n$ et soit $\tau(l_1,\ldots,l_q) = l_1\wedge \ldots \wedge l_q \in \bigwedge_q \mathbb{C}^n = \mathbb{C}^s$. On vérifie aisément que, si $\pi(\mathbb{C}^s - \{0\}) \to \mathbb{P}(\mathbb{C}^s)$ est la projection canonique $\pi(\tau(l_1,\ldots,l_q))$ ne dépend que du plan engendré par $l_1,\ldots,l_q$.

Nous allons choisir des cartes locales canoniques dans $G_q(\mathbb{C}^n)$. Soit $I = (i_1,\ldots,i_q)$ un choix de q éléments de l'ensemble $S = (1,\ldots,n)$ et soit $\bar I = S-I$.

Pour $c = (c_{ig}) \in \mathbb{C}^{q(n-q)}$, $i=1,\ldots,q, j=1,\ldots,n-q$, nous associons le plan dans $\mathbb{C}^n$ donné par $z_{j_1} = \sum_{i_t \in I} c_{1t} z_{i_t}$, $j_1 \in \bar{I}$, et nous appelerons U_I l'ensemble de tels plans dans $G_q(\mathbb{C}^n)$.

Lemme 14 : L'ensemble $\pi^{-1}(G_q(\mathbb{C}^n)-U_I)$ est contenu dans l'hyperplan dans $\mathbb{C}^s$ donné par $\{w \in \mathbb{C}^s : w_I=0\}$, où w_I est la coordonnée qui correspond à $e_{i_1} \wedge \ldots \wedge e_{i_q}$, $i_j \in I$ et $e_i = (e_{i_1},\ldots,e_{i_n})$ $e_{ij} = \delta_{ij}$ la base canonique dans $\mathbb{C}^n$.

Démonstration : On suppose pour simplicité que $I = (1,\ldots,q)$. Soit $s \in \pi^{-1}(G_q(\mathbb{C}^n))$, $s = (1_1 \wedge \ldots \wedge 1_q)$, $1_i = (a_{ij})$, $j=1,\ldots,n$. Soit $A = [a_{ij}]_{\substack{j=1,\ldots,q \\ i=1,\ldots,q}}$. Dire que $w_I \neq 0$ revient à dire que $\det[A] \neq 0$. Soient $\tilde{1}_i$ les rangs de $A^{-1}[a_{ij}]_{\substack{j=1,\ldots,n \\ i=1,\ldots,q}}$. Alors le plan engendré par les $\tilde{1}_i$ est dans U_I. C.Q.F.D.

Pour $z \in \mathbb{C}^n-\{0\}$, soit $\gamma_z = \{1 \in G_q(\mathbb{C}^n) : z \subset 1\}$, ce qui est un sous-ensemble analytique de $G_q(\mathbb{C}^n)$ de dimension $(q-1)(n-q)$. Si $\Omega \subset G_q(\mathbb{C}^n)$ est un domaine et $Y \subset \Omega$ est un ensemble analytique irréductible, nous dirons que Y est non-dégénéré si quel que soit $z \in \mathbb{C}^n$ ou $\gamma_z \cap Y$ est vide ou $\dim(Y \cap \gamma_z) = \dim Y-(n-q)$. En particulier, ceci entraîne $\dim Y \geqslant n-q$. Si $q=n-1$ et Y n'est pas contenu dans un hyperplan dans $G_{n-1}(\mathbb{C}^n)$, ceci est toujours vérifié, et ainsi nous retrouvons les conditions de [16]. Remarquons également que si $Y = G_q(\mathbb{C}^n)$, ceci est toujours vérifié, parce que $\gamma_z \cap U_I$ est un plan de dimension $(n-q)(q-1)$.

Lemma 15 : Soit $Y \subset \Omega \subset U_I$ une variété analitique non-dégénérée de dimension k et soit $\tilde{Y}$ un ouvert relativement compact dans Y. Si θ_z est le courant d'intégration sur l'ensemble analytique de dimension $k-(n-q)$ donné par $\gamma_z \cap Y$ alors, il existe une constante C qui ne dépend que de Y et $\tilde{Y}$ telle que

$$\int_{\tilde{Y}} \theta_z \wedge (i\partial\bar{\partial} \|c\|^2)^{k-(n-q)} < C$$

Démonstration : Soit $\eta : \mathbb{C}^q \times Y \to \mathbb{C}^n$ l'application $(z',c) \to z_{i_t} = z'_t$, $z_{j_l} = \Sigma\, c_{tl} z'_t$.

D'après les hypothèses, $\eta^{-1}(z)$ est une fibration de dimension $k-(n-q)$. Ainsi, d'après [20] $\int_{\tilde{Y}} \theta_X \wedge (i\partial\bar\partial \|c\|^2)^{k-(n-q)}$ est localement borné. Mais en fait, γ_z ne dépend que de la droite dans l'espace projectif $\mathbb{P}(\mathbb{C}^n)$ qui contient z , et $\mathbb{P}(\mathbb{C}^n)$ est une variété compacte d'où le résultat. C.Q.F.D.

Soit X un ensemble analytique dans $\mathbb{C}^n$. Nous plongeons X d'une façon canonique comme ensemble analytique X_I dans $\mathbb{C}^q \times U_I$ de la manière suivante : soit $f_j(z)$, $j=1,\dots,n+1$, des fonctions entières telle que $X = \{z \in \mathbb{C}^n : f_j=0, j=1,\dots,n+1\}$. Posons $z^I = (z_1^I,\dots,z_n^I)$ où $z_i^I = z_i$ si $i \in I$ et $z_i^I = \sum_{t=1}^{q} c_{lt} z_{i_t}$ si $i=j_l \in \bar{I}$.

On définit X_I par $X_I = \{(z',c) \in \mathbb{C}^q\ U_I : f_j(z^I)=0,\ j=1,\dots,n+1\}$.

De la même manière, si θ est une forme positive fermée de type (p,p) à coéfficients $\mathcal{C}^\infty$ dans $\mathbb{C}^n$ telle que $0 \notin \operatorname{supp}\theta$, on plonge θ comme forme positive fermée $\tilde\theta$ de type (p,p) dans $\mathbb{C}^q \times U_I$: si $\theta = \sum_{\substack{|L|=p\\|J|=p}} \theta_{L,J}\, dz_L \wedge d\bar z_J$, on pose

$\tilde\theta = \sum_{\substack{|L|=p\\|J|=p}} \theta(z^I)\, dz_L^I \wedge d\bar z_J^I$, où on remplace $dz_i, d\bar z_i$ par la forme correspondante $dz_i^I, d\bar z_i^I$ exprimée en dc'_i, dc_{ij}. Ces transformations servent à faire éclater le point z en tous les éléments l qui le contiennent.

Lemme 16 : Soit $Y \subset \Omega \subset U_I$ un ensemble analytique non-dégénéré de dimension k et soit $X \subset \mathbb{C}^n$ un ensemble analytique de dimension pure $p \geq n-q$. Si $\tilde Y \subset\subset Y$, alors l'ensemble des $l \in \tilde Y$ tels que $l \cap X \neq \emptyset$ et $\dim(l \cap X) > p-(n-q)$ est contenu dans un compact pluripolaire $\hat Y$.

Démonstration : On suppose pour simplicité que $I = (1,\dots,q)$. Soit $\eta : \mathbb{C}^q \times Y \to \mathbb{C}^n$ l'application du lemme 15. Alors pour $z \in \eta(\mathbb{C}^q \times Y)$, $\eta^{-1}(z) = (z', \gamma_z \cap Y)$, et ainsi, si $\tilde{X} = X_I \cap (\mathbb{C}^q \times Y)$ n'est pas vide, $\dim(\tilde{X}) \leqslant p+k-(n-q)$, d'après la définition d'un ensemble analytique non-dégénéré. Soit ξ l'application holomorphe $\xi : (z',c)=c$. Alors $\xi : \tilde{X} \to Y$. D'après le lemme 10, ou $\tilde{X} \cap \pi^{-1}(c)$ est vide ou $\dim(\tilde{X} \cap \pi^{-1}(c)) \leqslant p-(n-q)$ dans le complémentaire d'un compact pluripolaire dans $\tilde{Y}$, et $\tilde{X} \cap \pi^{-1}(c)$ n'est autre que $X \cap \{z : z_{q+j} = \sum_{i=1}^{q} z_i c_{ij},\ j=1,\dots,n-q\}$. C.Q.F.D.

Soit $Y \subset \Omega \subset U_I$ une variété analytique non-dégénérée de dimension k. Si $s_t(c) = (c_{i_t j_1},\dots,c_{i_t j_{n-q}}) \in \mathbb{C}^{n-q}$, d'après le lemme 10, $\dim(s_t^{-1}(c') \cap Y) > k-s_t$, pour $C' \in \mathbb{C}^{n-q}$, où $s_t = \max_Y \operatorname{rang}(\partial s_{t_1},\dots,\partial s_{t_{n-q}})$. Mais $s_t^{-1}(c') \cap Y = \gamma_Z \cap Y$ où $z = (z_1,\dots,z_n)$ avec $z_{i_t} = 1$, $z_{i_{t'}} = 0$, $t' \neq t$, $z_{j_1} = c_{i_t j_1}$, donc $s_t = n-q$. Soit Y_t le sous-ensemble analytique de Y donné par

$$Y_t = \{c \in Y : \operatorname{rang}(\partial c_{i_t j_1}, \partial c_{i_t j_2},\dots,\partial c_{i_t j_{n-q}}) < (n-q)\}.$$

Lemme 17 : Soit θ un courant positif fermé à coéfficients $\mathcal{C}^\infty$ et de degré $(n-q)$ dans $\mathbb{C}^n$ tel que $\delta = \inf\{\|z\| : z \in \operatorname{supp}\theta\} > 0$. Soit Y une variété complexe non-dégénérée de dimension $k \geqslant (n-q)$ dans $B_{q(n-q)}(0,\varepsilon(4q(n-q)) \subset U_I \subset G_q(\mathbb{C}^n)$ et soit V une fonction plurisousharmonique sur Y telle que $|V| \leqslant t$. Soit $\tilde{\theta}$ le plongement canonique de θ dans $\mathbb{C}^q \times U_I$ et $\hat{\theta}$ la restriction de $\tilde{\theta}$ à $\mathbb{C}^q \times Y$. Si $\tilde{Y} \subset\subset \hat{Y} = Y - \bigcup_t Y_t$ et $\varepsilon > 0$, il existe une constante C qui ne dépend que de $\tilde{Y}$ et ε telle que

$$C \int_{B_n(0,(1+\varepsilon)r)} \theta \wedge \beta_{n-q} \geqslant r^{2(n-q)} \int_{\tilde{Y} \times \{z' \in \mathbb{C}^q : \|z'\| < r\}} \hat{\theta} \wedge (i\partial\bar{\partial}V)^k.$$

Démonstration : Psosons $\varepsilon' = \frac{\varepsilon}{q(n-q)}$. Soit $w_o = (z'_o, c_o) \in \{z' : \|z'\| = 1\} \times \tilde{Y}$.

On trouve dans $\mathbb{C}^q \times U_I$ un strictement pseudoconvexe Ω définit par une fonction ρ plurisousharmonique et $\mathcal{C}^\infty$ tel que

$$\Gamma = \{(tz'_o, c_o) : 0 \leq t \leq 1\} \subset \Omega \text{ et } \Omega \cap \{z' \in \mathbb{C}^q : \|z'\| < (1+\varepsilon'/4)\} \times \tilde{Y} \subset\subset \{z' \in \mathbb{C}^q : \|z'\| < (1+\varepsilon'/2)\} \times \tilde{Y}$$

Posons $\rho_r(z',c) = \rho(z'/r,c)$, $\Omega_r^\rho = \{(z',c) \in \mathbb{C}^q \times Y : \rho_r(z',c) < -\delta\}$. Si $\eta(z',c)$ est l'application canonique de $\mathbb{C}^q \times U_I$ dans $\mathbb{C}^n$, alors $\eta(\Omega_r^\rho) \subset B_n(0,(1+\frac{3}{4})r)$.

Soit V_μ une suite de fonctions plurisousharmoniques et $\mathcal{C}^\infty$ telle que $V_\mu \downarrow V$ dans un voisinage fixe de $\bar{\tilde{Y}}$. On suppose $|V_\mu| \leq 2t$ quel que soit μ. Soit $0 < \delta_1 < \ldots < \delta_k$ une suite telle que $\partial\Omega_r^{\delta k}$ est $\mathcal{C}^\infty$ quel que soit k (d'après le théorème de Sard, l'ensemble des $\delta \in \mathbb{R}$ pour lequel ceci n'est pas le cas est de mesure linéaire nulle) et on suppose $\Gamma \subset \Omega_1^{\delta_k}$. Posons $V'_\mu = V_\mu - 2t$.

Nous allons montrer par récurrence qu'il existe une constante C_j telle que

$$(\star) \quad \int_{\Omega_r^{\delta_{j+1}}} (i\partial\bar{\partial}V_\mu')^j \wedge (i\partial\bar{\partial}\rho_r)^{k-j} \wedge \hat{\theta} \leq C_j \int_{\Omega_r^{\delta_j}} (i\partial\bar{\partial}\rho_r)^k \wedge \hat{\theta}$$

Pour $j=0$, c'est immédiat avec $C_o=1$. D'après [10] , si $T_\mu^j = \hat{\theta} \wedge (i\partial\bar{\partial}\rho_p)^{k-j-1} \wedge (i\partial\partial V'_\mu)^j$,

$i\bar{\partial}\rho \wedge T_\mu^j$ est une mesure positive sur $\partial\Omega_r^{\delta_j}$ et ainsi $\int_{\partial\Omega_r^{\delta_j}} V'_\mu \, i\bar{\partial}\rho_r \wedge T_\mu^j \leq 0$.

D'après le théorème de Stokes

$$\int_{\Omega_r^{\delta_j}} V'_\mu \, i\partial\bar{\partial}\rho_r \wedge T_\mu^j + \int_{\Omega_r^{\delta_j}} i\partial V_\mu \wedge \bar{\partial}\rho_r \wedge T_\mu^j \leq 0 \qquad \text{d'où}$$

$$\int_{\Omega_r^{\delta_j}} V'_\mu \, i\partial\bar{\partial}\rho_r \wedge T_\mu^j - \int_{\Omega_r^{\delta_j}} d(\rho_r+\delta_j) \wedge i\,\partial V'_\mu \wedge T_\mu^j \leq 0$$

et puisque $\rho_r + \delta_j \equiv 0$ sur $\partial\Omega_r^{\delta_j}$, en s'appuyant de nouveau sur le théorème de Stokes, on obtient

$$- \int_{\Omega_r^{\delta_j}} V'_\mu \, i\partial\bar{\partial}\rho_r \wedge T^j_\mu \geq - \int_{\Omega_r^{\delta_j}} (\rho_r + \delta_j) \, i\partial\bar{\partial}V'_\mu \wedge T^j_\mu$$

Mais on a $-V'_\mu \leq 4t$, donc $4t \int_{\Omega_r^{\delta_j}} i\partial\bar{\partial}\rho_r \wedge T^j_\mu \geq (\delta_j - \delta_{j+1}) \int_{\Omega_r^{\delta_{j+1}}} i\partial\bar{\partial}V'_\mu \wedge T^j_\mu$,

ce qui montre (★), compte tenu de l'hypothèse de récurrence. D'après la proposition 1, si l'on fait μ tendre vers l'infini, on obtient $C_o \int_{\Omega_r^{\delta_o}} (i\partial\bar{\partial}\rho_r)^k \wedge \hat{\theta} \geq \int_{\Omega_r^{\delta_j}} (i\partial\bar{\partial}V_\mu)^k \wedge \hat{\theta}$.

Mais $\{z' \in \mathbb{C}^q : \|z'\|=1\} \times \tilde{\tilde{Y}}$ est compact et ainsi on peut le recouvrir d'un nombre fini de voisinages Ω_i comme ci-dessus. Donc on a

$$C' \int_{\tilde{\tilde{Y}} \times \{\|z'\| < (1+\varepsilon'/2)r\}} (i\partial\bar{\partial}(\frac{\|z'\|^2}{r^2} + \|c\|^2))^k \wedge \hat{\theta} \geq \int_{\tilde{Y} \times \{\|z'\| < r\}} (i\partial\bar{\partial}V)^k \wedge \hat{\theta}$$

où $\tilde{\tilde{Y}} \subset\subset \hat{Y}$.

On suppose maintenant pour simplicité que $I = (1,\ldots,q)$. On a $\|z'\| > C\delta$ sur supp $\hat{\theta}$. Soit $\omega_i = \{z' \in \mathbb{C}^q : |z'_i| > \|z'\|/_{2q}\}$, $i=1,\ldots,q$. Dans $\tilde{\tilde{Y}} \times \omega_i$, posons $\hat{c} = (c_{i1},\ldots,c_{i(n-q)}) \in \mathbb{C}^{n-q}$, $c = (c_{i'j})$, $i' \neq i$, $\tilde{c} \in \mathbb{C}^{(q-1)(n-q)}$. On a

$$c_{ij} = \frac{z_j - \Sigma\, c_{nj} z'_k}{z_i}$$, $j=q+1,\ldots,n$, donc on remplace $dc_{ij}, d\bar{c}_{ij}$ par l'expression correspondante en dz_j, dc_{kj}, $k \neq i$, d'où

$$\int_{\tilde{\tilde{Y}} \times \omega_i} (i\partial\bar{\partial}[\frac{\|z'\|^2}{r^2} + \|c\|^2])^k \wedge \hat{\theta} \leq$$

$$\leq C \sum_{s \leq n-q} \int_{\tilde{\tilde{Y}} \times \omega_i} (i\partial\bar{\partial}\,\frac{\|z'\|^2}{r^2})^s \wedge (i\partial\bar{\partial}\,\|\hat{c}\|^2)^{(n-q)-s} \wedge (i\partial\bar{\partial}\,\|\tilde{c}\|^2)^{k-n+q} \wedge \hat{\theta}$$

On note que $i\partial_z\bar{\partial}_z \|\hat{c}\|^2$ est une forme sur l'espace projectif. D'autre part, si $z_i = z'_i$ satisfait à $|z_i| \geqslant C\,\|z\|$, alors $(i\partial\bar{\partial}\log\|z\|^2)^t \geqslant C'(i\partial_{\tilde z}\bar{\partial}_{\tilde z}\|\tilde z\|)^t$ où $\tilde z = (\frac{z}{z_i}) \in \mathbb{C}^{n-1}$ et $t \leqslant n-1$. Donc dans $(\eta(\tilde{\tilde{Y}} \times \omega_i))$, on a $C_1(i'\partial_z\bar{\partial}_z\|\hat{c}\|^2)^{(n-q)-s}$ $\leqslant (i\partial_z\bar{\partial}_z\log\|z\|^2)^{(n-q)-s}$. (c'est à dire $(i\partial_z\bar{\partial}_z\log\|z\|^2)^{(n-q)-s} - C_1(i\partial_z\bar{\partial}_z\|\hat{c}\|^2)$ est positif). Ainsi on obtient

$$\int_{\tilde{\tilde{Y}} \times \{\|z'\| < (1+\frac{\varepsilon'}{2})r\}} i\partial\bar{\partial}\,[\|z'\|^2 + \|c\|^2]^k \wedge \hat{\theta} \leqslant C'' \sum_s \int (i\partial\bar{\partial}\,\|\frac{z'}{r}\|^2) \wedge (i\partial\bar{\partial}\log\|z\|^2)^{(n-q)-s} \wedge (i\partial\bar{\partial}\,\|c\|^2)^{k+q-n} \wedge \hat{\theta}$$

Si θ_z est le courant d'intégration sur l'ensemble analytique $\gamma_z \cap \tilde{\tilde{Y}}$ on obtient d'après le lemme 15 et [20, Proposition 2.9] $\sum_s \int (i\partial\bar{\partial}\,\|\frac{z'}{r}\|^2) \wedge (i\partial\bar{\partial}\log\|z\|^2)^{(n-q)-s} \wedge$ $\wedge\, (i\partial\bar{\partial}\,\|\tilde c\|^2)^{k+q-n} \wedge \hat{\theta} \leqslant C''' \sum_s \int_{B_n(0,(1+\varepsilon)r)} (i\partial\bar{\partial}\,\|\frac{z'}{r}\|^2)^s \wedge (i\partial\bar{\partial}\log\|z\|^2)^{(n-q)-s} \wedge \theta$ et d'après [13],

$$\int_{B_n(0,(1+\varepsilon)r)} (i\partial\bar{\partial}\,\|\frac{z'}{r^2}\|^2)^s \wedge (i\partial\bar{\partial}\log\|z\|^2)^{(n-q)-s} \wedge \theta \leqslant \frac{C^{(iv)}}{r^{2(n-q)}} \int \theta \wedge \beta_{n-q}\,.$$

C.Q.F.D.

Théorème 18 : Soit $X \subset \mathbb{C}^n$ un ensemble analytique de dimension pure p. Pour $q \geqslant n-p$ et $l \in G_q(\mathbb{C}^n)$, soit θ_l le courant d'intégration sur l'ensemble analytique $l \cap X$ et posons $\sigma_X(l;r) = \int_{B_n(o,r)} \theta_l \wedge \beta_{q+p-n}$. Soit $\Omega \subset G_q$ un domaine dans $G_q(\mathbb{C}^n)$ et $Y \subset \Omega$ un ensemble analytique irréductible non-dégénéré (de dimension $k \geqslant p$). Alors, quel que soit $\beta > 1$, $\varepsilon > 0$, l'ensemble $E(\varepsilon,\beta) = \{l \in Y : \limsup \frac{\sigma_X(l;r)\cdot r^{2(n-q)}}{(\log r)^\beta\,\sigma_X(l+\varepsilon)r)} \neq 0\}$ est localement pluripolaire dans Y.

Démonstration : La fonciton $\sigma_X(l;r)$ est une fonction semi-continue inférieurement en l (cf. [11]) et ainsi $E(\varepsilon,\beta)$ est un ensemble de Borel. Supposons que $E(\varepsilon,\beta)$ ne soit pas localement pluripolaire dans Y. Alors, vu que Y', les points singuliers de Y, est un ensemble localement pluripolaire dans Y, on peut trouver un point $z_o \in \tilde{Y} = Y - Y'$

tel que $E(\varepsilon,\beta)$ ne soit pas pluripolaire en z_o. On suppose donc pour simplicité que z_o est l'origine dans U_I et $Y \subset B_{q(n-q)}(0,\varepsilon/q(n-q))$, et qu'il existe un compact K non pluripolaire dans $\hat{Y} = Y - \cup_t Y_t$ tel que $K \subset E(\varepsilon,\beta) \cap \hat{Y}$ et $\dim(X \cap 1)=p-(n-q)$ quel que soit $1 \in K$ (voir le lemme 16).

Soit θ_X le courant d'intégration sur l'ensemble analytique X, Si $\alpha(z) \in \mathcal{E}^\infty(B(0,1))$ et $\int \alpha(z)\, d\lambda(z)=1$, posons $\alpha_\delta(z) = \alpha(z/\delta)$ et $\theta_X^\delta = \theta_X \star \alpha_\Delta$ ce qui est un courant positif fermé de degré p à coéfficients $\mathcal{E}^\infty$. Soit δ_μ une suite telle que $\delta_\mu \leqslant \varepsilon/4$ et $\delta_\mu \downarrow 0$ et soit $\theta_\mu = \theta_X^{\delta_\mu} \wedge \beta_{p-(n-q)}$. Soit u_K la fonction extremale associée à K dans Y (voir §1).

Si $0 \notin X$, d'après le lemme 18, on obtient

$$\int_{B_n(0,(1+\varepsilon)r)} \theta_x \wedge \beta_p \geqslant C \int_{B_n(0,(1+3\varepsilon/4)r)} \theta_\nu \wedge \beta_{n-q} \geqslant C' r^{2(n-q)} \int_{K \times \{z' \in \mathbb{C}^q \,:\, \|z'\| < (1+\frac{\varepsilon}{2})r\}} \theta_\nu \wedge (i\partial\bar\partial u_K)^k$$

$$\geqslant C'' r^{2(n-q)} \int \theta_\nu \big|_{1 \cap B_n(o,r)} d\mu(1), \text{ où } \mu = (i\partial\bar\partial u_K)^k.$$

Pour $1 \in K$, on a $\liminf_{\nu \to \infty} \theta_\nu \Big|_{1 \cap B_n(o,r)} = \sigma_X(1;r)$ comme on voit aisément par un choix convenable de coordonnées locales sur $1 \cap X$. Ainsi, d'après le lemme de Fatou, pour $\varepsilon''<\varepsilon$

$$\int_{B_n(0,(1+\varepsilon'')r)} \theta_X \wedge \beta_p \geqslant r^{2(n-q)} \liminf_{\nu \to \infty} C'' \int \theta_\nu \Big|_{1 \cap B_n(o,r)} d\mu(1) \geqslant r^{2(n-q)} (\sigma_X(1;r)\, d\mu(1).$$

Si $0 \in X$, on choisit une suite de vecteurs $\{\alpha_i\}$ telle que $\lim_{i \to \infty} \|\alpha_i\| = 0$ et $0 \notin X + \alpha_i$. Alors une application du lemme de Fatou donne

$$\underline{\int_{B_n(0,(1+\varepsilon')r)}} \theta_X \wedge \beta_p \geqslant \liminf_{i \to \infty} \int_{B_n(0,(1+\varepsilon')r)} \theta_{X+\alpha_i} \wedge \beta_p \geqslant$$

$$\geqslant \int r^{2(n-q)} \liminf_{i\to\infty} (C'' \int_{B_n(o,r)} \theta_{1\cap X+\alpha_i} \wedge \beta_{p-(n-q)}) d\mu(1) \geqslant C'' r^{2(n-q)} \int \sigma_X(1,r) d\mu(1)$$

donc $\int_{B_n(0,(1+\varepsilon)r)} \theta_X \wedge \beta_p \geqslant C'' r^{2(n-q)} \int \sigma_X(1;r) d\mu(1)$.

La démonstration s'achève maintenant comme celle du théorème 12. C.Q.F.D.

4. Minoration de la trace d'un ensemble analytique d'ordre fini sur les plans de $\mathbb{C}^n$ hors un ensemble excéptionnel.

Soit $\chi(r)$ une fonciton croissante de la variable réelle r. Nous dirons que $\chi(r)$ est d'ordre fini ρ si $\limsup_{r\to\infty} \frac{\log \chi(r)}{\log r} = \rho < +\infty$.

Nous dirons qu'une fonction $\rho(r)$ est un ordre précisé si

i) $\lim_{r\to\infty} \rho(r) = \rho$ et ii) $\lim_{r\to\infty} r \log r \ \rho'(r) = 0$.

Nous définissons le type λ de $\chi(r)$ par rapport à $\rho(r)$ par

$$\lambda = \limsup_{r\to\infty} \frac{\chi(r)}{r^{\rho(r)}}$$

et nous dirons que $\chi(r)$ est de type minimal, normal, ou maximal suivant le cas où $\lambda=0$, $0 < \lambda < +\infty$, ou $\lambda = +\infty$.

Si X est un ensemble analytique de dimension pure p dans $\mathbb{C}^n$, nous dirons que X est d'ordre fini ρ si $\sigma_X(r) r^{-2P}$ est d'ordre fini ρ. Nous aurons besoin des faits fondamenteaux sur les ordres précise :

Proposition 19 : i) (cf. [15]) Si $\chi(r)$ est une fonction d'ordre fini ρ, alors il existe un ordre précisé $\rho(r)$ tel que $\chi(r)$ soit de type normal par rapport à $\rho(r)$.

ii) Si $L(r) = r^{\rho(r)-\rho}$, alors $\lim_{r\to\infty} \frac{L(kr)}{L(r)} = 1$ uniformément pour $0 < a < k < b < +\infty$.

Nous aurons besoin également du lemme technique suivant :

<u>Lemme 20</u> : Soit $\chi(r)$ une fonction croissante de type λ normal par rapport à l'ordre précisé $\rho(r)$. Soit $r_m \uparrow \infty$ une suite telle que $\chi(r_m) \geqslant C r_m^{\rho(r_m)}$, $C > 0$. Si $\alpha > 0$ est donné, alors il existe des entiers T et M (qui ne dépendent que de λ, α, C et $\rho(r)$) tels que quel que soit $m \geqslant M$, il existe $t_m \leqslant T$ pour lequel

$$[\chi((1+t_m)r_m) - \chi(t_m r_m)] \leqslant \alpha\, \chi(t_m r_m)$$

<u>Démonstration</u> : Choisissons T tel que $(1+T)^{-\rho}(1+\alpha)^T \geqslant 8\lambda/C$.
D'après la proposition 19, on peut choisir M tel que $\chi(r) \leqslant 2\lambda\, r^{\rho(r)}$ pour $r \geqslant r_m$ et $L(r_m)/L((1+T)r_m) \geqslant \frac{1}{2}$ pour $m \geqslant M$. Supposons que pour un $m \geqslant M$, $\chi((1+t)r_m) - \chi((tr_m) \geqslant$ $\geqslant \alpha\, \chi(tr_m)$ quel que soit $t \leqslant T$. Ceci entraînerait

$$\chi((1+T)r_m) \geqslant (1+\alpha)^T \chi(r_m) \geqslant 8\lambda (1+T)^{\rho}\, r_m^{\rho(r_m)} = 8\lambda \frac{L(r_m)}{L((1+T)r_m)} ((1+T)r_m)^{\rho((1+T)r_m)}$$

$$\geqslant 4\lambda [(1+T)r_m]^{\rho((1+T)r_m)}$$ et une contradiction. C.Q.F.D.

<u>Lemme 21</u> : Soit Y une variété complexe non-dégénérée dans

$B_{q(n-q)}(0, \frac{\varepsilon}{4q(n-q)}) \subset U_I \subset G_q(\mathbb{C}^n)$ et soient V_i, $i=1,\ldots,k-1$ des fonctions plurisousharmoniques sur Y telles que $|V_i| \leqslant \Gamma$. Soient θ un courant positif fermé à coéfficients $\mathcal{E}^\infty$ et de degré $(n-q-1)$ dans $\mathbb{C}^n$ tel que $0 \notin \operatorname{supp} \theta$, $\tilde{\theta}$ son plongement canonique dans $\mathbb{C}^q \times U_I$ et $\hat{\theta}$ la restriction de $\tilde{\theta}$ à $\mathbb{C}^q \times Y$. Alors il existe une constante C qui ne dépend que de $\tilde{Y}$ et Γ telle que

$$r^{2(n-q+1)} \int_{(\mathbb{C}^q \times \tilde{Y}) \cap \eta^{-1}\{z:\, \|z\| < r(1+(t-\frac{1}{8}))\}} \hat{\theta} \bigwedge_{k=1}^{k-1} (i\partial\bar{\partial} V_j) \leqslant C \int_{rt \leqslant \|z\| \leqslant r(t+1)} \theta \wedge \beta_{n-q-1}$$

<u>Démonstration</u> : La démonstration se fait d'une manière analogue à celle du lemme 17. Choisissons d'abord ξ tel que $\{c \in Y : \inf \|c - c'\| < \xi\} \subset\subset \tilde{Y}$. Soit $\chi(t)$, $t \in \mathbb{R}$,

une fonction $\mathcal{C}^\infty$ convexe et croissante telle que $\chi(t)\ C_o$ pour $t < 1/2$ et $\chi(t) = t$ pour $t > 3/4$. Choisissons un nombre fini de points $C_i \in \tilde{\bar{Y}}$ tels que $\cup B_{q(n-q)}(c_i, \xi/2)$ recouvrer $\bar{\bar{Y}}$. Soit

$$\rho^t_{i,r}(z',c) = \chi\left(\frac{\|\eta(z',c)\|}{r} - t\right) + \frac{\chi\left(\frac{\|c - c_i\|}{\xi}\right) - C_o}{(1 - C_o)} - 1,$$

ce qui est plurisousharmonique et $\mathcal{C}^\infty$ dans $C^q \times Y$, et posons

$\theta_i(r,t) = \{(z',c) \in \mathbb{C}^q \times Y : \rho^t_{i,r}(z',c) < 0\} \subset\subset \mathbb{C}^q \times Y$. Comme dans le lemme 17, il existe une constante C_i telle que

$$\int_{\rho^t_{i,r} < -\frac{1}{8}} \hat{\theta} \bigwedge_{j=1}^{k-1} (i\partial\bar{\partial}V_j) \leqslant C_i \int_{\theta_i(r,t)} \hat{\theta} \wedge (i\partial\bar{\partial}\,\rho^t_{i,r})^{k-1}$$

$$\leqslant C'_i\, r^{-2(n-q-1)} \int_{rt \leqslant \|z\| \leqslant r(t+1)} \theta \wedge \beta_{n-q-1}$$

vu que $\operatorname{supp} i\,\partial_z\bar{\partial}_{\bar{z}}\, \rho^t_{i,r}(z',c) \subset \{z : rt \leqslant \|r\| \leqslant r(t+1)\}$. En plus, si $(z'_o,c_o) \in \mathbb{C}^q \times \tilde{Y}$ est tel que $\eta(z',c) \in \{z_i : \|z\| < r(t+7/8)\}$ alors il existe un i tel que $\|c_o - c_i\| < \xi/2$ et pour cet i, $(z'_o,c_o) \subset \{(z',c) : \rho^t_{i,r}(z',c) < -1/8\}$. Ainsi

$$r^{2(n-q-1)} \int_{(\mathbb{C}^q \times Y) \cap \eta^{-1}\{z : \|z\| < r(1+(t-1/8))} \hat{\theta} \bigwedge_{j=1}^{k-1} (i\partial\bar{\partial}V_j) \leqslant \Sigma\, C'_i \int_{rt \leqslant \|t\| \leqslant r(t+1)} \theta \wedge \beta_{n-q-1}.$$ C.Q.F.D.

Soit $X \subset \mathbb{C}^n$ un ensemble analytique de dimension pure p, $X = \{z \in \mathbb{C}^n : f_i(z) = 0,\ i=1,\ldots,n+1\}$. On plonge X comme un ensemble analytique $\hat{X}_I$ dans $\mathbb{C}^q \times U_I \times \mathbb{C}^n$: $\hat{X}_I = \{(z',c,\hat{z}') : f_i(z^I - \hat{z}') = 0,\ i=1,\ldots,n+1\}$.

Alors on voit aisément que X_I n'est autre que $\hat{X}_I \cap \{z', c, \hat{z}') : \hat{z}' = 0\}$. Si $Y \subset \Omega \subset U_I$ est un ensemble analytique non-dégénéré, et $\tilde{Y} \subset\subset Y$, l'ensemble des $(c, \hat{z}') \subset \tilde{Y} \times \mathbb{C}^n$ tels que $\dim(\hat{X}_I \cap (z', c, \hat{z}')) > p-(n-q)$ est contenu dans un pluripolaire compact $F_X \subset Y \times \mathbb{C}^n$. Si $K \subset\subset (Y \times \mathbb{C}^n) - F_X$, alors

$$K_\varepsilon = \{(c, \hat{z}') : \inf_{(\tilde{c}, \hat{z}') \in K} \| (c, \hat{y}') - (\tilde{c}, \hat{z}') \| < \varepsilon\} \subset\subset (Y \times \mathbb{C}^n) - F_X \qquad \text{pour } \varepsilon \text{ assez petit.}$$

D'après le lemme 16, nous avons $(Y \times 0) \not\subset F_X$.

<u>Lemme 22</u> : Soit X un ensemble analytique de dimension pure p dans $\mathbb{C}^n$. Soient $q \geq n-p$, $Y \subset B_{q(n-q)}(0, \frac{\varepsilon}{4q(n-q)}) \subset U_I \subset G_q(\mathbb{C}^n)$ une variété complexe de dimension k non-dégénérée, K un compact non-pluripolaire contenu dans $Y - \{l \in Y : \dim(X \cap l) > p-(n-q)\}$ u_K la fonction extrémale associée à K dans Y et $\mu = (i\partial\bar{\partial} u_K)^k$. Alors il existe une constante C indépendante de r et t telle que

$$\int \sigma_X(l; r(l+t)) d\mu(l) + r^{-2(n-q)} \int_{tr \leq \|z\| \leq (t+1)r} \theta_X \wedge \beta_p \geq C \int \sigma_X(l; rt) d\lambda(l).$$

<u>Démonstration</u> : Soit $\chi \in \mathcal{C}_o^\infty(B(0,1))$ telle que $\chi \equiv 1$ sur $B(0, 7/8)$ et posons $\chi_r^t = (\frac{\|z\|}{r} - t)$. Supposons d'abord que $0 \notin X$. Soit $\delta_\nu \downarrow 0$ une suite telle que $\delta_\nu < \inf \{ \|z\| : z \in X\}$ et posons $\theta_\nu = \theta \star \alpha_{\delta_\nu} \wedge \beta_{p-(n-q)}$. Soit $\hat{\theta}_\nu$ le plongement canonique de θ_ν comme courant positif fermé dans $\mathbb{C}^q \times Y$. Posons $\varepsilon' = \frac{\varepsilon}{4q(n-q)}$ et V_μ une suite dans $PSH(Y) \cap \mathcal{C}^\infty(Y)$ telle que $V_\mu \downarrow V_o$.

Il existe une constante γ telle que $u_K(c) \geq \gamma(\|c\|^2 - (\varepsilon')^2)$. Soit $\Omega_\mu = \{(z', c) \in \mathbb{C}^q \times Y : V_\mu - \gamma(\|c\|^2 - \varepsilon') < 0\}$. On suppose $\partial\Omega_\mu$ une variété (autrement, moyennant le théorème de Sard, on trouve une exhaution de Ω_μ par des domaines Ω_μ^i et on raisonne comme ci-dessous). On a, d'après [6], que

$\chi_r\, i\bar\partial\, (V\mu - \gamma(\|c\|^2 - (\varepsilon')^2)) \wedge T_\nu$, avec $T_\nu = \theta_\nu \wedge (i\partial\bar\partial \|c\|^2)^{k-1}$ est une mesure positive sur $\partial\Omega_\mu$. D'après le théorème de Stokes, nous avons

$$\int_{\Omega_\mu} i\partial\bar\partial V_\mu \wedge \chi_r^t T_\nu - \int_{\Omega_\mu} i(\bar\partial V_\mu - \bar\partial\gamma(\|c\|^2 - (\varepsilon'))^2 \wedge \partial \chi_r^t \wedge T_\nu \geqslant \gamma \int_{\Omega_\mu} i\partial\bar\partial \|c\|^2 \wedge T_\nu .$$

Mais $V_\mu - \gamma(\|c\|^2 - \varepsilon') = 0$ sur $\partial\Omega_\mu$, donc une intégration par partie nous donne :

$$- \int_{\Omega_\mu} i(\bar\partial V_\mu - \bar\partial\gamma(\|c\|^2 - (\varepsilon')^2) \wedge \partial \chi_r^t \wedge T_\nu = - \int_{\Omega_\mu} (V_\mu - \gamma(\|c\|^2 - (\varepsilon')^2)) \wedge i\, \partial\bar\partial \chi_r^t \wedge T_\nu .$$

D'après le lemme 21, nous obtenons :

$$\int_{\Omega_\mu} i\,\partial\bar\partial V_\mu \wedge \chi_r\, \hat\theta_\nu \wedge (i\partial\bar\partial \|c\|^2)^{k+1} + C\, r^{-2(n-q)} \int_{tr \leqslant \|z\| \leqslant (t+1)r} \theta_\nu \wedge \beta_{n-q} \geqslant \int_{\Omega_\mu} (i\partial\bar\partial \|c\|^2)^k \wedge \chi_r \hat\theta_\nu .$$

On itère maintenant k fois en remplaçant T_ν par

$T_\nu^j = \hat\theta_\nu \wedge (i\partial\bar\partial V_\mu)^j \wedge (i\partial\bar\partial \|c\|^2)^{k-j}$ pour obtenir

$$\int_{\Omega_\mu} (i\partial\bar\partial V_\mu)^k \wedge \chi_r\, \hat\theta_\nu + C_o' r^{-2\,(n-q)} \int_{tr \leqslant \|t\| \leqslant (1+t)r} \theta_\nu \wedge \beta_{n-q} \geqslant C_o \int_{\Omega_\mu} (i\partial\bar\partial \|c\|^2)^k \wedge \chi_r\, \hat\theta_\nu .$$

Maintenant on fait μ tendre vers l'infini ; alors on a

$$C_1 \int \sigma_\nu(1; r(t+1)\, d\mu(1) + C' r^{-2(n-q)} \int_{tr \leqslant \|t\| \leqslant (t+1)r} \theta_\nu \wedge \beta_{n-q} \geqslant C_2 \int \sigma_\nu(1; tr)\, d\lambda(1) \quad \text{où}$$

$\sigma_\nu(1;r) = \int_{B_n(o,r)} \theta_\nu \wedge \beta_{n-q}$. On fait maintenant ν tendre vers l'infini. Alors, vu que $\sigma_X(1;r)$ est continue en 1 (cf. [20]),

$$(\star) \quad C_1 \int \sigma_X(1; r(t+1))\, d\mu(1) + C' r^{-2(n-q)} \int_{tr \leqslant \|z\| \leqslant (t+1)r} \theta_\nu \wedge \beta_{n-q} \geqslant C_2 \int \sigma_X(1; tr)\, d\lambda(1).$$

Si $0 \in X$, on choisit une suite de vecteurs $\vec{\alpha}_i \in \mathbb{C}^n$ telle que $K + \vec{\alpha}_i \subset (Y \times \mathbb{C}^n) - F_X$ quel que soit i et $\lim_{i \to \infty} \|\vec{\alpha}_i\| = 0$.

Posons $\sigma_{X+\vec{\alpha}_i}(1;r)$ l'aire de $(X+\vec{\alpha}_i) \cap 1 \cap B_n(o,r)$ et appliquons $(\star)$ à $\sigma_{X+\vec{\alpha}_i}(1;r)$. Vue la continuité de $\sigma_{X+\vec{\alpha}}(1;r)$ en $\vec{\alpha}$ pour r fixé, nous obtenons le résultat en faisant i tendre vers l'infini. C.Q.F.D.

Proposition 23 : Soit T un courant positif fermé de degré $(n-q)$ à coéfficients $\mathcal{C}^\infty$ dans $\mathbb{C}^n$ et soit $\chi \in \mathcal{C}_o^\infty(\mathbb{C}^n)$. Posons $w \in \mathbb{C}^{n-q}$, $w_j = z_{p+j} - \sum_{i=1}^{q} c_{ij} z_i$ et $\tilde{\beta} = i\partial_z \bar{\partial}_z \|w\|^2$.

Alors $R^{-2(n-q)} \int_{\|w\|<R} \chi T \wedge \tilde{\beta}^{n-q} = \int_{w=0} \chi T + \int_o^R (t^{-2(n-q)} - R^{-2(n-q)}) dt \int_{\|w\| \leq t} T \wedge i\partial\bar{\partial}\chi \wedge \tilde{\beta}^{n-q-1}$.

Démonstration : D'après la proposition 1 de [18],

$$R_2^{-2(n-q)} \int_{\|w\| \leq R} \chi T \wedge \tilde{\beta}^{n-q} - R_1^{-2(n-q)} \int_{\|w\| < R_1} \chi T \wedge \tilde{\beta}^{n-q} = \int_{R_1 \leq \|w\| \leq R_2} \chi T \wedge (i\partial\bar{\partial} \log \|w\|^2)^{n-q} +$$

$$+ \int_{R_1}^{R_2} (t^{-2(n-q)} - R_2^{-2(n-q)}) dt \int_{\|w\| < t} i\partial\bar{\partial}(\chi T) \wedge \tilde{\beta}^{n-q-1}$$

$$+ (R_1^{-2(n-q)} - R_2^{-2(n-q)}) \int_o^{R_1} dt \int_{\|w\| < t} i\partial\bar{\partial}(\chi T) \wedge \tilde{\beta}^{n-q-1}.$$

On vérifie facilement que $(i\partial\bar{\partial} \log \|w\|^2)^{n-q} \equiv 0$ dans $\complement \{z : w = 0\}$. Le résultat suit maintenant en faisant R_1 tendre vers zéro. C.Q.F.D.

Lemme 24 : Soit Y une variété complexe de dimension k non-dégénérée dans $B_{q(n-q)}(0, \frac{\varepsilon}{4q(n-q)}) \subset U_I \subset G_q(\mathbb{C}^n)$ telle que $\pi^{-1}(Y)$ ne soit contenu dans aucun hyperplan de $\mathbb{C}^{s(q)}$. Soit X un ensemble analytique dans $\mathbb{C}^n$ de dimension pure $p \geq n-q$.

Alors il existe une constante C qui ne dépend que de Y telle que

$$\int_{B_n(o,r)} \theta_X \wedge \beta_p \leqslant Cr^{2(n-q)} \int_Y \int_{B_n(o,r)} \theta_X \wedge (i\partial_z\bar{\partial}_z(\sum_{k=1}^{n-q} |z_{j_k} - \sum_{t=1}^{q} c_{t_k} z_{i_t}|^2)^{n-p} \wedge \beta_{p-(n-q)} d\lambda(c)$$

Démonstration : Soit $e_1,\dots,e_n$ la base canonique de $\mathbb{C}^n$, $e_{ij} = \delta_{ij}$. Si I est un multi-indice d'ordre q, $I = (i_1 < i_2 < \dots < i_q)$, posons $e_I = e_{i_1} \wedge \dots \wedge e_{i_q}$ et $e_{\bar{I}} = e_{j_1} \wedge \dots \wedge e_{j_{n-q}}$ où $j_k \not\in I$ et $j_1 < \dots < j_{n-q}$. Soit $\xi : \underset{q}{\wedge} \mathbb{C}^n \to \underset{n-q}{\wedge} \mathbb{C}^n$ l'application linéaire donnée par $\xi(e_I) = \mathrm{sign}(I,\bar{I}) e_{\bar{I}}$. Alors ξ induit une application holomorphe $\tilde{\xi}$ de $G_q(\mathbb{C}^n)$ dans $G_{n-q}(\mathbb{C}^n)$ et $\tilde{\xi}(y)$ est le sous-espace orthogonal à y dans $\mathbb{C}^n$. Ainsi par la linéarité de ξ, $\pi^{-1}(Y)$ n'est contenu dnas aucun hyperplan de $\mathbb{C}^{s(q)}$ si et seulement si $\tilde{\pi}^{-1}(\tilde{\xi}(Y))$ n'est contenu dans aucun hyperplan de $\mathbb{C}^{s(n-q)}$.

Il existe une constante C_1 qui ne dépend que de n et p telle que $\int_{B_n(o,r)} \theta_X \wedge dz_{I'} \wedge d\bar{z}_{I'} \geqslant C_1 \int_{B_n(o,r)} \theta_X \wedge \beta_p$ pour au moins un I'. On suppose pour simplicité que $I' = (1,\dots,p)$. Il existe des points $y_\nu \in Y$ tels que $y_\nu = l_1(y_\nu) \wedge \dots \wedge l_{n-q}(y_\nu) = \tilde{\pi}^{-1}(\bar{\xi}(y_\nu)) \in \underset{n-q}{\wedge} \mathbb{C}^n$ soient linéairement indépendantes.

Ainsi, il existe des constantes C_ν telles que $z_{p+q+1-n} \wedge \dots \wedge z_p = \Sigma_\nu C_\nu l_1(y_\nu) \wedge \dots \wedge l_{n-q}(y$

Soit $z_o \in \tilde{X} = X - X'$ un point régulier de X. On calcule alors $dz_{I'}$ en coordonnées locales en z_o : en posant $dz_I = dz_1 \wedge \dots \wedge dz_{p+q-n}$ on a

$|J_{I'}(z_o)|^2 = dz_{I'} \wedge dz_{I'}(z_o) = (dz_{\tilde{I}} \wedge d\bar{z}_{\tilde{I}}) \sum_{\nu,\mu=1}^{s} C_\nu \bar{C}_\mu d\hat{y}_\nu \wedge d\bar{\hat{y}}_\mu = \sum_{\nu,\mu} C_\nu \bar{C}_\mu s_\nu \bar{s}_\mu$ où s_ν est le jacobien de $dz_I \wedge d\hat{y}_\nu$ en z_o

$$\leqslant C \sum_\nu |C_\nu|^2 \; |s_\nu|^2$$

$$\leqslant C(\sup_\nu |C_\nu|^2) \; \Sigma \; |s_\nu|^2$$

et ainsi $\int_{B_n(o,r)} \theta_X \wedge \beta_p \leqslant C \sum_\nu \int_{B_n(o,r)} \theta_X \wedge dz_I \wedge d\bar{z}_I \wedge d\hat{y}_\nu \wedge d\bar{\hat{y}}_\nu$

$$\leqslant C \sum_\nu \int_{B_n(o,r)} \theta_X \wedge \beta_{p-(n-q)} \wedge d\hat{y}_\nu \wedge d\bar{\hat{y}}_\nu$$

D'autre part, il existe une constante C'_ν telle que

$$\int_{B_n(o,r)} \theta_X \wedge \beta_{p-(n-q)} \wedge i\partial_z\bar{\partial}_z\Big(\sum_{k=1}^{n-q} \big| z_{j_k} - \sum_{t=1}^{q} c_{i_t j_k}(1) z_{i_t}\big|^2\Big)^{n-q}$$

$\leqslant C'_\nu \int_{B_n(o,r)} \theta_X \wedge \beta_{p-(n-q)} \wedge d\hat{y}_\nu \wedge d\bar{\hat{y}}_\nu$. Il existe un voisinage de $(y_1,\ldots,y_\nu) \in (Y)^\nu$ dans lequel ces majorations sont uniformes, d'où le résultat. C.Q.F.D.

<u>Lemme 25</u> : Soit $X \subset \mathbb{C}^n$ un ensemble analytique de dimension pure p. Soit $Y \subset B_{q(n-q)}(0, \frac{\varepsilon}{4q(n-q)}) \subset U_I \subset G_q(\mathbb{C}^n)$, $\varepsilon < 1/4$ $q \geqslant n-p$, une variété complexe de dimension $k \geqslant p$ telle que $\pi^{-1}(Y)$ ne soit contenu dans aucun hyperplan de $\mathbb{C}^{s(q)}$ et soit $\tilde{Y}$ un ouvert de Y tel que $\tilde{Y} \subset\subset Y - \{1 \in Y : \dim(1 \cap X) > p-(n-q)\} - \cup_t Y_t$. Alors il existe des constantes positives C_1 et C_2 qui ne dépendent que de ε et $\tilde{Y}$ telle que $C_1 \int_{B_n(o,r)} \theta_X \wedge \beta_p \leqslant \int_Y r^{2(n-q)} \sigma_X(1,r) d\lambda(1) + C(2r)^{-1} \int_{(1-2\varepsilon)r \leqslant \|z\| \leqslant 3r} \theta_X \wedge \beta_p$.

<u>Démonstration</u> : Soit $\chi \in \mathcal{E}^\infty(B(0,1+\varepsilon/2))$ telle que $\chi \equiv 1$ sur $B(0,1)$ et posons $\chi_r = \chi(\|z\|^2/r^2)$ où $z' = (z_1,\ldots,z_q)$. On suppose d'abord que $0 \notin X$ et pour simplicité que $I = (1,\ldots,q)$. Soit $\theta_\nu = \theta_x^\star \alpha_{\delta_\mu} \wedge \beta_{p-(n-q)}$. Nous allons appliquer le lemme 23 à $\chi_r\theta_\nu$ et $\{z : z_{p+j} = \sum_{i=1}^{q} c_{ij}(1) z_i, i=1,\ldots,q\}$ pour $1 \in \tilde{Y}$ et sommer par rapport à 1. Ainsi, nous obtenons

$$r^{-2(n-q)} \int_{\tilde{Y}} \chi_r \, \theta_\nu \wedge (i\partial_z\bar{\partial}_z (\sum_{j=1}^{n-q} |z_{p+j} - \sum_{i=1}^{q} c_{ij}(1) z_i|^2)^{n-q} \, d\lambda(1) =$$

$$\int_{\tilde{Y}} \int_1 \chi_r \theta_\nu d\lambda(1) + \int_o^r (t^{-2(n-q)} - r^{-2(n-q)}) \, dt \int_{\tilde{Y}} \int_{\sum_{j=1}^{n-q} |z_{p+j} - \sum c_{ij}(1) z_i|^2 \leq t^2} \theta_\nu \wedge (i\partial\partial\chi_r \wedge$$

$$\wedge (i\partial_z\bar{\partial}_z (\sum_{i=1}^{n-q} |z_{p+j} - \sum c_{ij}(1) z_i|^2))^{n-q-1} \, d\lambda(1).$$ Posons $w_j = z_{p+j} - \sum_{i=1}^{q} c_{ij}(1) z_i$.

Remarquons d'emblée que

$$\left|\int_{\frac{\varepsilon r}{2}}^{r} (t^{-2(n-q)} - r^{-2(n-q)}) \, dt \int_{\|w\|^2 \leq t^2} \theta_\nu \wedge i\partial\bar{\partial}\chi_r \wedge (i\partial_z\bar{\partial}_z \|w\|^2)^{n-q-1}\right| \leq \tilde{C}_o r^{-2(n-q+1)} \int_{r(1-2\varepsilon) \leq \|z\| \leq 3r} \theta_\nu \wedge \beta_{n-q}$$

indépendamment de 1 et que

$$\left|-r^{-2(n-q)} \int_o^{\frac{\varepsilon r}{2}} dt \int_{\|w\|^2 \leq t^2} \theta_\nu \wedge i\partial\bar{\partial}\chi_r \wedge (i\partial_z\bar{\partial}_z \|w\|^2)^{n-q-1}\right| \leq \tilde{C}_1 r^{-2(n-q)-1} \int_{r(1-2\varepsilon) \leq \|z\| \leq 3r} \theta_\nu \wedge \beta_{n-q}$$

indépendamment de 1.

Si l'on considère θ_ν comme une forme positive fermée de bidegré (q,q) dans $\mathbb{C}^n$, on peut plonger θ_ν comme forme positive fermée $\hat{\theta}_\nu$ de bidegré (q,q) dans $(z',w,1) \subset \mathbb{C}^q \times \mathbb{C}^{n-q} \times \tilde{Y}$, $z'=(z_1,\ldots,z_q)$, en remplaçant dz_{p+j} par l'expression équivalente en dz', dw, et dc_{1j}, où $z_{p+j} = w_j + \sum_{i=1}^{q} c_{ij}(1) z_i, j=1,\ldots,n-q$. Ainsi, on obtient

$$\left|\int_{\tilde{Y}} \int_{\|w\| \leq t^2} \theta_\nu \wedge i\partial\bar{\partial}\chi_r \wedge (i\partial_z\bar{\partial}_z \|w\|^2)^{n-q-1}\right| d\lambda(1) \leq \tilde{C}_3 \int_{\tilde{Y} \times \{w : \|w\|^2 \leq t^2\} \times \{z : \|z'\| \leq (1+\varepsilon/2) r\}} i\partial\bar{\partial} \frac{\|z'\|^2}{r^2} \wedge \hat{\theta}_\nu \wedge (i\partial\bar{\partial} \|w\|^2)^{n-q-1} \wedge (i\partial\bar{\partial} \|c\|^2)^k$$

Comme dans le lemme 17, en substituant pour $dcij$ dans Y_i les expressions correspondantes en dz, dw et $dc_{i'j}$, $i' \neq i$, on obtient la majoration :

$$\Big|\int_{\tilde{Y}}\int_{\|w\|^2\leqslant t^2} \theta_\nu \wedge i\partial\bar\partial\chi_r \wedge (i\partial_z\bar\partial_z \|w\|^2)^{n-q-1} d\lambda(1)\Big|$$

$$\leqslant \tilde{C}_4 \int_{\substack{2r\geqslant \|z\| > (1-\varepsilon) r \\ \|w\| < t \leqslant \frac{\varepsilon}{2} r}} \theta_\nu \wedge (i\partial\bar\partial \left\|\frac{z}{r}\right\|^2 \wedge (i\partial\bar\partial \|w\|^2)^{n-q-1} \wedge (i\partial\bar\partial \log \|z-w\|)^{n-q}$$

$$\leqslant \tilde{C}_5 r^{-2(n-q+1)} . t^{2(n-q)} \int_{(1-\varepsilon) r \leqslant \|z\| \leqslant 2r} \theta_\nu \wedge \beta_{n-q}$$

parce que $\|z-w\| \geqslant (1-3\varepsilon/2)r$. D'après [20], on a pour r fixé, $\int \chi_r \theta_\nu|_1 \to \int \chi_r \theta_1 \wedge \beta_{p-(n-q)}$; pour $1 \in \tilde{Y}$, nous obtenons en passant à la limite

$$\int_{\tilde{Y}} \chi_r \theta_X \wedge (i\partial_z\bar\partial_z (\sum_{j=1}^{n-q} |z_{p+j} - \sum_{i=1}^{q} c_{ij}(1) z_i|^2)^{n-q} d\lambda(1)$$

$$\leqslant r^{2(n-q)} \int_{\tilde{Y}} \int_1 \chi_r \theta_X \wedge \beta_{p-(n-q)}|_1 d\lambda(1) + r^{-1}\tilde{C}_6 \int_{(1-\varepsilon) r \leqslant \|z\| \leqslant 2r} \theta_X \wedge \beta_p$$

et la conclusion suit d'après le lemme 24. Si $0 \in X$, on choisit une suite de vecteurs $\{\alpha_i\}$ telle que $\|\alpha_i\| \downarrow 0$ et $0 \notin X + \alpha_i$ et on passe à la limite. C.Q.F.D.

<u>Théorème 26</u> : Soit $X \subset \mathbb{C}^n$ un ensemble analytique de dimension pure p tel que $r^{-2p}\sigma_X(r)$ soit de type normal λ par rapport à l'ordre précisé $\rho(r)$. Soit $Y \subset \Omega \subset G_q(\mathbb{C}^n)$ un ensemble analytique non-dégénéré de dimension k et soit $q \geqslant n-p$. Supposons que $\pi^{-1}(Y)$ ne soit contenu dans aucun hyperplan de $\mathbb{C}^{s(q)}$. Alors l'ensemble des $1 \subset Y$ tel que $r^{-2(p+q-n)}\sigma_X(1;r)$ ne soit pas de type normal au moins par rapport à $\rho(r)$ est localement pluripolaire dans Y.

<u>Démonstration</u> : Soit E l'ensemble en question et supposons que E ne soit pas pluripolaire. Vu que l'ensemble Y' des points singuliers est localement pluripolaire dans Y, il existe $1_o \in \tilde{Y} = Y-Y'$ tel que E ne soit pas pluripolaire en 1_o. Par un changement

de variables, on peut supposer l_o l'origine dans U_I. Alors, il existe un compact K_1 tel que si $Y^{\#} = Y \cap B_{q(n-q)}(0, \frac{\varepsilon}{4q(n-q)})$, $K_1 \subset [Y^{\#} - \{l \in Y^{\#} : \dim(l \cap x) > p-(n-q)\} - \bigcup_t Y_t] \cap E$ et K_1 n'est pas pluripolaire dans $Y^{\#}$. Soit V_1 la fonction extrémale dans $Y^{\#}$ associée à K_1 et posons $\mu_1 = (i\partial\bar{\partial}V_1)^k$. Alors supp $\mu_1 \subset K_1$ et $\lim_{r\to\infty} r^{-2(p+q-n)-\rho(r)}\sigma_X(l;r)=0$ pour $l \in K_1$. D'après le théorème d'Egorov, il existe un compact $K_2 \subset K_1$ tel que $\mu_1(K_2) > 0$ et $\lim_{\tau\to\infty} \tau^{-2(q+p-n)-\rho(\tau)}\sigma_X(l\,;\tau)=0$ uniformément sur K_2 pour $\tau \in \mathbb{Z}$.

D'après la proposition 2, K_2 n'est pas pluripolaire dans $Y^{\#}$. Soit V_2 la fonction extremale dans $Y^{\#}$ associée à K_2 et posons $\mu_2=(i\partial\bar{\partial}V_2)^k$. D'après les lemme 22 et 25, il existe des constantes C_1, C_2 et C_3 indépendantes de r telles que

$$C_1\sigma_X(tr) - C_2[\sigma_X((t+1)r)-\sigma_X(tr)] \leqslant (2tr)^{2(n-q)} \int \sigma_X(l;2r)d\mu(l)+C_3r^{-1}\sigma_X(3rt).$$

Soit $\tau_m \uparrow \infty$ une suite telle que $\sigma_X(\tau_m) \geqslant \lambda/2\ \tau_m^{\rho(\tau_m)}$, $\tau_m \in \mathbb{Z}$. Alors, d'après le lemme 20, il existe T et M telles que quel que soit $m \geqslant M$ on peut trouver $t_m \leqslant T$ un entier avec $C_1\sigma_x(t_m\tau_m)-C_2[\sigma_x((t_m+1)\tau_m)-\sigma_x(t_m\tau_m)] \geqslant \frac{C_1}{2}\sigma_x(t_m\tau_m)\ \frac{C_1}{4}\lambda\tau_m^{\rho(\tau_m)}$ et d'après la proposition 19, il existe M_2 tel que si $m \geqslant M_2$, $\tau_m^{-1}\ \sigma_x(3T\tau_m) \leqslant \lambda\frac{C_1}{8}\tau_m^{\rho(\tau_m)}$.

Ainsi $\int \sigma_X(l;T\tau_m)d\mu_2(l) \geqslant \lambda\frac{C_1}{8}\tau_m^{\rho(\tau_m)}$ quel que soit $m \geqslant \sup(M_1,M_2)$, ce qui donne une contradiction. C.Q.F.D.

<u>Théorème 27</u> : Soit V une fonction plurisousharmonique dans $\mathbb{C}^n$ telle que $M_V(r) = \sup V(z)$ soit de type normal par rapport à l'ordre précisé $\rho(r)$. Soit $Y \subset \Omega \subset G_q(\mathbb{C}^n)$ un ensemble analytique non-dégénéré. Supposons que $\pi^{-1}(Y)$ ne soit contenu dans aucun hyperplan de $\mathbb{C}^{s(q)}$. Alors l'ensemble des $l \in Y$ tel que $M_V(l;r) = \sup_{\|z\| \in l \cap B_n(o,r)} V(z)$ ne soit pas de type normal par rapport à $\rho(r)$ est localement pluripolaire dans Y.

Démosntration : On peut supposer V bornée inférieurement (autrement on remplace V par $\sup(V,o)$) et $V(o) = 0$ (autrement on remplace V par $V-V(o)$. Posons

$$\tilde{V}(z) = \sup_{0 \leq \theta \leq 2\pi} V\ (e^{i\theta}z).$$

Alors $M_V(1;r)$ est de type normal par rapport à $\rho(r)$ si et seulement si

$$r^{-2(q-1)} \int_{B_q(o,r)} (i\partial\bar{\partial}\tilde{V})\wedge \beta_{q-1}\,|_1$$ l'est (cf. [14]).

Les points essentiels de la démonstration sont des analogues des lemmes 24 et 25.

Supposons d'abord que $\tilde{V} \in \mathcal{C}^\infty(\mathbb{C}^n)\cap PSH(\mathbb{C}^n)$ et $z_o \in \mathbb{C}^n$. On peut trouver une base orthogonale $(e_1,\ldots e_n)$ telle que $i\partial\bar{\partial}V(z_o) = \sum_{i=1}^{n} \lambda_i de_i\wedge d\bar{e}_i$. On suppose $\lambda_1 \geq \Sigma\, \lambda i/n$. Vue l'invariance de β par rapport aux rotations, on a

$$\beta_{q-1} = \sum_{|I'|=q-1} de'_I\wedge d\bar{e}_{I'} \quad \text{et} \quad i\partial\bar{\partial}\tilde{V}(z_o)\wedge\beta_{q-1} = \sum_{i=1}^{n} \lambda_i \Big(\sum_{\substack{|I'|=q-1 \\ i \in I'}} de_i\wedge d\bar{e}_i\wedge de_{I'}\wedge d\bar{e}_{I'} \Big)$$

Nous reprennons les notations du lemme 24. Alors $dz_I = \Sigma C_\nu^I\, d\hat{y}_\nu$ où $d\hat{y}_\nu = dl_1(y_\nu)\wedge\ldots\wedge dl_{n-q}(y_\nu)$, $I=n-q$. Ainsi

$$\beta_{n-q} = \sum_{|I|=n-q} de_I\wedge d\bar{e}_I = \sum_{|I|=n-q}\ \sum_{\nu,\mu} C_\nu^I\, \bar{C}_\mu^I\ d\hat{y}_\nu\wedge d\bar{\hat{y}}_\nu \quad \text{et}$$

$i\partial\bar{\partial}V(z_o)\wedge\beta_{n-1} = C(n,q)\, i\partial\bar{\partial}V(z_o)\wedge\beta_{q-1}\wedge\beta_{n-q} \leq C(n,q)\, n\lambda_1 de_1\wedge d\bar{e}_1\wedge\beta_{q-1}\wedge\beta_{n-q}$. Il existe $C'(n,q)$ et I_o telle que $C(n,q)de_1\wedge d\bar{e}_1\wedge\beta_{q-1}\wedge\beta_{n-q} \leq C'(n,q)de_1\wedge d\bar{e}_1\wedge de_{I_o}\wedge d\bar{e}_{I_o}\wedge\beta_{n-q}$ donc

$$i\partial\bar{\partial}V(z_o)\wedge\beta_{n-1} \leq C'(n,q)n\lambda_1(de_1\wedge d\bar{e}_1\wedge de_{I_o}\wedge d\bar{e}_{I_o})\wedge\Big(\sum_{|I|=n-q}\ \sum_{\nu,\mu} C_\nu^I\, \bar{C}_\mu^I\, d\hat{y}_\nu\wedge d\bar{\hat{y}}_\nu\Big)$$

$$\leq C'(n,q)n\lambda_1\Big(\sum_{|I|=n-q}\ \sum_{\nu,\mu} C_\nu^I\, \bar{C}_\mu^I\, S_\nu^{I_o}\, \bar{S}_\mu^{I_o}\Big)\, de_1\wedge d\bar{e}_1\wedge\ldots\wedge de_n\wedge d\bar{e}_n$$

où $S_\nu^{I_o}$ est le jacobien de la transformation $(e_1, e_{I_o}, y_\nu) \to (e_1, \dots e_n)$

$$\leq C''(n,q) n \lambda_1 \Big(\sum_{|I|=n-q} \sum_\mu |C_\mu^I|^2 |S_\nu^{I_o}|^2 \Big) de_1 \wedge d\bar{e}_1 \wedge \dots \wedge de_n \wedge d\bar{e}_n$$

$$\leq C''(n,q) n \quad \Big(\sum_\nu |C_\nu^I|^2\Big) \Big(\sum_\nu (i\partial\bar{\partial}V \wedge \beta_{q-1} \wedge d\hat{y}_\nu \wedge d\bar{\hat{y}}_\nu\Big).$$

En ce qui concerne le lemme 25, il faut une version intégrée par rapport à la mesure $t^{-(2q-1)}dt$. D'après le thèorème de Gauss, on a

$$\int \frac{dt}{t^{2q-1}} \int_{B_q(o,t)} (i\partial\bar{\partial}\tilde{V}) \wedge \beta_{q-1} = \frac{1}{\omega_q} \int_{\alpha \in 1 \cap B_n(o,1)} V(\alpha)\, d\omega_q(\alpha)$$

où $d\omega_q$ est la mesure de surface sur la sphère S^{2q-1} dans $\mathbb{C}^q$ et ω_q est la mesure totale de S^{2q-1}. Si V_μ est une suite de fonctions dans $PSH(\mathbb{C}^n) \cap \mathcal{C}^\infty(\mathbb{C}^n)$ telle que $V_\mu \downarrow \tilde{V}$, on obtient en invoquent la semi-continuité supérieure de $\tilde{V}$

$$\lim_{\mu \to \infty} \frac{1}{\omega_q} \int_{\alpha \in 1 \cap B_n(o,1)} V_\mu(\alpha)\, d\omega_q(\alpha) = \frac{1}{\omega_q} \int_{\alpha \in 1 \cap B_n(o,1)} \tilde{V}(\alpha)\, d\omega_q(\alpha),$$ ce qui permet de

passer à la limite pour la masse de $(i\partial\bar{\partial}V) \wedge \beta_{q-1}\big|_1$. Nous laissons les détails au lecteur.

<u>Remarque</u> : A la place de l'échelle de croissance d'ordre fini, on peut considérer d'autres échelles de croissances lentes, telles que $(\log r)^\sigma$, $\sigma > 1$, par exemple.

BIBLIOGRAPHIE

[1] Alexander, H., A note on projective capacity (preprint)

[2] Bedford, E., Extremal plurisubharmonic functions and pluripolar sets in $\mathbb{C}^2$, Math. Ann. 249 (1980), 205-233.

[3] Bedford, E., Envelopes of continuous plurisubharmonic functions, Math. Ann. 251 (1980), 175-183.

[4] Bedford, E., The operator $(dd^c)^n$ on complex spaces (preprint)

[5] Bedford, E. et B.A. Taylor, The Dirichlet problem for a complex Monge-Ampère equation, Inventiones Math. 37 (1976), 1-44.

[6] Bedford, E. et B.A. Taylor, Some potential theoretic properties of pluri-sousharmonic functions (preprint).

[7] Carlson, J., A remark on the transcendental Bezout problem, Value Distribution Theory, Marcel Dekker, New York (1974), 133-146.

[8] Carlson, J., A moving lemma for the transcendental Bezout problem, Annals of Math. 103 (1976), 305-330.

[9] Cornalba, M. et B. Shiffman, A counterexample to the "Transcendental bezout problem", Ann of Math. 96(1972), 402-406.

[10] Gruman, L., The area of analytic varieties in $\mathbb{C}^n$, Math. Scand. 41, 365-397 (1977).

[11] Gruman, L., La géométrie globale des ensembles analytiques dans $\mathbb{C}^n$, Séminaire Pierre Lelong-Henri Skoda(Analyse) Années 1978/1979, Lectures Notes in mathematics 822, Springer-Verlag, Berlin, 1980, 90-99.

[12] Kiselman, C.O., The growth of restrictions of plurisousharmonic functions (preprint).

[13] Lelong, P., Fonctions plurisousharmoniques et formes différentielles positives, Gordon and Breach, Paris, 1968.

[14] Lelong, P., Fonctionnelles analytiques et fonctions entières (n variables), Les presses de l'Université de Montréal, 1968.

[15] Levin, B. Ja., Distribution of zeros of Entire Functions, Translations of Mathematical Momographs, Vol. 5 , American Mathematical Society, Providence, R.I., 1964.

[16] Molzon, R.E B. Shiffman et N. Sibony, Average growth estimates for hyperplane sections of entire analytic sets(à paraître dans Math. Ann.)

[17] Skoda, H., Solution à croissance du second problème de Cousin dans $\mathbb{C}^n$, Ann. Inst. Fourier XXI, N° 1(1971), 11-23.

[18] Skoda, H., Prolongements des courants positifs fermés de masse finie (preprint).

[19] Siciak, J., Extremal plurisousharmonic functions in $\mathbb{C}^n$, Proceedings of the First Finnish-Polish Summer School in complex Analysis, 115-152.

[20] Stoll, W., The continuity of the fiber integral, Math. Z 95 (1967), 87-138.

[21] Wells, R.O., Differential Analysis on Complex Manifolds, Springer Verlag, 1980.

Unité d'Enseignement et de Recherche
U.E.R. de Mathématiques
3, Place Victor Hugo
13331 - MARSEILLE CEDEX 3

Séminaire P.LELONG,P.DOLBEAULT,H.SKODA
(Analyse)
22e et 23e année, 1982/1983.

SYSTÈMES DE PFAFF ET ALGÈBRES DE LIE LIBRES, ÉTUDE D'UNE SINGULARITE POLAIRE NORMALE

par Bernard KLARES et Charles SADLER

INTRODUCTION

L'étude des singularités des équations linéaires dans le domaine complexe a fait l'objet de nombreuses recherches qui se poursuivent actuellement .Dans le cas des singularités irrégulières,la méthode la plus utilisée est celle des développements asymptotiques à une ou plusieurs variables.Il en est une autre moins courante (essentiellement développée par Lappo-Danilevsky [1] et ensuite par Erugin [5] ,Golubeva [4] ,etc.) et qui est celle des séries de matrices.Cette voie donne lieu à des résultats très intéressants comme on peut s'en convaincre en parcourant [1] .D'autre part, les travaux développés par Hausdorff,Magnus [2] ,Chen [3] ,ont mis en évidence le lien existant entre les séries formelles de Lie et les solutions des équations différentielles linéaires (sans singularités).C'est donc le cadre des séries formelles non commutatives et des séries formelles de Lie qui nous a semblé le mieux indiqué pour l'étude des singularités irrégulières normales d'une forme de Pfaff complètement intégrable.Plus précisément:

Soient $X = \{a_1, a_2, \dots, a_r\}$ un ensemble, $A(X)$ la $\mathbb{C}$-algèbre associative libre construite sur X, $L(X)$ l'algèbre de Lie de $A(X)$ engendrée par X, M une variété analytique complexe de dimension finie m, et U un ouvert de M . On appelle <u>forme de Pfaff linéaire fermée sur U à valeurs dans L(X)</u>,une forme de Pfaff $\omega \in \Omega_1(U,L(X))$ qui s'écrit $\omega = \sum_{1 \leq i \leq r} \omega_i(x).a_i$ avec $\omega_i(x) \in \Omega_1(U,\mathbb{C})$ de classe C^1 et fermée.

On note $\hat{A}(\omega)$ l'algèbre de Magnus associée à ω ,construite sur X,c'est-à-dire l'algèbre des séries formelles non commutatives en $a_1, a_2, \dots, a_r$ avec $a_1, a_2, \dots, a_r$ liés par des relations (R) exprimant la complète intégrabilité de ω .On a de même la sous-algèbre de Lie $\hat{L}(\omega)$ correspondante.

A ω forme de Pfaff linéaire fermée sur U à valeurs dans L(X) est associé le système de Pfaff suivant :

$$(1) \qquad dG = G.\omega \qquad \text{où} \quad G : U \longrightarrow \hat{A}(\omega)$$

On a alors le résultat suivant (Théorème 2) :

<u>Soit</u> $x_0 \in D$,<u>D un ouvert simplement connexe contenu dans U,alors il existe</u> $g : D \longrightarrow \hat{L}(\omega)$ <u>unique tel que</u> $g(x_0) = 0$ <u>et</u> $G(x) = \exp g(x)$ <u>soit solution de (1)</u> .

Ceci élargit les résultats correspondants de [1] , [2] , [3] et permet de donner une généralisation de la formule de Hausdorff (cf. Proposition 3) .

Nous donnons ensuite quelques exemples dans le cas des algèbres de Lie nilpotentes ou résolubles .

Dans le second paragraphe nous entreprenons l'étude d'une singularité polaire normale pour ω (cf. § I, Définition 2) ce qui conduit au théorème fondamental:

Soient O une singularité polaire normale pour ω, $\mathcal{D}$ un polydisque de centre O, $b = (b_1, b_2, \ldots, b_m) \in \mathcal{D} - \{0\}$, G la solution de (1) telle que $G(b) = 1$, et $g = \log G$. Alors il existe $\sum_{1 \leq i \leq \ell} p_i$ éléments $m_k^i \in \hat{L}(\omega)$ $h(x)$ holomorphe dans $\mathcal{D}$ à valeurs dans $\hat{L}(\omega)$, ℓ fonctions holomorphes k_i de $\mathcal{R}(\dot{D}_{R_i})$ (revêtement universel du disque pointé) avec $1 \leq i \leq \ell$, telles que si $H(x) = \exp h(x)$, $K_i = \exp k_i(x_i)$, $x = (x_1, x_2, \ldots, x_\ell)$, on a :

$$G(x) = \prod_{0 \leq i \leq \ell - 1} K_{\ell - i}(x_{\ell - i}) H(x) \quad \text{avec}$$

$$\frac{dK_i}{dx_i} = K_i(x_i) \cdot \left[\sum_{1 \leq k \leq p_i} \frac{m_k^i}{x_i} \right]$$

$x_i^{-m_1^i} . K_i(x_i)$ se développe en série entière en $\frac{1}{x_i}$ de premier terme 1 .

Sous les conditions ci-dessus, les m_k^i sont uniques .

Ce théorème montre que l'étude d'une singularité polaire normale pour ω, se ramène à l'étude d'une singularité à une seule variable x_i $(i=1, \ldots, \ell)$, la forme obtenue étant un polynôme en $\frac{1}{x_i}$ à coefficients dans $\hat{L}(\omega)$.

De plus, appliqué dans le cas d'une seule variable ($m = 1$), il montre que les séries de matrices W_j^ν obtenues par Lappo-Danilevsky ([1] , Mémoire V , § 5 , Théoreme V) sont en fait des séries de Lie et qu'en regroupant les termes, on peut faire apparaître des alternants de degré n, (n=1,2,.....), ce qui n'apparaît pas du tout dans le théorème de Lappo-Danilevsky. En outre si l'algèbre de Lie considérée est nilpotente ces séries sont en fait des polynômes !

Dans le dernier paragraphe, nous avons étudié le problème de la convergence des séries formelles obtenues, lorsque les $a_1, a_2, \ldots, a_r$ sont dans une $\mathbb{C}$-algèbre normée complète. La convergence a lieu si les $a_1, a_2, \ldots, a_r$ sont dans un ouvert suffisamment petit contenant l'origine.

§ I - SYSTÈMES DE PFAFF ET ALGÈBRES DE LIE LIBRES.

1- Notations.

Soient $X = \{a_1,\dots,a_r\}$ un ensemble fini, $M(X)$ (resp. $Mo(X)$) le magma (resp. le monoïde) libre sur X, (X est identifié à l'ensemble des mots de longueur 1) $K = \mathbb{C}$ (ou plus généralement un corps commutatif de caractéristique o pour la partie algébrique), $K^{M(X)}$ (resp. $K^{Mo(X)}$) le K-espace vectoriel des combinaisons linéaires formelles des éléments de $M(X)$ (resp. $Mo(X)$). On définit sur $K^{M(X)}$ (resp. $K^{Mo(X)}$) une structure de K-algèbre en prenant comme table de multiplication de la base canonique $e_s.e_t = e_{st}$ $(s,t) \in (M(X))^2$ (resp. $(Mo(X))^2$).

Cette algèbre est l'algèbre libre (resp. libre associative) construite sur X et notée $Lib(X)$ (resp. $A(X)$). $A(X)$ est munie de sa graduation totale $(A^n(X))_{n\geq o}$

Soit $\mathfrak{a}$ l'idéal bilatère de $Lib(X)$ engendré par les éléments de l'une des formes :

$Q(a,a) = a.a \quad a \in Lib(X)$

$J(a,b,c) = a.(b.c) + b.(c.a) + c.(a.b) \quad a,b,c \in Lib(X)$.

On appelle algèbre de Lie libre sur X, l'algèbre quotient $L(X) = \dfrac{Lib(X)}{\mathfrak{a}}$

$L(X)$ peut être considérée comme sous-algèbre de Lie de $A(X)$. $L(X)$ est munie de sa graduation totale $(L^n(X))_{n\geq 1}$, $L^n(X)$ étant engendrée par les images des éléments de longueur n de $M(X)$, que l'on appelle les alternants de degré n.

2- Formes de Pfaff linéaires dans $L(X)$ (ou $A(X)$).

Soient M une variété analytique complexe de dimension m et U un ouvert de M. On appelle forme de Pfaff linéaire fermée sur U à valeur dans $L(X)$ (ou $A(X)$) une forme de Pfaff $\omega \in \Omega_1(U,L^1(X))$ de la forme $\omega = \sum_{1\leq i\leq r} \omega_i(x).a_i$ avec $\omega_i(x) \in \Omega_1(U,K)$ de classe C^1 et fermée ($d\omega_i(x) = o$, $i=1,\dots,r$), sur U. En particulier, on définit $d\omega$, par $d\omega = \sum_{1\leq i\leq r} d\omega_i(x).a_i$, d'où $d\omega = o$.

Dans toute la suite , ω sera une telle forme de Pfaff linéaire fermée sur U à valeurs dans $L(X)$.

3- L'algèbre d'holonomie associée à ω

Si l'on exprime la condition de complète intégrabilité pour la forme ω

il vient : $\omega\wedge\omega = 0$,soit $\sum_{1\leq i<j\leq r} \omega_i(x)\wedge\omega_j(x).[a_i,a_j] = 0$, ce qui équivaut à un certain nombre de relations indépendantes de la forme :

$$(R) \quad \sum m_{\alpha\beta}[a_\alpha,a_\beta] = 0 \qquad (m_{\alpha\beta}\in K)$$

Désignons par $\mathcal{R}$ (resp. $\mathcal{S}$) l'idéal de L(X) (resp. A(X)) engendré par ces relations. Il est clair que $\mathcal{R}$ et $\mathcal{S}$ sont des idéaux homogènes .Considérons , alors les quotients :

$$L(\omega) = L(X)/\mathcal{R}$$

$$A(\omega) = A(X)/\mathcal{S}$$

et π l'épimorphisme canonique associé $\pi : A(X) \longrightarrow A(\omega)$

$L(\omega)$ (resp. $A(\omega)$) est appelée <u>algèbre de Lie (resp. algèbre) d'holonomie associée à ω.</u>

$L(\omega)$ (resp $A(\omega)$) est graduée par $L^n(\omega) = L^n(X)/\mathcal{R}\cap L^n(X)$ $n\geq 1$

(resp. par $A(\omega) = A^n(X)/\mathcal{S}\cap A^n(X)$ $n\geq 0$).

<u>4-Algèbre et groupe de Magnus.</u>

Soit $\hat{A}(\omega) = \prod_{n\geq 0} A^n(\omega)$ le module produit dans lequel on définit une multiplication par :

$$(a.b)_n = \sum_{0\leq i\leq n} a_i.b_{n-i}$$

$A(\omega)$ s'identifie à une sous-algèbre de $\hat{A}(\omega)$ .On munit $\hat{A}(\omega)$ de la topologie produit des topologies dicrètes sur les facteurs $A^n(\omega)$.On obtient ainsi une algèbre topologique séparée complète (K étant muni de la topologie dicrète) dans laquelle on a la propriété:

Soit $b = (b_n)_{n\geq 0}\in \hat{A}(\omega)$,la famille $(b_n)_{n\geq 0}$ est sommable et $b = \sum_{n\geq 0} b_n$

$A(\omega)$ est dense dans $\hat{A}(\omega)$ .On appelle $\hat{A}(\omega)$ **<u>l'algèbre de Magnus</u>** associée à $a_1,a_2,\ldots,a_r$ et ω .

De même on définit $\hat{L}(\omega)$ complétée de $L(\omega)$ pour la topologie définie plus haut.

<u>Remarque</u> .On peut interpréter $\hat{A}(\omega)$ comme l'algèbre des séries formelles en $a_1,a_2,\ldots,a_r$,avec $a_1,a_2,\ldots,a_r$ liés par les relations (R) .De même $\hat{L}(\omega)$ s'interprète comme l'algèbre des séries formelles de Lie en $a_1,a_2,\ldots,a_r$ liées par les relations (R) .

On appelle <u>groupe de Magnus</u> associé à $a_1, a_2, \ldots, a_r$ et ω le groupe:

$$\Gamma(\omega) := \{ b \in \hat{A}(\omega) \mid b = \sum_{n \geq 0} b_n \text{ et } b_0 = 1 \}.$$

5-Proposition 1

Soit $\mathcal{M} = \bigcup_{n \geq 1} A^n(\omega)$. Alors l'application exponentielle est un homéomorphisme de $\mathcal{M}$ sur $\Gamma(\omega)$ et l'application logarithme en est l'application réciproque.

$$\left(\exp x = \sum_{n \geq 0} \frac{x^n}{n!}, x \in \mathcal{M} \text{ et } \log y = \sum_{n \geq 1} (-1)^{n-1} \cdot \frac{(y-1)^n}{n}, y \in \Gamma(\omega) \right).$$

Preuve:

Il suffit de remarquer que $\hat{A}(\omega)$ est une algèbre associative, unifère, séparée complète pour la filtration $A_m(\omega) = \bigcup_{k \geq m} A^k(\omega)$ et d'appliquer Bourbaki (Gr. et Alg. de Lie Ch. 2 et 3, § 6 n°1 Prop. 1 p.51).

6-Groupe de Hausdorff.

Soient $B(X) = A(X) \otimes A(X)$, $B^n(X) = \sum_{i+j=n} A^i(X) \otimes A^j(X)$ et $\hat{B}(X)$ l'algèbre complète associée. On sait (Bourbaki, Gr. et Alg. de Lie Ch 1 et 2, § 3, n°1, Corol. 1 p.32) qu'il existe un unique coproduit c faisant de B(X) une bigèbre et tel que les éléments de X soient primitifs (Bourbaki, Alg. I, Chap. 3, § 11, n°4, p.149). En particulier $c : A(X) \longrightarrow B(X)$ est un homomorphisme gradué de degré 0, donc il se prolonge en un homomorphisme continu de A(X) dans B(X). De plus il passe au quotient.
On sait d'après Bourbaki (Gr. et Alg. de Lie Ch. 2 et 3, §3, Corollaire 2 du Théorème 1, p. 33) que:

$$L^n(X) = \{ b_n \in A^n(X) \mid c(b_n) = b_n \otimes 1 + 1 \otimes b_n \}$$

En remarquant que:

$$\mathcal{R}^n = \{ r_n \in \mathcal{S}^n \mid c(r_n) = r_n \otimes 1 + 1 \otimes r_n \}$$

on en déduit que:

$$L^n(\omega) = \{ x_n \in A^n(\omega) \mid c(x_n) = x_n \otimes 1 + 1 \otimes x_n \}$$

Définissons $\Delta(X) := \{ b \in \hat{A}(X) \mid b = \sum_{n \geq 0} b_n, \; b_0 = 1, \; c(b_n) = \sum_{i+j=n} b_i \otimes b_j \}$

$$\Delta(\omega) := \{ x \in \hat{A}(\omega) \mid x = \sum_{n \geq 0} x_n, x_0 = 1, \; c(x_n) = \sum_{i+j=n} x_i \otimes x_j \}$$

Remarquons que $\Delta(\omega) = \hat{\pi}(\Delta(X))$ (où $\hat{\pi} : \hat{A}(X) \longrightarrow \hat{A}(\omega)$ est l'épimorphisme canonique prolongeant Π).On montre comme dans Bourbaki (Gr. et Alg. de Lie Ch. 2 et 3 , §6 ,n°2,Th. 1) :

Théorème 1

La restriction à $\hat{L}(\omega)$ de l'application exponentielle de $\hat{A}(\omega)$ est une bijection de $\hat{L}(\omega)$ sur le sous-groupe fermé $\Delta(\omega)$ de $\Gamma(\omega)$.

Preuve:

On applique la proposition 1,puis on raisonne comme dans Bourbaki .

Définition 1

On peut transporter par l'application exponentielle la loi,de groupe de $\Delta(\omega)$ à $\hat{L}(\omega)$ et définir ainsi une structure de groupe topologique complet sur $\hat{L}(\omega)$ pour la loi $\mapsto$:

$$a \mapsto b = \log(\exp a \,.\exp b)$$

$(\hat{L}(\omega), \mapsto)$ est appelé groupe de Hausdorff associé à $a_1,a_2,\ldots,a_r$ et ω .

7-Fonctions et formes holomorphes sur U à valeurs dans $\hat{A}(X)$ et $\hat{L}(X)$

a)Définition 2.

$f : U \subset M \longrightarrow \hat{A}(X)$ est dite holomorphe sur U si $f(x) = \sum_{n \geq 0} f_n(x)$,

où $f_n(x) \in A^n(X)$ et $f_n(x) = \sum_{\substack{i_1,\ldots,i_n \\ i_j \in \{1,\ldots,r\}}} f_{i_1,\ldots,i_n}(x).a_{i_1}\ldots a_{i_n}$

avec $f_{i_1,\ldots,i_n}(x)$ fonction holomorphe sur U.

b)Définition 3.

$f : U \subset M \longrightarrow \hat{L}(X)$ est holomorphe sur U si $f(x) = \sum_{n \geq 1} f_n(x)$,avec $f_n(x) \in L^n(X)$ et s'il existe une base de $L^n(X)$ telle que $f_n(x)$ se décompose sur cette base avec des coefficients holomorphes sur U .

Remarquons que si $f : U \subset M \longrightarrow \hat{L}(X)$ telle que $f(x) = \sum_{n \geq 1} f_n(x)$, $f_n(x) \in L^n(X)$ a tous les coefficients des alternants de degré n holomorphes sur U,alors f est holomorphe sur U .

c)Définition 4 .

On appelle forme de Pfaff holomorphe sur $U \subset M$ à valeurs dans A(X) , toute forme $\alpha = \sum_{n \geq 0} \alpha_n$, $\alpha_n = \sum_{\substack{i_1,\ldots,i_n \\ i_j \in \{1,\ldots,r\}}} \alpha_{i_1,\ldots,i_n}(x).a_{i_1}\ldots.a_{i_n}$,avec

$\alpha_{i_1,\ldots,i_n}(x)$ forme de Pfaff holomorphe sur U à valeurs dans $K=\mathbb{C}$.

Soit $\Omega_1(U,\hat{A}(X))$,l'ensemble des formes de Pfaff holomorphes sur $U \subset M$ à valeurs dans $\hat{A}(X)$.

De même on peut définir $\alpha \in \Omega_1(U,\hat{L}(X))$ (forme de Pfaff holomorphe sur $U \subset M$ à valeurs dans $\hat{L}(X)$) .

d) Définition 5.

Si f est holomorphe sur $U \subset M$ à valeurs dans $\hat{A}(X)$ et si :

$$f = \sum_{n \geq 0} \sum_{i_1,\ldots,i_n} f_{i_1,\ldots,i_n}(x).a_{i_1}\ldots.a_{i_n} \qquad i_j \in \{1,\ldots,r\}$$

on pose :

$$df = \sum_{n \geq 0} \sum_{i_1,\ldots,i_n} df_{i_1,\ldots,i_n}(x).a_{i_1}\ldots a_{i_n} \qquad i_j \in \{1,\ldots,r\}$$

On a $df \in \Omega_1(U,\hat{A}(X))$.

On définit de même la notion de forme de degré n à valeurs dans $\hat{A}(X)$ et la notion de différentielle extérieure .

e) Définition 7.

Si f est holomorphe sur $U \subset M$ à valeurs dans $\hat{L}(X)$ on définit df en différentiant les coefficients de la série définissant f , $df \in \Omega_1(U,\hat{L}(X))$.

On définit de même la notion de forme de degré n à valeurs dans $\hat{L}(X)$ et la notion de différentielle extérieure .

8-Fonctions et formes holomorphes dans $\hat{A}(\omega)$ et $\hat{L}(\omega)$

Définition 8 .

$\hat{f} : U \subset M \longrightarrow \hat{A}(\omega)$ (resp. $\hat{L}(\omega)$) est holomorphe sur U si $\hat{f}(x) = \sum_{n \geq 0} \hat{f}_n(x)$ avec $\hat{f}_n(x) \in A^n(\omega)$ (resp. $L^n(\omega)$) et s'il existe une base de $A^n(\omega)$ (resp. $L^n(\omega)$) telle que $f_n(x)$ se décompose sur cette base avec des coefficients holomorphes sur U .

Remarque. Si $f : U \subset M \longrightarrow \hat{A}(X)$ (resp. $\hat{L}(X)$) est holomorphe, $\hat{f} : U \subset M \longrightarrow \hat{A}(\omega)$ (resp. $\hat{L}(\omega)$) est holomorphe dans $\hat{A}(\omega)$ (resp. $\hat{L}(\omega)$) (où $\hat{f}$ est tel que $\hat{f} = \hat{\pi} \circ f$).

Réciproquement, si $\hat{f} : U \subset M \longrightarrow \hat{A}(\omega)$ (resp. $\hat{L}(\omega)$) est holomorphe sur U à valeurs dans $\hat{A}(\omega)$ (resp. $\hat{L}(\omega)$) , il existe un "représentant" f de $\hat{f}$ $f : U \subset M \longrightarrow \hat{A}(X)$ (resp. $\hat{L}(X)$) (i.e. f tel que $\hat{f} = \hat{\pi} \circ f$) ,holomorphe sur U à valeurs dans $\hat{A}(X)$ (resp. $\hat{L}(X)$). Mais tous les "représentants" de $\hat{f}$ ne sont pas holomorphes sur U à valeurs dans $\hat{A}(X)$ (resp. $\hat{L}(X)$) ,comme on le verra dans la suite (cf. Remarque après le théorème 2) .

On définit de même les formes de degré n dans $\hat{A}(\omega)$ (resp. $\hat{L}(\omega)$) et la notion de différentielle extérieure.

9-Système de Pfaff associé à ω :

Soit $G : U \subset M \longrightarrow \hat{A}(\omega)$ holomorphe. Considérons le système de Pfaff suivant:

$$(1) \qquad dG = G.\omega$$

Soit $x_0 \in D$ fixé (D ouvert simplement connexe de M contenu dans U), on a :

Théorème 2.

Il existe $g : D \longrightarrow \hat{L}(\omega)$, unique tel que :

i) $g(x_0) = 0$

ii) $G(x) = \exp g(x)$ est solution de (1)

Preuve:

Montrons l'existence de $G(x)$ solution de (1) qui vérifie $G(x_0) = 1$, et $G(x) \in \Delta(\omega)$ (pour tout $x \in D$). Alors le théorème 1 implique le théorème2. Soit $\ell(x)$ un chemin joignant x_0 à x dans D. Posons $G(x) = \sum_{n \geqslant 0} G_n(x)$, avec

$$G_0(x) = 1 \ , \quad G_n(x) = \int_{\ell(x)} G_{n-1}(u).\omega(u) \qquad (n \geqslant 1)$$

On montre d'abord par récurrence sur n que $G_n(x) \in A^n(\omega)$. C'est évidemment vrai pour n = 0. Supposons la propriété vraie jusqu'à l'ordre n-1 et montrons-la pour n. On a donc $G_{n-1}(x) \in A^{n-1}(\omega)$. Comme $\omega(u) \in A^1(\omega)$, $G_{n-1}(u)\omega(u)$ appartient à $A^n(\omega)$ et par conséquent $G_n(x) \in A^n(\omega)$.

Montrons ensuite, par récurrence sur n, que $G_{n-1}(x)\omega(x)$ est fermée et que $dG_n(x) = G_{n-1}(x)\omega(x)$.

Pour n = 1, il vient $G_0(x)\omega(x) = \omega(x)$ et $d\omega = 0$ (car les ω_i sont fermées) Alors $\int_{\ell(x)} \omega(u)$ ne dépend pas du choix du chemin joignant x_0 à x,

$G_1(x) = \int_{\ell(x)} \omega(u)$ vérifie donc $dG_1 = \omega$ et $G_1(x)$ est holomorphe sur D, à valeurs dans $A^1(\omega)$.

Supposons la propriété vraie jusqu'à l'ordre n-1 et montrons-la pour n. On a:

$$d(G_{n-1}(x)\omega(x)) = dG_{n-1}(x)\wedge\omega(x) + G_{n-1}(x).d\omega(x)$$

$$= G_{n-2}(x).\omega(x)\wedge\omega(x) + G_{n-1}(x).d\omega(x)$$

Comme $d\omega(x) = 0$ et que $\omega(x)\wedge\omega(x) \in \Omega_2(D, A^2(\omega))$, on a que $\omega(x)$ est complètement intégrable et que la condition de complète intégrabilité s'écrit $\omega(x)\wedge\omega(x) = 0$. Par conséquent $d(G_{n-1}.\omega) = 0$ et $G_{n-1}.\omega$ est fermée. De plus

$G_n(x) = \int_{\ell(x)} G_{n-1}(u).\omega(u)$ ne dépend pas du choix du chemin joignant x_0 à x dans D. Les coefficients de $G_n(x)$ dans une base de $A^n(\omega)$ sont indépendants du chemin, donc holomorphes sur U, et de plus on a: $dG_n = G_{n-1} . \omega$.

Finalement, G(x) est une fonction holomorphe sur U à valeurs dans $A(\omega)$ et qui vérifie (1) .

Montrons ensuite que : $G(x) \in \Delta(\omega)$. Pour cela nous utilisons la définition de $\Delta(\omega)$:

$$\Delta(\omega) = \left\{ y \in \hat{A}(\omega) \mid y = \sum_{n \geq 0} y_n , y_0 = 1, \; c(y_n) = \sum_{i+j=n} y_i \otimes y_j \right\}.$$

Montrons par récurrence que $c(G_n) = \sum_{i+j=n} G_i \otimes G_j$

Ceci est vrai pour n=0 , car $c(1) = 1 \otimes 1 = \sum_{i+j=0} G_i \otimes G_j$

Supposons la propriété vraie jusqu'à l'ordre n-1 et montrons-la pour n .

On a :

$$c(G_n) = c\left(\int_{\ell(x)} G_{n-1}(u).\omega(u) \right)$$

Comme c est un homomorphisme:

$$c(G_n) = \int_{\ell(x)} c(G_{n-1}).c(\omega) = \int_{\ell(x)} c(G_{n-1}). \sum_{1 \leq k \leq r} \omega_k.c(a_k)$$

Or

$$c(G_{n-1}) = \sum_{i+j=n-1} G_i \otimes G_j \qquad \text{(hypothèse de récurrence)}$$

D'où:

$$c(G_n) = \int_{\ell(x)} \left(\sum_{i+j=n-1} G_i \otimes G_j \right).\left(\sum_{1 \leq k \leq r} \omega_k.c(a_k) \right)$$

Mais $c(a_k) = a_k \otimes 1 + 1 \otimes a_k$ puisque $a_k \in L^1(\omega)$ (k = 1,...,r)

D'où:

$$c(G_n) = \int_{\ell(x)} \sum_{\substack{1 \leq k \leq r \\ i+j=n-1}} (G_i \omega_k a_k \otimes G_j + \omega_k G_i \otimes G_j a_k)$$

$$= \sum_{i+j=n-1} \int_{\ell(x)} G_i \omega \otimes G_j + \sum_{i+j=n-1} \int_{\ell(x)} G_i \otimes G_j \omega$$

$$= \sum_{i+j=n-1} \int_{\ell(x)} dG_{i+1} \otimes G_j + \sum_{i+j=n-1} \int_{\ell(x)} G_i \otimes dG_{j+1}$$

$$= \sum_{\substack{\alpha+\beta=n \\ \alpha \geq 1}} \int_{\ell(x)} dG_\alpha \otimes G_\beta + \sum_{\substack{\alpha+\beta=n \\ \beta \geq 1}} \int_{\ell(x)} G_\alpha \otimes dG_\beta$$

$$= \int_{\ell(x)} dG_n \otimes G_0 + \int_{\ell(x)} G_0 \otimes dG_n + \sum_{\substack{\alpha+\beta=n \\ \alpha,\beta \geq 1}} \int_{\ell(x)} dG_\alpha \otimes G_\beta + G_\alpha \otimes dG_\beta$$

$$= G_n \otimes G_0 + G_0 \otimes G_n + \sum_{\substack{\alpha+\beta=n \\ \alpha,\beta \geq 1}} (G_\alpha \otimes G_\beta)$$

$$= \sum_{i+j=n} G_i \otimes G_j$$

Remarque. On a montré dans le théorème 2, que G(x) considéré comme élément de $\hat{A}(\omega)$ était holomorphe sur $U \subset M$. Mais pour un chemin fixé $\ell(x)$, on peut aussi considérer G(x) comme élément de $\hat{A}(X)$ (i.e. on ne tient pas compte des relations (R) exprimant la complète intégrabilité de ω). Les coefficients de G(x) dans une base de $\hat{A}(X)$ dépendent, alors, en général, du chemin choisi et G(x) considéré comme élément de $\hat{A}(X)$ n'est pas holomorphe sur U. Ce n'est qu'en regroupant ces coefficients, en tenant compte des relations (R), c'est-à-dire en se plaçant dans $\hat{A}(\omega)$, que l'on obtient des coefficients holomorphes sur une base de $\hat{A}(\omega)$.

10-Corollaire 1 (Magnus).

Soit $g(x) \in \hat{L}(\omega)$ telle que $g(x_0) = 0$ et $G(x) = \exp g(x)$ soit solution de (1) avec $G(x_0) = 1$. Alors g(x) est solution de :

$$(2) \qquad dg = \sum_{n \geq 0} (-1)^n \beta_n (\mathrm{ad}g)^n . \omega$$

où $\beta_{2p+1} = 0$ pour $p \geq 1$, $\beta_{2n} = (-1)^{n-1} . \frac{B_{2n}}{(2n)!}$, B_{2n} nombre de Bernouilli.

Preuve.

On sait que $G(x) = \exp g(x)$ est solution de (1) $dG = G.\omega$. Il suffit alors de reprendre les travaux de Magnus dans le cadre $\hat{A}(\omega)$ (cf. [2]). Ils montrent (théorème III de [2]) que g(x) est solution de (2).

Remarque. (2) a une solution $g(x) = \log G(x)$, il est donc complètement intégrable et g(x) est la solution de (2) telle que $g(x_0) = 0$.

11-Corollaire 2 (Zassenhaus).

Il existe $\psi(x) \in \hat{L}(\omega)$, $\psi(x) = \sum_{n \geq 1} \psi_n(x)$ avec:

(i) $\psi_n(x_0) = 0$

ii) $G(x) = \prod_{n \geq 1} \exp \psi_n(x)$ est la solution de (1) telle que $G(x_0) = 1$

Preuve.

On utilise la transformation de Zassenhaus (cf. Magnus [2] p. 662) qui permet de passer de l'exponentielle d'une série de Lie au produit infini d'exponentielles d'alternants de degré n ($n \geq 1$): $\exp g(x) = \prod_{n \geq 1} \psi_n(x)$.

Comme $g_n(x_0) = 0$ pour tout n, on a $\psi_n(x) = 0$ pour tout n. D'où le corollaire.

12-Proposition 2.

Soient $g(x)$ et $\tilde{g}(x)$ dans $\hat{L}(\omega)$ telles que $g(x_0)=g(x_1)=0,(x_0\neq x_1)$, et $G(x) = \exp g(x)$, $\tilde{G}(x)=\exp\tilde{g}(x)$ soient solutions de (1). Alors il existe $b\in\hat{L}(\omega)$ telle que $\tilde{g}(x) = b\mapsto g(x) \quad (x\in U)$.

Preuve.

Posons $H(x) = \tilde{G}(x).G(x)^{-1}$. On a :

$$dH(x) = d\tilde{G}(x).G(x)^{-1} - \tilde{G}(x).G(x)^{-1}.dG(x).G(x)^{-1}$$
$$= \tilde{G}(x).\omega.G(x)^{-1} - \tilde{G}(x).\omega.G(x) = 0$$

D'où $H(x) = B =$ Constante pour tout $x\in D$, car D est simplement connexe. Comme $G(x)\in\Delta(\omega)$, $\tilde{G}(x)\in\Delta(\omega)$, $B = \tilde{G}(x).G(x)^{-1}\in\Delta(\omega)$ et $b = \log B\in\hat{L}(\omega)$

On a $\tilde{G}(x) = B.G(x)$, d'où $\exp\tilde{g}(x) = \exp b\,.\,\exp g(x)$ ce qui entraîne $\tilde{g}(x) = b\mapsto g(x)$. C.Q.F.D.

13-Une forme explicite de $g(x)$ dans le cas où $r = 2$.

Posons:

$$L_j(\ell(u)) = \int_{\ell(u)} \omega_j(v) \qquad j = 1,2$$

$$L_{j_1,\dots,j_n}(\ell(u)) = \int_{\ell(u)} L_{j_1,\dots,j_n}(\ell(v))\,\omega_{j_n}(v)\ , j_1,\dots,j_n=1,2$$

où $\ell(x)$ est un chemin joignant x_0 à x dans D, $u\in\ell(x)$ et $\ell(u)$ est le chemin $\ell(x)$ parcouru de x_0 à u. De même pour $\ell(v)$.

Proposition 3.

Soit $g(x)$ telle que $G(x) = \exp g(x)$ soit la solution de (1) telle que $G(x_0) = 1$. Alors $g(x) = \sum_{n\geqslant 0} g_n(x)$, $g_n(x) = \sum_{r+s=n} g_{r,s}(x)$, où pour $r+s\geqslant 1$, r et s entiers positifs, on a:

$$g_{r,s}(x) = g^{(1)}_{r,s}(x) + g^{(2)}_{r,s}(x) + g^{(3)}_{r,s}(x) + g^{(4)}_{r,s}(x)$$

avec :

$$(r+s)g^{(1)}_{r,s}(x) = \sum_{m\geqslant 1}\frac{(-1)^{m-1}}{m}.\Bigg(\sum_{\substack{r_1+\dots+r_{m-1}+1=r\\ s_1+\dots+s_{m-1}=s\\ r_i+s_i\geqslant 0}}\Bigg[\prod_{i=1}^{m-2}\Big(\sum^{(r_i,s_i)} L_{j_1^{(i)},\dots,j^{(i)}_{r_i+s_i}}(x)\ \mathrm{ad}a_{j_1^{(i)}}\cdots\mathrm{ad}a_{j^{(i)}_{r_i+s_i}}\Big)\Bigg].\Bigg[\sum^{(r_{m-1},s_{m-1})} L_{j_1^{(m-1)},\dots,j^{(m-1)}_{r_{m-1}+s_{m-1}-1},2}(x)$$
$$\mathrm{ad}a_{j_1^{(m-1)}}\cdots\mathrm{ad}a_{j^{(m-1)}_{r_{m-1}+s_{m-1}-1}}.\,\mathrm{ad}a_2\Bigg].(L_1(x)a_1)$$

$$(r+s)g^{(2)}_{r,s}(x) = \sum_{m\geqslant 1} \frac{(-1)^{m-1}}{m} . \Big(\sum_{\substack{r_1+..+r_{m-1}=r \\ s_1+..+s_{m-1}+1=s \\ r_i+s_i\geqslant 0}} \Big[\prod_{i=1}^{m-2} \Big(\sum^{(r_i,s_i)} L_{j_1^{(i)},\dots,j^{(i)}_{r_i+s_i}}(x)$$

$$ada_{j_1^{(i)}}\cdots ada_{j^{(i)}_{r_i+s_i}} \Big) \Big] . \Big[\sum^{(r_{m-1},s_{m-1})} L_{j_1^{(m-1)},\dots,j_{r_{m-1}+s_{m-1}-1},1}(x).$$

$$ada_{j_1^{(m-1)}}\cdots ada_{j^{(m-1)}_{r_{m-1}+s_{m-1}-1}} .ada_1 \Big] .(L_2(x)a_2)$$

$$(r+s)g^{(3)}_{r,s}(x) = \sum_{m\geqslant 1} \frac{(-1)^{m-1}}{m} . \Big(\sum_{\substack{r_1+..+r_m=r \\ s_1+..+s_m=s \\ r_i+s_i\geqslant 1 \\ r_m\geqslant 1, s_m\geqslant 1}} \Big[\prod_{i=1}^{m-1} \Big(\sum^{(r_i,s_i)} L_{j_1^{(i)},\dots,j^{(i)}_{r_i+s_i}}(x) .$$

$$ada_{j_1^{(i)}}\cdots ada_{j^{(i)}_{r_i+s_i}} \Big) \Big] . \Big[\sum^{(r_m,s_m)} L_{j_1^{(m)},\dots,j^{(m)}_{r_m+s_m-2},2,1}(x) .$$

$$ada_{j_1^{(m)}}\cdots ada_{j^{(m)}_{r_m+s_m-2}} .ada_2 \Big] .a_1$$

$$(r+s)g^{(4)}_{r,s}(x) = \sum_{m\geqslant 1} \frac{(-1)^{m-1}}{m} . \Big(\sum_{\substack{r_1+..+r_m=r \\ s_1+..+s_m=s \\ r_i+s_i\geqslant 1 \\ r_m\geqslant 1, s_m\geqslant 1}} \Big[\prod_{i=1}^{m-1} \Big(\sum^{(r_i,s_i)} L_{j_1^{(i)},\dots,j^{(i)}_{r_i+s_i}}(x).$$

$$ada_{j_1^{(i)}}\cdots ada_{j^{(i)}_{r_i+s_i}} \Big) \Big] . \Big[\sum^{(r_m,s_m)} L_{j_1^{(m)},\dots,j^{(m)}_{r_m+s_m-2},1,2}(x) .$$

$$ada_{j_1^{(m)}}\cdots ada_{j^{(m)}_{r_m+s_m-2}} .ada_1 \Big] .a_2$$

<u>où le symbole</u> $\sum^{(\alpha,\beta)}$ <u>désigne la somme prise pour</u> α <u>des</u> j_k <u>valant</u> 1 <u>et</u> β <u>des</u> j_k <u>valant</u> 2 .

<u>Preuve.</u>

Comme $G(x) = 1 + \sum_{r+s\geqslant 1} G_{r,s}(x)$,avec

$G_{r,s}(x) = \sum^{(r,s)} L_{j_1,\dots,j_{r+s}}(x).a_{j_1}\cdots a_{j_{r+s}}$,on a :

$$g(x) = \log G(x) = \sum_{m\geqslant 1} \frac{(-1)^{m-1}}{m} \cdot \Big[\sum_{r+s\geqslant 1} G_{r,s}(x) \Big]^m = \sum_{r+s\geqslant 1} g_{r,s}(x)$$

$$g_{r,s}(x) = \sum_{m\geqslant 1} \frac{(-1)^{m-1}}{m} \cdot \Big[\sum_{\substack{r_1+\dots+r_m=r \\ s_1+\dots+s_m=s \\ r_i+s_i\geqslant 1}} \prod_{i=1}^{m} \Big(\sum^{(r_i,s_i)} L_{j_1^{(i)},\dots,j_{r_i+s_i}^{(i)}}(x) \, . \, a_{j_1^{(i)}} \cdots a_{j_{r_i+s_i}^{(i)}} \Big) \Big] .$$

L'application linéaire définie par $P_n(x_1,\dots,x_n) = \frac{1}{n}\big(\prod_{i=1}^{n-1} (\mathrm{ad}x_i).x_n \big)$ pour $n \geqslant 1$, $x_1,\dots,x_n$ dans $\{a_1,a_2\}$, est un projecteur de $A^n_{\mathbb{C}}(\{a_1,a_2\})$ sur $L^n_{\mathbb{C}}(\{a_1,a_2\})$ .Comme $g_{r,s}(x) \in L^n_{\mathbb{C}}(\{a_1,a_2\})$,il vient :

$$g_{r,s}(x) = P_{r+s}(g_{r,s}(x))$$

D'où le résultat.

<u>Remarque 1.</u> Ecrivons les trois premiers termes de cette formule.Il vient:

$$\begin{aligned} g(x) = {} & L_1(x)a_1 + L_2(x)a_2 + \tfrac{1}{2}(L_{12}(x)-L_{21}(x))\mathrm{ad}a_1.a_2 + \\ & \tfrac{1}{3}\big(\tfrac{1}{2}L_{11}(x).L_2(x) - \tfrac{1}{2} L_{21}(x).L_1(x) + L_{121}(x) - L_{112}(x) \big)\mathrm{ad}a_1. \\ & \mathrm{ad}a_2.a_1 + \tfrac{1}{3}\big(\tfrac{1}{2} L_{22}(x).L_1(x) - \tfrac{1}{2} L_{12}(x).L_2(x) + L_{212}(x) - \\ & L_{221}(x) \big) \mathrm{ad}a_2.\mathrm{ad}a_1.a_2 + \overline{g}_4(x,\omega) \end{aligned}$$

avec $\overline{g}_4(x,\omega) \in \bigcup_{n\geqslant 4} L^n(\omega)$.

<u>Remarque 2.</u> Les formules de la proposition 3 généralisent la formule de Hausdorff.

<u>14-Proposition 4.</u>

<u>Si</u> $L(\omega)$ <u>est nilpotente,</u> $g(x)$ <u>est un polynôme de Lie en</u> $a_1,a_2,\dots,a_r$ <u>et</u> $G(x)$ <u>est un produit fini d'exponentielles ne contenant que des alternants de même degré</u> .

<u>Preuve.</u>

Si $L(\omega)$ est nilpotente,il existe $N \in \mathbb{N}$, tel que $L^n(\omega) = 0$ pour tout $n \geqslant N+1$ .On a donc:

$$g(x) = \sum_{n=1}^{N} g_n(x) .$$

De même $\psi_n(x) = 0$ pour $n \geqslant N+1$ et $G(x) = \sum_{n=1}^{N} \exp(\psi_n(x))$

15-Quelques exemples d'application des formules précédentes.

a)Exemple 1 : $r=3$, $L(\omega)$ nilpotente.

On a alors : $\omega = \omega_1 a_1 + \omega_2 a_2 + \omega_3 a_3$. Supposons :

$\omega_1(x) \wedge \omega_2(x) = 0$ et $\omega_1(x) \wedge \omega_2(x)$, $\omega_2(x) \wedge \omega_3(x)$ indépendantes sur $\mathbb{C}$, ceci pour tout $x \in D$.

La complète intégrabilité de ω s'écrit :

$$[a_1, a_3] = [a_2, a_3] = 0$$

Supposons de plus que $a_3 = [a_1, a_2]$. Dans ces conditions :

$$[a_i, [a_j, a_k]] = 0 \quad \text{pour tout } i,j,k \text{ et } L^n(\omega) = 0 \text{ pour } n \geqslant 3$$

Donc $g(x) = g_1(x) + g_2(x)$ avec:

$$g_1(x) = f_1(x)a_1 + f_2(x)a_2 + f_3(x)a_3$$

$$g_2(x) = f_4(x)[a_1, a_2] = f_4(x)a_3$$

De plus $g(x) = \log G(x) = \log(1+(G(x)-1)) = \sum_{m \geqslant 1} \frac{(-1)^{m-1}}{m} (G(x) - 1)^m$

On a $G(x) = 1 + \int_{\ell(x)} \omega_1(u)a_1 + \int_{\ell(x)} \omega_2(u)a_2 + \int_{\ell(x)} \omega_3(u)a_3 + \ldots$

$$= 1 + L_1(x)a_1 + L_2(x)a_2 + L_3(x)a_3 + \ldots$$

Il suffit de repérer les coefficients de a_1, a_2, et a_1a_2 dans la série $\log G(x)$, d'où :

$$g(x) = L_1(x)a_1 + L_2(x)a_2 + \left\{L_3(x) + L_{12}(x) - \tfrac{1}{2} L_1(x)L_2(x)\right\} [a_1, a_2]$$

b)Exemple 2: $r=4$, $L(\omega)$ nilpotente.

Prenons $\omega(x) = \omega_1(x)a_1 + \omega_2(x)a_2 + \omega_3(x)a_3 + \omega_4(x)a_4$

Supposons que $\sum_{i<j} \lambda_{ij}\, \omega_i(x) \wedge \omega_j(x) = 0$ pour tout $x \in D$ implique

$\lambda_{14} = \lambda_{23} = \lambda_{24} = \lambda_{34} = 0$. Alors les relations associées à la complète intégrabilité de $\omega(x)$ s'écrivent $[a_1, a_4] = [a_2, a_3] = [a_2, a_4] = [a_3, a_4] = 0$

Supposons de plus que l'on ait : $a_3 = [a_1, a_2]$, $a_4 = [a_1, a_3]$ .Alors $L(\omega)$ est nilpotente car les éléments non nuls dans $L^2(\omega)$ et $L^4(\omega)$ sont :

$$[a_1, a_2] = a_3 \quad , [a_1, a_3] = a_4 \quad , [[a_1, a_1, a_2]] = a_4 .$$

On a comme précédemment :

$$g(x) = \sum_{m \geq 1} \frac{(-1)^{m-1}}{m} . \Big(\sum_{\nu=1}^{+\infty} \sum_{\substack{j_1, \ldots, j_\nu \\ j_i \in \{1,2,3,4\}}} L_{j_1, \ldots, j_\nu}(x) . a_{j_1} \ldots a_{j_\nu} \Big)^m .$$

Il suffit donc de repérer les termes en $a_1 a_2$, $a_1 a_3$ pour $L^2(\omega)$ et $a_1 a_1 a_2$ pour $L^3(\omega)$,soit finalement:

$$\begin{aligned} g(x) = {} & L_1(x) a_1 + L_2(x) a_2 + (L_3(x) + L_{12}(x) - \tfrac{1}{2} L_1(x) L_2(x))\, a_3 \\ & + (L_4(x) + L_{13}(x) - \tfrac{1}{2} L_1(x) L_3(x) + L_{112}(x) - \tfrac{1}{2} L_1(x) L_{12}(x) \\ & - \tfrac{1}{2} L_{11}(x) L_2(x) + \tfrac{1}{3} L_1^2(x) L_2(x))\, a_4 . \end{aligned}$$

<u>c)Exemple 3 . r = 3 . L(ω) résoluble</u>.

Considérons la forme suivante :

$$\omega(x) = \omega_1(x) a_1 + \omega_2(x) a_2 + \omega_3(x) a_3$$

et supposons que :

$$\sum_{i<j} \lambda_{ij}\, \omega_i(x) \wedge \omega_j(x) = 0$$

entraîne $\lambda_{23} = 0$ .La complète intégrabilité de $\omega(x)$ implique alors:

$$[a_2, a_3] = 0 .$$

Supposons de plus que $[a_1, a_2] = a_3$ et $[a_1, a_3] = a_2$,alors $L(\omega)$ est résoluble .En effet $D^1(L(\omega))$ est engendré par a_2 et a_3 ,et $D^2(L(\omega)) = 0$

Essayons de trouver un système de générateurs de $L^n(\omega)$. On a pour $L^2(\omega)$: $[a_1, a_2] = a_3$,pour $L^3(\omega)$: $[a_1, [a_1, a_2]] = a_2$ et $[a_1, [a_1, a_3]] = a_3$

Plus généralement $L^n(\omega)$ admet deux alternants non nuls pour système de générateurs:

$$(\mathrm{ad}\, a_1)^n . a_2 = \begin{cases} a_2 & \text{si n est pair} \\ a_3 & \text{si n est impair} \end{cases}$$

et

$$(\mathrm{ad}\, a_1)^n . a_3 = \begin{cases} a_3 & \text{si n est pair} \\ a_2 & \text{si n est impair} \end{cases}$$

Pour $g(x)$ on a :

$$g(x) = \sum_{m\geq 1} \frac{(-1)^{m-1}}{m} \cdot \Big(\sum_{\nu=1}^{+\infty} \sum_{\substack{j_1,\dots,j_\nu \\ j_i\in\{1,2,3\}}} L_{j_1,\dots,j_\nu}(x)\, a_{j_1}\dots a_{j_\nu}\Big)^m$$

Il y a donc des termes non nuls à tous les degrés ,contrairement aux exemples précédents.Il suffit de trouver les coefficients de $a_1a_1\dots a_1a_3$ et $a_1a_1\dots a_1a_2$,car il n'y a que deux termes non nuls dans $L^n(\omega)$: $[a_1,[a_1,\dots,[a_1,a_3]\dots]$ et $[a_1,[a_1,\dots,[a_1,a_2]\dots]$. On obtient finalement:

$$\begin{aligned} g(x) &= L_1(x)a_1 + L_2(x)a_2 + L_3(x)a_3 + (L_{12}(x) - \tfrac{1}{2} L_1(x)L_2(x))[a_1,a_2] \\ &+ (L_{13}(x) - \tfrac{1}{2} L_1(x)L_3(x))[a_1,a_3] + \Big\{L_{112}(x) - \tfrac{1}{2}(L_1(x)L_{12}(x) \\ &+ L_{11}(x)L_2(x)) + \tfrac{1}{3} L_1(x)L_1(x)L_2(x)\Big\}[a_1,[a_1,a_2]] + \Big\{L_{113}(x) \\ &- \tfrac{1}{2}(L_1(x)L_{13}(x) + L_{11}(x)L_3(x)) + \tfrac{1}{3} L_1(x)L_1(x)L_3(x)\Big\}[a_1,[a_1,a_3]] \\ &+ \dots + \Big\{ \sum_{1\leq k\leq n} \frac{(-1)^{k-1}}{k} \cdot \sum_{\substack{\alpha_1<\alpha_2<\dots<\alpha_{k-1} \\ \alpha_1,\alpha_2,\dots,\alpha_{k-1}\in\{1,\dots,n\}}} L_{j_1,\dots,j_{\alpha_1}}(x) \cdot \\ &\quad L_{j_{\alpha_1+1},\dots,j_{\alpha_2}}(x)\dots L_{j_{\alpha_{k-1}+1},\dots,j_n}(x)\Big\} (ad\,a_1)^{n-1} \cdot a_2 \quad + \\ &\Big\{ \sum_{1\leq k\leq n} \frac{(-1)^{k-1}}{k} \cdot \sum_{\substack{\alpha_1<\alpha_2<\dots<\alpha_{k-1} \\ \alpha_1,\alpha_2,\dots,\alpha_{k-1}\in\{1,\dots,n\}}} L_{j_1,\dots,j_{\alpha_1}}(x) \cdot \\ &\quad L_{j_{\alpha_1+1},\dots,j_{\alpha_2}}(x)\dots L_{j_{\alpha_{k-1}+1},\dots,\tilde{j}_n}(x)\Big\} (ad\,a_1)^{n-1} \cdot a_3 \quad + \dots \end{aligned}$$

avec les notations suivantes : $j_1=j_2=\dots=j_{n-1}=1$, $j_n=2$, $\tilde{j}_n=3$ et la convention que si $k=1$ on a $L_{1,1,\dots,2}(x)$ et $L_{1,1,\dots,3}(x)$.

En utilisant les relations précédentes on peut regrouper les termes,d'où:

$$g(x) = L_1(x)a_1 + \Big\{L_2(x) + L_{13}(x) - \tfrac{1}{2} L_1(x)L_3(x) + \dots + \sum_{1\leq k\leq 2p} \frac{(-1)^{k-1}}{k}$$

$$\sum_{\substack{\alpha_1<\dots<\alpha_{k-1} \\ \alpha_1,\dots,\alpha_{k-1}\in\{1,\dots,2p\}}} L_{j_1,\dots,j_{\alpha_1}}(x) \cdot L_{j_{\alpha_1+1},\dots,j_{\alpha_2}}(x) \dots\dots$$

$$L_{j_{\alpha_{k-1}+1},\ldots,j_{2p}}(x) + \sum_{1\leq k\leq 2p+1} \frac{(-1)^{k-1}}{k} \sum_{\substack{\alpha_1<\ldots<\alpha_{k-1}\\ \alpha_1,\ldots,\alpha_{k-1}\in\{1,\ldots,2p+1\}}}$$

$$L_{j_1,\ldots,j_{\alpha_1}}(x)\ldots\ldots L_{j_{\alpha_{k-1}+1},\ldots,\tilde{j}_{2p+1}}(x)+\ldots\Big\}a_2 + \Big\{L_3(x) + \ldots +$$

$$\sum_{1\leq k\leq 2p} \frac{(-1)^{k-1}}{k} \cdot \sum_{\substack{\alpha_1<\ldots<\alpha_{k-1}\\ \alpha_1,\ldots,\alpha_{k-1}\in\{1,\ldots,2p\}}} L_{j_1,\ldots,j_{\alpha_1}}(x)\ldots\ldots$$

$$L_{j_{\alpha_{k-1}+1},\ldots,\tilde{j}_{2p}}(x) + \sum_{1\leq k\leq 2p+1} \frac{(-1)^{k-1}}{k} \cdot \sum_{\substack{\alpha_1<\ldots<\alpha_{k-1}\\ \alpha_1,\ldots,\alpha_{k-1}\in\{1,\ldots,2p+1\}}}$$

$$L_{j_1,\ldots,j_{\alpha_1}}(x)\ldots\ldots L_{j_{\alpha_{k-1}+1},\ldots,j_{2p+1}}(x) + \ldots\Big\}\ a_3\ .$$

§ II FORMES DE PFAFF A SINGULARITÉS POLAIRES NORMALES

Pour cette partie voir [8] .

A. Étude formelle.

1-Notations.

Considérons $\omega(x) = \sum_{1 \leq j \leq r} \omega_j(x) a_j$ une forme de Pfaff sur M, fermée, à valeurs dans $L^1(\omega)$ (ω est donc complètement intégrable sur M). Nous supposerons que les $\omega_j(x)$ sont des formes sur M ayant des singularités dans M $(j=1,..,r)$. Plus précisément:

2-Définition.

Un point $q \in M$ est dit singularité polaire normale pour ω s'il existe un système de coordonnées locales : $(x_1,x_2,..,x_m)$ au voisinage de q tel que:

(i) q corresponde à $x_1 = x_2 = x_3 = ... = x_m = 0$

(ii) $\omega_j(x) = \sum_{1 \leq i \leq m} \omega_i^j(x_1,..,x_m)\, dx_i$, $j = 1,..,r$, $\omega_i^j(x)$

possédant un pôle d'ordre p_i par rapport à x_i en $x_i=0$ et holomorphe par rapport aux autres variables pour $i = 1,..,\ell$ ($\ell \leq m$) et $\omega_i^j(x)$ holomorphe pour $i = \ell+1,..,m$ (si $\ell < m$) .

3-Monodromie locale associée à une solution G(x) au voisinage d'une singularité polaire normale.

Soit q une singularité polaire normale , $\mathcal{D} = \prod_{1 \leq j \leq m} D_{R_j}$, polydisque de centre q contenu dans le voisinage de coordonnées locales $(x_1,..,x_m)$ et défini par :

$$\mathcal{D} = \left\{ x \in \mathbb{C}^m \mid |x_j| < R_j \ , \ j=1,..,m \right\} \quad , \ R_j > 0 \ , j=1,..,m$$

Soient $\mathcal{D}^* = \prod_{1 \leq j \leq \ell} \dot{D}_{R_j} \times \prod_{\ell+1 \leq j \leq m} D_{R_j}$ ($\dot{D}_{R_j}$ disque pointé)

et $\mathcal{R}(\mathcal{D}^*)$ le revêtement universel associé. On a:

$$\mathcal{R}(\mathcal{D}^*) = \prod_{1 \le j \le \ell} \mathcal{R}(\dot{D}_{R_j}) \times \prod_{\ell+1 \le j \le m} D_{R_j} \quad \text{et} \quad \pi_1(\mathcal{D}^*) \simeq \mathbb{Z}^{\ell}$$

Soit $\theta : \mathcal{R}(\mathcal{D}^*) \longrightarrow \mathcal{D}^*$ la projection canonique .

Le système de Pfaff $dG(x) = G(x).\omega(x)$ défini sur $\mathcal{D}^*$ se prolonge canoniquement en un système dans $\mathcal{R}(\mathcal{D}^*)$ que l'on note encore $dG(x) = G(x).\omega(x)$ (1)

Soit $b = (b_1,..,b_m) \in \mathcal{D}^*$ et $\tilde{b}$ fixé dans $\mathcal{R}(\mathcal{D}^*)$ tel que $\theta(\tilde{b}) = b$. Soit $\Gamma_i = (0,..,0,\gamma_i,0,..,0)$ l'élément de $\pi_1(\mathcal{D}^*)$ correspondant à γ_i générateur de $\pi_1(\dot{D}_{R_i})$ dont un représentant est $C(b_i)$ cercle de centre $x_i=0$ contenu dans $\dot{D}_{R_i}$,d'origine b_i ,parcouru dans le sens trigonométrique.On note $b_i^* = \gamma_i^*(b_i)$

Soit $G(x)$ la solution de (1) telle que $G(\tilde{b}) = 1$ et $g(x) = \log G(x)$.

<u>Théorème et définition</u>.

<u>Il existe</u> $m_i \in \hat{L}(\omega)$ <u>tel que</u> $\Gamma_i^* g(x) = m_i \mapsto g(x)$. $M_i = \exp 2\pi\sqrt{-1}\, m_i$ <u>est appelée la monodromie de</u> $G(x)$ <u>relative à</u> Γ_i

<u>Remarque.</u>

$$\begin{aligned} \chi_G : \pi_1(\mathcal{D}^*) &\longrightarrow \hat{A}(\omega) \\ \Gamma_i &\longmapsto M_i \end{aligned}$$

est une représentation de $\pi_1(\mathcal{D}^*)$ dans $\hat{A}(\omega)$.

<u>Preuve.</u>

On a $d(\Gamma_i^* G(x)) = (\Gamma_i^* G(x)).\Gamma_i^*(\omega(x))$ .Mais $\omega(x)$ est définie et holomordans $\mathcal{D}^*$,donc $\Gamma_i^*(\omega(x)) = \omega(x)$, $G_i(x) = \Gamma_i^* G(x)$ est donc une solution de (1) comme $G(x)$ .Soit D un domaine tubulaire compact contenant $C(b_i)$ et situé dans $\mathcal{R}(\mathcal{D}^*)$,on peut appliquer la proposition 2 du § I et il existe $m_i \in \hat{L}(\omega)$ tel que $g_i(x) = m_i \mapsto g(x)$ (où $g_i(x) = \log G_i(x)$) .

De plus si $M_i = \exp 2\pi\sqrt{-1}\, m_i$, $\Gamma_i^* G(x) = M_i G(x)$ et on retrouve la notion usuelle de monodromie,d'où la remarque .

4-Théorème fondamental.

Soient q une singularité polaire normale pour $\omega(x)$, $G(x)$ la solution de (1) telle que $G(\tilde{b}) = 1$, $g(x) = \log G(x)$. Alors il existe $\sum_{1 \leq i \leq \ell} p_i$ éléments $m_k^i \in \hat{L}(\omega)$, $h(x)$ holomorphe dans $\mathcal{D}$ à valeurs dans $\hat{L}(\omega)$, ℓ fonctions holomorphes $k_i(x_i)$ de $\mathcal{R}(\dot{D}_{R_i})$ dans $\hat{L}(\omega)$ telles que :

1° Si $H(x) = \exp h(x)$, $K_i(x_i) = \exp k_i(x_i)$,on a :

$$G(x) = \prod_{0 \leq i \leq \ell-1} K_{\ell-i}(x_{\ell-i}).\ H(x) \quad \text{avec}$$

$$\frac{dK_i(x_i)}{dx_i} = K_i(x_i) \, . \sum_{1 \leq k \leq p_i} \frac{m_k^i}{x_i^k}$$

$x_i^{-m_1^i} . K_i(x_i)$ se développe en série entière en $\frac{1}{x_i}$ de premier terme 1 .

2° $g(x) = k_\ell(x_\ell) \mapsto \dots \mapsto k_1(x_1) \mapsto h(x)$

De plus les m_k^i sont uniques lorsque l'on impose 1° et 2°.

Preuve.

On traite d'abord le cas d'une variable avec paramètre .

a)Situation avec paramètre.

Soient $D_{R_0} = \left\{ x \in \mathbb{C} \mid 0 \leq |x| < R_0 \right\}$, $\dot{D}_{R_0} = \left\{ x \in \mathbb{C} \mid 0 < |x| < R_0 \right\}$, $\mathcal{U}$ un ouvert simplement connexe de $\mathbb{C}^s$, $u \in \mathcal{U}$, $\pi_1(\dot{D}_{R_0} \times \mathcal{U})$ ($\simeq \pi_1(\dot{D}_{R_0}) \simeq \mathbb{Z}$) et $\mathcal{R}(\dot{D}_{R_0} \times \mathcal{U})$ ($\simeq \mathcal{R}(\dot{D}_{R_0}) \times \mathcal{U}$) .

Soit γ le générateur de $\pi_1(\dot{D}_{R_0})$ correspondant au cercle de centre 0 ,d'origine b ,situé dans $\dot{D}_{R_0}$,parcouru dans le sens trigonométrique.Soit $\omega(x,u) = \sum_{1 \leq j \leq r} \omega_j(x,u) a_j$ avec $\omega_j(x,u)$ forme de Pfaff en dx seulement (u est considéré comme un paramètre)à coefficients holomorphes par rapport à u sur $\mathcal{U}$,ayant un pôle d'ordre p par rapport à x en x=0 dans $\dot{D}_{R_0}$. Alors 0 est une singularité polaire normale pour $\omega(x,u) \in \Omega_1(\dot{D}_{R_0} \times \mathcal{U}, L^1(\omega))$ .soit:

$$(1)_u \qquad dG(x,u) = G(x,u) \,.\, \omega(x,u)$$

(i)Lemme 1 .

Ilexiste $g(x,u)$ (unique) holomorphe sur $\mathcal{R}(\dot{D}_{R_0}) \times \mathcal{U}$ à valeurs dans $\hat{L}(\omega)$ p fonctions $m_k(u)$ $(1 \leq k \leq p)$ holomorphes sur $\mathcal{U}$ à valeurs dans $\hat{L}(\omega)$, une fonction $h(x,u)$ holomorphe sur $D_{R_0} \times \mathcal{U}$ à valeurs dans $\hat{L}(\omega)$,une fonction $k(x,u)$ holomorphe sur $\mathcal{R}(\dot{D}_{R_0}) \times \mathcal{U}$ à valeurs dans $\hat{L}(\omega)$ telles que :

1° Si $G(x,u) = \exp g(x,u)$, $H(x,u) = \exp h(x,u)$,$K(x,u) = \exp k(x,u)$ on a :

$$G(x,u) = K(x,u).H(x,u)$$

$G(x,u)$ est solution de $(1)_u$, $H(b,u) = 1$ pour tout u

$$\frac{dK(x,u)}{dx} = K(x,u) \,.\, \sum_{1 \leq k \leq p} \frac{m_k(u)}{x^k}$$

$x^{-m_1(u)}.K(x,u)$ se développe en série entière en $\frac{1}{x}$ de premier terme 1

2° $g(x,u) = k(x,u) \mapsto h(x,u)$

De plus les $m_k(u)$ sont uniques sous les conditions 1° et 2° .

Preuve du lemme 1 .

Si $b \in \dot{D}_{R_0}$ est fixé et $\Phi(x,u)$ est la solution de $(1)_u$ telle que $\Phi(b,u)=1$ pour tout $u \in \mathcal{U}$,on va montrer qu'il existe $\overline{\Phi}(x,u)$, $\Theta(x,u)$, $w_k(u)$ $(k=1,..,p)$ à valeurs dans $\hat{A}(\omega)$ tels que :

a) $\Phi(x,u) = \Theta(x,u).\overline{\Phi}(x,u)$

b) $\dfrac{d\,\Theta(x,u)}{dx} = \Theta(x,u).\left(\sum_{1 \leq k \leq p} \dfrac{w_k(u)}{x^k}\right)$

c) $x^{-w_1(u)}.\Theta(x,u)$ se développe en série entière en $\frac{1}{x}$ de premier terme 1 .

Reprenons d'abord les résultats de Lappo-Danilevsky (théorème V du mémoire V, § 5 de [1]) en introduisant un paramètre $u \in \mathcal{U}$. Comme $x=0$ est un pôle d'ordre p de $\omega(x,u)$ on a :

$$\omega_i(x,u) = \Big(\sum_{1\leq i\leq p} \frac{\omega_i^j(u)}{x^j}\Big)dx + \tilde{\omega}_i(x,u)$$

avec $\omega_i^j(u)$ holomorphe sur $\mathcal{U}$, $\tilde{\omega}_i(x,u)$ holomorphe sur $D_{R_0} \times \mathcal{U}$. On a alors :

$$\omega(x,u) = \sum_{1\leq j\leq p} \frac{dx}{x^j}\Big(\sum_{1\leq i\leq r} \omega_i^j(u)a_i\Big) + \sum_{1\leq i\leq r} \tilde{\omega}_i(x,u)a_i$$

Posons:

$$U_1^{(s)} = \sum_{1\leq i\leq r} \omega_i^s(u)a_i \qquad (\text{alors } U_1^{(s)} \in A^1(\omega),\ s=1,\ldots,p)$$

$$U_j^{(1)} = a_{j-1} \qquad j=2,\ldots,r+1$$

$$U_j^{(s)} = 0 \qquad s=2,\ldots,p\ ;\ j=2,\ldots,r+1$$

$$\theta_1^{(s)}(x) = \frac{dx}{x^s} \qquad s=1,\ldots,p$$

$$\theta_j^{(1)}(x,u) = \tilde{\omega}_{j-1}(x,u) \qquad j=2,\ldots,r+1$$

$$\theta_j^{(s)}(x,u) = 0 \qquad s=2,\ldots,p\ ;\ j=2,\ldots,r+1$$

Avec ces notations il vient:

$$\omega(x,u) = \sum_{1\leq j\leq r+1}\ \sum_{1\leq s\leq p} \theta_j^{(s)}(x,u).U_j^{(s)}$$

Utilisons des notations analogues à celles de [1] :

$$L_b(\theta_{j_1}^{r_1} \mid (x,u)) = \int_{\widehat{bx}} \theta_{j_1}^{r_1}(t,u)$$

$$L_b(\theta_{j_1}^{r_1},\ldots,\theta_{j_\nu}^{r_\nu} \mid (x,u)) = \int_{\widehat{bx}} L_b(\theta_{j_1}^{r_1},\ldots,\theta_{j_{\nu-1}}^{r_{\nu-1}} \mid (t,u)).\theta_{j_\nu}^{r_\nu}(t,u)$$

où $\widehat{bx}$ est un chemin joignant b à x dans $\mathcal{R}(\dot{D}_{R_0})$. De même :

$$P(\theta_{j_1}^{r_1} \mid (b,u)) = \int_{(\gamma)} \theta_{j_1}^{r_1}(t,u)$$

où (γ) est le générateur de $\pi_1(\dot{D}_{R_0})$

$$P(\theta_{j_1}^{r_1},\dots,\theta_{j_\nu}^{r_\nu} \mid (b,u)) = \int_{(\gamma)} L_b(\theta_{j_1}^{r_1},\dots,\theta_{j_{\nu-1}}^{r_{\nu-1}} \mid (t,u))\, \theta_{j_\nu}^{r_\nu}(t,u)$$

$$N(\theta_1^{r_1},\dots,\theta_1^{r_\nu} \mid x) = \frac{\gamma^{(r_1,\dots,r_\nu)}}{x^{r_1+\dots+r_\nu-\nu}} \qquad \text{pour } r_1>1$$

$$N(\underbrace{\theta_1^1,\dots,\theta_1^1}_{\lambda \text{ fois}},\theta_1^{r_1},\dots,\theta_1^{r_\nu} \mid x) = \sum_{0\le\chi\le\lambda} \frac{1}{\chi!}(\log x)^{\chi} \cdot \frac{\gamma^{(\overbrace{1,\dots,1}^{\lambda-\chi \text{ fois}},r_1,\dots,r_\nu)}}{x^{r_1+\dots+r_\nu-\nu}}$$

avec

$$\gamma^{(r_1)} = \frac{-1}{r_1-1} \quad \text{si } r_1>1 \quad \text{et} \quad \gamma^{(r_1)} = 0 \text{ si } r_1=1$$

$$\gamma^{(r_1,\dots,r_\nu)} = -\frac{\gamma^{(r_1,\dots,r_{\nu-1})}}{r_1+\dots+r_\nu-\nu} \qquad \text{si } r_1>1$$

$$\gamma^{(r_1,\dots,r_\nu)} = -\frac{\gamma^{(r_1,\dots,r_{\nu-1})}-\gamma^{(r_2,\dots,r_\nu)}}{r_1+\dots+r_\nu-\nu} \qquad \text{si } r_1=1$$

On définit $N^*(\theta_1^{r_1},\dots,\theta_1^{r_\nu} \mid x)$ par :

$$\sum_{0\le\chi\le\nu} N(\theta_1^{r_1},\dots,\theta_1^{r_\chi} \mid x).N^*(\theta_1^{r_{\chi+1}},\dots,\theta_1^{r_\nu} \mid x) = 0$$

D'après Lappo-Danilevsky (cf. [1] Mémoire V , Théorèmes I et II) on a :

$$\Phi(x,u) = 1 + \sum_{\nu=1}^{+\infty} \sum_{\substack{1\le j_1\le r+1\\ \dots\dots\\ 1\le j_\nu\le r+1}} \sum_{\substack{1\le r_1\le p\\ \dots\dots\\ 1\le r_\nu\le p}} L_b(\theta_{j_1}^{r_1},\dots,\theta_{j_\nu}^{r_\nu} \mid (x,u))\, U_{j_1}^{(r_1)}\dots U_{j_\nu}^{(r_\nu)}$$

De même si $M(u)$ est la monodromie de $G(x,u)$ relative à (γ) , on a :

$$M(u) = 1 + \sum_{\nu=1}^{+\infty} \sum_{\substack{1\le j_1\le r+1\\ \dots\dots\\ 1\le j_\nu\le r+1}} \sum_{\substack{1\le r_1\le p\\ \dots\dots\\ 1\le r_\nu\le p}} P(\theta_{j_1}^{r_1},\dots,\theta_{j_\nu}^{r_\nu} \mid (b,u))\, U_{j_1}^{(r_1)}\dots U_{j_\nu}^{(r_\nu)}$$

Remarquons que l'on peut affirmer seulement que $\Phi(x,u)$ et $M(u)$ sont dans $\hat{A}(\omega)$ (et non dans $\Delta(\omega)$).On a :

Théorème de Lappo-Danilevsky avec paramètre.

Soient
$$w_k(u) = \sum_{\nu=1}^{\infty} \sum_{\substack{1\leq j_1\leq r+1\\ \cdots\cdots\\ 1\leq j_\nu\leq r+1}} \sum_{\substack{1\leq r_1\leq p\\ \cdots\cdots\\ 1\leq r_\nu\leq p}} Q^{(k)}(\theta_{j_1}^{r_1},\ldots,\theta_{j_\nu}^{r_\nu}|(b,u))U_{j_1}^{(r_1)}\ldots U_{j_\nu}^{(r_\nu)}$$

($k = 1,\ldots,p$) où les coefficients $Q^{(k)}$ sont définis par les relations de récurrence suivantes :

$$Q^{(k)}(\theta_{j_1}^{r_1}|(b,u)) = \begin{cases} 1 \text{ si } j_1 = 1,\ r_1 = k \\ o \text{ si sinon}\end{cases}$$

$$Q^{(1)}(\theta_{j_1}^{r_1},\ldots,\theta_{j_\nu}^{r_\nu}|(b,u)) = \frac{1}{2\pi\sqrt{-1}} \sum_{\mu=1}^{\nu} \sum_{1\leq\chi_1<\ldots<\chi_{\mu-1}} \frac{(-1)^{\mu-1}}{\mu} P(\theta_{j_1}^{r_1},\ldots,\theta_{j_{\chi_1}}^{r_{\chi_1}}|(b,u)).$$

$$.P(\theta_{j_{\chi_{\mu-1}+1}}^{r_{\chi_{\mu-1}+1}},\ldots,\theta_{j_\nu}^{r_\nu}|(b,u))$$

$$Q^{(k)}(\theta_{j_1}^{r_1},\ldots,\theta_{j_\nu}^{r_\nu}|(b,u)) = -\frac{k-1}{2\pi\sqrt{-1}}\int_{(\gamma)}\Big\{L_b(\theta_{j_1}^{r_1},\ldots,\theta_{j_\nu}^{r_\nu}|(t,u)) + Q^{(1)}(\theta_{j_1}^{r_1},\ldots,\theta_{j_\nu}^{r_\nu}|(b,u)).N^*(\theta_1^1|t)$$

$$+\sum_{\lambda=1}^{\nu-1}\sum_{q_1=1}^{r} Q^{(q_1)}(\theta_{j_1}^{r_1},\ldots,\theta_{j_\lambda}^{r_\lambda}|(b,u))L_b(\theta_{j_{\lambda+1}}^{r_{\lambda+1}},\ldots,\theta_{j_\nu}^{r_\nu}|(t,u))N^*(\theta_1^{q_1}|t)$$

$$+\sum_{\lambda=2}^{\nu}\sum_{\mu=2}^{\lambda}\sum_{\substack{1\leq q_1\leq p\\ \cdots\cdots\\ 1\leq q_\mu\leq p}}\sum_{1\leq\chi_1<\ldots<\chi_{\mu-1}<\lambda} Q^{(q_1)}(\theta_{j_1}^{r_1},\ldots,\theta_{j_{\chi_1}}^{r_{\chi_1}}|(b,u))\ldots$$

$$Q^{(q_\mu)}(\theta_{j_{\chi_{\mu-1}+1}}^{r_{\chi_{\mu-1}+1}},\ldots,\theta_{j_\lambda}^{r_\lambda}|(b,u))L_b(\theta_{j_{\lambda+1}}^{r_{\lambda+1}},\ldots,\theta_{j_\nu}^{r_\nu}|(t,u))N^*(\theta_1^{q_1},\ldots,\theta_1^{q_\mu}|t)\Big\}t^{s-2}dt$$

Alors il vient $\Phi(x,u) = \theta(x,u)\,\bar{\Phi}(x,u)$ avec

$\bar{\Phi}(x,u)$ et $\bar{\Phi}(x,u)^{-1}$ holomorphes sur $D_{R_o}\times\mathcal{U}$,

$\theta(x,u)$ solution de $\dfrac{d\theta}{dx} = \theta(x,u)\displaystyle\sum_{1\leq k\leq p}\frac{w_k(u)}{x^k}$

$x^{-w_1(u)}\theta(x,u)$ se développant en série entière en x^{-1} de premier terme 1.

Plus précisément :

$$\theta(x,u) = 1 + \sum_{\nu=1}^{\infty} \sum_{\substack{1\le r_1\le p \\ \cdots\cdots \\ 1\le r_\nu\le p}} N(\theta_1^{r_1},\dots,\theta_1^{r_\nu}|x)\, U_1^{(r_1)}\dots U_1^{(r_\nu)}$$

$$x^{-w_1(u)}\theta(x,u) = 1 + \sum_{\nu=1}^{\infty} \sum_{\substack{1\le r_1\le p \\ \cdots\cdots \\ 1\le r_\nu\le p}} \frac{\gamma(r_1,\dots,r_\nu)}{x^{r_1+\dots+r_\nu-\nu}}\, U_1^{(r_1)}\dots U_1^{(r_\nu)}$$

$$w_1(u) = \frac{1}{2\pi\sqrt{-1}} \log M(u).$$

<u>De plus les</u> $w_k(u)$, $k=1,\dots,p$, <u>vérifiant toutes ces conditions sont uniques</u>.

C'est une version avec dépendance holomorphe d'un paramètre u, du théorème V Mémoire V. Il suffit donc de vérifier que les différentes quantités introduites dépendent bien holomorphiquement de u.
Il vient immédiatement que les $w_k(u)$ sont holomorphes sur $\mathcal{U}$ à valeurs dans $\hat{A}(\omega)$ puisque les $Q^{(k)}(\theta_{j_1}^{r_1},\dots,\theta_{j_\nu}^{r_\nu}|(x,u))$ sont holomorphes par rapport à u.

De même $\theta(x,u)$ est holomorphe sur $\mathcal{R}(\dot{D}_{R_0})\times\mathcal{U}$ à valeurs dans $\Gamma(\omega)$ puisque

$\theta(x,u) = 1 + \dots.$

Comme $\Phi(x,u)\in\Gamma(\omega)$ et $\bar{\Phi}(x,u) = \theta^{-1}(x,u)\Phi(x,u)$ on a $\bar{\Phi}(x,u)\in\Gamma(\omega)$

De même $\bar{\Phi}^{-1}(x,u)$ est holomorphe sur $D_{R_0}\times\mathcal{U}$ à valeurs dans $\Gamma(\omega)$.

Posons
$$H(x,u) := \bar{\Phi}^{-1}(b,u)\bar{\Phi}(x,u)$$
$$K(x,u) := \bar{\Phi}^{-1}(b,u)\,\theta(x,u)\,\bar{\Phi}(b,u)$$
$$G(x,u) := \bar{\Phi}^{-1}(b,u)\;\Phi(x,u)$$
$$m_k(u) := \bar{\Phi}^{-1}(b,u)w_k(u)\,\bar{\Phi}(b,u)$$

On a $G(x,u) = K(x,u).H(x,u)$ et et $G(x,u)$ est solution de $(1)_u$ holomorphe sur $\mathcal{R}(\dot{D}_{R_0})\times\mathcal{U}$ à valeurs dans $\Gamma(\omega)$.

De plus $H(x,u)$ et $H^{-1}(x,u)$ sont holomorphes sur $D_{R_0}\times\mathcal{U}$ à valeurs dans $\Gamma(\omega)$,

et $H(b,u) = 1 = H^{-1}(b,u)$ pour tout $u\in\mathcal{U}$, $K(x,u)$ est holomorphe sur $\mathcal{R}(\dot{D}_{R_0})\times\mathcal{U}$

à valeurs dans $\Gamma(\omega)$, vérifie $\frac{dK}{dx} = K(x,u) \sum_{1\leq k\leq p} \frac{w_k(u)}{x^k}$ et,

$$x^{-m_1(u)} K(x,u) = \bar{\Phi}^{-1}(b,u)\, x^{-w_1(u)} \bar{\Phi}(b,u)\bar{\Phi}^{-1}(b,u)\,\theta(x,u)\bar{\Phi}(b,u)$$
$$= \bar{\Phi}^{-1}(b,u)\, x^{-w_1(u)}\, \theta(x,u)\,\bar{\Phi}(b,u)$$

se développe en série entière en x^{-1} de premier terme 1.

Les $m_k(u)$ ($k = 1,\dots,p$) sont holomorphes à valeurs dans $\hat{A}(\omega)$ et uniques sous les conditions précédentes.

Pour terminer la démonstration du lemme 1 il reste à montrer que les $m_k(u)$ sont à valeurs dans $\hat{L}(\omega)$, que $H(x,u)$ et $K(x,u)$ sont à valeurs dans $\Delta(\omega)$ (ce qui implique que $G(x,u)$ est à valeurs dans $\Delta(\omega)$).

Comme $H(x,u)$ et $H^{-1}(x,u)$ sont holomorphes sur $D_{R_o} \times \mathcal{U}$ et que

$$dH = H\omega - \Big(\sum_{1\leq k\leq p} \frac{m_k(u)}{x^k} dx\Big) H$$

$$dH^{-1} = -\omega H^{-1} + H^{-1} \sum_{1\leq k\leq p} \frac{m_k(u)}{x^k} dx$$

il vient $$m_k(u) = \frac{1}{2\pi\sqrt{-1}} \int_{(\gamma)} t^{k-1} H(t,u)\,\omega(t,u) H^{-1}(t,u)$$

Posons $$H(x,u) := 1 + \sum_{n\geq 1} H_n(x,u)$$

$$H^{-1}(x,u) := 1 + \sum_{n\geq 1} H_n^*(x,u)$$

$$m_k(u) := (m_k(u))_1 + \sum_{n\geq 2} (m_k(u))_n$$

D'après Lappo-Danilevsky, $w_k(u) = U_1^{(k)}(u) + \dots$, et puisque $\theta(b,u)\in\Gamma(\omega)$

il vient $(m_k(u))_1 = U_1^{(k)}(u) = \sum_{1\leq i\leq r} \omega_i^k(u)\cdot a_i$, d'où $(m_k(u))_1 \in L^1(\omega)$

Posons $A := \sum_{1\leq k\leq p} \frac{m_k(u)}{x^k} dx$, $A\in\Omega_1(\dot{D}_{R_o}\times\mathcal{U}, \hat{A}(\omega))$, donc $A = \sum_{n\geq 1} A_n$ avec

$A_n \in \Omega_1(\dot{D}_{R_o}\times\mathcal{U}, A^n(\omega))$ $(n\geq 1)$.

En vertu de la remarque précédente $A_1 \in \Omega_1(\dot{D}_{R_o}\times\mathcal{U}, L^1(\omega))$.

Montrons par récurrence que $(m_k(u))_n \in L^n(\omega)$, $A_n \in \Omega_1(\dot{D}_{R_0} \times \mathcal{U}, L^n(\omega))$,

$c(H_n) = \sum_{i+j=n} H_i \otimes H_j$ et $c(H_n^\star) = \sum_{i+j=n} H_i^\star \otimes H_j^\star$.

Cas n=1.

On sait déjà que $(m_k(u))_1 \in L^1(\omega)$ et que $A_1 \in \Omega_1(\dot{D}_{R_0} \times \mathcal{U}, L^1(\omega))$. Montrons

que $H_1(x,u)$ et $H_1^*(x,u)$ vérifient

$c(H_1) = 1 \otimes H_1 + H_1 \otimes 1$ et $c(H_1^*) = 1 \otimes H_1^* + H_1^* \otimes 1$.

On a $dc(H_1) = c(dH_1) = c(\omega - A_1)$. Comme $\omega \in L^1(\omega)$, A_1 à valeurs dans

$L^1(\omega)$, il vient : $c(\omega - A_1) = 1 \otimes (\omega - A_1) + (\omega - A_1) \otimes 1$.

D'autre part:

$d(1 \otimes H_1 + H_1 \otimes 1) = 1 \otimes dH_1 + dH_1 \otimes 1 = 1 \otimes (\omega - A_1) + (\omega - A_1) \otimes 1$,

d'où $c(H_1) = 1 \otimes H_1 + H_1 \otimes 1 +$ constante.

Comme $H(b,u) = 1$ pour tout $u \in \mathcal{U}$, on a $H_n(b,u) = o$ pour tout $n \geq 1$, donc en

prenant $x = b$ on voit que la constante est nulle.

Le même argument montre que $c(H_1^\star) = 1 \otimes H_1 + H_1 \otimes 1$

Supposons la propriété vraie jusqu'à l'ordre n-1 et montrons-la pour n:

$c(H_i) = \sum_{k_1+k_2=i} H_{k_1} \otimes H_{k_2}$, $c(H_i^\star) = \sum_{\ell_1+\ell_2=i} H_{\ell_1}^\star \otimes H_{\ell_2}^\star$, $(m_k(u))_i \in L^i(\omega)$,

$A_i \in \Omega_1(\dot{D}_{R_0} \times \mathcal{U}, L^i(\omega))$, $i=1,\dots,n-1$.

D'après les relations précédentes :

$$(m_k(u))_n = \frac{1}{2\pi\sqrt{-1}} \int_{(\gamma)} \sum_{i+j=n-1} H_i \omega H_j^* \, t^{k-1}$$

$$c((m_k(u))_n) = \frac{1}{2\pi\sqrt{-1}} \int_{(\gamma)} \sum_{i+j=n-1} c(H_i) c(\omega) c(H_j^*) t^{k-1} =$$

$$= \sum_{i+j=n-1} \frac{1}{2\pi\sqrt{-1}} \int_{(\gamma)} \Big(\sum_{k_1+k_2=i} H_{k_1} \otimes H_{k_2} \Big)(1 \otimes \omega + \omega \otimes 1)\Big(\sum_{\ell_1+\ell_2=j} H_{\ell_1}^* \otimes H_{\ell_2}^* \Big) t^{k-1}$$

$$= \sum_{k_1+k_2+\ell_1+\ell_2=n-1} \int_{(\gamma)} \frac{1}{2\pi\sqrt{-1}} \left(H_{k_1} H_{\ell_1}^* \otimes H_{k_2} \omega H_{\ell_2}^* + H_{k_1} \omega H_{\ell_1}^* \otimes H_{k_2} H_{\ell_2}^*\right) t^{k-1}$$

$$= 1\otimes\left\{\frac{1}{2\pi\sqrt{-1}}\int_{(\gamma)}\sum_{k_2+\ell_2=n-1} H_{k_2}\omega H^*_{\ell_2}\ t^{k-1}\right\}+\left\{\frac{1}{2\pi\sqrt{-1}}\int_{(\gamma)}\sum_{k_1+\ell_1=n-1} H_{k_1}\omega H^*_{\ell_1}\ t^{k-1}\right\}\otimes 1$$

$$+\frac{1}{2\pi\sqrt{-1}}\int_{(\gamma)}\sum_{\substack{k_1+\ell_1\neq o\\ k_1+\ell_1+k_2+\ell_2=n-1}} H_{k_1}H^*_{\ell_1}\otimes H_{k_2}\omega H^*_{\ell_2}\ t^{k-1}$$

$$+\frac{1}{2\pi\sqrt{-1}}\int_{(\gamma)}\sum_{\substack{k_2+\ell_2\neq o\\ k_1+\ell_1+k_2+\ell_2=n-1}} H_{k_1}\omega H^*_{\ell_1}\otimes H_{k_2}H^*_{\ell_2}\ t^{k-1}$$

Comme $HH^{-1} = 1$ on a : $\sum_{k_1+\ell_1\neq o} H_{k_1}H^*_{\ell_1} = o$, $\sum_{k_2+\ell_2\neq o} H_{k_2}H^*_{\ell_2} = o$,

d'où finalement

$$c((m_k(u))_n) = 1\otimes(m_k(u))_n + (m_k(u))_n\otimes 1$$

et $(m_k(u))_n \in L^n(\omega)$, $k=1,\ldots,p$.

On en déduit immédiatement que

$$A_n = \sum_{1\leq k\leq p}\frac{m_k(u)_n}{x^k}\,dx \in \Omega_1(\dot{D}_{R_o}\times\mathcal{U}, L^n(\omega)).$$

Montrons alors que

$$c(H_n) = \sum_{\alpha+\beta=n} H_\alpha\otimes H_\beta \quad\text{et}\quad c(H^*_n) = \sum_{\alpha+\beta=n} H^*_\alpha\otimes H^*_\beta .$$

Calculons $d(c(H_n))$. Il vient :

$$d(c(H_n)) = c(dH_n) = c(H_{n-1}\omega - \sum_{\substack{i+j=n\\ i\geq 1}} A_iH_j\ )$$

$$= -\sum_{\substack{i+j=n\\ i\geq 1}} c(A_i)c(H_j) + c(H_{n-1})c(\omega)$$

En utilisant les relations de récurrence et ce qui précède on obtient :

$$d(c(H_n)) = -\left\{\sum_{\substack{i+j=n\\ i\geq 1}}(1\otimes A_i + A_i\otimes 1)\right\}\left\{\sum_{k_1+k_2=j} H_{k_1}\otimes H_{k_2}\right\}$$

$$+\left\{\sum_{\ell_1+\ell_2=n-1} H_{\ell_1}\otimes H_{\ell_2}\right\}\left\{1\otimes\omega+\omega\otimes 1\right\}$$

$$= - \sum_{\substack{i+k_1+k_2=n \\ i \geq 1}} \left\{ H_{k_1} \otimes A_i H_{k_2} + A_i H_{k_1} \otimes H_{k_2} \right\} + \sum_{\ell_1+\ell_2=n-1} \left\{ H_{\ell_1} \otimes H_{\ell_2} \omega + H_{\ell_1} \omega \otimes H_{\ell_2} \right\}$$

Calculons $d(\sum_{\alpha+\beta=n} H_\alpha \otimes H_\beta)$. Il vient :

$$d(\sum_{\alpha+\beta=n} H_\alpha \otimes H_\beta) = \sum_{\alpha+\beta=n} dH_\alpha \otimes H_\beta + \sum_{\alpha+\beta=n} H_\alpha \otimes dH_\beta$$

$$= \sum_{\alpha+\beta=n} (H_{\alpha-1}\omega - \sum_{\substack{i+j=\alpha \\ i \geq 1}} A_i H_j) \otimes H_\beta + \sum_{\alpha+\beta=n} H_\alpha \otimes (H_{\beta-1}\omega - \sum_{\substack{j+i=\beta \\ i \geq 1}} A_i H_j)$$

$$= \sum_{\substack{\alpha+\beta=n \\ \alpha \geq 1}} H_{\alpha-1}\omega \otimes H_\beta - \sum_{\substack{i+j+\beta=n \\ i \geq 1}} A_i H_j \otimes H_\beta + \sum_{\substack{\alpha+\beta=n \\ \beta \geq 1}} H_\alpha \otimes H_{\beta-1}\omega - \sum_{\substack{\alpha+i+j=n \\ i \geq 1}} H_\alpha \otimes A_i H_j$$

$$= \sum_{\substack{\alpha'+\beta'=n-1 \\ \alpha',\beta' \geq 0}} H_{\alpha'}\omega \otimes H_{\beta'} - \sum_{\substack{i+k_1+k_2=n \\ i \geq 1}} A_i H_{k_1} \otimes H_{k_2} + \sum_{\substack{\alpha''+\beta''=n-1 \\ \alpha'',\beta'' \geq 0}} H_{\alpha''} \otimes H_{\beta''}\omega - \sum_{\substack{i+\ell_1+\ell_2=n \\ i \geq 1}} H_{\ell_1} \otimes A_i H_{\ell_2}$$

d'où $d(c(H_n)) = d(\sum_{\alpha+\beta=n} H_\alpha \otimes H_\beta)$.

Comme $\sum_{\alpha+\beta=n} H_\alpha \otimes H_\beta(b,u) = o$ et $H_n(b,u) = o$ $(n \geq 1)$, on a $c(H_n) = \sum_{\alpha+\beta=n} H_\alpha \otimes H_\beta$

Le même argument montre que $c(H_n^\star) = \sum_{i+j=n} H_i^\star \otimes H_j^\star$

Nous avons donc montré que $m_k(u) \in \hat{L}(\omega)$ $(k=1,\dots,p)$, $H(x,u) \in \Delta(\omega)$,

$H^{-1}(x,u) \in \Delta(\omega)$, $A \in \Omega_1(\dot{D}_{R_o} \times \mathcal{U}, L(\omega))$.

Il reste à voir que $K(x,u) \in \Delta(\omega)$.

Posons $N(x,u) := x^{-m_1(u)} K(x,u)$. On sait que $N(x,u)$ se développe en série entiè-

en x^{-1} de premier terme 1. Nous écrirons $N(\infty,u) = 1$ pour tout $u \in \mathcal{U}$. De plus $x^{m_1(u)} \in \Delta(\omega)$ car $x^{m_1(u)} = \exp m_1(u) \log x$ et $(\log x) m_1(u) \in L(\omega)$.

Il suffit donc de montrer que $N(x,u) \in \Delta(\omega)$.

On sait déjà que $N(x,u) \in \Gamma(\omega)$ car $K(x,u) \in \Gamma(\omega)$ et $x^{-m_1(u)} \in \Gamma(\omega)$.

De plus $N(x,u)$ est solution de

$$dN = -\left(\frac{m_1(u)}{x}\,dx\right) x^{-m_1(u)} K + x^{-m_1(u)} KK^{-1}dK$$

$$= -\left(\frac{m_1(u)}{x}\,dx\right) N(x,u) + N(x,u)A(x,u)$$

qui est telle que $N(\infty,u) = 1$ pour tout u de $\mathcal{U}$.

Posons $\alpha_1(x,u) := \frac{m_1(u)}{x}\,dx$. Alors $A(x,u)$ et $\alpha_1(x,u)$ sont dans $\Omega_1(\dot{D}_{R_o} \times \mathcal{U}, \hat{L}(\omega))$

Soit $N(x,u) = 1 + \sum_{n\geq 1} N_n(x,u)$. Il suffit de voir que

$$c(N_n(x,u)) = \sum_{\alpha+\beta=n} N_\alpha(x,u) \otimes N_\beta(x,u) .$$

Montrons-le par récurrence.

Si $n=o$, $c(N_o) = c(1) = 1 \otimes 1 = \sum_{\alpha+\beta=o} N_\alpha \otimes N_\beta = N_o \otimes N_o$.

Supposons la propriété vraie jusqu'à n-1 et montrons-la pour n. On a :

$$d(c(N_n)) = c(dN_n) = -c(\alpha_1 N_{n-1}) + c\Big(\sum_{\substack{i+j=n\\ i\geq 1}} N_j A_i\Big)$$

$$= -\{1\otimes\alpha_1 + \alpha_1\otimes 1\}\Big\{\sum_{\ell_1+\ell_2=n-1} N_{\ell_1}\otimes N_{\ell_2}\Big\} + \sum_{\substack{i+j=n\\ i\geq 1}} \Big\{\sum_{k_1+k_2=j} N_{k_1}\otimes N_{k_2}\{1\otimes A_i + A_i\otimes 1\}\Big\}$$

$$= \sum_{\substack{i+k_1+k_2=n\\ i\geq 1}} \{N_{k_1}\otimes N_{k_2}A_i + N_{k_1}A_i\otimes N_{k_2}\} - \sum_{\ell_1+\ell_2=n-1} \{N_{\ell_1}\otimes\alpha_1 N_{\ell_2} + \alpha_1 N_{\ell_1}\otimes N_{\ell_2}\}$$

Or $d\Big(\sum_{\alpha+\beta=n} N_\alpha\otimes N_\beta\Big) = dN_\alpha\otimes N_\beta + N_\alpha\otimes dN_\beta$

$$= \sum_{\alpha+\beta=n}\Big\{-\alpha_1 N_{\alpha-1} + \sum_{i+j=\alpha} N_i A_j\Big\}\otimes N_\beta + \sum_{\alpha+\beta=n} N_\alpha\otimes\Big\{-\alpha_1 N_{\beta-1} + \sum_{i+j=\beta} N_i A_j\Big\}$$

$$= -\sum_{\substack{\alpha+\beta=n\\ \alpha\geq 1}} \alpha_1 N_{\alpha-1}\otimes N_\beta + \sum_{\substack{i+j+\beta=n\\ j\geq 1}} N_i A_j\otimes N_\beta - \sum_{\substack{\alpha+\beta=n\\ \beta\geq 1}} N_\alpha\otimes\alpha_1 N_{\beta-1} + \sum_{\substack{i+j+\alpha=n\\ j\geq 1}} N_\alpha\otimes N_i A_j$$

Ainsi $d(c(N_n)) = d\Big(\sum_{\alpha+\beta=n} N_\alpha\otimes N_\beta\Big)$, donc $c(N_n) = \sum_{\alpha+\beta=n} N_\alpha\otimes N_\beta + E_n(u)$.

Or $N(\infty,u) = o$ pour tout $u\in\mathcal{U}$, d'où $N_n(\infty,u) = o$ pour $n\geq 1$ et $E_n(u) = o$

pour tout $u\in\mathcal{U}$ $(n\geq 1)$.

Finalement $N(x,u)\in \Delta(\omega)$, $K(x,u)\in\Delta(\omega)$, $H(x,u)\in\Delta(\omega)$, $G(x,u)\in\Delta(\omega)$.

Posons $k(x,u):=\log K(x,u)$ $(\in \hat{L}(\omega))$, $h(x,u):=\log H(x,u)$ $(\in\hat{L}(\omega))$.

Le lemme 1 est démontré.

Lemme 2. Soit $\tilde{G}(x,u)$ une solution de $(1)_u$ telle que $\tilde{G}(b,u)=\alpha(u)$ ($b\in \dot{D}_{R_0}$ fixé) avec $\alpha(u)$ et $\alpha^{-1}(u)$ holomorphes sur $\mathcal{U}$ à valeurs dans $\Delta(\omega)$. Alors il existe p fonctions holomorphes $\tilde{m}_k(u)$ de $\mathcal{U}$ dans $\hat{L}(\omega)$ $(k=1,\dots,p)$, une fonction holomorphe $\tilde{h}(x,u)$ de $D_{R_0}\times\mathcal{U}$ dans $\hat{L}(\omega)$, une fonction $\tilde{k}(x,u)$ holomorphe de $\mathcal{R}(\dot{D}_{R_0})\times\mathcal{U}$ dans $\hat{L}(\omega)$ telles que :

1° Si $\tilde{H}(x,u)=\exp\tilde{h}(x,u)$, $\tilde{K}(x,u)=\exp\tilde{k}(x,u)$, on a :

$\tilde{G}(x,u)=\tilde{K}(x,u)\tilde{H}(x,u)$ avec $\tilde{H}(b,u)=\alpha(u)G(b,u)^{-1}$ (G définie comme dans le lemme 1),

$$\frac{d\tilde{K}}{dx}=\tilde{K}(x,u)\left(\sum_{1\le k\le p}\frac{\tilde{m}_k(u)}{x^k}\right)$$

$x^{-\tilde{m}_1(u)}\tilde{K}(x,u)$ se développe en série entière en x^{-1} de premier terme 1. De plus les $\tilde{m}_k(u)$ sont uniques.

2° $\tilde{g}(x,u)=\tilde{k}(x,u)\,\mathsf{H}\,\tilde{h}(x,u)$

Preuve. Soit $G(x,u)$ la solution de $(1)_u$ définie dans le lemme 1. Comme $G(x,u)$ et $\tilde{G}(x,u)$ sont deux solutions de $(1)_u$, il existe $P(u)\in\hat{A}(\omega)$ tel que $\tilde{G}(x,u)=P(u)G(x,u)$. En prenant $x=b$, il vient $\alpha(u)=P(u)G(b,u)$, $P(u)=\alpha(u)G^{-1}(b,u)$. Comme $G(x,u)\in\Delta(\omega)$ et $G^{-1}(x,u)\in\Delta(\omega)$, il vient $G^{-1}(b,u)\in\Delta(\omega)$ et puisque $\alpha(u)\in\Delta(\omega)$ on obtient $P(u)\in\Delta(\omega)$.

Posons $\tilde{H}(x,u):=P(u)H(x,u)$, $\tilde{K}(x,u):=P(u)K(x,u)P^{-1}(u)$,

$\widetilde{m}_k(u) := P(u)m_k(u)P^{-1}(u)$. Alors $\widetilde{H}(x,u)$ est holomorphe sur $D_{R_0}\times\mathcal{U}$ à valeurs dans $\Delta(\omega)$, $\widetilde{K}(x,u)$ est holomorphe sur $\mathcal{R}(\dot{D}_{R_0})\times\mathcal{U}$ à valeurs dans $\Delta(\omega)$ et $\widetilde{K}(x,u)$ est solution de

$$\frac{d\widetilde{K}}{dx} = \widetilde{K}\Big(\sum_{1\le k\le p} \frac{\widetilde{m}_k(u)}{x^k}\Big)$$

vérifiant $x^{-\widetilde{m}_1(u)}\widetilde{K}(x,u)$ se développe en série entière en x^{-1} de premier terme 1. On a d'autre part :

$$\widetilde{H}(b,u) = P(u)H(b,u) = \alpha(u)G^{-1}(b,u)H(b,u) = \alpha(u)G^{-1}(b,u)$$

Il reste à voir que $\widetilde{m}_k(u)\in\hat{L}(\omega)$.

Comme $P(u)\in\Delta(\omega)$ et $m_k(u)\in\hat{L}(\omega)$, il suffit de voir que $P(u)m_k(u)P^{-1}(u)\in\hat{L}(\omega)$.

Posons $\widetilde{m}_k(u) := \sum_{n\ge 1}(\widetilde{m}_k(u))_n$, $P(u) := 1+\sum_{n\ge 1}P_n(u)$, $P^{-1}(u) := 1+\sum_{n\ge 1}P^*_n(u)$

Montrons par récurrence sur n que $c((\widetilde{m}_k(u))_n) = 1\otimes(\widetilde{m}_k(u))_n + (\widetilde{m}_k(u))_n\otimes 1$.

C'est vrai pour n=1, car $(\widetilde{m}_k(u))_1 = (m_k(u))_1 \in L^1(\omega)$.

Supposons la propriété vraie jusqu'à l'ordre n-1 et montrons-la pour n. On a :

$$c((\widetilde{m}_k(u))_n) = c\Big(\sum_{\substack{i+j+\ell=n\\ j\ge 1}} P_i(u)(m_k(u))_j\, P^*_\ell(u)\Big)$$

$$= \sum_{\substack{i+j+\ell=n\\ j\ge 1}} c(P_i(u))\; c((m_k(u))_j)\; c(P^*_\ell(u)) ,$$

$$c(P_i(u)) = \sum_{k_1+k_2=i} P_{k_1}(u)\otimes P_{k_2}(u) , \quad c(P^*_\ell(u)) = \sum_{\ell_1+\ell_2=\ell} P^*_{\ell_1}(u)\otimes P^*_{\ell_2}(u)$$

car $P(u)$ et $P^{-1}(u)$ sont dans $\Delta(\omega)$ et

$c((m_k(u))_j) = 1\otimes(m_k(u))_j + (m_k(u))_j\otimes 1$ car $m_k(u)\in\hat{L}(\omega)$, d'où

$$c((\widetilde{m}_k(u))_n) = \sum_{\substack{k_1+k_2+j+\ell_1+\ell_2=n \\ j\geq 1}} P_{k_1}(u)P^*_{\ell_1}(u) \otimes P_{k_2}(u)(m_k(u))_j P^*_{\ell_2}(u)$$

$$+ \sum_{\substack{k_1+k_2+j+\ell_1+\ell_2=n \\ j\geq 1}} P_{k_1}(u)(m_k(u))_j P^*_{\ell_1}(u) \otimes P_{k_2}(u)P^*_{\ell_2}(u) .$$

En écrivant que $PP^{-1} = 1$ on a $\sum_{\alpha+\beta=n} P_\alpha P^*_\beta = 1$ $(n\geq 1)$. Les seuls termes non nuls dans la première somme correspondent à $k_1=\ell_1=o$, et dans la seconde à $k_2=\ell_2=o$, d'où :

$$c((\widetilde{m}_k(u))_n) = 1 \otimes \left\{ \sum_{\substack{k_2+\ell_2+j=n \\ j\geq 1}} P_{k_2}(u)(m_k(u))_j P^*_{\ell_2}(u) \right\}$$

$$+ \left\{ \sum_{\substack{k_1+\ell_1+j=n \\ j\geq 1}} P_{k_1}(u)(m_k(u))_j P^*_{\ell_1}(u) \right\} \otimes 1$$

$$= 1 \otimes (\widetilde{m}_k(u))_n + (\widetilde{m}_k(u))_n \otimes 1 .$$

L'unicité provient des conditions exigées sur $H(x,u)$ et $K(x,u)$.

b) Première étape de la démonstration du théorème.

Soit G la solution de

(1) $\qquad dG = G\omega$

telle que $G(\widetilde{b}) = 1$. On sait que $G(x) \in \Delta(\omega)$ (cf. § I)

Posons $u_1 := (x_2,\dots,x_m)$ et $(x_1,u_1) := (x_1,x_2,\dots,x_m)$, $D_{R_i} := \{x \in \mathbb{C} \;\; o \leq |x| < R_i\}$

Par hypothèse $x_1=x_2=\dots=x_m=o$ est une singularité polaire normale. Donc si $\omega(x) = \sum_{1\leq i\leq m} \omega^i(x)\, dx_i$, on a : $\omega^1(x) = \omega^1(x_1,u_1)$ a un pôle d'ordre p_1 par rapport à $x_1=o$ et est holomorphe par rapport à $u_1 \in \prod_{2\leq i\leq m} D_{R_i}$

Posons $\mathcal{U}_1 := \mathcal{R}(\prod_{2\le i\le \ell} \dot{D}_{R_i}) \times \prod_{\ell+1\le i\le m} D_{R_i}$

$b := (b_1,\dots,b_m) \in \prod_{1\le i\le \ell} \dot{D}_{R_i} \times \prod_{\ell+1\le i\le m} D_{R_i}$

Comme $G(x) = G(x_1,u_1)$ est solution de (1) , on a $\frac{\partial G}{\partial x_i} dx_i = G(x)\omega^i(x)dx_i$

et en particulier $\frac{\partial G}{\partial x_1}(x_1,u_1)dx_1 = G_1(x_1,u_1)\,\omega^1(x_1,u_1)dx_1$.

De plus $G(x)$ est holomorphe sur $\mathcal{R}(\dot{D}_{R_1})\times\mathcal{U}_1$ à valeurs dans $\Delta(\omega)$,

donc $G(b_1,u_1)$ est holomorphe sur $\mathcal{U}_1$ à valeurs dans $\Delta(\omega)$. Nous sommes

dans les conditions d'application du lemme 2 . On en déduit l'existence de

p_1 fonctions holomorphes $m_k^1(u_1)$ sur $\mathcal{U}_1$ à valeurs dans $\hat{L}(\omega)$, $H_1(x_1,u_1)$

holomorphe de $D_{R_1}\times\mathcal{U}_1$ dans $\Delta(\omega)$, $K_1(x_1,u_1)$ holomorphe de $\mathcal{R}(\dot{D}_{R_1})\times\mathcal{U}_1$

dans $\Delta(\omega)$ telles que :

$G(x_1,u_1) = K_1(x_1,u_1)\,H_1(x_1,u_1)$

$$\frac{\partial K_1(x_1,u_1)}{\partial x_1} = K_1(x_1,u_1) \sum_{1\le k\le p_1} \frac{m_k^1(u_1)}{x_1^k}$$

$x_1^{-m_1^1(u_1)} K_1(x_1,u_1)$ se développant en série en x_1^{-1} de premier terme 1. De

plus ces quantités sont uniques.

Comme $H_1(x_1,u_1)$ ainsi que $H_1^{-1}(x_1,u_1)$ sont holomorphes en $x_1=o$, la

la monodromie de $G(x)$ correspondant à γ_1 est la même que celle de $K_1(x_1,u_1)$

correspondant à γ_1 , c'est-à-dire $\exp 2\pi\sqrt{-1}\, m_1^1(u_1)$. On a donc

$\gamma_1^* G = M_1 G \qquad M_1$ constante , $M_1 \in \Delta(\omega)$

$\gamma_1^* G = (\exp 2\pi \sqrt{-1}\, m_1^1(u_1))\, G$

d'où $2\pi\sqrt{-1}\, m_1^1(u_1) = \log M_1 \in \hat{L}(\omega)$ et $m_1^1(u_1) = m_1^1$ est indépendante de u_1 . Il vient $G(x_1,u_1) = x_1^{m_1^1} N_1(x_1,u_1)\, H_1(x_1,u_1)$ $\quad (N_1 = x_1^{-m_1^1} K_1)$

avec $N_1(x_1,u_1)$ se développant en série en x_1^{-1} de premier terme 1 , toutes ces quantités étant dans $\Delta(\omega)$.

On forme $K_1^{-1} \dfrac{\partial K_1}{\partial x_1} = \sum_{1 \leq k \leq p_1} \dfrac{m_k^1(u_1)}{x_1^k}$, $m_1^1(u_1) = m_1^1$.

Cherchons $K_1^{-1} \dfrac{\partial K_1}{\partial x_i} = H_1 G^{-1}\left(\dfrac{\partial G}{\partial x_i} H_1^{-1} - G H_1^{-1} \dfrac{\partial H_1}{\partial x_i} H_1^{-1} \right)$

$= H_1\left(G^{-1} \dfrac{\partial G}{\partial x_i}\right) H_1^{-1} - \dfrac{\partial H_1}{\partial x_i} H_1^{-1} = H_1\, \omega^i(x)\, H_1^{-1} - \dfrac{\partial H_1}{\partial x_i} H_1^{-1}$.

Comme $\omega^i(x)$ est holomorphe par rapport à x_1 en $x_1 = o$, H_1 et H_1^{-1} holomorphes en x_1 , $K_1^{-1} \dfrac{\partial K_1}{\partial x_i}$ est holomorphe en $x_1 = o$ par rapport à x_1 ($i \geq 2$)

Or $x_1^{m_1^1} N_1 = K_1$ et $K_1^{-1} \dfrac{\partial K_1}{\partial x_i} = N_1^{-1} x_1^{-m_1^1} x_1^{m_1^1} \dfrac{\partial N_1}{\partial x_i} = N_1^{-1} \dfrac{\partial N_1}{\partial x_i}$.

Comme N_1 (et N_1^{-1}) se développe en série entière en x_1^{-1} de premier terme 1 , $N_1^{-1} \dfrac{\partial N_1}{\partial x_i}$ se développe en série en x_1^{-1} sans terme constant , d'où

$N_1^{-1} \dfrac{\partial N_1}{\partial x_i} = o = K_1^{-1} \dfrac{\partial K_1}{\partial x_i} \qquad i = 2,\dots,m.$

K_1 ne dépend donc que de x_1 puisque $\mathcal{U}_1$ est simplement connexe.

Ecrivons que $\frac{\partial}{\partial x_i}\left(\frac{\partial K_1}{\partial x_1}\right) = \frac{\partial}{\partial x_1}\left(\frac{\partial K_1}{\partial x_i}\right)$ (= o). Il vient

$$\frac{\partial}{\partial x_i}\left(K_1 \sum_{1\leq k\leq p_1} \frac{m_k^1(u_1)}{x_1^k}\right) = K_1 \left(\sum_{1\leq k\leq p_1} \frac{\frac{\partial m_k^1(u_1)}{\partial x_i}}{x_1^k}\right) = o ,$$

soit $\frac{\partial m_k^1(u_1)}{\partial x_i} = o$ pour $i=2,\ldots,m$, $m_k^1(u_1) = m_k^1$ constant .

En fin de compte, $G(x) = K_1(x_1)H_1(x_1,u_1)$ avec $H_1(x_1,u_1)$, $H_1^{-1}(x_1,u_1)$ holomorphes dans $D_{R_1}\times \mathcal{U}_1$ à valeurs dans $\Delta(\omega)$, $\frac{dK_1}{dx_1} = K_1 \sum_{1\leq k\leq p_1} \frac{m_k^1}{x_1^k}$,

$m_k^1 \in \hat{L}(\omega)$ ($k=1,\ldots,p_1$) , $x_1^{-m_1^1} K_1(x_1)$ se développant en série entière en x_1^{-1} de premier terme 1 , $N_1(x_1) = x_1^{-m_1^1} K_1(x_1) \in \Delta(\omega)$.

Toutes ces quantités sont uniques.

c) Deuxième étape de la démonstration du théorème.

Comme $K_1(x_1)$ ne dépend que x_1 , $H_1(x) = K_1^{-1}(x_1)\, G(x)$ est solution de

$(1)_i$ $$\frac{\partial F}{\partial x_i}dx_i = F(x)\omega^i(x)dx_i \qquad (i\geq 2)$$

On a donc $(o,\gamma_2,o,\ldots,o)^* G = M_2G$, $(o,\gamma_2,o,\ldots,o)^* H_1 = \tilde{M}_2(x_1)H_1$

$(o,\gamma_2,o,\ldots,o)^* K_1(x_1)H_1(x_1,u_1) = K_1(x_1)\tilde{M}_2(x_1)H_1 = M_2K_1(x_1)H_1$ d'où

$\tilde{M}_2(x_1) = K_1^{-1}(x_1)M_2K_1(x_1)$. Comme $K_1(x_1) = x_1^{m_1^1} N_1(x_1,u_1)$,

$x_1^{m_1^1} N_1(x_1,u_1)\tilde{M}_2(x_1) = M_2x_1^{m_1^1} N_1(x_1,u_1)$. Mais $[M_1,M_2] = 0$ puisque

$\pi_1\left(\prod_{1\leq i\leq \ell} \dot{D}_{R_i} \times \prod_{\ell+1\leq i\leq m} D_{R_i}\right) = \mathbb{Z}^{\ell}$ et ainsi $x_1^{m_1^1} N_1(x_1,u_1)\tilde{M}_2(x_1) = x_1^{m_1^1} M_2 N_1(x_1,u_1)$

et $\tilde{M}_2(x_1) = N_1^{-1}(x_1,u_1)M_2N_1(x_1,u_1)$.

Or $\tilde{M}_2(x_1)$ est holomorphe par rapport à x_1 en $x_1=o$ et $N_1(x_1,u_1)$ ainsi

que $N_1^{-1}(x_1,u_1)$ sont développables en séries entière en x_1^{-1} , le premier

terme étant égal à 1 . On en déduit $\tilde{M}_2(x_1) = M_2$ (constante) et $\left[M_2,K_1(x_1)\right] = o$

On montrerait de même que $\left[M_j,K_1(x_1)\right] = o$ $(j=3,\ldots,\ell)$

La fonction $H_1(x_1,u_1)$ est solution de $(1)_2$, et $G(b_1,u_1)$ est à valeurs

dans $\Delta(\omega)$ de même que $H_1(\dot{b}_2,u_2)$. En appliquant le lemme 2 on montre

qu'il existe p_2 fonctions holomorphes $\bar{m}_k^2(u_2)$ sur

$\mathcal{U}_2 = D_{R_1} \times \prod_{3\leq i\leq \ell} \mathcal{R}(\dot{D}_{R_i}) \times \prod_{\ell+1\leq i\leq m} D_{R_i}$ dans $\hat{L}(\omega)$, $H_2(x_2,u_2)$ holomorphe

de $D_{R_2} \times \mathcal{U}_2$ dans $\Delta(\omega)$, $K_2(x_2,u_2)$ holomorphe de $\mathcal{R}(\dot{D}_{R_2}) \times \mathcal{U}_2$

dans $\Delta(\omega)$ telles que :

$$H_1(x_2,u_2) = K_2(x_2,u_2)H_2(x_2,u_2)$$

$$K_2^{-1}(x_2,u_2)\,\frac{\partial K_2(x_2,u_2)}{\partial x_2} = \sum_{1\leq k\leq p_2} \frac{\bar{m}_k^2(u_2)}{x_2^k}$$

$x_2^{-\bar{m}_1^2(u_2)} K_2(x_2,u_2)$ admet un développement en série en x_2^{-1} de premier terme 1.

Comme $H_2(x_2,u_2)$ et $H_2^{-1}(x_2,u_2)$ sont holomorphes par rapport à x_2 , la monodromie de H_1 par rapport à γ_2 est la même que celle de $K_2(x_2,u_2)$ par rapport à γ_2 , soit $\exp 2\pi\sqrt{-1}\,\overline{m}_1^2(u_2)$. Donc $\exp 2\pi\sqrt{-1}\,\overline{m}_1^2(u_2) = M_2$ d'où $\overline{m}_1^2(u_2) = m_1^2$ constante .

Considérons $G(x) = K_1(x_1)K_2(x_2,u_2)H_2(x_2,u_2)$, $N_2(x_2,u_2) := x_2^{-m_1^2}K_2(x_2,u_2)$,

$$V_2(x_2,u_2) := G(x)H_2^{-1}(x_2,u_2) = K_1(x_1)K_2(x_2,u_2) = K_1(x_1)\, x_2^{m_1^2}\, N_2(x_2,u_2).$$

On a d'une part :

$$V_2^{-1}\frac{\partial V_2}{\partial x_2} = K_2^{-1}K_1^{-1}K_1\frac{\partial K_2}{\partial x_2} = K_2^{-1}(x_2,u_2)\frac{\partial K_2(x_2,u_2)}{\partial x_2} = \sum_{1\leq k\leq p_2}\frac{\overline{m}_k^2(u_2)}{x_2^k}$$

et d'autre part pour $i\geqslant 3$

$$V_2^{-1}\frac{\partial V_2}{\partial x_i} = H_2G^{-1}\frac{\partial G}{\partial x_i}H_2^{-1} - \frac{\partial H_2}{\partial x_i}H_2^{-1} = N_2^{-1}\frac{\partial N_2}{\partial x_i} .$$

La première expression du deuxième membre est holomorphe par rapport à x_2 en $x_1 = o$, la seconde admet un développement en série en x_2^{-1} sans terme constant. On en déduit que $\frac{\partial V_2}{\partial x_i} = o$ ($i\geqslant 3$) et que V_2 ne dépend que de x_1 et x_2 , soit $V_2(x_1,x_2)$ et $\overline{m}_k^2(u_2) = \overline{m}_k^2(x_1)$.

Exprimons $V_2^{-1}\frac{\partial V_2}{\partial x_1}$. On a :

$$\text{(a)} \quad V_2^{-1} \frac{\partial V_2}{\partial x_1} = H_2 G^{-1} \frac{\partial G}{\partial x_1} H_2^{-1} - \frac{\partial H_2}{\partial x_1} H_2^{-1}$$

$$= N_2^{-1} x_2^{-m_1^2} K_1^{-1} \frac{dK_1}{dx_1} x_2^{m_1^2} N_2 + N_2^{-1} \frac{\partial N_2}{\partial x_1}$$

Or $m_1^2 = \frac{1}{2\pi\sqrt{-1}} \log M_2$, donc m_1^2 commute avec K_1 et $\frac{dK_1}{dx_1}$. Il vient :

$$\text{(b)} \quad V_2^{-1} \frac{\partial V_2}{\partial x_1} = N_2^{-1} \sum_{1 \leq k \leq p_1} \frac{m_k^1}{x_1^k} N_2 + N_2^{-1} \frac{\partial N_2}{\partial x_1}$$

La première expression du deuxième membre de (a) est holomorphe par rapport à x_2 en $x_2=o$, le deuxième membre de (b) admet un développement en série en x_2^{-1} de terme constant $\sum_{1 \leq k \leq p_1} \frac{m_k^1}{x_1^k}$. On en déduit :

$$V_2^{-1}(x_1,x_2) \frac{\partial V_2(x_1,x_2)}{\partial x_1} = \sum_{1 \leq k \leq p_1} \frac{m_k^1}{x_1^k} .$$

Ainsi V_2 vérifie la même équation que $K_1(x_1)$. Il existe donc une fonction de x_2 qu'on notera encore $K_2(x_2)$ telle que $V_2(x_1,x_2) = K_2(x_2)K_1(x_1)$ et $K_2(x_2) \in \Delta(\omega)$ car $G \in \Delta(\omega)$, $H_2^{-1} \in \Delta(\omega)$, d'où $V_2 \in \Delta(\omega)$

Enfin on a :

$$V_2^{-1}(x_1,x_2) \frac{\partial V_2(x_1,x_2)}{\partial x_2} = K_1^{-1}(x_1) K_2^{-1}(x_2) \frac{dK_2(x_2)}{dx_2} K_1(x_1) = \sum_{1 \leq k \leq p_2} \frac{\bar{m}_k^2(x_1)}{x_2^k}$$

$$K_2^{-1}(x_2) \frac{dK_2(x_2)}{dx_2} = \sum_{1 \leq k \leq p_2} \frac{K_1(x_1)\bar{m}_k^2(x_1)K_1^{-1}(x_1)}{x_2^k} , \quad x_1 \in \mathcal{R}(\dot{D}_{R_1}) , \quad x_2 \in \mathcal{R}(\dot{D}_{R_2})$$

Fixons $x_1 = b_1$; on peut donc poser $m_k^2 := K_1(b_1)\,\bar{m}_k^2(b_1)\,K_1^{-1}(b_1)$ et il vient

$$K_2^{-1}(x_2)\,\frac{dK_2}{dx_2} = \sum_{1\leq k\leq p_2} \frac{m_k^2}{x_2^k} \quad \text{avec } m_k^2 \in \hat{L}(\omega) \quad \text{car } K_1 \text{ et } K_1^{-1} \text{ dans } \Delta(\omega)$$

et que $\bar{m}_k^2(x_1) \in \hat{L}(\omega)$. On a donc :

$$G(x) = K_2(x_2)K_1(x_1)H_2(x_2,u_2) .$$

d) Troisième étape de la démonstration du théorème.

On procède par récurrence sur les indices des variables. Supposons que :

$$G(x) = V_q(x_1,\dots,x_q)\,H_q(x) \qquad (q<\ell)$$

avec $H_q(x)$ et $H_q^{-1}(x)$ holomorphes sur $D_{R_1}\times\dots\times D_{R_q}\times \prod_{q+1\leq i\leq \ell} \mathcal{R}(\dot{D}_{R_i}) \times \prod_{\ell+1\leq i\leq m} D_{R_i}$

à valeurs dans $\Delta(\omega)$,

$$V_q(x_1,\dots,x_q) = K_q(x_q)\dots K_1(x_1)$$

avec $K_1(x_1)$,..., $K_q(x_q)$ à valeurs dans $\Delta(\omega)$ et vérifiant

$$K_i^{-1}\,\frac{dK_i}{dx_i} = \sum_{1\leq k\leq p_i} \frac{m_k^i}{x_i^k} , \quad m_k^i \in \hat{L}(\omega) \quad (i=1,\dots,q)$$

$$V_q^{-1}\,\frac{\partial V_q}{\partial x_i} = \sum_{1\leq k\leq p_i} \frac{\bar{m}_k^i(x_1,\dots,x_{i-1})}{x_i^k} , \quad \bar{m}_k^i(x_1,\dots,x_{i-1}) \in \hat{L}(\omega) ,$$

$$V_q(x_1,\dots,x_q) = V_{q-1}(x_1,\dots,x_{q-1})\,x_q^{m_1^q}\,N_q(x_q,u_q) \quad \text{avec}$$

$N_q(x_q,u_q)$ et $N_q^{-1}(x_q,u_q)$ se développant en série en x_q^{-1} de premier terme 1, et enfin $[m_1^j\ ,\ V_{q-1}] = o \quad j \geq q \quad (j \leq \ell)$

Toutes ces hypothèses ont été vérifiées pour $q=1,2$. Supposons-les vraies jusqu'au rang q et montrons-les pour le rang $q+1$.

1° Montrons d'abord que $[m_1^{q+1}\ ,\ V_q] = o$.

Tout d'abord $H_q(x)$ vérifie les équations $(1)_j$ pour $j \geq q+1$, et on a :

$$(o,\dots,o,\gamma_{q+1},o,\dots,o)^{\star}\ G(x) = M_{q+1}\ G(x)$$

$$(o,\dots,o,\gamma_{q+1},o,\dots,o)^{\star}\ H_q(x) = \widetilde{M}_{q+1}(x_1,\dots,x_q)\ H_q(x)\ .$$

En comparant $G(x)$ et $H_q(x)$ on obtient

$M_{q+1}\ V_q(x_1,\dots,x_q) = V_q(x_1,\dots,x_q)\ \widetilde{M}_{q+1}(x_1,\dots,x_q)$, c'est-à-dire :

$$M_{q+1} V_{q-1}(x_1,\dots,x_{q-1}) x_q^{m_1^q} N_q(x_q,u_q) = V_{q-1}(x_1,\dots,x_{q-1}) x_q^{m_1^q} N_q(x_q,u_q) \widetilde{M}_{q+1}(x_1,\dots,x_q)$$

L'hypothèse de récurrence $[m_1^q\ ,\ V_{q-1}] = o$ implique $[x_q^{m_1^q}\ ,\ V_{q-1}] = o$;

comme $\pi_1(\prod_{1 \leq i \leq \ell} \dot{D}_{R_i}) = \mathbb{Z}^{\ell}$, on a $[M_q\ ,\ M_{q+1}] = o$ d'où $[x_q^{m_1^q}\ ,\ M_{q+1}] = o$

et finalement $\widetilde{M}_{q+1}(x_1,\dots,x_q) = N_q^{-1}(x_q,u_q)\ M_{q+1}\ N_q(x_q,u_q)$

Comme $\widetilde{M}_{q+1}(x_1,\dots,x_q)$ est holomorphe par rapport à x_q en $x_q=o$ et que $N_q(x_q,u_q)$ ainsi que $N_q^{-1}(x_q,u_q)$ se développent en série en x_q^{-1} de premier terme 1 il vient $\widetilde{M}_{q+1}(x_1,\dots,x_q) = M_{q+1}$, ce qui montre que $[M_{q+1}\ ,\ V_q] = o$

On a de même $[m_1^j, V_q] = o \quad j \geq q+1$

2° Montrons que $G(x) = V_{q+1}(x_1,\dots,x_{q+1})\, H_{q+1}(x)$, H_{q+1} et V_{q+1} possédant

les propriétés indiquées dans l'hypothèse de récurrence.

Soient $x_{q+1} \in \mathcal{R}(\dot{D}_{R_{q+1}})$ et $u_{q+1} = (x_1,\dots,x_q,x_{q+2},\dots,x_m)$,

$$u_{q+1} \in \prod_{1\leq i\leq q} D_{R_i} \times \prod_{q+2\leq i\leq \ell} \mathcal{R}(\dot{D}_{R_i}) \times \prod_{\ell+1\leq i\leq m} D_{R_i} = \mathcal{U}_{q+1} .$$

Comme $H_q(x)$ vérifie $(1)_i$ $(i \geq q+1)$, que $H_q(b_q,u_q)$ est dans $\Delta(\omega)$,

il existe p_{q+1} fonctions $\bar{m}_k^{q+1}$ holomorphes sur $\mathcal{U}_{q+1}$ à valeurs dans $\Delta(\omega)$,

il existe $H_{q+1}(x_{q+1},u_{q+1})$ holomorphe sur $D_{R_q} \times \mathcal{U}_{q+1}$ à valeurs dans $\Delta(\omega)$,

il existe $K_{q+1}(x_{q+1},u_{q+1})$ holomorphe sur $\mathcal{R}(\dot{D}_{R_{q+1}}) \times \mathcal{U}_{q+1}$ à valeurs dans

$\Delta(\omega)$ telles que :

$$H_q(x) = K_{q+1}(x_{q+1},u_{q+1})\, H_{q+1}(x_{q+1},u_{q+1})$$

$$K_{q+1}^{-1} \frac{\partial K_{q+1}}{\partial x_{q+1}} = \sum_{1\leq k\leq p_{q+1}} \frac{\bar{m}_k^{q+1}(u_{q+1})}{x_{q+1}^k}$$

$N_{q+1}(x_{q+1},u_{q+1}) = x_{q+1}^{-\bar{m}_1^{q+1}(u_{q+1})}\, K_{q+1}(x_{q+1},u_{q+1})$ admettant un développement

en série entière en x_{q+1}^{-1} de premier terme 1.

Comme H_{q+1} et H_{q+1}^{-1} sont holomorphes par rapport à x_{q+1} en $x_{q+1}=o$, la monodromie de H_q par rapport à γ_{q+1} est la même que celle de $K_{q+1}(x_{q+1},u_{q+1})$

c'est-à-dire $M_{q+1} = \exp 2\pi\sqrt{-1}\,\overline{m}_1^{q+1}(u_{q+1})$, d'où $\overline{m}_1^{q+1}(u_{q+1}) = m_1^{q+1}$

constante. Or on a

$$G(x) = K_q(x_q)\dots K_1(x_1)\ H_q(x) = V_q(x_1,\dots,x_q)K_{q+1}(x_{q+1},u_{q+1})H_{q+1}(x_{q+1},u_{q+1}) .$$

Posons $V_{q+1}(x_{q+1},u_{q+1}) := G(x)\ H_{q+1}^{-1}(x_{q+1},u_{q+1}) = K_q(x_q)\dots K_1(x_1)K_{q+1}(x_{q+1},u_{q+1})$

$$= V_q(x_1,\dots,x_q)\ x_{q+1}^{m_1^{q+1}}\ N_{q+1}(x_{q+1},u_{q+1}) .$$

3° On a :

$$V_{q+1}^{-1}\frac{\partial V_{q+1}}{\partial x_{q+1}} = K_{q+1}^{-1}(x_{q+1},u_{q+1})\ \frac{\partial K_{q+1}(x_{q+1},u_{q+1})}{\partial x_{q+1}} = \sum_{1\leq k\leq p_{q+1}} \frac{\overline{m}_k^{q+1}(u_{q+1})}{x_{q+1}^k} .$$

Calculons $V_{q+1}^{-1}\dfrac{\partial V_{q+1}}{\partial x_j}$ pour $j\geq q+2$:

(a) $$V_{q+1}^{-1}\frac{\partial V_{q+1}}{\partial x_j} = H_{q+1}(x_{q+1},u_{q+1})\ G^{-1}\frac{\partial G}{\partial x_j}H_{q+1}^{-1}(x_{q+1},u_{q+1}) - \frac{\partial H_{q+1}}{\partial x_j}\ H_{q+1}^{-1}(x_{q+1},u_{q+1})$$

(b) $$V_{q+1}^{-1}\frac{\partial V_{q+1}}{\partial x_j} = N_{q+1}^{-1}(x_{q+1},u_{q+1})\ \frac{\partial N_{q+1}}{\partial x_j} .$$

En raisonnant comme plus haut sur (a) et (b) on déduit que $V_{q+1}^{-1}\dfrac{\partial V_{q+1}}{\partial x_j} = 0$

pour $j\geq q+2$, et que V_{q+1} ne dépend que de $x_1,\dots,x_{q+1}$ soit

$V_{q+1}(x_1,\dots,x_{q+1})$ et $\overline{m}_k^{q+1}(u_{q+1}) = \overline{m}_k^{q+1}(x_1,\dots,x_q)$.

Calculons $V_{q+1}^{-1}\dfrac{\partial V_{q+1}}{\partial x_i}$ pour $i=1,\dots,q$. On a :

$$(a)\quad V_{q+1}^{-1}\frac{\partial V_{q+1}}{\partial x_i} = H_{q+1}(x_{q+1},u_{q+1})\, G^{-1}\frac{\partial G}{\partial x_i} H_{q+1}^{-1} - \frac{\partial H_{q+1}}{\partial x_i} H_{q+1}^{-1}$$

$$(b)\quad V_{q+1}^{-1}\frac{\partial V_{q+1}}{\partial x_i} = N_{q+1}^{-1}(x_{q+1},u_{q+1})x_{q+1}^{-m_1^{q+1}}\, V_q^{-1}\frac{\partial V_q}{\partial x_i}\, x_{q+1}^{m_1^{q+1}}\, N_{q+1}(x_{q+1},u_{q+1}) + N_{q+1}^{-1}\frac{\partial N_{q+1}}{\partial x_i}$$

$$= N_{q+1}^{-1}(x_{q+1},u_{q+1})\, V_q^{-1}\frac{\partial V_q}{\partial x_i}\, N_{q+1}(x_{q+1},u_{q+1}) + N_{q+1}^{-1}\frac{\partial N_{q+1}}{\partial x_i}$$

car $[\, m_1^{q+1} , V_q] = o$.

En comparant (a) et (b) il vient comme plus haut

$$V_{q+1}^{-1}\frac{\partial V_{q+1}}{\partial x_i} = V_q^{-1}\frac{\partial V_q}{\partial x_i} \qquad \text{pour} \quad i=1,\ldots,q .$$

Donc V_{q+1} est solution de :

$$V_q^{-1}\frac{\partial V_q}{\partial x_i} = \sum_{1\leq k\leq p_i}\frac{\bar{m}_k^i(x_1,\ldots,x_{i-1})}{x_i^k} \qquad i=1,\ldots,q$$

et l'on a :

$$V_{q+1}(x_1,\ldots,x_{q+1}) = K_{q+1}(x_{q+1})V_q(x_1,\ldots,x_q) = K_{q+1}(x_{q+1})K_q(x_q)\ldots K_1(x_1)$$

où $K_{q+1}(x_{q+1})$ ne dépend que de x_{q+1}. On en déduit :

$$V_{q+1}^{-1}\frac{\partial V_{q+1}}{\partial x_{q+1}} = V_q^{-1}(x_1,\ldots,x_q)K_{q+1}^{-1}(x_{q+1})\frac{dK_{q+1}}{dx_{q+1}}V_q(x_1,\ldots,x_q)$$

$$= \sum_{1\leq k\leq p_{q+1}}\frac{\bar{m}_k^{q+1}(x_1,\ldots,x_q)}{x_{q+1}^k}$$

$$K_{q+1}^{-1}(x_{q+1})\frac{dK_{q+1}}{dx_{q+1}} = \sum_{1\leq k\leq p_{q+1}}\frac{K_q(x_q)\ldots K_1(x_1)\,\bar{m}_k^{q+1}\,K_1^{-1}(x_1)\ldots K_q^{-1}(x_q)}{x_{q+1}^k}$$

c'est-à-dire en fixant $x_1 = b_1 , \dots , x_q = b_q$,

$$K_{q+1}^{-1} \frac{dK_{q+1}}{dx_{q+1}} = \sum_{1 \leq k \leq p_{q+1}} \frac{m_k^{q+1}}{x_{q+1}^k}$$

avec $m_k^{q+1} = K_q(b_q) \dots K_1(b_1) \overline{m}_k^{q+1}(b_1, \dots, b_q) K_1^{-1}(b_1) \dots K_q^{-1}(b_q)$.

De plus, comme $H_{q+1}(x) \in \Delta(\omega)$ et $G(x) \in \Delta(\omega)$ on a $V_{q+1}(x_1, \dots, x_{q+1}) \in \Delta(\omega)$

et comme $V_q(x_1, \dots, x_q) \in \Delta(\omega)$, $K_{q+1}(x_{q+1}) \in \Delta(\omega)$. On sait que

$\overline{m}_k^{q+1}(x_1, \dots, x_q) \in \hat{L}(\omega)$ et $K_j(x_j) \in \Delta(\omega)$ $(j=1, \dots, q)$ d'où $m_k^{q+1} \in \hat{L}(\omega)$.

C.Q.F.D.

5) Corollaire. Sous les hypothèses du théorème 4, et si l'on suppose de plus $L(\omega)$ nilpotente, alors les m_k^i $1 \leq k \leq p_i$ $1 \leq i \leq \ell$, $h(x)$, et $k_i(x_i)$ sont des polynômes de Lie en $a_1 , \dots , a_r$.

Démonstration . La démonstration est immédiate puisque dans ce cas il existe $N \in \mathbb{N}$ tel que $L^n(\omega) = 0$ pour $n > N$ et les séries de Lie sont des polynômes de degré au plus N .

B. Étude de la convergence.

1.- Notations

Soient A une algèbre filtrée, normée, complète de dimension m sur $\mathbb{C}$, $\mathfrak{g}$ une sous-algèbre de Lie de A, filtrée, normée complète.

On note $P(\mathfrak{g}^r, A)$ l'espace vectoriel des polynômes continus sur $\mathfrak{g}^r$ à valeurs dans A, $\hat{P}(\mathfrak{g}^r, A)$ l'espace vectoriel des séries formelles à composantes continues (complété de $P(\mathfrak{g}^r, A)$ pour la topologie associée à la filtration naturelle de $P(\mathfrak{g}^r, A)$) , $L(\mathfrak{g}^r, \mathfrak{g})$ l'espace vectoriel des polynômes de Lie continus sur $\mathfrak{g}^r$ à valeurs dans $\mathfrak{g}$, et $\hat{L}(\mathfrak{g}^r, \mathfrak{g})$ l'espace vectoriel des séries de Lie continues sur $\mathfrak{g}^r$ à valeurs dans $\mathfrak{g}$.

Dans $\hat{A}(\omega)$ (resp. $\hat{L}(\omega)$) (cf. § 1) on peut substituer aux éléments $a_1, \dots, a_r$ (liés par les relations (R)) des éléments $(b_1, \dots, b_r) \in \mathfrak{g}^r$ $\mathfrak{g}^r \subset A^r$, d'où un morphisme de $\hat{A}(\omega)$ dans $\hat{P}(\mathfrak{g}^r, A)$ (resp. de $\hat{L}(\omega)$ dans $\hat{L}(\mathfrak{g}^r, \mathfrak{g})$).

On note également par $\Gamma(\mathfrak{g}^r, \mathfrak{g}) = \{ b \in \hat{P}(\mathfrak{g}^r, A), \ b = \Sigma b_n , \ b_o = 1 \}$

$$\Delta(\mathfrak{g}^r, \mathfrak{g}) = \{ b \in \Gamma(\mathfrak{g}^r, \mathfrak{g}) \mid \hat{c}(b_n) = \sum_{i+j=n} b_i \otimes b_j \}.$$

2.- Définitions.

1) Soient $b \in \hat{P}(\mathfrak{g}^r, A)$ et Ω un ouvert de $\mathfrak{g}^r$ contenant $o \in \mathfrak{g}^r$. Si la

série formelle b est absolument convergente dans A pour tout $(a_1,\dots,a_r)\in\Omega$, alors $b(a_1,\dots,a_r)$ définit une fonction analytique sur Ω qu'on appelle $\mathfrak{g}$-<u>analytique</u> sur Ω.

2) De même, si $b\in\hat{L}(\mathfrak{g}^r,\mathfrak{g})$ est absolument convergente dans $\mathfrak{g}$ sur Ω on dit que b définit une fonction $L\mathfrak{g}$-<u>analytique</u> sur Ω.

3) Plus généralement, soit M une variété analytique complexe, $x_o\in M$. On dit qu'une fonction $F : M\times\mathfrak{g}^r \longrightarrow A$ est $\mathfrak{g}$-<u>analytique</u> au voisinage de $x_o\times o\in M\times\mathfrak{g}^r$ s'il existe un ouvert $O(x_o)$ contenant x_o, s'il existe un ouvert Ω de $\mathfrak{g}^r$ contenant $o\in\mathfrak{g}^r$ et une série formelle $b : M\times\mathfrak{g}^r \longrightarrow \hat{P}(\mathfrak{g}^r, A)$ tels que $b(x;a_1,\dots,a_r) = \sum_{n\geq o} b_n(x;a_1,\dots,a_r)$ (b_n composante de degré n) qui vérifie :

(i) $b_n(x;a_1,\dots,a_r)$ est une fonction holomorphe (au sens du § I) sur $O(x_o)$ à valeurs dans A

(ii) la série est absolument convergente dans A sur Ω pour tout $x\in O(x_o)$ et est uniformément convergente par rapport à $x\in O(x_o)$ sur Ω.

(iii) $F(x;a_1,\dots,a_r) = b(x;a_1,\dots,a_r)$ pour tout $(x,a_1,\dots,a_r)\in O(x_o)\times\Omega$.

4) Soit $f : M\times\mathfrak{g}^r \longrightarrow \mathfrak{g}$. Elle est dite $L\mathfrak{g}$-<u>analytique</u> au voisinage de $x_o\times o\in M\times\mathfrak{g}^r$ s'il existe un ouvert $O(x_o)$ de M contenant x_o, s'il existe un ouvert Ω de $\mathfrak{g}^r$ contenant $o\in\mathfrak{g}^r$ et une série formelle $b: M\times\mathfrak{g}^r \longrightarrow \hat{L}(\mathfrak{g}^r,\mathfrak{g})$ telle que $b(x;a_1,\dots,a_r) = \sum_{n\geq 1} b_n(x;a_1,\dots,a_r)$ qui vérifie :

(i) $b_n(x;a_1,\dots,a_r)$ est une fonction holomorphe sur $O(x_o)$ à valeurs dans $\mathfrak{g}$

(ii) la série est absolument convergente dans $\mathfrak{g}$ sur Ω pour tout $x \in O(x_o)$ et est uniformément convergente par rapport à $x \in O(x_o)$ sur Ω

(iii) $f(x;a_1,\dots,a_r) = b(x;a_1,\dots,a_r)$ pour tout $(x;a_1,\dots,a_r) \in O(x_o) \times \Omega$

5) On définit comme au §I la notion de différentielle, de produit extérieur, etc...

On peut donc considérer $\omega(x) \sum_{1 \leq i \leq r} \omega_i(x)\, a_i$, où les $\omega_i(x)$ sont fermées, les a_i dans $\mathfrak{g}$ et ω complètement intégrable. Désignons par $\mathcal{C}$ l'ensemble des $(a_1,\dots,a_r) \in \mathfrak{g}^r$ tels que $\omega(x) = \sum_{1 \leq i \leq r} \omega_i(x)\, a_i$ ($\omega_i(x)$ données et fermées) soit complètement intégrable.

Soit donc le système de Pfaff

$$(1) \qquad dG = G\omega \; .$$

3.- <u>Théorème</u>.

Soient $x_o \in M$ fixé et D ouvert simplement connexe de M contenant x_o tel que tout point x de D puisse être joint dans D par un chemin de classe C^1, de longueur L au plus ($L > o$ fixé).

On a alors la version convergente du théorème 2, § I A :

<u>Théorème 2'</u>. <u>Il existe un ouvert</u> Ω <u>contenant</u> o <u>dans</u> $\mathcal{C}$ <u>et</u> $g : D \times \Omega \longrightarrow \mathfrak{g}$ <u>tels que</u> :

(i) $g(x_o;a_1,\dots,a_r) = o$ <u>pour tout</u> $(a_1,\dots,a_r) \in \Omega$

(ii) $g(x;a_1,\dots,a_r)$ <u>est $\mathcal{Lg}$-analytique dans</u> $D\times\Omega$

(iii) $G(x;a_1,\dots,a_r) := \exp g(x;a_1,\dots,a_r)$ <u>est solution de</u> (1) .

<u>Preuve.</u> Soit $\ell(x)$ un chemin quelconque de classe C^1 dans D joignant x_o à x et posons $G(x) := \sum_{n\geq o} G_n(x;a_1,\dots,a_r)$ avec $G_o(x;a_1,\dots,a_r) = 1$ et

$$G_n(x;a_1,\dots,a_r) = \int_{\ell(x)} G_{n-1}(u;a_1,\dots,a_r)\,\omega(u)$$

1° Montrons d'abord que G est $\mathcal{G}$-analytique sur $D\times\mathcal{C}$.

En vertu du § I (théorème 2) il reste à vérifier que la série formelle G converge uniformément par rapport à x dans D sur $\mathcal{C}$. Les $\omega_k(x)$ $(k=1,\dots,r)$ étant holomorphes sur D, il est possible de trouver un réel K (K>o) tel que

$$|\omega_k^*(t)| \leq K\, d\lambda(t) \quad , \quad \int_{\ell(x)} |\omega_k| \leq K \int_{\ell(x)} d\lambda(t) = K\lambda(x) \quad (k=1,\dots,r)$$

où $\lambda(t)$ est l'abscisse curviligne sur $\ell(x)$ d'origine x_o et $\lambda(x)$ la longueur du chemin $\ell(x)$.

Montrons par récurrence sur l'entier n que

$$\|G_n(x;a_1,\dots,a_r)\| \leq \frac{1}{n!}\left(K\lambda(x) \sum_{1\leq k\leq r} \|a_k\| \right)^n .$$

C'est évidemment vrai pour n=o . Supposons la propriété vraie jusqu'au rang n-1 et montrons la pour le rang n. Nous avons :

$$G_n(x;a_1,\dots,a_r) = \int_{\ell(x)} G_{n-1}(t;a_1,\dots,a_r)\,\omega(t) \quad , \quad \text{d'où}$$

$$\|G_n(x)\| \leq \int_{\ell(x)} \|G_{n-1}(t;a_1,\dots,a_r)\|\,\|\omega(t)\| \quad , \quad \text{et}$$

$\|\omega(x)\| = \|\sum_{1\le k\le r} \omega_k(t)\, a_k\| \le \sum_{1\le k\le r} |\omega_k(t)|\, \|a_k\|$, donc

$$\|G_n(x;a_1,\dots,a_r)\| \le \sum_{1\le k\le r} \|a_k\| \int_{\ell(x)} \frac{1}{(n-1)!} K^{n-1} \lambda^{n-1}(t) \Big(\sum_{1\le i\le r} \|a_i\|\Big)^{n-1} |\omega_k(t)|$$

$$\le K\Big(\sum_{1\le k\le r} \|a_k\| \int_{\ell(x)} \frac{\lambda^{n-1}(t)\,d\lambda(t)}{(n-1)!}\Big)\, K^{n-1}\Big(\sum_{1\le i\le r} \|a_i\|\Big)^{n-1}$$

$$\le K^n \Big(\sum_{1\le i\le r} \|a_i\|\Big)^n \frac{\lambda^n(x)}{n!}$$

$$\le \frac{K^n L^n \Big(\sum_{1\le i\le r} \|a_i\|\Big)^n}{n!} \qquad \text{pour tout } x\in D ,$$

d'où la convergence uniforme .

2° Il résulte de la preuve du théorème 2 qu'il existe $g(x;a_1,\dots,a_r) \in \hat{L}(\mathfrak{g}^r, \mathfrak{g})$ telle que $G(x;a_1,\dots,a_r) = \exp g(x;a_1,\dots,a_r)$

3° Reste à voir que g est $\mathcal{L}\mathfrak{g}$-analytique dans $D \times \Omega$

On sait que $\exp : \mathfrak{g} \longrightarrow A$ est un isomorphisme analytique d'un voisinage V de o dans $\mathfrak{g}$ sur un voisinage W de 1 dans A. On note $\log = \exp^{-1}$.

Comme $G(x;o,\dots,o) = 1$ et que la convergence est uniforme par rapport à $x\in D$, il existe un voisinage Ω de o dans $\mathcal{C}$ tel que $G(x;a_1,\dots,a_r) \in W$ ($(x,a_1,\dots,a_r) \in D\times\Omega$). Comme log transforme la série convergente G en la série formelle g et que log est un isomorphisme analytique, la série formelle g est uniformément convergente par rapport à $x\in D$ dans Ω . De plus $g(x;a_1,\dots,a_r)$ est analytique (comme G) dans D . La composante de degré n de son développement en série de Lie, $g_n(x;a_1,\dots,a_r)$ est elle aussi holomorphe (au sens du § I) .

Remarque 1 . G^{-1} est $\mathfrak{g}$-analytique sur $D\times\mathcal{C}$ car G^{-1} est solution de

$dG^{-1} = -\omega G^{-1}$.

Remarque 2. On peut préciser le domaine de convergence de la série de Lie g de la proposition 3 du § I de A (r = 2) . Son domaine de convergence contient l'ouvert $\Omega = \{(a,b)\in\mathcal{C} \mid \|a\| + \|b\| < \frac{1}{KL}\log 2\}$ (où K et L ont été définis ci-dessus) .

On a en effet : $\|G_n(x;a_1,a_2)\| \leq \frac{K^nL^n}{n!}(\|a_1\| + \|a_2\|)^n$

$\|G(x;a_1,a_2)\| \leq \exp(KL(\|a_1\| + \|a_2\|) = 1 + (\exp(KL(\|a_1\| + \|a_2\|))-1)$.

Si $\exp(KL(\|a_1\| + \|a_2\|)) - 1 < 1$, c'est-à-dire $\|a_1\| + \|a_2\| < \frac{\log 2}{KL}$

$G(x;a_1,a_2)$ converge.

Remarque 3. En fait on pourrait (en calculant comme dans Bourbaki [7]) montrer directement sur la forme de la série $g(x;a_1,a_2)$ de la proposition 3 (§ I A) que cette série converge pour $\|a_1\| + \|a_2\| < \frac{\log 2}{KL}$

Remarque 4 . Plus généralement, pour r quelconque, la série de Lie $g(x;a_1,\dots,a_r)$ du théorème 2' converge pour $\sum_{1\leq i\leq r} \|a_i\| < \frac{\log 2}{KL}$

4.- Version convergente pour la monodromie.

Considérons $\omega = \sum_{1\leq j\leq r} \omega_j(x)\, a_j$ forme de Pfaff sur M à valeurs dans $L(\mathfrak{g}^r,\mathfrak{g})$

complètement intégrable, admettant $q \in M$ pour singularité polaire normale

(cf. § II A) .

<u>Théorème et définition</u>. <u>Il existe</u> $m_i \in \hat{L}(\mathfrak{g}^r, \mathfrak{g})$ $\mathcal{L}\mathfrak{g}$-<u>analytique sur</u> Ω

<u>ouvert contenant</u> o <u>dans</u> $\mathcal{C}$ <u>tel que</u> $\Gamma_i^* g(x) = m_i H\, g(x)$. $M_i = \exp 2\pi \sqrt{-1}\, m_i$

<u>est appelée monodromie de</u> G <u>relative à</u> Γ_i .

En effet, $G_i(x) = \Gamma_i^* G(x)$ est solution de (1) comme $G(x)$. Alors $G_i(x)G^{-1}(x)$

est constante, appartient à $\Delta(\mathfrak{g}^r, \mathfrak{g})$. Soit $b \in \mathcal{R}(\mathcal{D}^*)$ fixé, $C(\beta_i)$ représentant

de β_i d'origine b et d'extrémité b_i (b et b_i se projetant sur le même point

de $\mathcal{D}^*$) . Soit G solution de (1) telle que $G(b) = 1$ et $M_i = G_i(x)G^{-1}(x)$.

Alors M_i est $\mathfrak{g}$-analytique, car on applique le théorème 2' avec $\ell(x) = C(\beta_i)$

et D voisinage tubulaire compact de $C(\beta_i)$ ne contenant pas q Et on a

$M_i = G(b_i)$. Remarquons que le même résultat est valable pour M_i^{-1} (cf.

remarque 1 plus haut)

5.- <u>Version convergente du théorème fondamental</u>.

Soit q une singularité polaire normale pour ω .

<u>Théorème fondamental</u>. <u>Soit G solution de</u> (1) <u>telle que</u> $G(b) = 1$, $g = \log G$.

<u>Alors il existe un ouvert</u> Ω <u>contenant</u> o <u>dans</u> $\mathcal{C}$, <u>il existe</u> $\sum_{1 \leq i \leq \ell} p_i$

<u>éléments</u> $m_k^i \in \hat{L}(\mathfrak{g}^r, \mathfrak{g})$ $\mathcal{L}\mathfrak{g}$-<u>analytiques sur</u> Ω, h $\mathcal{L}\mathfrak{g}$-<u>analytique sur</u> $\mathcal{D}\times\Omega$ <u>à valeurs dans</u> $\mathfrak{g}$, ℓ <u>fonctions</u> k_i $\mathcal{L}\mathfrak{g}$-<u>analytiques sur</u> $\mathcal{R}(\dot{D}_{R_i})\times\Omega$ <u>à valeurs dans</u> $\mathfrak{g}$ <u>telles que</u> :

1° Si $H(x) = \exp h(x)$, $K_i(x_i) = \exp k_i(x_i)$, <u>on a</u>

$$G(x) = \prod_{0\leq i\leq \ell-1} K_{\ell-i}(x_{\ell-i})\, H(x) \quad \underline{\text{avec}} \quad \frac{dK_i}{dx_i} = K_i(x_i) \sum_{1\leq k\leq p_i} \frac{m_k^i}{x_i^k} ,$$

$x_i^{-m_1^i}.K_i(x_i)$ <u>se développe en série entière en</u> x_i^{-1} <u>de premier terme</u> 1.

2° $g(x) = k_\ell(x_\ell) \mathsf{H} \dots \mathsf{H} k_1(x_1) \mathsf{H} h(x)$.

<u>De plus, les</u> m_k^i <u>sont uniques.</u>

<u>Preuve</u>. Suivons la preuve du théorème fondamental § II A et faisons les modifications suivantes:

Soit $(1)_u$ $\quad dG(x,u) = G(x,u)\,\omega(x,u)$ (cf. § II A)

<u>Lemme 1'</u>. <u>Il existe un ouvert</u> Ω <u>dans</u> $\mathcal{C}$ <u>contenant</u> o, <u>il existe</u> $g(x,u)$ $\mathcal{L}\mathfrak{g}$ -<u>analytique sur</u> $\mathcal{R}(\dot{D}_{R_o})\times\mathcal{U}\times\Omega$ <u>à valeurs dans</u> $\mathfrak{g}$, p <u>fonctions</u> $m_k(u)$ $\mathcal{L}\mathfrak{g}$-<u>analytiques sur</u> $\mathcal{U}\times\Omega$ <u>à valeurs dans</u> $\mathfrak{g}$ (k=1,...,p), <u>une fonction</u> k $\mathcal{L}\mathfrak{g}$-<u>analytique sur</u> $\mathcal{R}(\dot{D}_{R_o})\times\mathcal{U}\times\Omega$ <u>à valeurs dans</u> $\mathfrak{g}$, <u>une fonction</u> h $\mathcal{L}\mathfrak{g}$ -<u>analytique sur</u> $D_{R_o}\times\mathcal{U}\times\Omega$ <u>à valeurs dans</u> $\mathfrak{g}$ <u>telles que</u> :

1° <u>Si</u> $G(x,u) = \exp g(x,u)$, $H(x,u) = \exp h(x,u)$, $K(x,u) = \exp k(x,u)$, <u>on a</u>

$G(x,u) = K(x,u)\,H(x,u)$, $G(x,u)$ <u>solution de</u> $(1)_u$, $H(b,u) = 1$ <u>pour tout</u> $u \in \Omega$

$\frac{dK(x,u)}{dx} = K(x,u) \sum_{1\leq k\leq p} \frac{m_k(u)}{x^k}$, $x^{-m_1(u)}\,K(x,u)$ <u>se développe en série entière en</u> x^{-1} <u>de premier terme</u> 1 .

2° $g(x,u) = k(x,u) \vdash\!\dashv h(x,u)$.

De plus les $m_k(u)$ sont uniques sous les conditions 1° et 2° .

Dans la preuve du lemme 1 (§ II A) on a considéré le théorème de Lappo-Danilevsky avec paramètre. En reprenant ce théorème, il vient que les $w_k(u)$ (éléments de $\hat{L}(\mathcal{G}^r,\mathcal{G})$) sont des fonctions $\mathcal{L}\mathcal{G}$-analytiques sur $\mathcal{U}\times\Omega$. (En fait on sait seulement que $w_k(u)\in\hat{P}(\mathcal{G}^r, A)$ et que w_k est $\mathcal{G}$-analytique sur $\mathcal{U}\times\Omega$ On poursuit comme dans la preuve du lemme 1 en montrant que $m_k(u)\in\hat{L}(\mathcal{G}^r,\mathcal{G})$).

On obtient également que si $\Phi(x,u)$ est solution de $(1)_u$ avec $\Phi(b,u) = 1$ pour tout $u\in\mathcal{U}$, on a $\Phi(x,u) = \vartheta(x,u)\bar{\Phi}(x,u)$ avec $\bar{\Phi}(x,u)$ et $\bar{\Phi}^{-1}(x,u)$ $\mathcal{G}$-analytique sur $D_{R_o}\times\mathcal{U}\times\Omega$ ($\bar{\Phi}$ et $\bar{\Phi}^{-1}$ dans $\hat{P}(\mathcal{G}^r, A)$, $\vartheta(x,u)$ est $\mathcal{G}$-analytique sur $\mathcal{R}(\dot{D}_{R_o})\times\mathcal{U}\times\Omega$ ($\vartheta(x,u)\in\hat{P}(\mathcal{G}^r, A)$ (en fait $\vartheta(x,u)\in\Gamma(\mathcal{G}^r,\mathcal{G})$)) et est solution de $\frac{d\vartheta}{dx} = \vartheta(x,u)\sum_{1\le k\le p}\frac{w_k(u)}{x^k}$, $x^{-w_1(u)}\vartheta(x,u)$ se développe en série entière en x^{-1} de premier terme 1. Alors $H(x,u):=\bar{\Phi}^{-1}(b,u)\Phi(x,u)$ est $\mathcal{G}$-analytique sur $D_{h_o}\times\mathcal{U}\times\Omega$, $K(x,u):=\bar{\Phi}^{-1}(b,u)\vartheta(x,u)\bar{\Phi}(b,u)$ est $\mathcal{G}$-analytique sur $\mathcal{R}(\dot{D}_{R_o})\times\mathcal{U}\times\Omega$ et $G(x,u) = K(x,u)\, H(x,u)$ aussi, et $m_k(u):=\bar{\Phi}^{-1}(b,u)\, w_k(u)\,\bar{\Phi}(b,u)$ est $\mathcal{L}\mathcal{G}$-analytique sur $\mathcal{U}\times\Omega$ puiqu'il en est de même pour $w_k(u)$, et que $\bar{\Phi}(b,u)$ ainsi que $\bar{\Phi}^{-1}(b,u)$ sont $\mathcal{G}$-analytiques sur Ω .

Le lemme 2 se transcrit immédiatement en le

Lemme 2' . Soit $\tilde{G}(x,u)$ solution de $(1)_u$ telle que $\tilde{G}(b,u) = \alpha(u)$ ($b \in \dot{D}_{R_o}$ fixé) , $\alpha(u)$ et $\alpha^{-1}(u)$ $\mathcal{G}$-analytiques sur $\mathcal{U}\times\Omega$ (Ω ouvert contenant o dans $\mathcal{C}$, $\alpha(u) \in \Delta(\mathcal{G}^r,\mathcal{G})$). Alors il existe p fonctions $\tilde{m}_k(u)$ $\mathcal{LG}$-analytiques sur $\mathcal{U}\times\Omega$ à valeurs dans $\mathcal{G}$ (k=1,...,p) , une fonction $\tilde{h}(x,u)$ $\mathcal{LG}$-analytique sur $D_{R_o}\times\mathcal{U}\times\Omega$ à valeurs dans $\mathcal{G}$, une fonction $k(x,u)$ $\mathcal{LG}$-analytique sur $\mathcal{R}(\dot{D}_{R_o})\times\mathcal{U}\times\Omega$ à valeurs dans $\mathcal{G}$ telles que :

1° Si $\tilde{H}(x,u) = \exp \tilde{h}(x,u)$, $\tilde{K}(x,u) = \exp \tilde{k}(x,u)$, on a $\tilde{G}(x,u) = \tilde{K}(x,u)\tilde{H}(x,u)$ avec $\tilde{H}(b,u) = \alpha(u)G^{-1}(b,u)$ (G défini comme dans le lemme 1') ,

$$\frac{d\tilde{K}}{dx} = \tilde{K}(x,u) \sum_{1\leq k\leq p} \frac{\tilde{m}_k(u)}{x^k} \quad , \quad x^{-\tilde{m}_1(u)}\tilde{K}(x,u)$$ se développe en série entière en x^{-1} de premier terme 1.

2° $\tilde{g}(x,u) = \tilde{k}(x,u) \,\mathsf{H}\, \tilde{h}(x,u)$

De plus les $\tilde{m}_k(u)$ sont uniques .

En reprenant les notations de la preuve du lemme 2 on voit que P(u) ainsi que $P^{-1}(u)$ est $\mathcal{G}$-analytique sur $\mathcal{U}\times\Omega$ (P(u) et $P^{-1}(u)$ appartiennent à $\Delta(\mathcal{G}^r,\mathcal{G})$), $\tilde{H}(x,u)$ est $\mathcal{G}$-analytique sur $D_{R_o}\times\mathcal{U}\times\Omega$, K(x,u) est $\mathcal{G}$-analytique sur $\mathcal{R}(\dot{D}_{R_o})\times\mathcal{U}\times\Omega$, $\tilde{H}(x,u)$ et $\tilde{K}(x,u)$ appartiennent à $\Delta(\mathcal{G}^r,\mathcal{G})$, $\tilde{m}_k(u) := P(u)m_k(u)P^{-1}(u)$ est $\mathcal{LG}$-analytique sur $\mathcal{U}\times\Omega$ (puisque $m_k(u)$ l'est et que P(u) et $P^{-1}(u)$ sont dans $\Delta(\mathcal{G}^r,\mathcal{G})$.

On reprend ensuite les étapes b,c,d de la preuve du théorème fondamental en remplaçant holomorphe par $\mathcal{G}$-analytique ou $\mathcal{LG}$-analytique selon le contexte.

BIBLIOGRAPHIE

[1] Lappo-Danilevsky Systèmes des Equations différentielles linéaires Chealsea Publ. Comp. 1953

[2] W. Magnus On the Exponentiel Solution of Differential Equation for linear operator Comm. on Pures and Applied Math. vol. VII 1954

[3] K.T. Chen Iterated integrals.Fundamental groups and covering spaces . Trans. Amer. Math. Soc. 206 (1975)

[4] V.A. Golubeva On the recovery of a Pfaffian system of Fuchsian type from the generators of the monodromy groups. Math. USSR Izvestija Vol. 17 1981 (n°2)

[5] N.P. Erugin Diff. Urav. 1963 , 1974 , 1975 .

[6] K. Aomoto Fonctions hyperlogarithmiques et groupes de monodromie unipotents. Fac. Sciences Tokyo Sec. I.A. Math. 25 (1978)

[7] N. Bourbaki Groupes et Algèbres de Lie . Chap. 2 et 3 (Hermann)

[8] B. Klarès et C. Sadler Study of a linear connection of several variables in the neighbourhood of an irregular singularity. Analysis vol. 2 t. 1 (à paraître)

U.E.R. de Sciences Naturelles et Exactes
Université de METZ
Ile de Saulcy
57000-METZ

Séminaire P.LELONG, P.DOLBEAULT, H.SKODA
(Analyse)
22e et 23e année, 1982/1983.

DISCONTINUITÉ ET ANNULATION DE L'OPÉRATEUR DE MONGE-AMPÈRE COMPLEXE

par Pierre L E L O N G

1. Dans un article récent [1] , E.BEDFORD et B.A.TAYLOR ont utilisé les opérateurs (non linéaires pour $k \geqslant 2$) :

$$M_k : V \to (dd^c V)^k$$
$$\psi_k : V \to V.(dd^c V)^{k-1} .$$

L'étude de M_k et ψ_k pour $V \in PSH(G)$, où $PSH(G)$ est le cône (sur R^+) des fonctions plurisousharmoniques définies dans un domaine G de C^n leur a permis d'obtenir une capacité relative des sous-ensembles de G , sous la forme d'un objet analytique complexe construit à partir de $PSH(G)$.

La définition de $M_k(V)$ et de $\psi_k(V)$ présente des difficultés. Comme dans [1] on se restreindra ici au cas $V \in L^\infty_{loc}(G) \cap PSH(G)$, c'est-à-dire aux fonctions plurisousharmoniques qui sont localement bornées inférieurement dans G . L'article [1] utilise la continuité de M_k et ψ_k pour les suites décroissantes $V_q \searrow V \in L^\infty_{loc}(G)$ et définit

$$M_k(V) = \lim_q M_k(V_q) \tag{1}$$

comme courant positif fermé (k,k), $2 \leqslant k \leqslant n$, obtenu comme limite faible des formes $M_k(V_q)$ pour une suite V_q décroissante de fonctions plurisousharmoniques dérivables.

Dans une Note récente [2] , U.CEGRELL montre par un exemple dans C^2 que $M_2(V)$ est discontinu : il existe $V \in PSH(G)$, V continu et positif, et une suite $V_q \in PSH(G)$, les V_q étant continus et positifs, telle que: -a/ V_q converge vers V dans $L^1_{loc}(G)$ - b/ la mesure positive $M_2(V_q)$ ne tend pas vers la mesure $M_2(V)$ pour la topologie faible des mesures. On possède ainsi un exemple de discontinuité pour l'opérateur de Monge-Ampère complexe $M_n(V)$ pour $n = 2$.

On montre ici qu'il s'agit là d'une situation générale et qu'elle est liée au fait que pour $k \geq 2$, les opérateurs M_k , ψ_k , s'annulent sur un sous-cône $\Gamma(G)$ de PSH(G) , sous-cône qui pour la topologie $L^1_{loc}(G)$ est <u>dense</u> sur $PSH(G) \cap L^\infty_{loc}(G)$, c'est-à-dire sur l'ensemble des fonctions plurisousharmoniques localement minorées. Ceci montre en particulier que pour $k = n \geq 2$, l'opérateur M_n de Monge-Ampère complexe se comporte différemment de $M_1 = dd^cV$ vis-à-vis des topologies vectorielles.

2. On note $d = \partial + \bar\partial$, $d^c = i(\bar\partial - \partial)$, $dd^c = 2i\,\partial\bar\partial$. On a $M_n(V) = (dd^cV)^n = c_n \det [\frac{\partial^2 V}{\partial z_p \partial \bar z_q}]\, d\tau$, pour l'opérateur de Monge-Ampère et l'on supposera toujours $n \geq 2$. On pose $\beta = \frac{i}{2} \sum_1^n dz_k \wedge d\bar z_k = \frac{i}{2}\partial\bar\partial \|z\|^2$ et on note l'élément de volume de C^n par $d\tau = \frac{1}{n!}\beta^n = \beta_n$.

Rappelons que si t est un courant positif de type (p,p) , on définit la mesure positive σ trace de t par

$$\sigma(f) = \int t \wedge f\, \beta_{n-p}$$

pour $f \in \mathcal{C}_o(G)$, espace des fonctions continues à support compact dans G .

Si φ est une forme de type $(n-p, n-p)$ des $dz_s . d\bar z_t$ de coefficients $\varphi_{I,J}(x) \in \mathcal{C}_o(G)$, rappelons qu'il existe $C_{n,p}$ ne dépendant que des dimensions tel qu'on ait la majoration :

(2) $$|t(\varphi)| \leq C_{n,p}\ \sigma\,[|\varphi|(x)]$$

où $|\varphi|(x) = \sup_{I,J} |\varphi_{I,J}(x)| \in \mathcal{C}_o(G)$, ce qu'on traduit en disant que la mesure trace $\sigma \in \mathcal{M}_+(G)$ majore t . En particulier si l'on pose $K = \operatorname{supp} \varphi \subset G$, on aura :

(3) $$|t(\varphi)| \leq C_{n,p}\ \|\varphi\|\ \sigma(K)$$

pour $\|\varphi\| = \sup_x |\varphi|(x)$.

D'autre part on a :

PROPOSITION 1. - <u>Si</u> $V \in PSH(G)$ <u>vérifie</u> $V(x) \geq 0$ <u>dans</u> G <u>et si tout</u> $x \in G$ <u>où l'on a</u> $V(x) > 0$ <u>possède un voisinage dans lequel on a</u> $dd^c V = 0$, <u>alors</u> V <u>est continu et l'ensemble</u> F <u>défini par</u> $V(x) = 0$ <u>est fermé dans</u> G .

En effet en un point $x \in F$, la fonction V est continue car elle atteint un minimum ; un point $x \notin F$ appartient d'autre part à un ouvert dans lequel V est pluriharmonique, donc continu. Il en résulte comme dans [2] :

PROPOSITION 2. - <u>L'opérateur</u> $\psi_2 = V \to V\, dd^c V$ <u>est nul sur les fonctions</u> $V \in PSH(G)$ <u>qui vérifient les hypothèses de la proposition</u> 1. <u>De même</u> $M_2(V) = 0$.

On peut le voir directement sans se référer à la construction donnée dans [1] de $\psi_2(V) = \lim\ \psi_2(V_q)$ pour une suite $V_q \searrow V$, de fonctions plurisousharmoniques dérivables. En effet V étant continue, si l'on considère une forme $(n-1, n-1)$, soit φ à coefficient $\mathcal{C}_0(G)$, et si l'on pose $g = \operatorname{supp}.\varphi \cap [x \in G\ ;\ V(x) \leqslant \varepsilon]$, g est un compact sur lequel la convergence $V_q \searrow V$ est uniforme. On a donc, le courant $dd^c V$ ayant la continuité des mesures :

$$\int V\, dd^c V \wedge \varphi = \int_g V\, dd^c V \wedge \varphi + \int_{K \setminus g} V\, dd^c V \wedge \varphi .$$

La seconde intégrale disparait car $dd^c V = 0$ sur l'ouvert $G \setminus g$. On a donc d'après (3), en notant σ la mesure-trace de V :

$$(4) \qquad \left| \int V\, dd^c V \wedge \varphi \right| \leqslant C_{n,1}\, \varepsilon \, \|\varphi\|\, \sigma(K) .$$

D'où $\psi_2(V) = 0$. D'autre part pour une forme φ, de type $(n-k, n-k)$ à coefficients dans $\mathcal{C}_0^\infty(G)$, on a :

$$M_k(V)(\varphi) = \int (dd^c V)^k \wedge \varphi = \int V (dd^c V)^{k-1} \wedge dd^c \varphi = \psi_k(V)(dd^c \varphi)$$

qui montre $M_2(V) = 0$. Plus généralement, en utilisant la définition de M_k et ψ_k à partir des suites $V_q \searrow V$, avec $V_q \in PSH(G) \cap \mathcal{C}^0(G)$, on aura pour $2 \leqslant k \leqslant n$:

PROPOSITION 3. - <u>Pour</u> $k \geqslant 2$ <u>les opérateurs</u> ψ_k <u>et</u> M_k <u>s'annulent sur les fonctions</u> $V \in PSH(G)$ <u>qui vérifient les hypothèses de la proposition</u> 1.

Pour la démonstration on considère comme plus haut le compact g et pour $s = k-1 \geqslant 1$:

$$\int V_q (dd^c V_q)^s \wedge \varphi = \int_g V_q (dd^c V_q)^s \wedge \varphi + \int_{K \setminus g} V_q (dd^c V_q)^s \wedge \varphi .$$

Les V_q demeurent dans un borné de $L^\infty_{loc}(G)$, donc, d'après un résultat de [3], les courants $(dd^cV_q)^s$ demeurent dans un borné ; il en est de même des mesures traces σ_q de sorte qu'on a une borne $a(K)$ de $\sigma_q(K)$; la convergence $V_q \searrow V$ étant uniforme sur tout compact, on aura d'après (3) pour $q > q_o$:

$$\left| \int_g V_q (dd^cV_q)^s \wedge \varphi \right| \leqslant 2\varepsilon\, C_{n,s}\, a(K)\, \|\varphi\| .$$

Dans la seconde intégrale $(dd^cV_q)^s$ courant positif converge d'après [1] vers $(dd^cV)^s = 0$ dans $G \setminus g$ pour la topologie faible sur les courants. Mais comme les $(dd^cV_q)^s$ sont des courants positifs, cette convergence entraîne que pour tout compact $K' \subset K \setminus g$ la masse $\sigma_q(K')$ de la mesure trace tende vers zéro ; on aura donc pour un compact $G' \subset\subset G$ contenant $K \setminus g$:

$$\left| \int_{K \setminus g} V_q (dd^cV_q)^s \wedge \varphi \right| \leqslant \sigma_q(G')\, C_{n,s}\, m_q \|\varphi\|$$

où $m_q = \sup |V_q(x)|$ sur G' est borné par une quantité indépendante de q, tandis que $\sigma_q(G') \to 0$, ce qui achève d'établir $\psi_k(V) = 0$. On en déduit $M_k(V) = 0$ pour $2 \leqslant k \leqslant n$, ce qui étend l'exemple [2].

3. Dans [4] on a établi d'autre part : soit G un domaine pseudo-convexe de C^n. Le cône (sur Q_+) des fonctions $c \log |F(x)|$, où c parcourt les rationnels positifs Q_+ et où F parcourt $A(G) = H(G) - \{0\}$ algèbre des fonctions holomorphes dans G, dont on exclut la constante nulle, forment un ensemble dense sur le cône $PSH(G)$ pour la topologie $L^1_{loc}(G)$. Ce cône est lui-même un ensemble fermé pour $L^1_{loc}(G)$. Il en résulte, pour $c \in R^+$ et $F \in A(G)$:

PROPOSITION 4. - <u>L'ensemble</u> $\Gamma(G) \subset PSH(G)$ <u>des fonctions</u> $V(x) = c \log^+ |F(x)|$, <u>où l'on note</u> $a^+ = \sup(a,0)$, <u>est dense pour</u> $L^1_{loc}(G)$ <u>sur le cône</u> $PSH^+(G)$ <u>des fonctions plurisousharmoniques positives.</u>

En effet soit $V \in PSH^+(G)$ et K un compact de G. Il existe une suite $W_q = c_q \log|F_q(x)|$, $c_q > 0$, $F_q \in A(G)$ telle qu'on ait $\lim_q \int_K |V(x) - W_q(x)| d\tau = 0$. Or on a

$$|V^+(x) - W_q^+(x)| = |V(x) - W_q^+(x)| \leqslant |V(x) - W_q(x)|$$

donc $\lim_q \int_K |V(x) - W_q^+(x)| d\tau = 0$.

Les fonctions $c \log^+|F(x)|$ vérifient les hypothèses de la proposition 1.

On a donc :

THÉORÈME 1. - Soit G un domaine pseudo-convexe de $\mathbb{C}^n$ et $PSH^+(G)$ le cône des fonctions plurisousharmoniques positives dans G. L'ensemble $E_+ = [c \log^+|F(x)|$, pour $c \geqslant 0$, $F \in A(G)]$ est dense pour $L^1_{loc}(G)$ sur le cône fermé $PSH^+(G)$. Il est un ensemble d'annulation pour les opérateurs ψ_k et M_k pour $k \geqslant 2$. L'ensemble $\Gamma(G) \in PSH(G) \cap L^\infty_{loc}(G)$ des fonctions $[c \log|F(x)| - a]^+ + a$ pour $c \in \mathbb{R}^+$ et $a \in R^-$ et $F \in A(G)$ est dense pour $L^1_{loc}(G)$ sur l'ensemble $PSH(G) \cap L^\infty_{loc}(G)$ des fonctions p.s.h. localement minorées et annule les opérateurs ψ_k et M_k pour $k \geqslant 2$.

Le théorème 1 entraîne l'énoncé suivant :

THÉORÈME 2. - Soient $k \geqslant 2$, $n \geqslant 2$ et V_o une fonction plurisousharmonique minorée localement dans G domaine pseudo-convexe de $\mathbb{C}^n$; on suppose l'opérateur de Monge-Ampère $M_k(V_o)$ non nul. Alors $M_k(V)$ est nécessairement discontinu en V_o quand on munit $PSH(G)$ de la topologie $L^1_{loc}(G)$ et qu'on prend la topologie faible sur les courants positifs $M_k(V)$ [respectivement sur les mesures positives si $k = n$].

En effet il existe d'après le théorème 1 une suite $W_q \to V$ dans $L^1_{loc}(G)$ sur laquelle on a $M_k(W_q) = 0$.

4. Un exemple : On pose $V = \|z - a\|^2 + \|z - b\|^2$ pour $a \neq b$, a et b dans la boule unité B de $\mathbb{C}^n$. On a $V(x) \geqslant m > 0$, où $m = \frac{1}{2} \|b - a\|^2$. On a $dd^cV = 2i\, \partial\bar\partial V = 2i \sum dz_k \wedge d\bar z_k = 4\,\beta$. $M_k(V) = (dd^cV)^k = 2^{2k}\, \beta^k = 2^{2k}\,.\, k!\, \beta_k$.
On a donc pour la trace du courant $M_k(V)$ la valeur $4^k\, \beta^k \wedge \beta_{n-k} = 4^k \cdot \frac{n!}{(n-k)!}\, \beta_n$, soit $\sigma_k(B) = C_k$ vol. B pour $C = 4^k.n!.\,[(n-k)!]^{-1} > 0$.

Néanmoins il existe une suite $W_q = (c_q \log^+|F_q(x)|)$ du type indiqué, telle que $\int_{B'} |V - W_q|\,d\tau$ tende vers zéro pour la boule B' définie par $\|z\| < \frac{1}{2}$, et pour laquelle on a $\psi_k(W_q) = M_k(W_q) = 0$ pour $k \geqslant 2$, alors que $\psi_k(V)$ et $M_k(W)$

sont des courants positifs non nuls. Le premier a une trace σ'_k sur B' qui vérifie $\sigma'_k(B') \geqslant m\ C_{k-1}$ Vol B' . Le second a une trace σ_k pour laquelle on a $\sigma_k(B') \geqslant C_k$ Vol B'.

BIBLIOGRAPHIE

[1] E.BEDFORD et B.A.TAYLOR. - Some potential theoretic properties of plurisubharmonic functions. Acta Math., t. 149, p. 1-40, 1983.

[2] U.CEGRELL. - Discontinuité de l'opérateur de Monge-Ampère complexe. C.R.A.S., Paris (Mai 1983).

[3] S.S.CHERN, LEWINE, I.HAROLD and L.NIRENBERG. - Intrinsic norm on a complex manifold. Global Analysis (Papers in honor of K.Kodaira). Univ. of Tokyo Press, Tokyo, 1969.

[4] P.LELONG. - Elements extrémaux sur le cône des courants positifs fermés. Lecture Notes in Math., n° 332, p. 112-131, 1972.

UNIVERSITÉ PARIS VI
ANALYSE COMPLEXE ET GÉOMÉTRIE
Laboratoire Associé au C. N. R. S. (L.A. 213)
4, PLACE JUSSIEU
75230 PARIS - CEDEX 05
TOUR 45-46 5° ÉTAGE

Séminaire P.LELONG,P.DOLBEAULT,H.SKODA
(Analyse)
22e et 23e année, 1982/1983.

FIBRÉS VECTORIELS SUR LES SURFACES K3

par J. LE POTIER

1. INTRODUCTION.

Soient M une surface complexe compacte, r un entier $\geqslant 2$, $c_1 \in H^2(M,\mathbb{Z})$ et $c_2 \in H^4(M,Z) \simeq \mathbb{Z}$ des classes de cohomologie. On sait depuis WU qu'il existe sur M un fibré vectoriel topologique et un seul, à isomorphisme près , E , de rang r et de classes de Chern $c_1(E) = c_1$, $c_2(E) = c_2$. On se propose ici d'étudier essentiellement le problème suivant :

Problème : A quelles conditions existe-t-il un fibré vectoriel holomorphe de rang r sur M , de classes de Chern c_1 et c_2 ?

Il y a des conditions nécessaires évidentes et bien connues : en effet, si un tel fibré vectoriel holomorphe existe, on aura $c_1(\det E) = c_1$, ce qui impose à c_1 d'appartenir au noyau de la flèche

$$H^2(M,\mathbb{Z}) \to H^2(M,\mathcal{O})$$

induite par l'inclusion $\mathbb{Z} \subset \mathcal{O}$. Ce noyau est un groupe abélien de type fini, appelé groupe de Néron-Séveri, dont le rang ρ satisfait aux inégalités

$$0 \leqslant \rho \leqslant b_2 - 2\, p_g$$

où $b_2 = \operatorname{rang} H^2(M,\mathbb{Z})$ et $p_g = \dim H^2(M,\mathcal{O})$.

Lorsque M est algébrique, Schwarzenberger [6] démontre que la condition ci-dessus est suffisante : il construit en réalité pour tout fibré de rang un $L \in \mathrm{Pic}\, M$ et tout nombre $c_2 \in \mathbb{Z}$ un fibré vectoriel algébrique E de rang r tel que

$$\det E = L \quad , \quad c_2(E) = c_2 .$$

Ce résultat ne reste pas vrai si M n'est plus algébrique. Pour simplifier, nous étudions seulement le cas des surfaces K3 (cf. § 2.2.) ; dans ce cas, le groupe de Picard Pic M s'identifie au groupe de Néron-Séveri. De plus, nous supposons $r = 2$.

THÉORÈME 1. - Soit M une surface K3 . Il existe un fibré vectoriel holomorphe de rang 2 de classes de Chern (0, 1) si et seulement si M est ou algébrique, ou elliptique .

THÉORÈME 2. - Soient M une surface K3 non algébrique, E un fibré vectoriel holomorphe de rang 2 sur M , de classes de Chern c_1 et c_2 .

Alors

$$c_2 - \frac{c_1^2}{4} \geqslant 0 .$$

Cet énoncé est à rapprocher du résultat d'Elencwajg et Forster ([2], proposition 4.3.) dont il s'inspire.

Réciproquement, soient $L \in \mathrm{Pic}\, M$, et $c_2 \in \mathbb{Z}$. La condition $c^2 - \frac{L^2}{4} \geqslant 0$ n'est pas en général suffisante pour assurer l'existence d'un fibré vectoriel holomorphe de rang 2 sur M tel que $\det E = L$, et $c_2(E) = c_2$. Dans le cas où L est divisible par 2 dans Pic M , on a cependant l'énoncé suivant :

THÉORÈME 3. - Soient M une surface K3 non algébrique , L un fibré de rang un divisible par 2 dans Pic M , et $c_2 \in \mathbb{Z}$. Il existe sur M un fibré vectoriel holomorphe de rang 2 tel que $\det E = L$ et $c_2(E) = c_2$ si et seulement si

$c_2 - \frac{L^2}{4} \geqslant 0$ dans le cas où M est elliptique

$c_2 - \frac{L^2}{4} \geqslant 0$ et $\neq 1$ si M n'est pas elliptique .

Dans le cas où L n'est plus divisible par 2 , nous ignorons quelles conditions exactes il faut écrire pour qu'un tel fibré existe. Néanmoins, nous avons obtenu l'existence sous l'hypothèse $c_2 \geqslant 0$ et L non trivial (cf. proposition 2).

Au paragraphe 6 sera abordée l'étude de l'ensemble des classes d'isomorphisme de fibrés vectoriels holomorphes de classes de Chern fixées, sur une surface K3 dont le groupe de Picard est nul.

2. GÉNÉRALITÉS.

2.1. Surfaces algébriques. Rappelons seulement le résultat de Kodaïra [3] qui caractérise les surfaces algébriques : une surface complexe compacte M est algébrique si et seulement si il existe sur M un fibré vectoriel holomorphe de rang un F tel que $F^2 > 0$.

Dans cet énoncé, F^2 désigne le cup-carré de la classe de Chern $c_1(F)$, évalué sur la classe fondamentale $[M] \in H_4(M,\mathbb{Z})$.

2.2. Surfaces K3 [7] . Une surface K3 est une surface complexe compacte M dont le premier nombre de Betti $b_1 = \text{rang } H^1(M,\mathbb{Z})$ est nul, et dont le fibré canonique $K(M) = \det T^*(M)$ est trivial.

Par exemple, les surfaces de degré 4 dans $\mathbb{P}_3(\mathbb{C})$ sont des surfaces K3 .

Propriétés. Soit M une surface K3 .

(1) La surface M est simplement connexe. En particulier, on a

$$H^1(M,\mathbb{Z}) = H^3(M,\mathbb{Z}) = 0$$

et $H^2(M,\mathbb{Z})$ est sans torsion.

(2) Les nombres de Hodge $h^{p,q} = \dim H^q(M, \Omega^p)$ sont donnés par le tableau suivant :

$$\begin{array}{ccccc} & & 1 & & \\ & 0 & & 0 & \\ 1 & & 20 & & 1 \\ & 0 & & 0 & \\ & & 1 & & \end{array}$$

Le groupe $H^2(M,\mathbb{Z})$ est un groupe abélien libre de rang 22, sur lequel la forme d'intersection définit une forme bilinéaire entière, paire, de discriminant -1 et de signature (3,19) , qui sera notée $(u,v) \mapsto u.v$.

(3) Formule de Riemann-Roch : soit E un fibré vectoriel holomorphe de rang r sur M , de classe de Chern c_1 et c_2 . On a

$$\chi(E) = 2r + \frac{c_1^2}{2} - c_2 .$$

(4) Le groupe de Picard Pic M des fibrés vectoriels holomorphes de rang u sur M s'identifie au noyau du morphisme induit par l'inclusion $Z \hookrightarrow \mathcal{O}$:

$$H^2(M,\mathbb{Z}) \to H^2(M,\mathcal{O})$$
$$\mathbb{Z}^{22} \cong H^2(M,\mathbb{Z})$$

C'est un groupe abélien libre de rang $0 \leqslant \rho \leqslant 20$. Il sera souvent noté additivement. Pour tout entier $0 \leqslant \rho \leqslant 20$, on peut constuire par déformation une surface K3 dont le groupe de Picard soit de rang ρ .

2.3. Surfaces K3 elliptiques.

PROPOSITION 1. - *Soit M une surface K3 . Les assertions suivantes sont équivalentes :*

(1) *Il existe sur M une courbe lisse X de genre g = 1*

(2) *Il existe $L \in \operatorname{Pic} M$ tel que $L^2 = 0$.*

Dans ces conditions, le fibré L_X associé à une courbe lisse de genre 1 a deux sections indépendantes qui l'engendrent, ce qui définit un morphisme $f : M \to \mathbb{P}_1$ dont la fibre générique est une courbe lisse de genre 1 . On dit que la surface M est elliptique.

Démonstration. (cf. Beauville [1], exercice 6, p. 151).

Soit L le fibré de rang 1 défini par la courbe lisse $X \subset M$; la formule suivante donne le genre de la courbe X :

$$2g - 2 = L^2$$

et par suite , si $g = 1$, $L^2 = 0$.

Pour démontrer la réciproque, on considère le groupe de Weil W de M : il s'agit du sous-groupe des isométries de $H^2(M,\mathbb{Z})$ engendré par les symétries

$$s_C : L \mapsto L + (C.L)C$$

où C est une courbe rationnelle lisse de M (on écrit encore C pour la classe du fibré associé à C) .

LEMME 1. - *Soit $L \in \operatorname{Pic} M$ tel que $L^2 = 0$ et $H^0(L) > 0$. Alors il existe $w \in W$ tel que pour toute courbe lisse rationnelle C de M on ait $w(L).C \geqslant 0$.*

Démonstration. Si M n'est pas algébrique, on a pour toute courbe C lisse et rationnelle $(iL + C)^2 \leqslant 0$ pour tout $i \in \mathbb{Z}$, et par conséquent $L.C = 0$. Par suite, pour tout $w \in W$, $w(L) = L$, et n'importe quel élément $w \in W$ convient.

Si M est algébrique, il existe un fibré très ample de rang un, A, sur M. On peut supposer $(A - L)^2 > 0$. Le sous-groupe $\mathrm{Pic}\, M$ est discret dans l'espace vectoriel $H^{1,1}(M,\mathbb{R})$, noyau de la projection

$$H^2(M,\mathbb{R}) \to H^2(M,\mathcal{O}) .$$

Cet espace vectoriel est de dimension 20 et de signature (1,19) ; l'ouvert $V = \{u \in H^{1,1}(M,\mathbb{R}),\ u^2 > 0\}$ a deux composantes connexes, invariantes sous le groupe W. Désignons par V^+ celle de ces composantes qui contient la classe de Chern de A. Alors $\mathrm{Pic}\, M \cap \overline{V^+}$ est donné par les classes des fibrés de rang un F tels que

$$F^2 \geqslant 0 \quad , \quad h^0(F) > 0 .$$

En particulier, $L \in \overline{V^+}$. L'ensemble des $F \in \mathrm{Pic}\, M \cap \overline{V^+}$ tels que $(A - F)^2 > 0$ est non vide, relativement compact, et donc fini. Par suite, il existe un élément $L_\circ$ dans l'orbite de L sous W tel que pour tout $w \in W$

$$(A - w(L_\circ))^2 \leqslant (A - L_\circ)^2 .$$

On a alors pour toute courbe rationnelle lisse C, $C.L_\circ \geqslant 0$. En effet, sinon, il existerait une telle courbe C telle que A et $L_\circ$ soient de part et d'autre de l'hyperplan $C^\perp$ orthogonal de C (pour la forme quadratique intersection)

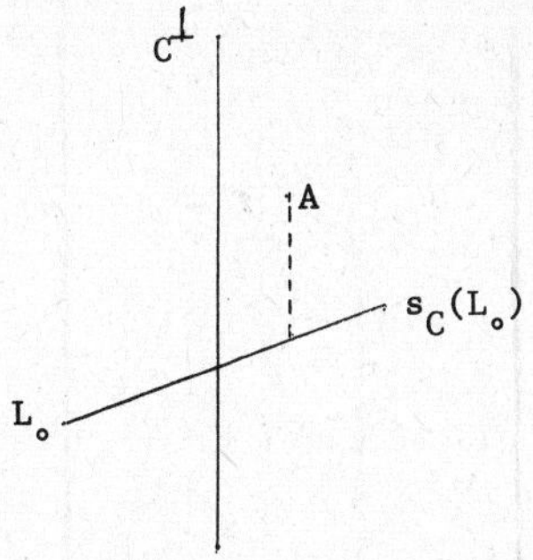

On aurait alors $(A - s_C(L_\circ))^2 > (A - L_\circ)^2$, ce qui contredit la définition de $L_\circ$.

LEMME 2. - <u>Soit</u> $L \in \mathrm{Pic}\, M$ <u>tel que</u> $L^2 = 0$, $h^0(L) > 0$ <u>et</u> $L.C \geqslant 0$ <u>pour toute courbe rationnelle lisse</u> C. <u>Alors</u> $L = L_X^{\otimes \ell}$, <u>où</u> L_X <u>est le fibré associé à une courbe elliptique lisse</u> X, <u>et</u> ℓ <u>un entier</u> $\geqslant 0$.

Démonstration. a/ Montrons d'abord que L est engendré par ses sections. On peut écrire

$$L = L_1 \otimes L_2$$

où $h^0(L_1) = 1$, et où L_2 est engendré par ses sections, sauf peut-être en un nombre fini de points (le fibré L_1 correspond à la courbe, éventuellement non réduite sur laquelle toutes les sections de L s'annulent). On a d'après l'hypothèse

$$L_1.L \geqslant 0 \quad \text{et} \quad L_2.L \geqslant 0$$

et puisque $L^2 = 0$, chacun de ces deux termes est nul. Le fibré L_2 étant engendré par ses sections en dehors d'un nombre fini de points, on a

$$L_1.L \geqslant 0 \quad , \quad L_2^2 \geqslant 0$$

et par suite $L_1.L_2 = 0$ et $L_2^2 = 0$. Il en résulte $L_1^2 = 0$. Or, d'après le théorème de Riemann-Roch, ceci entraîne $\chi(L_1) = 2$, et par suite, $h^0(L_1^\star) \geqslant 1$. Le fibré L_1 est donc trivial , et L isomorphe à L_2 .

On peut alors trouver deux sections f et g de L dont les lieux des zéros n'aient pas de composante en commun. Puisque $L^2 = 0$, on aura pour tout $x \in M$ soit $f(x) \neq 0$, soit $g(x) \neq 0$, et par suite L est engendré par ses sections.

b/ Soit f une section de L transverse à la section nulle (une telle section existe d'après le théorème de Bertini-Sard) . Alors l'équation $f = 0$ définit une courbe lisse X de M ; on écrit

$$X = X_1 + \dots + X_\ell$$

où X_i est une courbe lisse et irréductible. On a $X_i^2 = 0$, et d'après la formule du genre, X_i est une courbe elliptique. Le fibré L_{X_1} associé à X_1 est engendré par ses sections ; pour $a \in X_i$, il existe donc une section $s_i \neq 0$ de L_{X_1} telle que $s_i(a) = 0$. Puisque $X_1.X_i = 0$, s_i s'annule sur X_i . Par suite $L_{X_i} \simeq L_{X_1}$. Il en résulte

$$L \simeq L_{X_1}^{\otimes \ell}$$

ce qui achève la démonstration du lemme 2 .

Fin de la démonstration de la proposition 1. S'il existe $L \in \mathrm{Pic}\, M$ tel que $L^2 = 0$, on a $h^0(L) + h^0(L^\star) \geqslant 2$ d'après le théorème de Riemann-Roch ; quitte à remplacer peut-être L par $L^\star$, on peut supposer $h^0(L) > 0$.

D'après le lemme 1, on peut supposer en outre que $L.C. \geqslant 0$ pour toute courbe rationnelle lisse C, ce qui permet d'appliquer le lemme 2.

3. FIBRÉS DE RANG 2 DE CLASSES DE CHERN (0,1).

Nous démontrons ici le théorème 1.

Soit E un fibré vectoriel holomorphe de rang 2, de classes de Chern $c_1 = 0$, $c_2 = 1$ sur M. D'après le théorème de Riemann-Roch

$$\chi(E) = 4 - c_2$$

et par suite $2\,h^0(E) \geqslant 3$. Soit f une section non nulle de E. Soient X le lieu des zéros de f, et I l'idéal défini par X. Si X est de codimension 2, on a la suite exacte

$$0 \to \mathcal{O} \xrightarrow{f} E \to I \to 0 .$$

Une telle extension est classée par un élément de $\mathrm{Ext}^1(I,\mathcal{O})$. Par dualité, on a

$$\mathrm{Ext}^1(I,\mathcal{O}) \simeq H^1(I)^\star .$$

D'autre part, on a la suite exacte

$$0 \to H^0(\mathcal{O}) \to H^0(\mathcal{O}/I) \to H^1(I) \to 0 .$$

Puisque $c_2 = 1$, X est réduit à un point simple : $H^0(\mathcal{O}/I) \simeq \mathbb{C}$. Par suite $H^1(I) = 0$, et $E = \mathcal{O} \oplus I$, ce qui est absurde, car E ne serait pas localement libre.

Ceci signifie que $\dim X = 1$. On peut écrire $f = g\,s$, où g est une section du fibré $E \otimes L_X^\star$ s'annulant seulement en codimension 2.
On a donc

$$c_2(E \otimes L_X^\star) \geqslant 0$$

c'est-à-dire $1 + X.X \geqslant 0$. Supposons que la surface M ne soit pas algébrique. Alors $X.X < 0$. D'autre part, sur une surface K3, la forme d'intersection est paire : par suite $X.X = 0$. Il résulte de la proposition 1 que la surface M est alors elliptique.

Réciproque. Si M est algébrique, c'est un résultat de Schwarzenberger (1960). Si M est elliptique, elle contient une courbe elliptique lisse X. Soit $a \in M$,

I l'idéal qu'il définit. Considérons les extensions

$$0 \to L_X \to E \to I L_X^{\star} \to 0 .$$

Elles sont classées par $\mathrm{Ext}^1(I, L_X^{\otimes 2})$. On a la suite exacte

$$\begin{array}{ccccc} \mathrm{Ext}^1(I,L_X^{\otimes 2}) & \xrightarrow{\partial} & \mathrm{Ext}^2(\mathcal{O}/I, L_X^{\otimes 2}) & \to & \mathrm{Ext}^2(\mathcal{O},L_X^{\otimes 2}) \\ \| & & \| & & \wr\| \\ \mathbb{C}^2 & & \mathbb{C} & & H^0(L_X^{\otimes -2})^{\star} = 0 . \end{array}$$

Il existe donc un élément $c \in \mathrm{Ext}^1(I,L_X^{\otimes 2})$ tel que $\partial c \neq 0$. L'extension correspondante est localement libre de rang 2, et de classe de Chern $(0,1)$.

D'où le théorème 1.

4. LA CONDITION $c_2 - \frac{c_1^2}{4} \geqslant 0$.

La démonstration du théorème 2 donnée ici s'inspire d'Elencwajg et Forster [2]. Soient M une surface K3 non algébrique, E un fibré vectoriel holomorphe de rang 2 sur M, de classe de Chern c_1 et c_2. Considérons le fibré des endomorphismes $\underline{\mathrm{Hom}}(E,E)$; c'est un fibré isomorphe à son dual de classes de Chern $(0,\ 4c_2 - c_1^2)$. Le théorème de Riemann-Roch s'écrit

$$2\, h^0(\underline{\mathrm{Hom}}(E,E)) - h^1(\underline{\mathrm{Hom}}(E,E)) = 8 - (4c_2 - c_1^2) .$$

Supposons $4c_2 - c_1^2 < 0$. Alors $h^0(\underline{\mathrm{Hom}}(E,E)) \geqslant 4$. Par suite, le fibré E a des endomorphismes qui ne sont pas des homothéties, et donc des endomorphismes de rang un. Le noyau d'un tel endomorphisme est localement libre de rang un ; on peut donc trouver un fibré de rang un L et un morphisme $f : L \to E$ qui ne s'annule qu'en un nombre fini de points. On a alors $c_2(E \otimes L) \geqslant 0$, c'est-à-dire

$$c_2 - \frac{c_1^2}{4} \geqslant -\left(L - \frac{c_1}{2}\right)^2 .$$

Puisque M n'est pas algébrique, $(2L - c_1)^2 \leqslant 0$, ce qui conduit à une contradiction.

5. EXISTENCE.

5.1. Démonstration du théorème 3. La condition est nécessaire d'après les théorèmes 1 et 2. Nous traitons seulement la réciproque.

a/ Supposons d'abord L trivial. Soit I l'idéal de c_2 points. Les extensions

$$0 \to \mathcal{O} \to F \to I \to 0$$

sont classées par $\mathrm{Ext}^1(I,\mathcal{O})$, et une telle extension est localement libre si et seulement si ses composantes dans $\mathrm{Ext}^2(\mathcal{O}/I,\mathcal{O}) = \mathbb{C}^{c_2}$ sont toutes non nulles. Or, on a la suite exacte

$$0 \to \mathrm{Ext}^1(I,\mathcal{O}) \to \underset{\underset{\mathbb{C}^{c_2}}{\parallel}}{\mathrm{Ext}^2(\mathcal{O}/I,\mathcal{O})} \xrightarrow{j} \underset{\underset{\mathbb{C}}{\parallel}}{H^2(\mathcal{O})}$$

Par dualité, on voit que la flèche j est donnée par $(1, \ldots , 1)$. On voit donc qu'une telle extension existe si $c_2 > 1$; ses classes de Chern sont 0 et c_2 . Le cas $c_2 = 1$ et M elliptique a déjà été traité au paragraphe 3 .

Pour $c_2 = 0$, le fibré trivial convient.

b/ <u>Cas général</u>. Soit F un fibré vectoriel holomorphe de rang 2 de classe de Chern $c_1(F) = 0$, $c_2(F) = c_2 - \frac{L^2}{4}$. Alors si l'on pose $E = F \otimes \frac{L}{2}$, on a $\det E = L$, et $c_2(E) = c_2$.

5.2. <u>Cas</u> $c_2 \geqslant 0$, <u>et</u> L <u>non trivial</u>.

PROPOSITION 2. - <u>Soient</u> M <u>une surface</u> K3 , <u>et</u> L <u>un fibré de rang un non trivial. Alors pour tout entier</u> $c_2 > 0$ <u>il existe un fibré vectoriel holomorphe de rang</u> 2 E <u>tel que</u>

$$\det E = L \quad , \quad c_2(E) = c_2 .$$

<u>Démonstration</u>. On sait par hypothèse que L est non trivial ; quitte peut-être à remplacer L par son dual, on peut supposer que L n'a pas de section holomorphe. Soit I l'idéal de c_2 points ; on considère les extensions

$$0 \to \mathcal{O} \to E \to I\,L \to 0$$

qui sont classées par $\mathrm{Ext}^1(I,L^\star)$. On a la suite exacte

$$\mathrm{Ext}^1(I,L^\star) \to \underset{\underset{\mathbb{C}^{c_2}}{\parallel}}{\mathrm{Ext}^2(\mathcal{O}/I,L^\star)} \to \underset{\underset{H^0(L)^\star = 0 .}{\parallel}}{H^2(L^\star)}$$

Par conséquent, il existe $\xi \in \mathrm{Ext}^1(I,L^\star)$ dont toutes les composantes dans $\mathrm{Ext}^2(\mathcal{O}/I,L^\star) = \mathbb{C}^{c_2}$ sont non nulles. Une telle extension définit un fibré de rang 2 tel que $\det E = L$ et $c_2(E) = c_2$.

6. FIBRÉS DE RANG 2 SUR LES SURFACES K3 GÉNÉRALES.

On dira qu'une surface K3 est générale si son groupe de Picard est nul.

PROPOSITION 3. - *Soient M une surface K3 générale, E un fibré vectoriel holomorphe de rang 2 sur M . Les assertions suivantes sont équivalentes*

(1) $h^0(E) = 0$

(2) *E est simple* .

Démonstration. (1) ⇒ (2) : si E n'était pas simple, il existerait un endomorphisme $f : E \to E$ de rang un. Alors Ker f serait localement libre de rang un, donc trivial puisque M est générale. Mais ceci contredirait (1) .

(2) ⇒ (1) : si $h^0(E) \neq 0$, une section de E s'annule au plus en un nombre fini de points et définit une suite exacte

$$0 \to \mathcal{O} \to E \to I \to 0$$

où I est l'idéal d'un sous-espace analytique dont le support est un nombre fini de points. Il est alors facile de constater que l'algèbre des endomorphismes de E est isomorphe à l'algèbre $\mathbb{C}[\varepsilon]/(\varepsilon^2)$ des nombres duaux (Elencwajg et Forster [2]) .

THÉORÈME 4. - *Soit M une surface K3 générale. Il existe un fibré vectoriel holomorphe de rang 2 simple sur M de classes de Chern $(0,c_2)$ si et seulement si $c_2 \geqslant 4$* .

Démonstration. La condition est nécessaire : en effet, si E est simple, on a $h^0(E) = 0$, et $h^2(E) = h^0(E^*) = 0$. D'après le théorème de Riemann-Roch, on a donc $- h^1(E) = 4 - c_2 \leqslant 0$.

Réciproquement, si $c_2 \geqslant 4$, il existe un fibré de rang 2 , E_o , qui soit extension

$$0 \to \mathcal{O} \to E_o \to I_{Z_o} \to 0 \qquad (\star)$$

où I_{Z_o} est l'idéal de c_2 points simples. Le fibré E_o est muni d'une structure symplectique $\Lambda^2 E_o \simeq \mathcal{O}$. On désigne par D_o l'espace de modules des déformations du fibré symplectique E_o , et par $\mathcal{E}_o$ le fibré universel sur $D_o \times M$. Considérons d'autre part l'espace analytique $\mathcal{H}$ des classes d'isomorphisme d'isomorphisme d'extensions localement libres

$$0 \to \mathcal{O} \to E \to I_Z \to 0$$

où I_Z est l'idéal de $\mathcal{O}$ défini par un sous-espace analytique Z de M de support fini tel que $h^0(\mathcal{O}_Z) = c_2$, et localement intersection complète. Alors, au moins au voisinage du point défini par $(\star)$, l'espace $\mathcal{M}$ est lisse de dimension $3c_2 - 2$.

Supposons qu'aucun fibré de rang 2, de classes de Chern $(0,c_2)$ ne soit simple. On a alors pour tout point $s \in D_\circ$, $h^0(\mathcal{E}_\circ(s)) = 1$, où $\mathcal{E}_\circ(s)$ désigne le fibré induit sur M par le point s. Il résulte du théorème de semi-continuité que le faisceau

$$pr_{1\star}(\varepsilon_\circ) \mid D_{\circ,red}$$

est localement libre de rang un. Une trivialisation de ce faisceau au voisinage du point de base fournit au-dessus de $D_{\circ,red} \times M$ un morphisme $\mathcal{O} \to \mathcal{E}_\circ$, qui induit un morphisme d'espaces analytiques

$$D_{\circ,red} \to \mathcal{M}.$$

Soit $\underline{sl}(E_\circ)$ le fibré des endomorphismes de $E_\circ$ qui respectent la structure symplectique, c'est-à-dire le fibré des endomorphismes de trace nulle. L'espace $D_\circ$ est défini par une équation définie au voisinage U de 0 dans $H^1(\underline{sl}(E_\circ))$ et à valeurs dans $H^2(\underline{sl}(E_\circ))$:

$$f : U \to H^2(\underline{sl}(E_\circ)) .$$

On a $h^0(\underline{sl}(E_\circ)) = 1 = h^2(\underline{sl}(E_\circ))$, et d'après le théorème de Riemann-Roch $h^1(\underline{sl}(E_\circ)) = 4c_2 - 4$. Il en résulte la minoration

$$\dim D_\circ \geqslant 4c_2 - 5 .$$

Au-dessus du point de $\mathcal{M}$ défini par $(\star)$, l'espace analytique $D_{\circ,red}$ a donc une fibre de dimension $\geqslant c_2 - 3$. Puisque $c_2 > 3$, ceci est en contradiction avec la définition du module de déformation $D_\circ$.

THÉORÈME 5. - _On suppose_ $c_2 \geqslant 4$, _et_ M _générale_. _Soit, pour tout espace analytique_ S, $Vect_{s,c_2}(S)$ _l'ensemble des classes d'isomorphisme de familles de fibrés vectoriels simples de rang_ 2, _de classes de Chern_ $(0,c_2)$, _munis d'une structure symplectique, paramétrées par_ S.

(1) _Il existe, pour le foncteur_ $Vect_{s,c_2}$ _un espace de modules grossier_ (u,U_{s,c_2}) ; _l'espace_ U_{s,c_2} _est une variété analytique lisse de dimension_ $4c_2 - 6$.

(2) *Si en outre* c_2 *est impair, il existe un fibré universel sur le produit* $U_{s,c_2} \times M$

L'assertion (1) signifie que u est une transformation naturelle

$$\mathrm{Vect}_{s,c_2}(S) \longrightarrow \mathrm{Mor}(S,U_{s,c_2})$$

satisfaisant à la propriété universelle suivante : pour tout autre couple (u',U') , il existe un unique morphisme $f : U_{s,c_2} \to U'$ rendant commutatif le diagramme

$$\begin{array}{ccc} \mathrm{Vect}_{s,c_2}(S) & \xrightarrow{u} & \mathrm{Mor}(S,U_{s,c_2}) \\ & \searrow^{u'} & \downarrow \\ & & \mathrm{Mor}(S,U') \end{array}$$

Il en résulte que le couple (u,U_{s,c_2}) est défini à isomorphisme près. Il existe plusieurs méthodes pour le construire ; on peut par exemple comme Narasimhan et Seshadri sur les surfaces de Riemann [5] recoller les espaces de modules locaux de déformations. La lissité résulte du fait que pour un fibré simple sur une surface K3 $H^2(\underline{sl}(E)) = 0$ d'après le théorème de dualité de Serre. Contrairement à la situation décrite par Narasimhan et Seshadri, la variété obtenue ici est séparée : ceci est dû à la propriété suivante (que l'on rencontre habituellement pour les fibrés stables) : si E et E' sont des fibrés simples non isomorphes , $h^0(\underline{Hom}(E,E')) = 0$, ce qui implique facilement que la diagonale est fermée dans $U_{s,c_2} \times U_{s,c_2}$.

La démonstration de l'assertion (2) est analogue à celle de Mumford et Newstead sur les surfaces de Riemann [4] .

Dans le cas $c_2 = 2$ ou 3 , on a vu qu'il n'existait pas de fibré simple . On peut cependant considérer le foncteur $S \mapsto \mathrm{Vect}_{c_2}(S)$ des classes d'isomorphisme de fibrés vectoriels de rang 2 , de classes de Chern $(0,c_2)$, munis d'une structure symplectique, paramétrées par l'espace analytique S .

THÉORÈME 6. - *Il existe, pour le foncteur* Vect_2 *un espace de modules grossier ; c'est une variété lisse et compacte de dimension* 4 .

Il suffit en effet de considérer la variété U_2 des idéaux I_Z définissant un sous-espace analytique $Z \subset M$ de support ponctuel et tel que $h^0(O_Z) = 2$. Cette variété est lisse et compacte de dimension 4 ; elle peut se construire à partir de M de la manière suivante : on considère la variété Y éclatée de la diagonale dans $M \times M$; le groupe $G = \mathbb{Z}/2\mathbb{Z}$ opère sur $M \times M$ par transposition des facteurs, et cette action se relève à Y. La variété quotient Y/G est lisse, compacte, et s'identifie à U_2.

Si E_o est un fibré de rang 2, de classe de Chern (0,2), au voisinage du point $x \in U_2$ qu'il définit, le germe (U_2,x) se plonge dans l'espace de modules (D_o,x) des déformations de E_o ; en effet, il est possible de trouver pour un voisinage convenable V de x un fibré universel sur $V \times M$, et la propriété verselle de D_o fournit le plongement ci-dessus. Puisque $\dim D_o \leqslant 4$, on a en fait

$$(U_2,x) \simeq (D_o,x) .$$

Ceci permet de vérifier la propriété de module grossier ci-dessus. Remarquons que nous avons dans ce cas la lissité, bien que $h^2(\underline{sl}(E_o)) \neq 0$.

Pour $c_2 = 3$, la situation est plus délicate. Si l'on se restreint aux familles de fibrés vectoriels paramétrées par un espace analytique S réduit, on peut encore définir un espace de modules grossier U_3 en considérant l'espace des suites exactes

$$0 \to \mathcal{O} \to E \to I_Z \to 0$$

où I_Z est l'idéal d'un sous-espace analytique ponctuel Z de M tel que $h^0(\mathcal{O}_Z) = 3$, localement intersection complète. On peut vérifier que U_3 est lisse de dimension 7, bien que $h^1(\underline{sl}(E)) = 8$. Au voisinage du point $x \in U_3$ défini par le fibré E_o, le germe (U_3, x) s'identifie cette fois à $(D_{o,red},x)$, où (D_o,x) est l'espace de modules de déformations de E_o. Ces espaces de modules locaux ne sont pas réduits, et nous ignorons s'il est possible de les recoller .

B I B L I O G R A P H I E

[1] BEAUVILLE (A.). - Surfaces algébriques complexes, Astérisque 54, 1978.

[2] ELENCWAJG (G.) , FORSTER (O.). - Vector bundles on manifolds without divisors and a theorem on deformations, à paraître.

[3] KODAIRA (K.). - On the structure of compact complex analytic surfaces, I, Amer. J. Math., 86, 1964, p. 751-798.

[4] MUMFORD (D.), NEWSTEAD (P.). - Periods of a moduli space of bundles on curves. Amer. J. Math., 90, 1968, p. 1200-1208.

[5] NARASIMHAN (M.S.) , SESHADRI (C.S.). - Stable and unitary vector bundles on a compact compact Riemann surface, Ann. Math., 82, 1965, p. 540-567.

[6] SCHWARZENBERGER (R.L.E.). - Vector bundles on algebraic surfaces, Proc. London Math. Soc. , 11, 1961, p. 601-622.

[7] SHAFAREVICH (I.R.). - Algebraic surfaces, Proc. Stekov Inst. Math. 75, 1965, (trans. by A.M.S., 1967).

Université de PARIS VII
Mathématiques
4, Place Jussieu
75230-PARIS CEDEX 05

Séminaire P. LELONG, P. DOLBEAULT, H. SKODA
(Analyse)
22e et 23e année, 1982/1983.

Application of an Extension Theorem for Closed Positive Currents to Kähler Geometry

Mgaiming MOK*

In [2] and [3] we proved the following embedding theorem in Kähler geometry.

Main Theorem

Let X be an n-dimensional complete Kähler manifold of positive holomorphic bisectional curvature. Suppose for some base point x_0 and positive constants C, c, X satisfies

(i) scalar curvature $\leq \dfrac{C}{d^2(x_0;x)}$, $d(x_0;x)$ = geodesic balls

(ii) Volume $(B(x_0;r)) \geq cr^{2n}$. $B(x_0;r)$ = geodesic balls

Then, X is biholomorphic to an affine algebraic variety.

Using a theorem of Cheeger-Gromoll [1] in differential geometry and a theorem of Ramanujam [6] for affine algebraic surfaces, we also obtained

Corollary

If X is of dimension 2 and actually of positive Riemannian sectional curvature, then X is biholomorphic to $\mathbb{C}^2$.

While our theorem is true for dimension one from the uniformization theorem (Actually $X \cong \mathbb{C}$ from Cheeger-Gromoll[1].), we proved the Main Theorem

* Math. Department, Princeton University, PRINCETON N.J.08540 (U.S.A.)

for $n \geq 2$ by constructing an embedding $F:X \longrightarrow \mathbb{C}^N$ from holomorphic functions of polynomial growth. By desingularization, the Main Theorem gives rise to a smooth projective compactification M of X, with $G:X \cong M-V$ for some hypersurface V. It is a natural question to ask about the behavior of the Kähler metric on $M-V$. In this article we prove

Theorem 1

Let $n \geq 2$ and $G:X \xrightarrow{\cong} M-V$ be as above. Then the Ricci form of X, regarded as a form on $M-V$, extends to a closed positive (1,1) current on M. As a consequence, the inverse mapping $G^{-1}:M-V \longrightarrow X$ is of polynomial growth.

Here the concept of polynomial growth is defined in terms of the distance function on $M-V$ from V measured in any Riemannian metric on M, and in terms of geodesic distances on the Kähler manifold X. Clearly $G:X \longrightarrow M-V$ is of polynomial growth. Together with the above theorem, this means that the biholomorphism $G:X \cong M-V$ preserves objects of polynomial growth.

I would like to thank Professor H. Skoda, Professor P. Lelong and Professor P. Dolbeaut for inviting me to present the subject of complete Kähler manifolds of positive curvature in Seminaire Lelong-Skoda, held in June 1982. The development recorded here was obtained shortly after the seminar. It should be regarded as a supplement to [3].

§1 Preliminary results

(1.1) We collect in this section the Thullen extension theorem of Siu [7] for closed positive currents and main facts from Mok [3] to be used

Theorem (Siu [7, Theorem 1])

Suppose Ω is an open subset of $\mathbb{C}^n$, V is a subvariety of codimension $\geq k$, and Ω' is an open subset of Ω whose intersection with every branch of V of codimension k is nonempty and irreducible. If u is a d-closed positive (k,k)-current on $(\Omega - V) \cup \Omega'$, then u can be extended uniquely to a d-closed positive (k,k)-current on Ω.

(1.2) Besides the basic estimates of the Laplace operator [5] and L^2-estimates of $\bar{\partial}$ on X, we shall need specifically the following intermediate facts of Mok [3]. (Recall that G is obtained from some embedding.)

(i) Under the biholomorphism $G:X \longrightarrow M-V$, the algebra $P(X)$ of holomorphic functions of polynomial growth on X can be identified precisely with rational functions on M whose pole set is a union of irreducible branches of V.

(ii) The vector space of holomorphic functions of polynomial growth of degree bounded by a fixed constant is finite-dimensional. (Precise estimates on the dimension will not be used.)

(iii) There is a solution u of $i\partial\bar{\partial}u$ = Ricci form on X such that for some $C_1, C_2 > 0$, $C_1 \log d(x_0;x) < u < C_2 \log d(x_0;x)$ for $d(x_0;x)$ sufficiently large.

§2 Proof of the theorem

(2.1) We shall first show that $G^{-1}:M-V \longrightarrow X$ is of polynomial growth assuming that the form $(G^{-1})^*\mathrm{Ric}$ admits an extension as a closed positive current to M . (Here Ric = Ricci form of X .) Without loss of generality we shall assume that $V = \cup V_i$ is a union of connected smooth hypersurfaces V_i intersecting at normal crossings. We denote by D the distance on M-V from V , measured in any Riemannian metric on M . To say that G^{-1} is of polynomial growth means that there exists a positive constant k such that

$$\log d(x_0;x) < k(-\log D(x))$$

Here and from now on we shall identify $x \in X$ with $G(x) \in M-V$, and $(G^{-1})^*\mathrm{Ric}$ will simply be written Ric . From (1.2, iii) it is sufficient to show that $u < k(-\log D(x))$ for some k . Let $b \in V$ be a boundary point and U_b a polydisc neighborhood of b in M . Since Ric can be extended as a closed positive (1,1) current to M , there exists a plurisubharmonic function φ on U_b such that $i\partial\bar\partial\varphi = \mathrm{Ric}$ on U_b . Since $i\partial\bar\partial u = \mathrm{Ric}$ on X , φ and u can only differ by a pluriharmonic function on U_b . Suppose now b is a smooth point of V and z is a local defining function of V at b . Then,

$$u = \varphi + p \log|z| + \mathrm{Re}\, g \quad \text{on } U_b, \quad \text{for } U_b \text{ sufficiently small,}$$

where g is a holomorphic function on $U_b - V$. (The case when b lies in $V_i \cap V_j$, $i \neq j$, is obviously similar.) Since φ is bounded from above on any compact subset of U_b, in order to prove $u < k(-\log D)$ for some k it is sufficient to show that g can be extended to a holomorphic function on U_b . Since u is an exhaustion function on X the above inequality implies in particular $\mathrm{Re}(-g) < p \log|z| + c$. Then $|e^{-g}| = e^{\mathrm{Re}(-g)} < e^c|z|^p$ (p possibly negative), so that e^{-g} extends to a meromorphic function on U_b . It follows that g can be extended to a holomorphic function on U_b .

(2.2) From the theorem of Siu (1.1) it suffices now to prove that for each connected smooth V_i, there is a point $b_i \in V_i - (\bigcup_{j\neq i} V_j)$, a polydisc neighborhood U_i of b_i in M such that $\mathrm{Ric}|_{U_i-V_i}$ admits a closed positive extension to U_i. We can choose U_i and local coordinates $z_1,\ldots,z_n$ such that U_i is defined by $\{|z_1| < 1,\ldots,|z_n| < 1\}$ and $U_i \cap V_i = \{|z_1| = 0, \; |z_2| < |,\ldots,|z_n| < 1\}$. Suppose $u < k\,(-\log|z_1|)$ for some $k > 0$ on U_i-V_i, then $u + k\log|z_1|$ is a plurisubharmonic function on U_i-V_i bounded from above, which can be extended to a plurisubharmonic function ψ on U_i. Since $\partial\bar{\partial}(-\log|z_1|) = 0$ on U_i-V_i, the closed positive (1,1) current $i\partial\bar{\partial}\psi$ on U_i is an extension of $\mathrm{Ric}|_{U_i-V_i}$ to U_i.

Thus far we have seen that on a small open neighborhood U_b of $b \in V$, extendibility of the Ricci form from U_b-V to U_b (as a closed positive current) is equivalent to the fact that G^{-1} is of polynomial growth on U_b. By means of the theorem of Siu (1.1) we have reduced the problem to showing the latter fact for special open sets U_i.

(2.3) In this section we define some open sets U_i. Let $f_1,\ldots,f_n$ be holomorphic functions of polynomial growth on X such that $(f_1,\ldots,f_n):X \longrightarrow \mathbb{C}^n$ is of rank n, obtained as in [3, §5]. Let η be a holomorphic n-vector field of polynomial growth, similarly obtained, and define $g = \langle df_1\wedge\ldots\wedge df_n, \eta\rangle$. Since $g \in P(X)$, by statement (1.2, i) g can be identified with a rational function Q on M whose pole set is a subset of V. Let $Z = \bigcup Z_i$ be a decomposition of the zero set Z of Q into irreducible components and let $Z_1,\ldots,Z_p$ be those that intersect $M-V$.

Let b_i be a point on $V_i - (\bigcup_{j\neq i} V_j)$ such that $b_i \notin Z_j$, $1 \leq j \leq p$. Choose a sufficiently small open neighborhood U_i' of b_i in M with local holomorphic coordinates $(z_1,\ldots,z_n)$ such that U_j is the unit polydisc in the coordinates $(z_1,\ldots,z_n)$, $U_i' \cap V_i$ is defined by $z_1 = 0$ and $\overline{U_i'} \cap Z_j = \emptyset$ for $1 \leq j \leq p$. We also assume that x_0 lies outside $\overline{U_i}$. Let U_i be an open set containing b_i such that $U_i \subset\subset U_i'$. In addition to this, one more condition will be put on b_i and U_i. This condition can only be specified later in (2.5).

For any $p > 0$ we define the subset Φ_p of $P(X)$ by $\Phi_p = \{f \in P(X): \int_X |f|^2 e^{-pu} = 1\}$ and the function $\chi_p(x)$ by $\chi_p(x) = \sup_{f\in\Phi} |f(x)|$. For some p sufficiently large we are going to estimate $\chi_p(x)$ on $U_i - V_i$, both in terms of the distance function D on $M-V$ and the geodesic distance $R(x) = d(x_0;x)$ in the given Kahler metric on X. A comparison of the two estimates will yield the desired inequality $u < k(-\log D)$.

(2.4) <u>Estimate of</u> $\chi_p(x)$

(i) <u>Estimates in terms of</u> D. Let $V_p = \{f \in P(X): \int_X |f|^2 e^{-pu} < \infty\}$. By the sub-mean value inequality all $f \in V_p$ have degrees bounded by some fixed constant. Hence, V_p is finite-dimensional. On V_p define the inner product

$$< f,g >_p = \int_X f\bar{g}\, e^{-pu}$$

and let $g_1,\ldots,g_m$ be an orthonormal basis of V_p with respect to this inner product $f \in \Phi_p$ if and only if f lies on the unit sphere of the Hilbert space V_p, i.e.,

$$f = \sum_{i=1}^{m} \alpha_i g_i \ , \quad \Sigma\, |\alpha_i|^2 = 1$$

Since each f_i can be regarded as a rational function on M regular on $M-V$, for any $x \in M-V$ (identified with X) and $f \in \Phi_p$

$$|f(x) \leq \frac{C}{D^q(x)}$$

i.e., $\chi_p \leq \frac{C}{D^q(x)}$

(ii) Estimates in terms of geodesic distances. From the proof of the Main Theorem in [3] it follows that $G:X \longrightarrow M-V$ is of polynomial growth. Hence, there exists a constant $c > 0$ such that $-\log D(x) \leq c \log R(x)$ for $R(x)$ sufficiently large. (cf. Remark) On suitable open sets U_i-V_i we are going to prove that

$$\chi_p(x) \geq C'R^s(x)$$

for some $p, C', s > 0$. A comparison with $\chi_p(x) \leq \frac{C}{D^q(x)}$ immediately yields $u(x) \leq \text{const.} \log R(x) \leq k(-\log D(x))$ for $R(x)$ sufficiently large, proving our theorem. We will now obtain the estimate $\chi_p(x) \geq C'R^s(x)$ by solving $\bar{\partial}$ with L^2-estimates. Recall that $(f_1,\ldots,f_n)$ was chosen to be of rank n, $f_i \in P(X)$, such that on $\overline{U_i}-V_i$, $< df_1 \wedge \ldots \wedge df_n, \eta > = hz_1^p$ for some holomorphic n-vector field η of polynomial growth on X, some invertible holomorphic function h on $\overline{U_i}$ and an integer p (possibly negative). We shall solve for $f \in V_p$ for some p with $f(x) = 1$, $x \in U_i-V_i$ with an estimate on $\int_X |f|^2 e^{-pu}$. From standard arguments it is necessary to produce singularities at each x. In order to solve for f with p independent of x, it is not good enough to use singularities arising from local holomorphic coordinates. Instead, for $x \in U_i-V_i$ fixed we shall use the singularity $\varphi_x(w) = n \log\left(\sum_{i=1}^{n} |f_i(w) - f_i(x)|^2\right)$. Let ρ_x be a Lipschitz cut-off function on $B(x;\gamma R^{-t})$, where both γ, t are positive constants independent of x to be determined, such that $\rho_x \equiv 1$ on $B(x,\frac{1}{2}\gamma R^{-t})$, $\rho_x \equiv 0$ outside $B(x;\gamma R^{-t})$ and $\|\nabla\rho_x\| = \frac{2R^t}{\gamma}$ almost everywhere in between. Suppose $\sum_{i=1}^n |f_i(w) - f_i(x)|^2 \neq 0$ for $w \in B(x;\gamma R^{-t}) - B(x;\frac{\gamma R^{-t}}{2})$. Suppose $(f_1,\ldots,f_n)$ is of rank n everywhere on $B(x;\gamma R^{-t})$. Then, $\log(\sum_{i=1}^n |f_i|^2 + 1)$ is a strictly plurisubharmonic function on $B(x;\gamma R^{-t})$. Let c_x be the infimum of the eigenvalues of $i\partial\bar\partial \log(\Sigma|f_i|^2 + 1)$ on $B(x;\gamma R^{-t})$, measured in terms of the given Kähler metric on X. Then by standard smoothing arguments one can solve for $\bar\partial v_x = \bar\partial\rho_x$ on X satisfying the estimate

$$\int_X \frac{|v_x(w)|^2 e^{-k(u(w))}}{(\sum_{i=1}^n |f_i(w)-f_i(x)|^2)^n(\sum_{i=1}^n |f_i(w)|^2+1)} \leq \int_X \frac{\|\bar\partial\rho_x(w)\|^2 e^{-ku(w)}}{c_x(\sum_{i=1}^n |f_i(w)-f_i(x)|^2)^n(\sum_{i=1}^n |f_i(w)|^2+1)}$$

where k is a positive constant to be determined later. From the Schwarz inequality

$$\int_X |v_x|^2 e^{-pu}$$

$$\leq \left[\int_X \frac{|v_x|^2 e^{-ku}}{(\sum_{i=1}^n |f_i-f_i(x)|^2)^n(\sum_{i=1}^n |f_i|^2+1)}\right]^{\frac{1}{2}} \left[\int_X (\sum_{i=1}^n |f_i(x)|^2)(\sum_{i=1}^n |f_i|^2+1)e^{(k-p)u}\right]^{\frac{1}{2}}$$

Since $f_i \in P(X)$ and $u(w) >$ const. $\log R(w)$ for $R(w)$ large enough, by choosing p large enough we can assume that the second integral is bounded. To estimate $\int_X |v_x|^2 e^{-pu}$ it remains to give a lower bound on $B(x;\gamma R^{-t}) - B(x,\frac{1}{2}\gamma R^{-t})$ for $c_x(\sum_{i=1}^n |f_i-f_i(x)|^2)$. We make the following assertion.

(2.5) Proposition

There exists positive numbers γ, t, δ_1, δ_2, q_1, q_2 such that for $x \in U_i - V_i$

$$c_x = \inf_{B(x;\gamma R^{-t})} (\text{eigenvalues of } i\partial\bar{\partial} \log (\Sigma|f_i|^2+1))$$

$$\geq \delta_1 R^{-q_1}(x)$$

$$\sum_{i=1}^{n} |f_i - f_i(x)|^2 \geq \delta_2 R^{-q_2}(x) \quad \text{on} \quad B(x;\gamma R^{-t}) - B(x;\tfrac{1}{2}\gamma R^{-t})$$

The estimate $\chi_p(x) \geq C'R^s(x)$ on $U_i - V_i$ follows readily from the proposition, for p sufficiently large. In fact, by choosing k large enough

$$\int_X \frac{\|\bar{\partial}\rho_x\|^2 e^{-ku}}{c_x(\sum_{i=1}^{n}|f_i - f_i(x)|^2)(\sum_{i=1}^{n}|f_i|^2+1)}$$

$$\leq \text{const. } R^{-s_0}(x) \quad , \quad s_0 > 0$$

From the Schwarz inequality

$$\int_X |v_x|^2 e^{-pu} \leq \text{const. } R^{-\frac{s_0}{2}}(x) \quad , \quad \text{for } R(x) \text{ and } p \text{ large enough.}$$

The function $\rho_x - v_x$ is holomorphic with $(\rho_x - v_x)(x) = 1$. Hence one can obtain a holomorphic function f_x such that

$$\int_X |f_x|^2 e^{-pu} = 1 \quad \text{and} \quad |f_x(x)| \geq \text{const. } R^s(x) \quad , \quad \text{for some } s > 0 \text{ and}$$

for $R(x)$, p sufficiently large. This proves $\chi_p(x) \geq C'R^s(x)$ and hence the theorem. It remains therefore to prove the proposition. To estimate c_x recall that from a standard formula

$$i\partial\bar\partial \log \left(\sum_{i=1}^{n} |f_i|^2+1\right)$$

$$= \frac{i}{\left(\sum_{i=1}^{n} |f_i|^2+1\right)^2} \left(\sum_{ij} df_j \wedge d\bar f_j + \sum_{i\neq j} (f_i df_j - f_j df_i) \wedge (\bar f_i d\bar f_j - \bar f_j d\bar f_i)\right)$$

$$\geq \frac{i \sum_j df_j \wedge d\bar f_j}{\left(\sum_{i=1}^{n} |f_i|^2+1\right)^2}$$

The product of the eigenvalues of $i \sum_j df_j \wedge d\bar f_j$ can be estimated from $(i \sum_j df_j \wedge d\bar f_j)^n$, which is a multiple of $df_1 \wedge d\bar f_1 \wedge \ldots \wedge df_n \wedge d\bar f_n$. On the other hand, the maximum eigenvalue can be estimated from gradient estimates of f_i .

Recall that η is a non-trivial holomorphic n-vector field of polynomial growth and the zero set of $g = \langle df_1 \wedge \ldots \wedge df_n , \eta \rangle$ does not intersect M-V . We have

$$\| df_1 \wedge d\bar f_1 \wedge \ldots \wedge df_n \wedge d\bar f_n \| = \| df_1 \wedge \ldots \wedge df_n \|^2$$

$$= \frac{|g|}{\|\eta\|} \geq \text{const. } R^{-s_1}(x) \ D^{s_2}(x) , \quad \text{for } x \in U_i - V_i , \quad s_1, s_2 \geq 0$$

But since $-\log D(x) \leq \text{const.} \log R(x)$, $D(x)$ dominates a negative power of $R(x)$, so that on $U_i - V_i$

$$\| df_1 \wedge d\bar f_1 \wedge \ldots \wedge df_n \wedge d\bar f_n \|^2$$

$$\geq \text{const. } R^{-s_3}(x) , \quad \text{for some } s_3 \geq 0$$

From gradient estimates of f_i we know that the largest eigenvalue is bounded by const. $R^{s_4}(x)$, giving therefore

$$c_x \geq \delta_1 R^{-q_1}(x) \quad , \quad \text{for } x \in U_i - V_i$$

In what follows U_i and U_i' will satisfy an additional condition specified below. We shall find γ, $t > 0$ such that $G(B(x;\gamma R^{-t})) \subset U_i'$ for $x \in U_i - V_i$, $M \subset \mathbb{P}^{\tilde{N}}$ is projective algebraic. Let H be a hyperplane of $\mathbb{P}^{\tilde{N}}$ which does not contain V_i. Regarding $\mathbb{P}^{\tilde{N}} - H$ as $\mathbb{C}^{\tilde{N}}$ in the natural way one obtains meromorphic functions $g_1, \ldots, g_{\tilde{N}}$ whose pole sets lies on $H \cap M$. Since $M-V$ is biregular to an affine algebraic variety S in $\mathbb{C}^N$, $H \cap (M-V)$ corresponds to some algebraic subvariety T of S. There exists a polynomial P in $\mathbb{C}^N$ which vanishes identically on T. Suppose P corresponds to the holomorphic function h on $M-V$. h can be extended to a rational function on M and $h^m g_1, \ldots, h^m g_{\tilde{N}}$ are all holomorphic on $M-V$ for m sufficiently large. In order to show that $G(B(x;\gamma R^{-t})) \subset U_i'$ we would need to estimate the gradient of the meromorphic functions $g_1, \ldots, g_{\tilde{N}}$. By shrinking U_i and U_i' if necessary we will assume that the zero set of h does not intersect U_i. We may also assume that $g_1, \ldots, g_n$ form local holomorphic coordinates on U_i. To have $G(B(x;\gamma R^{-t}) \subset U_i'$ it is sufficient to show that $|g_i(w) - g_i(x)|$ is less than some appropriate constant for $1 \leq i \leq n$ on $B(x;\gamma R^{-t})$. We have

$$d(g_i h^m) = h^m dg_i + g_i d(h^m)$$

$$dg_i = \frac{d(g_i h^m) - g_i d(h^m)}{h^m}$$

We can assume that $h(x) \geq$ const. $D^{s_5}(x)$, $s_5 \geq 0$. For $x \in U_i'$, since $-\log D(x) \leq$ const. $\log R(x)$ we can write $h(x) \geq$ const. $R^{-s_6}(x)$, $s_6 > 0$. Now both $g_i h^m$ and h^m belong to $P(X)$ so that the gradient estimates apply. We choose t large enough and γ small enough so that $h(x) \geq$ const. $R^{s_6}(x)$ (with a different constant) on $B(x;\gamma R^{-t})$.

Then

$$\| dg_i(w) \| \leq \text{const. } R^{s_7}(x) \quad \text{on} \quad B(x;\gamma R^{-t})$$

By taking $t \geq s_7$ we have, for $1 \leq i \leq n$

$$|g_i(w) - g_i(x)| \leq \text{const. } \gamma$$

By choosing γ small enough we have shown that $G(B(x;\gamma R^{-t})) \subset U_i'$.

Finally we shall obtain the lower estimate

$$\sum_{i=1}^{n} |f_i(w) - f_i(x)|^2 \geq \delta_2 R^{-q_2}(x) \quad \text{for} \quad w \in B(x;\gamma R^{-t}) - B(x;\tfrac{1}{2}\gamma R^{-t})$$

Recall that $\| df_1 \wedge \ldots \wedge df_n(x) \|$ is bounded from below by const. $R^{-s_3}(x)$ on the open set $U_i - V_i$. We shall find a geodesic ball $B(x;r(x))$ such that $(f_1,\ldots,f_n): B(x;r(x)) \longrightarrow \mathbb{C}^n$ is one-to-one on $B(x;r(x))$. To do this we invert the mapping $(f_1,\ldots,f_n)$ near $(f_1(x),\ldots,f_n(x))$ by estimating the vector fields $\frac{\partial}{\partial f_1},\ldots,\frac{\partial}{\partial f_n}$ defined by $< df_i, \frac{\partial}{\partial f_j} > = \delta_{ij}$. From the Cramer's rule and the estimate on $\| df_1 \ \ldots \ df_n \|$ above we have

$$\| \frac{\partial}{\partial f_i} \| \leq \text{const. } R^{s_8}(x) \quad \text{for} \quad x \in U_i - V_i$$

By considering the integral curves of the real vector fields

$$\sum_{i=1}^{n} \alpha_i \ (2 \operatorname{Re} \frac{\partial}{\partial f_i}) + \sum_{i=1}^{n} \beta_i \ (2 \operatorname{Im} \frac{\partial}{\partial f_i})$$

where $\sum_{i=1}^{n}(|\alpha_i|^2 + |\beta_i|^2) = 1$, one can easily show that there exists an open neighborhood Ω of $x \in X$ such that $(f_1,\dots,f_n)$ defines a biholomorphism of Ω onto an open Euclidean ball B with center at $((f_1(x),\dots,f_n(x))$ and radius equal to $c\,R^{-s_9}(x)$. Now choose γ and t such that in addition to the conditions before, we also have $(f_1,\dots,f_n)(B(x;\gamma R^{-t})) \subset B$. The open set $(f_1,\dots,f_n)^{-1}(B) = \Omega \cup \Omega'$ where Ω and Ω' are mutually disjoint open sets. Then $B(x;\gamma R^{-t}) \subset \Omega \cup \Omega'$ must lie in the connected component Ω containing x. Now choose $c' > 0$ small and $s_{10} > 0$ large and write B' for the Euclidean ball with center $(f_1(x),\dots,f_n(x))$ and radius $c'R^{-s_{10}}(x)$, such that

$$(f_1,\dots,f_n)^{-1}(B') \cap \Omega \subset B(x;\tfrac{1}{2}\gamma R^{-t})$$

Since $(f_1,\dots,f_n)$ is injective on $B(x;\gamma R^{-t}) \subset \Omega$, we must have

$$(f_1,\dots,f_n)[B(x;\gamma R^{-t}) - B(x;\tfrac{1}{2}\gamma R^{-t})] \subset B - B'$$

In particular, we have obtained the estimate

$$\sum_{i=1}^{n} |f_i(w) - f_i(x)|^2$$

$$\geq c'^2 R^{-2s_{10}}(x) \qquad \text{for } w \in B(x;\gamma R^{-t}),$$

proving the second part of the proposition with $\delta_2 = c'^2$ and $q_2 = 2s_{10}$, hence finishing the proof of Proposition (2.5) and Theorem 1.

Remarks

(1) To prove Theorem 1 it is sufficient to know that X admits an embedding of polynomial growth into some affine algebraic variety Z (of same dimension). The existence of such an embedding implies already that $X \cong M-V$ for some smooth projective variety M and some hypersurface V. The only place where we need a proper embedding in (2.4) (to show $-\log D \leq \text{const.} \log R$) is not essential.

(2) In case of dimension one it is also true that in the Main Theorem [2] [3], the biholomorphism X and $\mathbb{C}$ is of polynomial growth in both directions. The proof is, however, different and uses in part potential theory.

(3) Open problems and summary of results on non-compact complete Kähler manifolds of positive curvature can be found in Mok [4].

Bibliography

[1] J. Cheeger and D. Gromoll, On the structure of complete manifolds of nonnegative curvature, Ann. of Math. 96 (1972), 413-443.

[2] N. Mok, Courbure bisectionnelle positive et variétés algébriques affines, in Comptes Rendus.

[3] N. Mok, An embedding theorem of complete Kähler manifolds of positive bisectional curvature onto affine algebraic varieties, preprint.

[4] N. Mok, Complete non-compact Kähler manifolds of positive curvature (survey article), to appear in a special volume of the Madison Conference on Several Complex Variables, 1982.

[5] N. Mok, Y.-T. Siu and S.-T. Yau, The Poincaré-Lelong equation on complete Kähler manifolds, Comp. Math., Vol. 44 Fasc. 1-3 (1981), 183-218.

[6] C. P. Ramanujam, A topological characterization of the affine plane as an algebraic variety, Ann. of Math., 94 (1971), 69-88.

[7] Y.-T. Siu, Analyticity of sets associated to Lelong numbers and the extension of closed positive currents, Invent. Math., 27 (1974), 53-156.

Séminaire P.LELONG,P.DOLBEAULT,H.SKODA
(Analyse)
22e et 23e année, 1982/1983.

THÉORÈME DES ZÉROS SOUS-ANALYTIQUES ET INÉGALITÉS DE ŁOJASIEWICZ

par Gilles RABY

Introduction.

L'objet de cet article est de démontrer une version sous-analytique du théorème des zéros qui, appliquée aux fonctions $\delta_Y(.) = \inf\{d(.,y) ; y \in Y\}$, nous donnera les inégalités de Lojasiewicz. La démonstration de ce "théorème des zéros" repose sur l'étude des ensembles sous-analytiques et donc sur le théorème de désingularisation d'Hironaka.

1. Ensembles sous-analytiques (cf. [Hi]).

1.1. Définition : Une partie Y d'une variété analytique réelle M est dite sous-analytique si, pour tout point x de M, il existe un voisinage ouvert U de x dans M, des variétés analytiques réelles V_{ij} $(1 \leq i \leq k$; $j = 1,2)$, des morphismes analytiques propres $f_{ij} : V_{ij} \to U$ tels que

$$Y \cap U = \bigcup_{1 \leq i \leq k} (\operatorname{im} f_{i1} \setminus \operatorname{im} f_{i2})$$

1.2. Propriétés :

(i) La classe des ensembles sous-analytiques est stable par les opérations suivantes : réunion et intersection localement finies, différence, adhérence, intérieur, produit.

(ii) Tout ensemble semi-analytique est sous-analytique.

(iii) Tout ensemble sous-analytique de M est localement connexe, ses composantes connexes sont sous-analytiques dans M et forment une famille localement finie dans M.

(iv) Soit $\phi : N \to M$ une application analytique. Si A est un sous-analytique de N tel que $\phi : \overline{A} \to M$ soit propre, alors $\phi(A)$ est sous-analytique dans M. Si B est sous-analytique dans M, alors $\phi^{-1}(B)$ est sous-analytique dans N.

(v) Si Y est sous-analytique dans M, il existe une variété analytique réelle N et $\phi : N \to M$ une application analytique propre telle que $\phi(N) = \overline{Y}$.

2. Fonctions sous-analytiques.

2.1. Définition : Soit M une variété analytique réelle. Une application $f : M \to \mathbb{R}$ est dite sous-analytique si son graphe est sous analytique dans $M \times \mathbb{R}$.

2.2. Propriétés : Soit $f : M \to \mathbb{R}$ une application, les assertions suivantes sont équivalentes :

a) f est continue et sous-analytique.

b) il existe $\pi : N \to M$ une application analytique propre surjective telle que $f \circ \pi$ soit une application analytique sur N.

dém.: b) $\Rightarrow$ a) : π étant surjective on a graphe $f = (\pi \times id)(\text{graphe } f \circ \pi)$, or $\pi \times id$ est propre donc (cf. 1.2.iv) graphe f est sous-analytique. De plus π est propre donc fermée, par suite pour tout fermé F de $\mathbb{R}$ $f^{-1}(F) = \pi[(f \circ \pi)^{-1}(F)]$ est fermé.

a) $\Rightarrow$ b) : f étant continue son graphe Y est fermé et la projection canonique $p : M \times \mathbb{R} \to M$ est propre sur Y. D'après 1.2.(v) il existe $\phi : N \to M \times \mathbb{R}$ une application analytique propre telle que $\phi(N) = Y$. Soit alors $\pi = p \circ \phi : N \to M$, π est propre surjective et $f \circ \pi = \phi_2$ si $\phi = (\phi_1, \phi_2)$.

2.3. Corollaire : *L'ensemble des fonctions continues sous-analytiques est une algèbre* (ce qui n'est pas le cas pour les fonctions continues semi-analytiques).

dém.: Soient f_1 et f_2 deux fonctions continues sous-analytiques. D'après 2.2, il existe $\pi_i : N_i \to M$ deux applications analytiques propres surjectives telles que $f_i \circ \pi_i$ soient analytiques sur N_i. Considérons $V = \{(x_1,x_2) \in N_1 \times N_2 \; ; \; \pi_1(x_1) = \pi_2(x_2)\}$ le produit fibré des N_i au-dessus de M, V est un sous-ensemble analytique fermé de $N_1 \times N_2$, donc d'après 1.2.(ii).(v), il existe $\phi : N \to N_1 \times N_2$ une application analytique propre telle que $\phi(N) = V$ et on a :

$$N \xrightarrow{\phi} N_1 \times N_2 \begin{array}{c} \overset{p_1}{\nearrow} N_1 \overset{\pi_1}{\searrow} \\ \underset{p_2}{\searrow} N_2 \underset{\pi_2}{\nearrow} \end{array} M \qquad \pi_1 \circ p_1 \circ \phi = \pi_2 \circ p_2 \circ \phi = \pi$$

$\pi : N \to M$ est analytique propre surjective, $f_i \circ \pi$ est analytique sur V. Par suite $(f_1+f_2) \circ \pi = f_1 \circ \pi + f_2 \circ \pi$ est analytique ainsi que $(f_1.f_2) \circ \pi$.

2.4. Proposition : Soit Y sous-analytique dans l'ouvert U de $\mathbb{R}^n$. On pose $\delta_Y(x) = \inf\{d(x,y), y \in Y\}$ où d est la distance euclidienne dans $\mathbb{R}^n$.

Alors il existe un voisinage ouvert Ω de Y dans U sur lequel δ_Y est sous-analytique.

dém.: On peut supposer Y fermé dans U. Soit alors $\Omega = \bigcup_{y \in Y} B(y,r_y)$ où $B(y,r_y)$ est une boule centrée en y de rayon r_y tel que $\overline{B(y,2r_y)} \subset U$.

Il nous faut montrer que graphe $(\delta_Y|B(a,r))$ est sous-analytique dans $B(a,r) \times \mathbb{R}$ lorsque $a \in Y$ et $\overline{B(a,2r)} \subset U$. Or on a :

$$\text{graphe}(\delta_Y|B(a,r)) = \{(x,t) \in B(a,r) \times \mathbb{R} \; ; \; \delta_Y(x) = t \quad t < r\} \quad \text{car} \quad a \in Y$$

d'où : $\text{graphe}(\delta_Y|B(a,r)) = A \setminus \overset{\circ}{A}$ où $A = \{(x,t) \in B(a,r) \times \mathbb{R} \; ; \; \delta_Y(x) \le t < r\}$.

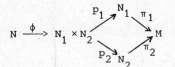

Lemme : $\forall\, x \in B(a,r)\ \exists\, y \in Y\ ;\ d(x,y) = \delta_Y(x)$

de plus si $x \in B(a,r)$ et si $d(x,y) = \delta_Y(x)$ pour $y \in Y$, alors $y \in B(a,2r)$.

en effet, comme $a \in Y$ on a $\delta_Y(x) \leq d(x,a) < r$, donc $\delta_Y(x)$ est la distance de x au compact $Y \cap \overline{B(a,r)}$, cette distance est donc atteinte en un point de ce compact. De plus si $y \notin B(a,2r)$, alors $d(x,y) \geq d(y,a) - d(a,x) > r > \delta_Y(x)$.

D'après ce lemme on a donc : $A = \{(x,t) \in B(a,r) \times \mathbb{R}\ ;\ \exists\, y \in Y \cap B(a,2r)\ ;\ d(x,y) \leq t < r\}$. Soit alors $X = \{(x,t,y) \in B(a,r) \times \mathbb{R} \times B(a,2r)\ ;\ d^2(x,y) \leq t^2$ et $o \leq t < r\}$, c'est un semi-analytique dans $B(a,r) \times \mathbb{R} \times B(a,2r) = W$ et l'application analytique $\phi : W \to B(a,r) \times \mathbb{R}$ $\phi(x,t,y) = (x,t)$ est propre sur $\overline{X} \cap W$, donc si $Z = X \cap (B(a,r) \times \mathbb{R} \times Y)$ alors d'après 1.2.(i).(iv) $A = \phi(Z)$ et graphe $(\delta_Y | B(a,r)) = A \setminus \mathring{A}$ sont sous-analytiques dans $B(a,r) \times \mathbb{R}$.

Remarque : La démonstration de 2.4 montre que si Y est sous-analytique dans $U = \mathbb{R}^n$, alors δ_Y est sous-analytique dans $U = \mathbb{R}^n$; ce résultat devient faux si $U \neq \mathbb{R}^n$.

Exemple : $Y = \{(\frac{1}{n}, o)\ ,\ n \in \mathbb{N}^*\} \subset U = \mathbb{R}^2 \setminus \{o\}$, si δ_Y était sous-analytique dans U, on aurait $\{x \in U\ ;\ \delta_Y(x) = 1\} \cap (\mathbb{R} \times \{1\}) = \{(o,1), (\frac{1}{n},1) n \in \mathbb{N}^*\}$ sous-analytique dans U ce qui contredit 1.2.(iii).

2.5. Distance fibrée.

Soient Ω un ouvert de $\mathbb{R}^n$, U un ouvert de $\mathbb{R}^p$, Y un fermé sous-analytique de Ω et $\pi : \Omega \to U$ une application continue sous-analytique telle que $\pi | Y : Y \to U$ soit propre surjective.

Alors l'application $x \in \Omega \mapsto d_\pi(x,Y) = d(x, Y \cap \pi^{-1}\{\pi(x)\})$ est sous-analytique sur Ω ; de plus elle est continue si $\pi | Y : Y \to U$ est ouverte.

émonstration : Soit $\sigma : \Omega \times \mathbb{R} \times \mathbb{R}^n \to \Omega \times \mathbb{R}$ la projection canonique, $\pi | Y$ étant propre σ est propre sur $\{(x,\lambda,x') \in \Omega \times \mathbb{R} \times Y\ ;\ \pi(x) = \pi(x')\}$, et on a : $\{(x,\lambda) \in \Omega \times \mathbb{R} \ ; \ d_\pi(x,Y) = \lambda\} = \sigma(B_1) \setminus \sigma(B_2)$

où B_1 et B_2 sont des sous-analytiques de $\Omega \times \mathbb{R} \times \Omega$ contenus dans l'ensemble : $\{(x,\lambda,x') \in \Omega \times \mathbb{R} \times Y \ ; \ \pi(x) = \pi(x')\}$ et définis par:

$B_1 = \{(x,\lambda,x') \in \Omega \times \mathbb{R} \times Y \ ; \ \pi(x) = \pi(x') \text{ et } d(x,x') \leq \lambda\}$

$B_2 = \{(x,\lambda,x') \in B_1 \ ; \ d(x,x') < \lambda\}$

le graphe de l'application $x \mapsto d_\pi(x,Y)$ est donc sous-analytique dans $\Omega \times \mathbb{R}$.

Remarquons de plus que pour tout réel λ on a :

$\{x \in \Omega \ ; \ d_\pi(x,Y) \leq \lambda\} \times \{\lambda\} = \sigma(B_1) \cap (\Omega \times \{\lambda\})$

$\sigma(B_1)$ étant fermé dans $\Omega \times \mathbb{R}$, on en déduit que l'application $x \mapsto d_\pi(x,Y)$ est semi-continue inférieurement.

Il nous reste donc à montrer que si $\pi|Y$ est ouverte alors pour tout réel λ l'ensemble $A = \{x \in \Omega \ ; \ d_\pi(x,Y) < \lambda\}$ est ouvert.

Soit $a \in A$ alors il existe $a' \in Y$ et $\varepsilon > 0$ tels que :

$$\pi(a) = \pi(a') \quad \text{et} \quad d(a,a') < \lambda - \varepsilon$$

$\pi|Y$ est ouverte donc $\pi\{y \in Y \ ; \ d(a',y) < \varepsilon/2\}$ est un voisinage ouvert de $\pi(a') = \pi(a)$ et par suite :

$U = \{x \ ; \ d(x,a) < \varepsilon/2\} \cap \pi^{-1}\pi\{y \in Y \ ; \ d(a',y) < \varepsilon/2\}$ est un voisinage de a,

vérifions l'inclusion de U dans A :

si $x \in U$ il existe $y \in Y$ tel que $\pi(x) = \pi(y)$ et $d(a',y) < \varepsilon/2$

d'où :

$$d_\pi(x,Y) \leq d(x,y) \leq d(x,a) + d(a,a') + d(a',y) < \lambda .$$

3. Une version sous-analytique du théorème des zéros.

3.1. Théorème : *Soient* f *et* g *deux fonctions sous-analytiques de classe* C^r $(0 \leq r < +\infty)$ *dans un voisinage* U *de* 0 *dans* $\mathbb{R}^n$, *si* $f(x) = 0$ *pour tout* x *tel que* $g(x) = 0$, *alors il existe* $N \in \mathbb{N}$, $\Omega \subset U$ *un voisinage de* 0, $h : \Omega \to \mathbb{R}$ *sous-analytique de classe* C^r *tels que :*

$$f^N = g.h \quad \textit{sur} \quad \Omega$$

dém.: démontrons d'abord ce théorème pour $r = o$, dans ce cas la démonstration s'inspire de [Hi] . D'après 2.3 il existe $\pi : N \to U$ une application analytique propre surjective telle que $f \circ \pi$ et $g \circ \pi$ soient analytiques sur N .

Soit alors $Y = \{x \in N \; ; \; g(\pi(x)) = o\}$, $N_1 = \{y \in Y \; ; \; \dim_y Y = \dim_y N\}$ est vide ou constitué de composantes connexes de N , donc N est la réunion disjointe de deux variétés N_1 et N_2 avec $\dim_y Y < \dim_y N_2$ pour tout $y \in Y \cap N_2$. Or d'après le théorème de désingularisation ([Hi]) il existe $\sigma : \tilde{N}_2 \to N_2$ une application analytique propre surjective telle que $\sigma^{-1}(Y \cap N_2)$ soit une hypersurface à croisements normaux (i.e : localement dans une carte W de $\mathbb{R}^m$ on a $W \cap \sigma^{-1}(Y \cap N_2) = \{(x_1,\dots,x_m) \in W \; ; \; x_1 \dots x_k = o\}$.

Donc en posant $\tilde{\pi} : \tilde{N} = \tilde{N}_2 \vee N_1 \xrightarrow{(\sigma, id)} N_2 \vee N_1 = N \xrightarrow{\pi} U$ on a : $f \circ \tilde{\pi}$ et $g \circ \tilde{\pi}$ sont analytiques, $\tilde{\pi}$ est analytique propre surjective et $g \circ \tilde{\pi}$ est localement nulle ou de la forme $(g \circ \tilde{\pi})(x_1,\dots,x_m) = x_1^{n_1} \dots x_k^{n_k} \gamma(x_1,\dots x_m)$ où $n_i \in \mathbb{N}^*$ et γ analytique inversible.

Pour démontrer le théorème il suffit de vérifier que si K est un voisinage compact de o dans U alors :

(*) : il existe : $N \in \mathbb{N}$, $\tilde{h}$ une fonction analytique au voisinage de $\tilde{\pi}^{-1}(K)$ constante sur les fibres de $\tilde{\pi}$ telle que : $(f \circ \tilde{\pi})^N = (g \circ \tilde{\pi}).\tilde{h}$

(car alors il existe une fonction $h : K \to \mathbb{R}$ telle que $h \circ \tilde{\pi} = \tilde{h}$, h sera continue sous-analytique sur $\Omega = \overset{\circ}{K}$ d'après 2.2 et vérifiera $(f \circ \tilde{\pi})^N = (g \circ \tilde{\pi}).(h \circ \tilde{\pi})$ sur $\tilde{\pi}^{-1}(\overset{\circ}{K})$ et donc $f^N = g.h$ sur $\overset{\circ}{K}$)

$\tilde{\pi}^{-1}(K)$ étant compact (*) est local, de plus (*) est évident en un point où $g \circ \tilde{\pi}$ est non nul ou en un point au voisinage duquel $g \circ \tilde{\pi}$ est nul, en les autres points on a localement $(g \circ \tilde{\pi})(x_1,\dots,x_m) = x_1^{n_1} \dots x_k^{n_k} \gamma(x_1,\dots,x_m)$ or par hypothèse $f \circ \tilde{\pi}$ est nul sur $\{x_1 \dots x_k = o\}$, par suite on a : $(f \circ \tilde{\pi})(x_1,\dots,x_m) = x_1 \dots x_k \lambda(x_1,\dots,x_m)$ λ étant analytique, d'où : $(f \circ \tilde{\pi})^{n_1+\dots+n_k} = (g \circ \tilde{\pi}).\mu$ où μ est analytique, on pose alors : $N = 1+n_1+\dots+n_k$ et $\tilde{h} = (f \circ \tilde{\pi}).\mu$ qui est constante sur les fibres de $\tilde{\pi}$. □

Si $r = 1$, $h f^N$ est continue sous-analytique et en dehors de l'ensemble $\{g = o\}$, $h f^N$ est de classe C^1 et on a :

$$D(h f^N) = 2 N f^{N-1} h D f - h^2 D g$$

ce qui montre que $h f^N$ est de classe C^1 sur Ω et on a :

$$f^{2N} = g.(h f^N) \quad \text{sur } \Omega$$

Si $r > 1$, on a $f^{2^r n} = g(h.f^{(2^r-1)N})$ et la formule :

$$D(h f^{(2^r-1)N}) = [(2^r-1)N+1](h f^{(2^{r-1}-1)N}) f^{2^{r-1}N-1} D f - (h f^{(2^{r-1}-1)N}) f^{(2^{r-1}-1)N} D g$$

montre par récurrence sur r que $h.f^{(2^r-1)N}$ est de classe C^r.

3.2. Remarque : Ce théorème devient faux si $r = +\infty$, une fonction sous-analytique et C^∞ étant analytique [Ta].

4. Applications du théorème des zéros aux inégalités de Lojasiewicz.

4.1. Les inégalités de Łojasiewicz (cf. [L] et [Hi])

Soient Ω un ouvert de $\mathbb{R}^n$, f et g deux fonctions continues sous-analytiques sur Ω telles que $g^{-1}\{o\} \subset f^{-1}\{o\} = Y$, A et B deux sous-analytiques de Ω, K un compact de Ω, alors il existe $N \in \mathbb{N}$ et $C > 0$ tels que sur K on ait les inégalités :

L_1 : $|f|^N \leq C|g|$

L_2 : $\delta_Y^N \leq C|f|$

L_3 : $\delta_{A\cap B}^N \leq C(\delta_A+\delta_B)$ (ie. A et B sont régulièrement situés) dém.: il suffit de vérifier qu'il existe $N \in \mathbb{N}$ et des fonctions h_i $(i = 1,2,3)$ continues au voisinage de K vérifiant :

$$f^N = g.h_1 \ , \ \delta_Y^N = f\, h_2 \ , \ \delta_{A\cap B}^N = (\delta_A + \delta_B).h_3$$

ce qui résulte de 3.1, 2.3 et 2.4

4.2. Inégalité de Łojasiewicz "fibrée".

Soient Ω un ouvert de $\mathbb{R}^n$, U un ouvert de $\mathbb{R}^p$, Y un fermé sous-analytique de Ω et $\pi : \Omega \to U$ une application continue sous-analytique telle que $\pi|Y : Y \to U$ soit propre surjective et ouverte.

Alors si K est un compact de Ω, il existe $N \in \mathbb{N}$ et $C > o$ tels que :

$$[d(x, Y \cap \pi^{-1}\{\pi(x)\})]^N \leq C\, d(x,Y) \qquad \forall\, x \in K$$

dém. : il suffit de vérifier qu'il existe $N \in \mathbb{N}$ et h continue au voisinage de K tels que :

$$[d(x, Y \cap \pi^{-1}\{\pi(x)\})]^N = h(x) d(x,Y)$$

ce qui résulte de 3.1, 2.4 et 2.5 .

Remarque : un cas particulier de cette proposition a été démontré par Coleff et Herrera [C - H] lorsque π est la projection de $\mathbb{C}^{r+s}$ sur $\mathbb{C}^r$ et

$$Y = \{(x_1,\dots,x_r,y_1,\dots,y_s) \ ; \ H_j(x_1,\dots,x_r;y_j) = o \quad \forall \ \ j \in \{1,\dots,s\}\}$$

$H_j\ (x_1,\dots,x_r;y_j)$ étant des polynômes distingués en y_j sans composantes irréductibles multiples à coefficients holomorphes sur $\mathbb{C}^r$.

4.3. Inégalité de Łojasiewicz "à paramètre".

Soient $\Phi : \Omega \to U$ une application continue sous-analytique de Ω ouvert de $\mathbb{R}^n$ dans U ouvert de $\mathbb{R}^p$. Si K_1 est un compact de Ω et K_2

un compact de U , alors il existe $N \in \mathbb{N}$ tel que :

$$d(x,\Phi^{-1}\{y\})^N \leq C(y)\,|\Phi(x)-y| \qquad \forall\, x \in K_1 , \quad \forall\, y \in K_2$$

où $C(y)$ est un réel positif indépendant de x .

Remarque : Si $\Phi^{-1}\{y\}$ est vide on pose $d(x,\Phi^{-1}\{y\} = 1$.

Lorsque Φ est analytique réelle cette proposition a été démontrée par Tougeron [Tou].

La démonstration de 4.3. repose sur les trois lemmes suivants :

4.3.1. : *Soient* V *une variété analytique réelle et* $\psi : V \to \mathbb{R}^p$ *une application analytique propre. Alors il existe* S *un sous-analytique fermé contenu dans* $\psi(V)$ *tel que :*

$\dim S < \dim \psi(V)$, $\psi(V)\backslash S$ *est une variété et* ψ *induit une submersion de* $V\backslash\psi^{-1}(S)$ *sur* $\psi(V)\backslash S$.

4.3.2. : *Soit* M *un sous-analytique compact de* $\mathbb{R}^n \times \mathbb{R}^p$ *et* $\pi : \mathbb{R}^n \times \mathbb{R}^p \to \mathbb{R}^p$ *la projection canonique. Alors il existe* $D(M)$ *un sous-analytique compact de* $\mathbb{R}^p$ *contenu dans* $\pi(M)$ *tel que* $\dim D(M) < \dim \pi(M)$ *et il existe* $N \in \mathbb{N}$ *tel que pour tout* z *de* $\mathbb{R}^n \times \mathbb{R}^p$:

$$d(\pi(z),D(M))^N . d(z,M \cap \pi^{-1}\{\pi(z)\})^N = \phi(z)\; d(z,M)$$

où ϕ *est une fonction continue sous-analytique.*

4.3.3. : *Sous les hypothèses de 4.3.2, si* K_1 *est un compact de* $\mathbb{R}^n$ *et* K_2 *un compact de* $\mathbb{R}^p$ *, il existe* $N \in \mathbb{N}$ *tel que pour tout* $z \in K_1 \times K_2$:

$$d(z,M \cap \pi^{-1}\{\pi(z)\})^N \leq C(\pi(z))\,d(z,M)$$

où $C(\pi(z))$ *ne dépend que de* $\pi(z)$.

4.3.4. Montrons que le lemme 4.3.3 permet de démontrer l'inégalité à paramètre de 4.3.

Soit L_1 un sous-analytique compact de Ω contenant K_1, remarquons qu'il existe $A(y) > 0$ tel que

$$d(x,\Phi^{-1}\{y\})^N \leq A(y)d(x,L_1 \cap \Phi^{-1}\{y\}) \text{ pour tout } x \text{ de } K_1$$

(prendre $A(y) = 1$ si $L_1 \cap \Phi^{-1}(y)$ est non vide, et $A(y) = \sup_{x \in K_1} d(x,\Phi^{-1}(y))$ si $L_1 \cap \Phi^{-1}(y)$ est vide).

On pose alors $M = (\text{graphe } \Phi) \cap (L_1 \times \mathbb{R}^p)$ et $\pi : \mathbb{R}^n \times \mathbb{R}^p \to \mathbb{R}^p$ la projection. Donc si $z = (x,y)$ alors $d(z,M \cap \pi^{-1}\{\pi(z)\}) = d(x,L_1 \cap \Phi^{-1}\{y\})$ et si $x \in L_1$ alors $(x,\Phi(x)) \in M$ donc $d(z,M) \leq |\Phi(x)-y|$ ce qui achève la démonstration de 4.3.

4.3.5. On donne ici la démonstration des lemmes 4.3.1. à 4.3.3

(i) Soit W l'ensemble des points réguliers de dimension k de $\psi(V)$, alors $\psi(V)\backslash W$ est un sous-analytique fermé de dimension strictement inférieure à celle de $\psi(V)$ (cf. [Ta]) donc en changeant V en $\psi^{-1}(W)$ on peut supposer que $W = \psi(V)$ est une variété de dimension pure k.

Soient $(V_i)_{i \in I}$ les composantes connexes de V, $\dim V_i = k_i$, ψ_i la restriction de ψ à V_i, et $C_i = \{v \in V_i \; ; \; \text{rang}_v \, \psi_i < k\}$; alors $\psi(C_i) = \psi_i(C_i)$ est un sous-analytique fermé de W négligeable dans W (théorème de Sard) donc : $\dim \psi(C_i) < \dim W$. On pose alors $S = \bigcup_{i \in I} \psi(C_i)$. Il nous reste à vérifier que S est un sous-analytique fermé de dimension inférieure à k-1, pour cela il suffit de constater que S est réunion localement finie des $\psi(C_i)$, or si K est un compact de W alors :

$$\{i \in I \; ; \; K \cap \psi(C_i) \neq \Phi\} = \{i \in I \; ; \; \psi^{-1}(K) \cap C_i \neq \Phi\}$$

ce dernier ensemble est fini car ψ est propre et la famille $(C_i)_{i \in I}$ est localement finie.

(ii) Soit $f : \mathbb{R}^n \times \mathbb{R}^p \to \mathbb{R}$ $f(z) = d(z, M \cap \pi^{-1}\{\pi(z)\})$. f est localement bornée car M est compact . f est sous-analytique car son graphe est la réunion de $\{(z,1) ; d(\pi(z),\pi(M)) > o\}$ et de $\{(z,\lambda); \exists\, x \in M ; \pi(x) = \pi(z) \text{ et } d(z,x) \leq \lambda\} \setminus \{(z,\lambda); \exists\, x \in M ; \pi(x) = \pi(z) \text{ et } d(z,x) < \lambda\}$

Soit $\sigma : V \to \mathbb{R}^n \times \mathbb{R}^p$ une application analytique propre telle que $\sigma(V) = M$. D'après 4.3.1 il existe $S = D(M)$ sous-analytique compact tel que $S \subset \pi(M)$, $\pi(M) \setminus S$ lisse , $\dim S < \dim \pi(M)$ et $\pi \circ \sigma : V \setminus (\pi \circ \sigma)^{-1}(S) \to \pi(M) \setminus S$ est une submersion surjective, donc $\pi : M \setminus \pi^{-1}(S) \to \pi(M) \setminus S$ est propre surjective et ouverte, donc d'après 2.5 $z \mapsto d(z, (M \setminus \pi^{-1}(S)) \cap \pi^{-1}\{\pi(z)\})$ est continue sur $(\mathbb{R}^n \times \mathbb{R}^p) \setminus \pi^{-1}(S)$, or si $z \notin \pi^{-1}(S)$ on a $f(z) = d(z, (M \setminus \pi^{-1}(S)) \cap \pi^{-1}\{\pi(z)\})$, par suite $g(z) = d(z, \pi^{-1}(S)).f(z)$ est sous-analytique continue sur $\mathbb{R}^n \times \mathbb{R}^p$.

Le théorème des zéros donne alors: il existe $N \in \mathbb{N}$ tel que

$$g^N(z) = \phi(z) d(z,M) \quad \text{au voisinage de } M$$

où ϕ est continue et sous-analytique au voisinage de M et donc continue et sous-analytique sur $\mathbb{R}^n \times \mathbb{R}^p$ (en posant $\phi(z) = \frac{g^N(z)}{d(z,M)}$ si $z \notin M$) ce qui démontre 4.3.2 car $d(z, \pi^{-1}(S)) = d(\pi(z), S)$.

(iii) Posons $M_o = M$, $M_1 = M \cap \pi^{-1}(D(M))$, $D(M_1) \subset \pi(M_1) = D(M), \ldots, M_{k+1} = M_k \cap \pi^{-1}(D(M_k))$ on a $\dim D(M_k) < \dim \pi(M_k) \leq \dim D(M_{k-1})$; la suite $D(M_i)$ est donc finie de même que la suite M_i , donc d'après 4.3.2 il existe $N_1 \in \mathbb{N}$ tel que pour tout i et tout z de $\mathbb{R}^n \times \mathbb{R}^p$

$$d(\pi(z), D(M_i))^{N_1} . d(z, M_i \cap \pi^{-1}\{\pi(z)\})^{N_1} = \phi_i(z) d(z, M_i)$$

où ϕ_i est continue sous-analytique sur $\mathbb{R}^n \times \mathbb{R}^p$.

De plus pour $i \geq 1$: $M_i = M \cap \pi^{-1}(D(M)) \cap \ldots \cap \pi^{-1}(D(M_{i-1}))$

donc il existe $N_2 \in \mathbb{N}$ et h_i continue sous-analytique sur $\mathbb{R}^n \times \mathbb{R}^p$ tels que

$$d(z, M_i)^{N_2} = h_i(z) (d(z,M) + d(z, \pi^{-1}(D(M))) + \ldots + d(z, \pi^{-1} D(M_{i-1}))) .$$

On pose alors $N = N_1 + N_2$

et si $\pi(z) \notin D(M)$ on pose $C(\pi(z)) = \dfrac{\sup\{\phi_o(z)d(z,M)^{N_2}, z\in K_1\times K_2\}}{d(\pi(z),D(M))^N}$

si $\pi(z)\in D(M_{i-1})\backslash D(M_i)$ alors $M\cap\pi^{-1}\pi(z) = M_i\cap\pi^{-1}\pi(z)$ et on pose alors

$$C(\pi(z)) = \frac{\sup\{\phi_i^{N_2}(z).h_i(z), z\in K_1\times K_2\}}{d(\pi(z),D(M_i))^N}$$

5. Prolongement de fonctions sous-analytiques.

5.1. Soit Y sous-analytique dans Ω ouvert de $\mathbb{R}^n$, $f : Y \to \mathbb{R}$ est dite sous-analytique si son graphe est sous-analytique dans $\Omega \times \mathbb{R}$.
Si Y est fermé dans Ω les assertions suivantes sont équivalentes :

i) f est continue sous-analytique

ii) il existe $\pi : N \to \Omega$ analytique propre telle que $\pi(N) = Y$ et $f \circ \pi$ analytique sur N.

En effet il suffit d'utiliser 1.2(v) et reprendre la démonstration de 2.2.
Le théorème 3.1 et son corollaire 4.1.L_1 restent alors valables si on remplace Ω par un sous-analytique fermé dans Ω.

5.2. Proposition : *Soit* Y *sous-analytique fermé dans* Ω. *Les fonctions continues sous-analytiques sur* Y *sont les restrictions à* Y *des fonctions continues sous-analytiques sur* Ω.

dém. : il suffit de montrer que si $f : Y \to \mathbb{R}$ est continue et sous-analytique alors il existe $\phi : \Omega \to \mathbb{R}$ continue sous-analytique telle que $\phi|Y = f$.
Or ce problème est local (il existe des partitions de l'unité continues sous-analytiques), donc on peut supposer que Y est un sous-analytique compact de $\mathbb{R}^n$ et donc (4.1.L_1 et 5.1) il existe $k > o$ et $\alpha \in]o,1]$

tels que :

$$|f(x)-f(y)| \leq k \, \| x-y\|^{\alpha} \quad \text{pour tout } x \text{ et } y \text{ de } Y$$

On pose alors $\phi(x) = \inf\{f(y)+k\| x-y \|^{\alpha} ;\ y \in Y\}$

on a $\phi|Y = f$ car si $x \in Y$ alors $\phi(x) \leq f(x) \leq f(y) + k\| x-y\|^{\alpha}$ pour tout y de Y. ϕ est continue car si x et x' sont dans $\mathbb{R}^n$ alors pour tout y de Y on a :

$$\phi(x)-(f(y)+k\| x'-y\|^{\alpha}) \leq k(\| x-y\|^{\alpha}-\| x'-y\|^{\alpha}) \leq k\| x-x'\|^{\alpha} \text{ car } \alpha\in]o,1]$$

donc : $|\phi(x)-\phi(x')| \leq k\| x-x'\|^{\alpha}$

ϕ est sous-analytique car il existe $\sigma : N \to \mathbb{R}^n$ analytique propre telle que $\sigma(N) = Y$ et $f \circ \sigma$ analytique sur N, on a donc

$$\{(x,t)\in \mathbb{R}^n \times\mathbb{R} \ ;\ \phi(x) \leq t\} = \{(x,t) \ ;\ \exists\, v \in N \ (f \circ \sigma)(v)+k\| x-\sigma(v)\|^{\alpha} \leq t\}$$

$$\neq \pi\{(x,t,v)\in\mathbb{R}^n\times\mathbb{R}\times N \ ;(f \circ \sigma)(v)+k\|x-\sigma(v)\|^{\alpha}\leq t\}$$

où $\pi : \mathbb{R}^n \times\mathbb{R}\times N \to \mathbb{R}^n \times\mathbb{R}$ est propre car Y est compact et donc N est compact.

RÉFÉRENCES

[C - H] COLEFF N. & HERRERA M. : Les courants résiduels associés à une forme méromorphe (chapitre IV). Lecture Notes in Mathematics n° 633 (1978).

[Hi] HIRONAKA H. : Introduction to real-analytic sets and real-analytic maps. Instituto Matematico "L. TONELLI" dell'Universita' di Pisa, 1973, et Number theory, Alg.Geom. and Comm. Alg. Kinokuniya, Toyko 1973, p. 453.

[L] ŁOJASIEWICZ S. : Ensembles semi-analytiques. IHES, Bures-sur-Yvette, 1965.

[Ta] TAMM M. : Subanalytic sets in the calculus of variation. Preprint 1979.

[Tou] TOUGERON J.-Cl. : An extension of Whitney's spectral theorem. Publications IHES, 40, 1971.

Laboratoire de Mathématiques
Université de Poitiers
40 Avenue du Recteur Pineau
86022 POITIERS

Séminaire P.LELONG,P.DOLBEAULT,H.SKODA
(Analyse)
22e et 23e année, 1982/1983.

LE PROBLÈME $\bar\partial$ DE NEUMANN ET SES ESTIMATIONS SOUS-ELLIPTIQUES

par A. TALHAOUI

RÉSUMÉ

L'existence d'estimations sous-elliptiques pour le problème $\bar\partial$ de Neumann dans les domaines pseudo-convexes a été l'objet d'importants résultats obtenus à partir des travaux de J.J. Kohn.

Lorsque la frontière est strictement pseudo-convexe ou analytique réelle, on constate (cf. Chapitre I) que les problèmes les plus importants sont résolus.

Soit donc Ω un domaine de $\mathbb{C}^n$ faiblement pseudo-convexe à frontière C^∞.

Ce travail porte sur l'existence de ces estimations sous-elliptiques en un point frontière z_o de Ω où le rang de la forme de Lévi est $\geq n-2$.

Le second chapitre a pour objet d'établir une condition suffisante de nature algébrique portant sur le type d'un champ de vecteurs canonique ; on en déduit une condition suffisante, portant sur le développement taylorien de la fonction r définissant Ω, qui peut se formuler ainsi : il existe un système de coordonnées locales d'origine z_o pour lequel :

- $r(z) = \mathrm{Re}(z_n) + (F = \sum_{\alpha>o,\beta>o} C_{\alpha\beta} z^\alpha \bar z^\beta) + \theta(|z|^{m+1})$;

- La forme de Lévi est diagonale en z_o ;

- F est un polynôme en z_{n-1} et $\bar z_{n-1}$ de degré m

- $\left(\frac{\partial}{\partial z_{n-1}}\right)^\alpha \left(\frac{\partial}{\partial \bar z_{n-1}}\right)^\beta \frac{\partial^2 r}{\partial z_{n-1}\partial \bar z_j}(z_o) = 0$ pour $|\alpha+\beta| \leq m-2$, $j = 1,\dots,n-2$.

Ce résultat est à rapprocher de celui de J.J. Kohn dans (14) où aucune hypothèse sur le rang de la forme de Lévi n'est faite mais où l'on suppose qu'elle est diagonable localement.

Dans un article récent (5), David Catlin a établi qu'à un point de sous-ellipticité les ordres de contact avec $\partial\Omega$ des courbes analytiques complexes étaient bornés supérieurement.

Dans le chapitre III, sous l'hypothèse de rang $\geqslant n-2$ pour la forme de Lévi, nous établissons une conjecture de T. Bloom selon laquelle cette borne supérieure est égale au $\sup\{c^1(T,z_o)\}$ des champs de vecteurs T holomorphes non nulles en z_o et tangents à $\partial\Omega$; ce qui démontre du même coup la réciproque du théorème de Catlin et donne ainsi une caractérisation géométrique des points de sous-ellipticité. Ce résultat est spécifique du rang $n-2$ comme le montre un exemple.

Ces deux chapitres sont précédés d'un chapitre introductif où l'on présente les résultats les plus importants sur le sujet et les notions qui sont utilisés.

CHAPITRE I

LE PROBLÈME $\bar{\partial}$ DE NEUMANN ET SES ESTIMATIONS SOUS-ELLIPTIQUES

Soit Ω_1, Ω_2 deux domaines p-convexes bornés de $\mathbb{C}^n$, ayant leur bord C^∞ on sait d'après [2] que si dans chacun de ces deux domaines le projecteur de Bergman est régulier (i.e : $P_i : C^\infty(\bar{\Omega}_i) \to C^\infty(\bar{\Omega}_i)$ $i = 1, 2$), alors toute fonction $f : \Omega_1 \to \Omega_2$ biholomorphe se prolonge au bord de manière régulière.

On s'intéresse donc aux domaines Ω, pour lesquels le projecteur (P) est régulier. Il est bien connu que les domaines strictement p-convexes possèdent cette propriété.

Le problème se pose donc pour les domaines faiblement p-convexes. Dans [1], on montre que si Ω est un domaine de Reinhardt borné, complet, dont le bord est C^∞, alors le projecteur de Bergman associé à Ω est régulier. L'une des méthodes pour étudier ce problème est due à J.J. Kohn ; elle consiste à exprimer le projecteur de Bergman à l'aide de l'opérateur de Neumann et par suite on est amené à étudier le problème de la régularité du problème de Neumann.

Le problème $\bar{\partial}$ de Neumann.

Soit Ω un domaine de $\mathbb{C}^n$.

On note par $L_2^{p,q}(\Omega)$ l'espace des (p,q) formes différentielles de carré intégrables sur Ω, et on définit sur cet espace de manière naturelle le produit scalaire $(\alpha,\beta) = \sum_{I,J} \int_\Omega \alpha_{IJ} \bar{\beta}_{IJ}\, dv$, $||\alpha||^2 = (\alpha,\alpha)$

$\alpha = \sum_{IJ} \alpha_{IJ}\, dz_I \wedge d\bar{z}_J$ $\qquad\qquad$ $\beta = \sum_{IJ} \beta_{IJ}\, dz_I \wedge d\bar{z}_J$

$I = (i_1,\dots,i_p)$ $\qquad$ $1 \leq i_1 < \dots < i_p \leq n$

$J = (j_1,\dots,j_q)$ $\qquad$ $1 \leq j_1 < \dots < j_q \leq n$

$dz_I = dz_{i_1} \wedge \ldots \wedge dz_{i_p}$ $\qquad$ $d\bar{z}_J = d\bar{z}_{j_1} \wedge \ldots \wedge d\bar{z}_{j_q}$

on a $L_2^{p,q-1} \underset{\bar{\partial}^*}{\overset{\bar{\partial}}{\rightleftarrows}} L_2^{p,q} \underset{\bar{\partial}^*}{\overset{\bar{\partial}}{\rightleftarrows}} L_2^{p,q+1}$

$\bar{\partial}$ désigne l'opérateur hilbertien fermé maximal qui prolonge l'opérateur différentiel $\bar{\partial}$ et $\bar{\partial}^*$ désigne l'adjoint hilbertien de $\bar{\partial}$. On désigne $\mathcal{H}^{p,q} = \{\psi \in \mathrm{Dom}(\bar{\partial}) \cap \mathrm{Dom}(\bar{\partial}^*) / \bar{\partial}\psi = 0 = \bar{\partial}^*\psi\}$.

$\mathcal{H}^{o,o}$ n'est autre que l'espace des fonctions holomorphes de carré intégrables. On dit que le problème $\bar{\partial}$ - de Neumann est solvable pour les (p,q) formes différentielles si pour $\alpha \in L_2^{p,q}(\Omega)$, $\alpha \perp \mathcal{H}^{p,q}$, il existe $\psi \in \mathrm{Dom}(\bar{\partial}) \cap \mathrm{Dom}(\bar{\partial}^*)$ telle que :

(1) $\quad \bar{\partial}\,\psi \in \mathrm{Dom}(\bar{\partial}^*)$ et $\bar{\partial}^*\psi \in \mathrm{Dom}(\bar{\partial})$ et $\bar{\partial}\bar{\partial}^*\psi + \bar{\partial}^*\bar{\partial}\psi = \alpha$.

On remarque que si l'équation (1) admet une solution, alors il existe une solution unique $\psi \perp \mathcal{H}^{p,q}$, on note cette solution $N\alpha$.

Par suite, si l'équation (1) admet une solution pour tout $\alpha \perp \mathcal{H}^{p,q}$, on peut définir un opérateur $N : L_2^{p,q}(\Omega) \to (\mathcal{H}^{p,q}(\Omega))^{\perp}$ en posant $N\alpha = 0$, si $\alpha \in \mathcal{H}^{p,q}$.

N est appelé l'opérateur de Neumann, on démontre qu'il est borné est autoadjoint (voir (6a)).

De plus : $\bar{\partial}\alpha = 0 \Rightarrow \bar{\partial}\bar{\partial}^*\bar{\partial}N\alpha = 0$

d'où $(\bar{\partial}\bar{\partial}^*\bar{\partial}N\alpha\ ,\ \bar{\partial}N\alpha) = 0 \iff ||\bar{\partial}^*\bar{\partial}N\alpha||^2 = 0$.

Ce qui entraîne :

(2) . $\bar{\partial}\bar{\partial}^*N\alpha = \alpha$; ainsi $u = \bar{\partial}^*N\alpha$ est l'unique solution du problème $\bar{\partial}u = \alpha$ qui est orthogonale à l'espace $\{\psi, \bar{\partial}\psi = 0\}$.

Maintenant, on suppose que le problème $\bar{\partial}$ - de Neumann est solvable pour les (0,1) formes différentielles et soit $f \in L_2(\Omega) \cap \mathrm{Dom}(\bar{\partial})$

alors en appliquant (2) à $\alpha = \bar{\partial} f$ il vient que

$Pf = f - \bar{\partial}^* N \bar{\partial} f$, où P est le projecteur de Bergman.

J.J. Kohn a montré le théorème suivant (voir [10]).

Théorème 1.- Soit $\Omega \subset \mathbb{C}^n$ un domaine p-convexe borné. Alors le problème $\bar{\partial}$ de Neumann est solvable pour tous les (p,q) formes différentielles et on a $H^{p,q} = 0$ si $q > 0$.

Estimation sous-elliptique.

On dit qu'une estimation sous-elliptique est vérifiée au point $z_o \in b\Omega$ pour le problème $\bar{\partial}$ de Neumann pour les (p,q) formes différentielles si :

Il existe un voisinage U de z_o et des constantes $C > 0$ et $\varepsilon > 0$ tels que :

(3) $|||\varphi|||_\varepsilon^2 \leq C(||\bar{\partial}\varphi||^2 + ||\bar{\partial}^*\varphi||^2 + ||\varphi||^2)$ pour tout $\varphi \in D_U^{p,q}$

où $D_U^{p,q}$ désigne l'espace des (p,q) formes $\in \mathrm{Dom}(\bar{\partial}^*)$ telles que pour tout I,J $\varphi_{IJ} \in C_o^\infty(U \cap \bar{\Omega})$

et $|||\varphi|||_\varepsilon^2 = \sum_{I,J} |||\varphi_{IJ}|||_\varepsilon^2$ est la ε-norme tangentielle de Sobolev.

Kohn a montré le théorème suivant (voir [10] et [15]).

Théorème 2.- Soit $\Omega \subset \mathbb{C}^n$ p-convexe, dont le bord est C^∞, on suppose que l'estimation (3) est vérifiée au point $z_o \in b\Omega$. Alors si $\alpha \in L_2^{p,q}(\Omega)$, α régulière dans un voisinage de z_o dans $\bar{\Omega}$ on a de même $N\alpha$, C^∞ dans un voisinage de z_o dans $\bar{\Omega}$, et le projecteur de Bergman P est régulier dans ce voisinage.

Dans un récent article (voir [14], d), Kohn a introduit la notion de multiplicateur sous-elliptique.

Définition : On dit qu'une fonction f est un multiplicateur s-elliptique si elle est définie et C^∞ dans un voisinage U de z_o et telle qu'il existe des constantes $C > 0$ et $\varepsilon > 0$ vérifiant :

$$|||f\psi|||_\varepsilon \leqslant C(||\bar{\partial}\psi||^2 + ||\bar{\partial}^*\psi||^2 + ||\psi||^2) \quad \text{pour tout} \quad \psi \in D_U^{p,q}.$$

On montre (voir [14], d)) que si f est un multipliteur sous-elliptique pour les $(0,q)$ formes différentielles, alors f est aussi un multiplicateur s-elliptique pour les (p,q) formes différentielles pour tout $0 \leqslant p \leqslant n$. De plus, les germes en z_o de ces multiplicateurs forment un idéal noté $I^q(z_o)$ dans l'anneau des germes des fonctions C^∞.

Il est alors clair que l'estimation (3) est vérifiée au point z_o si et seulement si $1 \in I^q(z_o)$.

Ordres de contacts.

Soit V un germe d'ensemble analytique complexe au point z_o ; on définit l'ordre de contact de V au bord de Ω au point z_o par :

$$O(z_o,V) = \max_{g \in F_{z_o}(V)} O(r-g)$$

où $F_{z_o}(V)$ désigne l'idéal des germes des fonctions analytiques réelles (à valeurs complexes) s'annulant sur V et $O_{z_o}(f)$ désigne l'ordre d'annulation de f au point z_o.

On définit le $q^{\underline{\text{ième}}}$ ordre total au point z_o par

$$O^q(z_o) = \max_{V \in V^q(z_o)} O(z_o,V)$$

où $V^q(z_o)$ est l'ensemble des germes des ensembles analytiques complexes irréductibles, de dimension q, contenant z_o.

Soit $W^q(z_o)$ l'ensemble des germes des sous-variétés analytiques complexes de dimension q, contenant z_o.

On définit le $q^{\text{ième}}$ ordre régularisé au point z_o par

$$\operatorname{reg} O^q(z_o) = \max_{V \in \mathcal{W}^q(z_o)} O(z_o, V)$$

on a $\operatorname{reg} O^q(z_o) \leqslant O^q(z_o)$. L'inégalité est stricte en général, en effet, on considère dans $\mathbb{C}^3$, Ω défini par $r(z) = \operatorname{Re}(z_3) + |z_1^2 - z_2^3|^2$ on a $\operatorname{reg} O^1(0) = 6$ et $O^1(0) = \infty$.

On a le théorème suivant :

Théorème 3.- Soit Ω p-convexe, dont le bord est C^∞, $z_o \in b\Omega$, alors on a .

(a) $I^q(z_o)$ est un idéal ;

(b) $I^q(z_o) = \sqrt[R]{I^q(z_o)}$ ou $\sqrt[R]{I^q(z_o)} = \{f / \exists g \in I^q(z_o)$ et $m \geqslant 0 : |f|^m \leqslant |g|\}$

(c) si $r = 0$ sur $b\Omega$, alors $r \in I^q(z_o)$ et les coefficients de $(\partial r) \wedge (\bar\partial r) \wedge (\partial\bar\partial r)^{n-q}$ sont dans $I^q(z_o)$.

(d) si $f_1, \ldots, f_{n-q} \in I^q(z_o)$, alors les coefficients de $\partial f_1 \wedge \ldots \wedge \partial f_j \wedge \partial r \wedge \bar\partial r \wedge (\partial\bar\partial r)^{n-q-j}$ sont dans $I^q(z_o)$ ou $j \leqslant n-q$.

Ainsi, il paraît naturel de définir par récurrence une suite croissante d'idéaux $I_k^q(z_o)$ en posant $I_1^q(z_o) = \operatorname{rad}(r, \operatorname{coeff}\{\partial r \wedge \bar\partial r \wedge (\partial\bar\partial r)^{n-q}$

$$I_{k+1}^q(z_o) = (I_k^q(z_o), A_k^q(z_o))$$

où $\quad A_k^q(z_o) = \operatorname{coeff}\{\partial f_1 \wedge \ldots \wedge \partial f_j \wedge \partial r \wedge \bar\partial r \wedge (\partial\bar\partial r)^{n-q-j}\}$

où $\quad f_1, \ldots, f_{n-q} \in I_k^q(z_o)$ et $j \leqslant n-q$

et où coeff{ } désigne les germes des coefficients de l'ensemble des formes { } et ( ) désigne l'idéal engendré par l'ensemble des fonctions qui apparaissent à l'intérieur des parenthèses.

En s'appuyant sur ce théorème principal ci-dessus, Kohn a obtenu le résultat suivant :

Proposition 1.- Soit Ω p-convexe , dont le bord est C^∞, alors on a les équivalences suivantes :

(a) $1 \in I_1^q(z_o)$;

(b) la forme de Levi à (n-q) valeurs propres non nulles en z_o ;

(c) reg $O^q(z_o) = 2$

(d) $O^q(z_o) = 2$.

Si l'une des assertions de cette proposition est vérifiée, alors il existe un voisinage U de z_o tel que : $P : C^\infty(U \cap \bar{\Omega}) \to C^\infty(U \cap \bar{\Omega})$. En appliquant cette proposition lorsque q=1, on retrouve la régularité du projecteur de Bergman en tout point de stricte pseudo-convexité.

Cas analytique réel.

Si $b\Omega$ est analytique réelle (i.e. r est analytique réelle), le résultat suivant donne une caractérisation satisfaisante des points en lesquels une estimation sous-elliptique est vérifiée pour les (p,q) formes différentielles.

Théorème 4.- Soit Ω p-convexe, $z_o \in b\Omega$, r analytique réelle dans un voisinage de z_o alors on a les équivalences suivantes :

(a) $\exists$ k tel que $1 \in I_k^q(z_o)$;

(b) Il existe un voisinage U de z_o tel que $U \cap b\Omega$ ne contient aucun ensemble analytique complexe de dimension q ;

(c) Si W est un germe au point z_o d'un ensemble analytique complexe tel que $W \subset b\Omega$ alors dim $W < q$.

Dans [9], Diederich et Fornaess ont montré le théorème suivant :

Théorème 5.- Soit $\Omega \subset \mathbb{C}^n$ un domaine p-convexe borné dont la frontière est analytique réelle. Alors $b\Omega$ ne contient aucun ensemble analytique complexe de dimension > 0.

L'adjonction des théorèmes 4 et 5 entraînent la régularité du projecteur de Bergman P dans le cas d'un domaine Ω borné p-convexe à frontière analytique réelle.

Définitions.- CT_{z_o} est le complexifié de l'espace tangent en z_o à $\mathbb{C}^n \sim \mathbb{R}^{2n}$; si Ω est un ouvert à bord C^∞, $T_{z_o}^{1,0}(b\Omega)$ et $T_{z_o}^{0,1}(b\Omega)$ désignant respectivement les champs de vecteurs engendrés par $(\frac{\partial}{\partial z_i})$ et $(\frac{\partial}{\partial \bar{z}^i})$ et tangents à $b\Omega$ en z_o ; on définit de même $\mathbb{C}T_{z_o}(b\Omega)$ le complexifié des champs de vecteurs tangent à $b\Omega$ en z_o.

Un champ de vecteurs L est dit admissible s'il existe un voisinage U de z_o tel que $\langle \partial r, L\rangle = \langle \bar{\partial} r, L\rangle = 0$ sur U.

On définit par récurrence $\mathcal{L}^k(z_o) \subset \mathbb{C}T_{z_o}(b\Omega)$ en posant :

$\mathcal{L}^1(z_o)$ = le module engendré par les vecteurs admissibles
$= T_{z_o}^{1,0}(b\Omega) \oplus T_{z_o}^{0,1}(b\Omega)$

$\mathcal{L}^k(z_o) = \mathcal{L}^{k-1}(z_o) + [\mathcal{L}^1(z_o), \mathcal{L}^{k-1}(z_o)]$, ou $[\ ,\ ]$ désigne le crochet de Lie.

On dit que z_o est un point de type m si m est le plus petit entier tel que $\mathcal{L}^m(z_o) = \mathbb{C}T_{z_o}(b\Omega)$.

Les points pour lesquels une estimation s-elliptique est vérifiée sont presque complètement caractérisés, pour les formes (0,n-1), par les deux propositions suivantes ([14], d).

Proposition 2.- $1 \in I_m^{n-1}(z_o)$ si et seulement z_o est de type fini.

Proposition 3.- z_o est de type m si et seulement si $\mathrm{reg}\ O^{n-1}(z_o) = m$.

Remarque : L'étude des points de type ∞ est sans doute complexe, d'autre part si $n > 2$ les propositions 2 et 3 ne donnent pas de renseignements sur la régularité du projecteur de Bergman P. Sur $\mathbb{C}^2$, on obtient la régularité de P en des points de type fini ce résultat est généralisé de la façon suivante pour $n > 2$, (|14|, d)) :

Théorème 6.- Soit M une variété complexe p-convexe de dim n, dont le bord est C^∞, soit $z_o \in \bar{M}$, on suppose qu'il existe un voisinage U de z_o et une base orthonormée $(L_1,\dots,L_{n-1})$ de champs de vecteurs holomorphes tangents à bM telle que la matrice de Levi $(c_{ij})_{i,j<n}$ est diagonale sur U et on suppose qu'il existe des entiers m_k, $k = 1,\dots,n-1$ vérifiant $\langle \partial r, L_k^{(i_o,\dots,i_{m_k})} \rangle \neq 0$ sur U.

Alors il existe une constante $C > 0$ telle que

$$\sum_{k=1}^{n-1} |||D\varphi_k|||^2_{2^{-m_k}-1} + ||\varphi_n||_1 \leqslant C(||\bar{\partial}\varphi||^2 + ||\bar{\partial}^*\varphi||^2 + ||\varphi||^2).$$

Pour tout $\varphi = \sum_{k=1}^{n-1} \varphi_k d\bar{z}_k$, $\varphi_k \in C_o^\infty(U \cap \bar{M})$ et $\varphi_n|_{bM\cap U} = 0$

où $i_o,\dots,i_{m_k} \in \{0,1\}$ et $L_k^{(i_o,\dots,i_{m_k})}$ est défini par récurrence par

$$L_k^{(0)} = L_k \; L_k^{(1)} = \bar{L}_k \quad \text{et} \quad L_k^{(i_o,\dots,i_m)} = \left[L_k^{(i_m)}, L_k^{(i_o,\dots,i_{m-1})}\right] \quad m \leqslant m_k.$$

On remarque qu'une hypothèse qualifiée de non naturelle sur la diagonabilité de $(c_{ij})_{i,j<n}$ est utilisée.

Le chapitre qui suit a pour objet de trouver une condition suffisante de sous-ellipticité pour les (0-1) formes différentielles ne faisant pas intervenir la diagonabilité de la matrice de Lévi.

CHAPITRE II

CONDITION SUFFISANTE DE NATURE ALGÉBRIQUE DE SOUS-ELLIPTICITÉ POUR LES (0,1) FORMES DIFFÉRENTIELLES

Dans ce qui suit $\Omega = \{z \in \mathbb{C}^n, r(z) < 0\}$ est un domaine de $\mathbb{C}^n$ à bord C^∞.

Soit z_o un point de $b\Omega$. On suppose Ω pseudo-convexe dans un voisinage U de z_o, c'est-à-dire la positivité de la forme de Levi $\partial\bar\partial r$ restreinte à l'espace tangent $T^{1,0}(b\Omega \cap U)$.

Soit $(L_1,\ldots,L_{n-1})$ une base orthonormée de $T^{1,0}(b\Omega \cap U)$ et $(\bar L_1,\ldots,\bar L_{n-1})$ la base conjuguée de $T^{0,1}(b\Omega \cap U)$; on complète ces bases par L_n et $\bar L_n$ conjugués l'un de l'autre dans $T^{0,1}(\mathbb{C}^n)$ et $T^{1,0}(\mathbb{C}^n)$ respectivement vérifiant $L_n(r) = \bar L_n(r) = 1$ sur $b\Omega \cap U$. Soit $(\omega_i,\bar\omega_i)_{i=1,\ldots,n}$ la base duale, on remarque que $\omega_n = \partial r$ et $\bar\omega_n = \bar\partial r$. On pose $T = L_n - \bar L_n$, les champs $(L_1,\ldots,L_{n-1},\bar L_1,\ldots,\bar L_{n-1},T)$ forment une base de $\mathbb{C}T(b\Omega \cap U)$.

On a $\partial\bar\partial r = \sum_{i,j} c_{i,j}\omega_i \wedge \bar\omega_j$; la matrice $(c_{i,j})_{i,j\leq n-1}$ de Levi est notée (C). On note $\det_{j,k}(C)$ le mineur de la matrice (C) obtenu en supprimant la $j^{\text{ième}}$ ligne et le $k^{\text{ième}}$ colonne.

Proposition 1.- $\det(C) \in I_1^1(z_o)$.

Preuve : En effet, on a $\partial r \wedge \bar\partial r \wedge (\partial\bar\partial r)^{n-1} =$
$$\omega_n \wedge \bar\omega_n \wedge \Big(\sum_{i,j<n} c_{i,j}\omega_i \wedge \bar\omega_j\Big)^{n-1} = (-1)^{\frac{n(n-1)}{2}} (n-1)!\det(C)\omega_1\wedge\ldots\wedge\omega_n\wedge\bar\omega_1 \ldots\wedge\bar\omega_n.$$

Proposition 2.-

(a) $[L_i,\bar L_j] = c_{i,j}T + \sum_{k=1}^{n-1} a_{ij}^k L_k + \sum_{k=1}^{n} b_{ij}^k \bar L_k$ pour tout $i,j < n$

(b) soit $A_k = \sum_{j\leq n-1} (-1)^j \det_{j,k}(C)L_j$ $\qquad k \leq n-1$

alors $A_k(I_m^1) \subset I_{m+1}^1$ $\qquad \forall\, m \geq 1$.

Preuve :

(a) pour $i,j < n$, on a $c_{ij} = <\partial\bar\partial r, L_i \wedge \bar L_j> = <d\bar\partial r, L_i \wedge \bar L_j>$

$= L_i(<\bar\partial r,\bar L_j>) - \bar L_j(<\bar\partial r, L_i>) - <\bar\partial r, [L_i,\bar L_j]>$

or $<\bar\partial r, L_i> = 0$ et $<\partial r,\bar L_j> = 0$ car $j < n$; ainsi $c_{ij} = -<\bar\partial r,[L_i,\bar L_j]>$.
D'autre part, $[L_i,\bar L_j]$ est un vecteur tangent à $b\Omega$ et s'exprime donc sous la forme (a) ; en appliquant aux deux membres la forme $\bar\partial r$, on obtient la valeur annoncée du coefficient de T.

(b) soit $f \in I^1_m(z_o)$

on a $\partial f \wedge \partial r \wedge \bar\partial r \wedge (\partial\bar\partial r)^{n-2} = \sum_{j=1}^{n-1} L_j(f)\omega_j) \wedge \omega_n \wedge \bar\omega_n \wedge (\sum_{i,j<n} c_{ij}\omega_i \wedge \bar\omega_j)^{n-2}$

$$= \sum_{I,j} (n-2)!\, c_{1i_1},\ldots,\hat c_{ji_j}\ldots c_{n-1 i_{n-1}} L_j(f)\omega_j \wedge \omega_n \wedge \bar\omega_n \wedge \omega_1 \wedge \bar\omega_{i_1} \wedge \ldots \wedge \hat\omega_j \wedge \hat{\bar\omega}_{i_j} \wedge \ldots \wedge \omega_{n-1} \wedge \bar\omega_{i_{n-1}} =$$

$$= (-1)^{\frac{(n-1)(n-2)}{2}} (n-2)! \sum_{j,k} (-1)^{j-1} \det_{j,k}(c) L_j(f)\omega \wedge \bar\omega_{I_k} \wedge \bar\omega_n$$

où $\omega = \omega_1 \wedge \ldots \wedge \omega_n$; $I_k = \{1,\ldots,\hat k,\ldots,n-1\}$ et

$\omega_{I_k} = \bar\omega_1 \wedge \ldots \wedge \hat{\bar\omega}_k \wedge \ldots \wedge \bar\omega_{n-1}$ donc $A_k(f) \in I^1_{m+1}(z_o)$ $\forall k \leq n-1$.

Dans la suite, on s'intéresse au champ de vecteurs $A = A_{n-1}$.

Lemme 1.- Pour tout $i < n-1$, on a $[A,\bar L_i]$ est un champ de vecteurs admissible et $[A,\bar L_{n-1}] = (-1)^{n-1}\det(C)T$ + vecteurs admissibles.

Preuve : On pose $A = \sum_{j=1}^{n-1} \varphi_j L_j$ ou $\varphi_j = (-1)^j \det_{j,k}(C)$

on a $[A,\bar L_i] = \sum_{j=1}^{n-1} \varphi_j c_{ji} T$ + vecteurs admissibles où $i < n-1$

or $\sum_j \varphi_j c_{ji} = (-1)^{n-1} \sum_{j\leq n-1} (-1)^{n-1+j} \det_{j,n-1}(C) c_{ji} = 0$

puisque $\sum_j (-1)^{n-1+j} \det_{j,n-1}(C) c_{ji}$ n'est autre que le déterminant de la matrice c' obtenu à partir de C en remplaçant la $(n-1)^{\text{ième}}$ colonne par la $i^{\text{ème}}$ colonne.

Par contre $[A,\bar{L}_{n-1}] = (-1)^{n-1} \sum_{j\leqslant n-1} (-1)^{j+(n-1)} c_{j,n-1} \det_{j,n-1}(C)T$ + vecteurs admissibles

$$= (-1)^{n-1}\det(C)T + \text{vecteurs admissibles.}$$

On définit par récurrence :

$$A^{(i_o,\ldots,i_m)} = \left[A^{(i_m)}, A^{(i_o,\ldots,i_{m-1})}\right] \quad \text{avec} \quad A^{(i_m)} = A \text{ ou } \bar{A}$$

selon que $i_m = 1$ ou 0.

Lemme 2.- Soit $i_o,\ldots,i_m$, $(m+1)$ entiers égaux à 0 ou 1 tels que $i_o = 0$, $i_1 = 1$ alors

$$A^{(i_o,\ldots,i_m)} = A^{(i_m)} \ldots A^{(i_2)} \overline{(\det_{n-1,n-1}(C))} \times \det(C))T + P_m L_n + R_m \bar{L}_m + \text{vecteurs admissibles}$$

où P_m et R_m sont de la forme $\sum_{\substack{m'<m-2 \\ j_1,\ldots,j_{m'} \in \{i_2,\ldots,i_m\}}} c_{m'} A^{(j_1)} \ldots A^{(j_{m'})} (\det(C))^{\text{`}}$

Preuve : On a $[A,\bar{A}] = [\sum_j \psi_j L_j, \Sigma\, \bar{\psi}_j \bar{L}_j]$

$$= \sum_{j,\ell<n} \psi_j \bar{\psi}_\ell c_{j\ell} T + \text{vecteurs admissibles}$$

or pour $\ell \leqslant n-2$ on a $\sum_{j\leqslant n-1} \psi_j c_{j\ell} = (-1)^{n-1} \sum_{j\leqslant n-1} (-1)^{(n-1)+j} \det_{j,n-1}(C) c_{j\ell} = 0$

par contre $\bar{\psi}_{n-1} \sum_j \psi_j c_{j,n-1} = \overline{\det_{n-1,n-1}(C)} \sum_{j\leqslant n-1} (-1)^{(n-1)+j} \det_{j,n-1}(C) c_{j,n-1}$

$$= \overline{\det_{n-1,n-1}(C)}\det(C).$$

Maintenant, on démontre le lemme par récurrence.

On suppose que la formule est vérifiée à l'ordre $m \geq 2$ et montrons qu'elle est vérifiée à l'ordre $m+1$, on prend $i_{m+1} = 0$, le calcul est semblable pour $i_{m+1} = 1$

$$A^{(i_o,\dots,i_{m+1})} = \left[A, A^{(i_o,\dots,i_m)}\right]$$

$$= \left[A, A^{(i_m)} \dots A^{(i_2)} (\overline{\det(C)\det_{n-1,n-1}(C)})T + P_m L_n + R_m \bar{L}_n + \sum_{j=1}^{n-1} \alpha_j L_j + \sum_{j=1}^{n-1} \beta_j \bar{L}_j\right]$$

on a $\left[A, A^{(i_m)} \dots A^{(i_2)} (\overline{\det(C)\det_{n-1,n-1}(C)})T\right]$

$$= A\,A^{(i_m)} \dots A^{(i_2)} (\overline{\det(C)\det_{n-1,n-1}(C)})T + A^{(i_m)} \dots A^{(i_2)} (\overline{\det(C)\det_{n-1,n-1}(C)}) [A,T]$$

et $[A, P_m L_n + R_m \bar{L}_n] = A(P_m)L_n + A(R_m)\bar{L}_n + P_m[A,L_n] + R_m[A,\bar{L}_n]$

d'autre part, on a $\left[A, \sum_{j=1}^{n-1} \alpha_j L_j\right]$ est un champ de vecteurs admissibles

et $\left[A, \sum_{j\leq n-1} \beta_j \bar{L}_j\right] = (-1)^{n-1}\beta_{n-1}\det(C)T$ + vecteurs admissibles (d'après le lemme 1).

Ainsi $A^{(i_o,\dots,i_{m+1})} = A^{(i_{m+1})} \dots A^{(i_2)} (\overline{\det(C)\det_{n-1,n-1}(C)})T + P_{m+1}L_n + R_{m+1}\bar{L}_n +$ vecteurs admissibles

où P_{m+1} et R_{m+1} sont de la forme annoncée.

Définition : Soit L un champ de vecteurs holomorphes tangent à $b\Omega$. On dit que L est de type fini en z_o s'il existe $(m+1)$ entiers $i_o,\dots,i_m \in \{0,1\}$ tels que $\langle \partial r, L^{(i_o,\dots,i_m)} \rangle_{z_o} \neq 0$.

On dit que L est de type m si m est le plus petit entier vérifiant cette propriété.

Théorème 1.- Supposons que le champ de vecteurs A est de type m en z_o, alors $1 \in I^1_m(z_o)$.

Preuve : En effet, il existe $(i_o,\dots,i_m)$ tel que $<\partial r, A^{(i_o,\dots,i_m)}>_{z_o} \neq 0$, deux cas sont possibles

ou bien $1 \in I^1_{m-1}(z_o)$ ce qui entraîne $1 \in I^1_m(z_o)$

ou bien $1 \notin I^1_{m-1}(z_o)$; d'après les propositions 1 et 2 on a $P_m = R_m = 0$ en z_o ce qui entraîne d'après la formule du lemme 2 que

$A^{(i_m)} \dots A^{(i_2)} \overline{(\det(C)\det_{n-1,n-1}(C))}(z_o) \neq 0$; ainsi $1 \in I^1_m(z_o)$.

Lemme 3.- Soit I_m le module engendré par $L^{(j_1)}_{n-1} \dots L^{(j_{m_k})}_{n-1}(c_{n-1,k})$ lorsque $(k,m_k) \in \{1,\dots,n-2\} \times \{0,1,\dots,m-1\} \cup \{n-1\} \times \{0,1,\dots,m-2\}$.

Soit I le sous-espace de $\mathbb{C}T(b\Omega \cap U)$ engendré par L_j et $\bar{L}_j$ lorsque $j \in \{1,\dots,n-1\}$.

On pose $J_m = I_m.L_n + I_m.\bar{L}_n + I$.

Alors pour tout $(i_o,\dots,i_m) \in \{0,1\}^{(m+1)}$ on a la formule suivante

$$A^{(i_o,\dots,i_m)} = \psi^{(i_m)}_{n-1} \dots \psi^{(i_o)}_{n-1} . L^{(i_m)}_{n-1} \dots L^{(i_2)}_{n} (c_{n-1,n-1}).T \quad (\text{modulo } J_m)$$

Preuve : On a $A = \sum_{j=1}^{n-1} \psi_j L_j$ où $\psi_j = (-1)^j \det_{j,n-1}(c)$

On remarque que $\psi_j \in I_1$ pour $j \leq n-2$.

Pour $m = 1$; $[A,\bar{A}] = \sum_{j,k} \psi_j . \bar{\psi}_k c_{jk} . T \quad (\text{modulo } I)$

$$= |\psi_{n-1}|^2 . c_{n-1,n-1} . T \quad (\text{modulo } J_1).$$

On raisonne par récurrence de m à $m+1$; on suppose $i_{m+1} = 0$, le calcul est semblable pour $i_{m+1} = 1$. On remarque que la suite I_m est croissante. Pour tout X dans $\mathbb{C}T(b\Omega \cap U)$, on a

$$\Big[\sum_{j\leq n-2} \psi_j L_j, X\Big] = \Big(\sum_{j\leq n-2} \psi_j [L_j, X] - X(\psi_j)L_j\Big) \in J_1 .$$

Ainsi on est réduit à vérifier la formule pour $\Big[\psi_{n-1}L_{n-1}, A^{(i_o,\ldots,i_m)}\Big]$

on a $A^{(i_o,\ldots,i_m)} = \psi_{n-1}^{(i_m)} \ldots \psi_{n-1}^{(i_o)} . L_{n-1}^{(i_m)} \ldots L_{n-1}^{(i_2)} (c_{n-1,n-1}) + f.L_n + g.\bar{L}_n$

$$+ \sum_{j=1}^{n-1} \alpha_j L_j + \sum_{j=1}^{n-1} \beta_j \bar{L}_j \quad \text{où } f,g \in I_m$$

$$[\psi_{n-1}L_{n-1}, f.L_n] = (f[\psi_{n-1}L_{n-1}, L_n] + \psi_{n-1}L_{n-1}(f)L_n) \in J_{m+1}$$

le calcul est le même pour $[\psi_{n-1}L_{n-1}, g.\bar{L}_n]$;

d'autre part, il est facile de voir que $[\psi_{n-1}L_{n-1}, \sum_{j=1}^{n-1} \alpha_j L_j + \sum_{j=1}^{n-1} \beta_j \bar{L}_j] \in J_2$

enfin on a

$$[\psi_{n-1}L_{n-1}, \psi_{n-1}^{(i_m)} \ldots \psi_{n-1}^{(i_o)} . L_{n-1}^{(i_m)} \ldots L_{n-1}^{(i_2)}(c_{n-1,n-1}).T]$$

$$= \psi_{n-1}^{(i_m)} \ldots \psi_{n-1}^{(i_o)} . L_{n-1}^{(i_m)} \ldots L_{n-1}^{(i_2)} (c_{n-1,n-1}).[\psi_{n-1}L_{n-1}, T] +$$

$$\psi_{n-1}.L_{n-1}(\psi_{n-1}^{(i_m)} \ldots \psi_{n-1}^{(i_o)}).L_{n-1}^{(i_m)} \ldots L_{n-1}^{(i_2)} (c_{n-1,n-1}).T +$$

$$\psi_{n-1}\psi_{n-1}^{(i_m)} \ldots {}_{n-1}^{(i_o)} .L_{n-1} L_{n-1}^{(i_m)} \ldots L_{n-1}^{(i_2)} (c_{n-1,n-1}).T$$

ainsi $[\psi_{n-1} L_{n-1}, \psi_{n-1}^{(i_m)} \ldots \psi_{n-1}^{(i_o)} L_{n-1}^{(i_m)} \ldots L_{n-1}^{(i_2)} (c_{n-1,n-1}).T]$

$$= \psi_{n-1}\psi_{n-1}^{(i_m)} \ldots \psi_{n-1}^{(i_o)} L_{n-1} L_{n-1}^{(i_m)} \ldots L_{n-1}^{(i_2)} (c_{n-1,n-1}).T \quad (\text{module } J_m)$$

et par suite la formule est vérifiée à l'ordre $m+1$.

Dans la suite, on choisit un numérotage des coordonnées tel que $\frac{\partial r}{\partial z_n}(z_o) \neq 0$; on note r_i (resp. $r_{\bar{i}}$) pour $\frac{\partial r}{\partial z_i}$ (resp. $\frac{\partial r}{\partial \bar{z}_i}$).

Les calculs sont faits dans la base, associée aux champs de vecteurs suivants, qui répond aux conditions imposées précédemment

$$L_j = \frac{\partial}{\partial z_j} - \frac{r_j}{r_n}\frac{\partial}{\partial z_n} \qquad j = 1,2,\dots,n-1$$

$$L_n = \frac{1}{r_n}\frac{\partial}{\partial z_n}.$$

Lemme 4.- On a la formule suivante :

$$L_{n-1}^{(i_k)}\dots L_{n-1}^{(i_1)}(c_{n-1,i}) = \left(\frac{\partial}{\partial z_{n-1}}\right)^{\alpha_1}\left(\frac{\partial}{\partial z_{n-1}}\right)^{\alpha_2} r_{n-1,\bar{i}} + \sum_{|\beta|\leq k} f_\beta \left(\frac{\partial}{\partial z_{n-1}}\right)^{\beta_1}\left(\frac{\partial}{\partial \bar{z}_{n-1}}\right)^{\beta_2} r_{n-1}$$

$$+ \sum_{|\beta|\leq k} g_\beta \left(\frac{\partial}{\partial z_{n-1}}\right)^{\beta_1}\left(\frac{\partial}{\partial \bar{z}_{n-1}}\right)^{\beta_2} r_{\bar{i}}.$$

Les fonctions f_β et g_β sont C^∞ dans un voisinage de z_o ; $\alpha_1 = \mathrm{card}\{i_p ; i_p = 0\}$, $\alpha_2 = \mathrm{card}\{i_p ; i_p = 1\}$ pour $p = 1,2,\dots,k$.

Preuve : Pour $k = 0$

$$c_{n-1,i} = r_{n-1,\bar{i}} - r_{n-1,\bar{n}}\frac{r_{\bar{i}}}{r_{\bar{n}}} - r_{n,\bar{i}}\frac{r_{n-1}}{r_n} + r_{n,\bar{n}}\frac{r_{n-1}\cdot r_{\bar{i}}}{|r_n|^2}$$

$$= r_{n-1,\bar{i}} + f_i r_{n-1} + g_i r_{\bar{i}}$$

on vérifie ensuite la formule par récurrence k vers $k+1$

on suppose $i_{k+1} = 0$, le calcul est pareil si $i_{k+1} = 1$

$$L_{n-1}^{(i_k)} L_{n-1} \cdots L^{(i_1)}(c_{n-1,i}) = \left(\frac{\partial}{\partial z_{n-1}} - \frac{r_{n-1}}{r_n}\frac{\partial}{\partial z_n}\right)\left(L_{n-1}^{(i_k)} \cdots L_{n-1}^{(i_1)}(c_{n-1,i})\right.$$

$$= \left(\frac{\partial}{\partial z_{n-1}}\right)^{\alpha_1+1}\left(\frac{\partial}{\partial \bar z_{n-1}}\right)^{\alpha_2} r_{n-1,\bar i} + \sum_{|\beta|\leqslant k} \frac{\partial}{\partial z_{n-1}}\left(f_\beta\left(\frac{\partial}{\partial z_{n-1}}\right)^{\beta_1}\left(\frac{\partial}{\partial \bar z_{n-1}}\right)^{\beta_2} r_{n-1} + \right.$$

$$\left. g_\beta\left(\frac{\partial}{\partial z_{n-1}}\right)^{\beta_1}\left(\frac{\partial}{\partial \bar z_{n-1}}\right)^{\beta_2} r_{\bar i}\right)$$

$$- \frac{r_{n-1}}{r_n}\frac{\partial}{\partial z_n}\left(L_{n-1}^{(i_k)} \cdots L_{n-1}^{(i_1)}(c_{n-1,i})\right)$$

ainsi la formule est vérifiée à l'ordre $k+1$.

<u>*Définition*</u> : Un système de coordonnées locales analytiques en z_o est dit adapté à r à l'ordre m si dans ce système r s'exprime sous la forme $r(z) = \mathrm{Re}\, z_n + F_m(z) + O(|z|^{m+1})$

avec $F_m(z) = \sum_{\substack{|\alpha|>0,\,|\beta|>0\\ |\alpha+\beta|\leqslant m}} c_{\alpha,\beta}\, z^\alpha \bar z^\beta$

$$\partial\bar\partial r(z_o) = \sum_{i=1}^{r} c_{i\bar i}(z_o)\, dz_i \wedge d\bar z_i$$

ou r est le rang de la forme de Levi.

Pour chaque $m \geqslant 2$ un tel système existe :

en effet soit $(w_1,\dots,w_n)$ un système de coordonnées locales holomorphes d'origine z_o en développant $r(w)$ en série de Taylor il vient que

$$r(w) = \mathrm{Re}\Big(\sum_{|\alpha|\leqslant m} c_\alpha w^\alpha\Big) + \sum_{\substack{|\alpha|>0,\,|\beta|>0\\ |\alpha+\beta|\leqslant m}} b_{\alpha\beta} w^\alpha \bar w^\beta + O(|w|^{m+1}).$$

Soit $(\xi_1,\dots,\xi_n)$ un système de coordonnées locales holomorphes d'origine z_o tel que $\xi_n = \sum_{|\alpha| \leq m} c_\alpha w^\alpha$, on a alors

$$r(\xi) = \mathrm{Re}(\xi_n) + \sum_{\substack{|\alpha|>0, |\beta|>0 \\ |\alpha+\beta| \leq m}} a_{\alpha\beta} \xi^\alpha \bar{\xi}^\beta + O(|\xi|^{m+1})$$

comme la forme de Levi $\partial\bar{\partial} r(0)$ restreinte à l'espace tangent à $b\Omega$ à l'origine définit par $\xi_n = 0$, est positive, on déduit que la matrice $(r_{\xi_i \bar{\xi}_j}(0))_{i,j \leq n-1}$ est diagonalisable, et par suite il existe un changement de coordonnées linéaire : $(\xi_1, \ldots, \xi_n) \longrightarrow (z_1, \ldots, z_n)$ tel que $\xi_n = z_n$ et $(r_{z_i \bar{z}_j}(0))_{i,j \leq n-1}$ est diagonale.

Ce qui entraîne que $r(z) = \mathrm{Re}(z_n) + F_m + O(|z|^{m+1})$ où F_m est de la forme annoncée.

Théorème 2.- On suppose que le rang de la forme de Levi de r en z_o est $\geq n-2$. Supposons qu'il existe un système de coordonnées locales adapté à r à l'ordre m pour lequel F_m est un polynôme en z_{n-1} et $\bar{z}_{n-1}$ de degré total égal à m. Soit alors m_o le plus petit entier répondant à cette condition.

Si (1) $\left(\frac{\partial}{\partial z_{n-1}}\right)^\alpha \left(\frac{\partial}{\partial \bar{z}_{n-1}}\right)^\beta r_{n-1,\bar{j}}(0) = 0$ pour $\alpha + \beta \leq m_o - 2$ et $j = 1, \ldots, n-2$

alors $1 \in I^1_{m_o-1}(z_o)$.

Preuve : Soit $k \leq m_o - 2$ et $(i_1, \ldots, i_k)$ à valeurs dans $\{0,1\}$.

Pour $\beta_1 + \beta_2 \leq k$, on a :

$\left(\frac{\partial}{\partial z_{n-1}}\right)^{\beta_1} r_{n-1}(0) = 0$ car chaque monôme de F_{m_o} contient un $\bar{z}_i$

si $\beta_2 > 0$ $\left(\frac{\partial}{\partial z_{n-1}}\right)^{\beta_1} \left(\frac{\partial}{\partial \bar{z}_{n-1}}\right)^{\beta_2} r_{n-1}(0) = \left(\frac{\partial}{\partial z_{n-1}}\right)^{\beta_1} \left(\frac{\partial}{\partial \bar{z}_{n-1}}\right)^{\beta_2 - 1} r_{n-1,\overline{n-1}}(0) = 0$

d'après le caractère minimal de m_o.

$\left(\frac{\partial}{\partial \bar{z}_{n-1}}\right)^{\beta_2} r_{\bar{i}}(0) = 0$ car chaque monôme de F_{m_o} contient un z_i.

Si $\beta_1 > 0$, $\left(\frac{\partial}{\partial z_{n-1}}\right)^{\beta_1}\left(\frac{\partial}{\partial \bar{z}_{n-1}}\right)^{\beta_2} r_{\bar{i}}(0) = \left(\frac{\partial}{\partial z_{n-1}}\right)^{\beta_1 - 1}\left(\frac{\partial}{\partial \bar{z}_{n-1}}\right)^{\beta_2} r_{n-1,\bar{i}}(0) = 0$

d'après (1).

Aussi a-t-on : d'après le lemme 4

$$(2)\quad L_{n-1}^{(i_1)} \ldots L_{n-1}^{(i_k)} (c_{n-1,i})(0) = \left(\frac{\partial}{\partial z_{n-1}}\right)^{\alpha_1}\left(\frac{\partial}{\partial \bar{z}_{n-1}}\right)^{\alpha_2} r_{n-1,\bar{i}}(0) \quad \text{avec } \alpha_1+\alpha_2 = k$$

Maintenant si l'on se reporte aux modules I_k définis dans le lemme 3 on a $f(z_o) = 0$, $\forall f \in I_k$ pour $k \leqslant m_o - 2$ et :

$$\langle A^{(i_o,i_1,\ldots,i_k)}, \partial r\rangle_{z_o} = |\psi_{n-1}|^2 \psi_{n-1}^{(i_k)} \ldots \psi_{n-1}^{(i_2)}(z_o).\left(\frac{\partial}{\partial z_{n-1}}\right)^{\alpha_1}\left(\frac{\partial}{\partial \bar{z}_{n-1}}\right)^{\alpha_2} r_{n-1,\bar{n}-1}(z_o)$$

avec $\alpha_1 = \text{card}\{i_p ; p \geqslant 2 \quad i_p = 0\}$, $\alpha_2 = \text{card}\{i_p ; p \geqslant 2 \quad i_p = 1\}$.

D'autre part, il existe α_o et β_o avec $\alpha_o + \beta_o = m_o - 2$ tel que

$\left(\frac{\partial}{\partial z_{n-1}}\right)^{\alpha_o}\left(\frac{\partial}{\partial \bar{z}_{n-1}}\right)^{\beta_o} r_{n-1,\bar{n}-1}(z_o) \neq 0$. Choisissons $(i_2,\ldots,i_{m_o-1})$ tel que $\text{card}\{i_p ; i_p = 0\} = \alpha_o$ et $\text{card}\{i_p ; i_p = 1\} = \beta_o$.

Puisque le rang de la forme de Levi est $\geqslant n-2$, on a $\psi_{n-1}(z_o) \neq 0$, ainsi $\langle A^{(i_o,i_1,\ldots i_{m_o-1})}, \partial r\rangle_{z_o} \neq 0$, et le champ A est donc de type $m_o - 1$ ce qui entraîne d'après le théorème 1 que $1 \in I^1_{m_o-1}$.

Exemple : On donne maintenant un exemple de domaine faiblement pseudo-convexe de dimension 4 tel que la matrice de Levi ne soit pas diagonalisable dans un voisinage de z_o, et où par conséquent le théorème 6 de J.J. Kohn ne s'applique pas et tel que $1 \in I^1_3(0)$ par application du théorème 2.

On considère dans $\mathbb{C}^4$, Ω définit par

$$r(z) = \mathrm{Re}(z_4) + |z_1|^2 + |z_2|^2 + |z_3|^4 + e^{-\frac{1}{|z_1|^2}} (z_2+\bar{z}_2).$$

On vérifie facilement que Ω est pseudo-convexe au voisinage de l'origine, de plus Ω n'est pas à frontière analytique réelle.

On considère le système standard (L_1,L_2,L_3,L_4) définit par

$$L_j = \frac{\partial}{\partial z_j} - \frac{r_j}{r_4}\frac{\partial}{\partial z_4} \qquad j = 1,2,3$$

$$L_4 = \frac{1}{r_4}\frac{\partial}{\partial z_4}$$

on a alors $c_{ij} = r_{z_i\bar{z}_j}$ $\forall\, i,j \leqslant 3$ au voisinage de l'origine

$$c_{11} = 1 + b \quad \text{ou} \quad b = (z+\bar{z}_2)e^{-\frac{1}{|z_1|^2}} \frac{1}{|z_1|^6}(1 - |z_1|^2) \;;$$

$$c_{12} = a = e^{-\frac{1}{|z_1|^2}} \frac{\bar{z}_1}{|z_1|^4} \qquad c_{21} = \bar{a}$$

$$c_{22} = 1.$$

Montrons qu'il n'existe aucune base locale orthonormé (L'_1,L'_2,L'_3) de $T^{1,0}(b\Omega \cap U)$ telle que la matrice de Levi associée soit diagonale dans un voisinage de l'origine. Comme la forme de Levi est hermitienne, on a pour tout champs de vecteurs L,M

$\partial\bar{\partial}r(L,M) = \langle H(L),M\rangle$

où H est un endomorphisme de $T^{1,0}(b\Omega \cap U)$ dans lui-même

on a pour z assez voisin de l'origine et pour tout $i, j \leqslant 3$

$$\langle H(L'_i),L'_j\rangle_z = 0 \qquad \text{si} \quad i \neq j$$
$$= \lambda_i(z) \qquad \text{si} \quad i = j \quad .$$

Comme la base (L'_1, L'_2, L'_3) est orthonormée, on déduit qu'il existe

$\lambda_i(z)$, $i = 1,2,3$ tel que $H(L'_i) = {}_iL'_i \quad \forall i \leq 3$

et par suite les vecteurs L'_i sont des vecteurs propres de l'endomorphisme H

on pose $L'_1 = xL_1 + yL_2 + \zeta L_3$ et $\lambda_1 = \lambda$

on a alors
$$\begin{aligned} &(1+b-\lambda)x + \bar{a}y = 0 \\ &ax + (1-\lambda)y = 0 \end{aligned}$$
au voisinage de l'origine.

Soit z un point assez voisin de l'origine tel que $z_2 = z_3 = 0$

on a
$$\begin{aligned} &(1-\lambda)x + \bar{a}y = 0 \\ &ax + (1-\lambda)y = 0 \end{aligned}$$
ce qui entraîne
$$x = -\frac{(1-\lambda)}{a} y = \frac{k}{a} y$$
$$y = -\frac{(1-\lambda)}{\bar{a}} x = \frac{k}{\bar{a}} x$$

ou k est une fonction qui se prolonge régulièrement à l'origine.

On peut toujours supposer que $y(z) \neq 0$ (sinon on utilise L'_2)

ce qui entraîne que $x(z) \neq 0$

$\dfrac{x(z)}{y(z)} = \dfrac{\bar{a}}{a} \dfrac{y(z)}{x(z)}$ et donc $\dfrac{\bar{a}}{a}$ se prolonge de manière régulière à l'origine

ce qui est absurde car $\dfrac{\bar{a}}{a} = \dfrac{|a|^2}{a^2} = \dfrac{|z_1|^2}{\bar{z}_1^2}$.

<u>*Remarque*</u> : Les hypothèses du théorème 2 portent sur la variable située dans le noyau de la forme de Levi en z_o aussi m_o s'il existe, est majoré par $\operatorname{reg} O^1(z_o)$; en effet, m_o est l'ordre de contact en z_o de Ω avec la variété d'équations

$$z_1 = z_2 = \ldots = z_{n-2} = z_n = 0 .$$

CHAPITRE III

CARACTÉRISATION GÉOMÉTRIQUE DES POINTS DE SOUS-ELLIPTICITÉ

Soit M une hypersurface réelle dans C^n et soit z_o un point de M.

Pour tout champ de vecteurs L de $T^{1,o}(M)$, on définit $c(L,z_o)$ par la règle suivante : $c(L,z_o) = m$ si pour tout $i_1,\ldots,i_k \in \{0,1\}$ tels que $k \leq m-3$, on a $(L)^{(i_1)} \ldots L^{(i_k)}(<[L,\bar{L}],\partial r>)(z_o) = 0$ et il existe $i_1,\ldots,i_{m-2} \in \{0,1\}$ tels que $(L)^{(i_1)} \ldots (L)^{(i_{m-2})}(<[L,\bar{L}],\partial r>)(z_o) \neq 0$.

Posons $c^1(M,z_o) = \sup\{c(L,z_o) \; ; \; L \in T^{1,o}(M), L(z_o) \neq 0\}$.

D'après un résultat de T. Bloom (|3|, c, lemme 2.19), on a $\text{reg } O^1(M,z_o) \leq c^1(M,z_o)$ pour toute hypersurface réelle M, C^∞ dans $\mathbb{C}^n$, et passant par z_o. Sur l'hypersurface $M = \{z \in \mathbb{C}^3 \; ; \; 2\text{Re}(z_3) + (z_2 + \bar{z}_2 + |z_1|^2)^2 = 0\}$ qui n'est pas pseudo-convexe à l'origine, Bloom montre que $\text{reg } O^1(M,0) = 4$ et $c^1(M,0) = +\infty$; ainsi la pseudo-convexité en z_o de M est un cadre naturel dans lequel on peut étudier la conjecture $\text{reg } O^1(M,z_o) = c^1(M,z_o)$.

Dans l'article cité plus haut, T. Bloom vérifie l'exactitude de cette conjecture lorsque M est de dimension 3 [Théorème 2.14]. L'adjonction de ce résultat et du théorème 1 du paragraphe précédent donne alors une caractérisation géométrique des points de sous-ellipticité en dimension 3.

Lorsque n est quelconque et le rang de la matrice de Levi est au moins égal à $(n-2)$ le théorème 2 du chapitre précédent donne une condition suffisante de sous-ellipticité en z_o portant sur le développement taylorien de r en z_o dans un système de coordonnées locales holomorphes convenable. Or, il a été noté dans la remarque terminant le chapitre II que cette condition est naturellement liée à reg $O^1(z_o)$, d'où l'idée de généraliser la caractérisation géométrique des points de sous-ellipticité en dimension quelconque.

On a le théorème suivant :

Théorème 3.- On suppose que la forme de Levi est de rang $n-2$ en z_o, alors une condition nécessaire et suffisante pour qu'une estimation sous-elliptique soit vérifiée en z_o pour les $(0,1)$ forme différentielle est que reg $O^1(z_o) < +\infty$.

En fait la démonstration de la nécessité de la condition est dûe à D. Catlin ([5], th. 4) et ne suppose aucune restriction sur le rang de la forme de Levi, il démontre en fait plus en vérifiant que nécessairement $O^1(z_o) < +\infty$.

La suffisance dans le théorème 3 est une conséquence du résultat plus précis suivant dont la démonstration est l'objet de ce chapitre.

Théorème 4.- On suppose que la forme de Lévi est de rang $\geq n-2$ en z_o. Alors reg $O^1(z_o) = c^1(M,z_o)$

. Avant de montrer ce théorème, on commencera par préciser quelques définitions et notations.

• *Système de coordonnées à poids.*

Un système de coordonnées holomorphes à poids est la donnée d'un système de coordonnées locales holomorphes en $z_o \in \mathbb{C}^n$, $(z_1,\ldots,z_n)$ et des entiers $(\alpha_1,\ldots,\alpha_n)$.

On donne un poids à chaque fonction ϕ de classe C^∞ au voisinage de z_o par la règle suivante :

on a $pd(z_i) = \alpha_i$, $i = 1,\dots,n$.

On donne le même poids aux conjugués des coordonnées holomorphes c'est-à-dire $pd(\bar{z}_i) = \alpha_i$, $i = 1,\dots,n$.

Pour un monôme en $z, \bar{z}$, on donne le poids somme des poids des facteurs.

Pour une fonction ϕ de classe C^∞, on pose $pd(\phi)$ = minimum des poids de monômes dans la série de Taylor de ϕ en z_o.

On note alors par ϕ^o la somme de monômes de poids minimum égal à $pd(\phi)$ dans la série de Taylor de ϕ en z_o.

Ainsi ϕ^o est un polynôme homogène de poids égal à $pd(\phi)$.

On a immédiatement les propriétés suivantes (ϕ et Ψ étant deux fonctions C^∞ dans un voisinage de z_o).

i) $pd(\phi.\Psi) = pd(\phi) + pd(\Psi)$

ii) $pd(\phi + \Psi) \geqslant \min(pd(\phi), pd(\Psi))$

iii) $pd(\frac{\partial\phi}{\partial z_i}) \geqslant pd(\phi) - \alpha_i$, de même $pd(\frac{\partial\phi}{\partial\bar{z}_i}) \geqslant pd(\phi) - \alpha_i$

iv) si $pd(\phi) > 0$ alors $\phi(z_o) = 0$.

Maintenant , on donne un poids à chaque opérateur différentiel à coefficients C^∞ dans un voisinage de z_o par la règle suivante :

on affecte à $\frac{\partial}{\partial z_i}$ et $\frac{\partial}{\partial\bar{z}_i}$ le poids $-\alpha_i$.

On affecte à l'opérateur $(\frac{\partial}{\partial z})^I(\frac{\partial}{\partial\bar{z}})^J$ le poids somme des poids des facteurs $(\frac{\partial}{\partial z_i})$ et $(\frac{\partial}{\partial\bar{z}_i})$.

Pour un opérateur $Q = \sum_{I,J} \phi_{IJ}(\frac{\partial}{\partial z})^I(\frac{\partial}{\partial\bar{z}})^J$ à coefficients C^∞, on donne le poids $\min_{I,J} \{pd(\phi_{IJ}) + pd((\frac{\partial}{\partial z})^I(\frac{\partial}{\partial \bar z})^J)\}$.

Soit $S = \{(I,J)/pd(Q) = pd(\phi_{IJ}) + pd((\frac{\partial}{\partial z})^I(\frac{\partial}{\partial \bar z})^J)\}$, alors on note

$$Q^o = \sum_{I,J\in S} \phi^o_{IJ}(\frac{\partial}{\partial z})^I(\frac{\partial}{\partial \bar z})^J .$$

Un opérateur différentiel $Q = \sum_{I,J} \phi_{IJ}(\frac{\partial}{\partial z})^I(\frac{\partial}{\partial \bar z})^J$ est dit homogène si tous les coefficients ϕ_{IJ} sont des polynômes homogènes et tous les termes $\phi_{IJ}(\frac{\partial}{\partial z})^I(\frac{\partial}{\partial \bar z})^J$ possèdent le même poids.

On a immédiatement les propriétés suivantes (Q_1, Q_2 étant deux opérateurs différentiels à coefficients C^∞ dans un voisinage de z_o)

i) $pd(Q_1Q_2) \geqslant pd(Q_1) + pd(Q_2)$,

ii) si Q_1, Q_2 sont homogènes, alors Q_1 , Q_2 est homogène, et si $Q_1, Q_2 \not\equiv 0$ alors $pd(Q_1Q_2) = pd(Q_1) + pd(Q_2)$,

iii) soit $Q = \sum_{I,J} \phi_{IJ}(\frac{\partial}{\partial z})^I(\frac{\partial}{\partial \bar z})^J$, alors Q^o est un opérateur différentiel homogène.

Notations : Soit M une sous-variété réelle d'un ouvert U de $\mathbb{C}^n$; soit $p \in M$. On pose $T^h(M,p) = \{Re(T)/T \in T^{1,0}(M,p)\}$ $T^h(M,p)$ et $T^{1,0}(M,p)$ sont canoniquement isomorphes (voir [3] , c) si M est une hypersurface réelle d'un ouvert de U de $\mathbb{C}^n$. Soit $p \in M$ alors $T^h(M,p)$ est de codimension (réelle) 1 dans $T(M,p)$ qui est l'espace tangent réel de M en p.

$\bigcup_{q\in M} T^h(M,q)$ est un fibré complexe noté $T^h(M)$.

La forme de Levi associée à M sera notée $L_M(q,T)$ où $q \in M$ et $T \in T^{1,0}(M,q)$; si L est un champ de vecteurs holomorphe tangent à l'hypersurface M que l'on suppose définie par $\{z/r(z) = 0\}$

alors $L_M(q,L(q)) = <[L,\bar{L}],\partial r>(q)$.

Soit $H \in T^h(M,q)$, alors il existe un unique $T \in T^{1,0}(M,q)$ tel que $Re(T) = H$, on pose $L_M(q,H) = L_M(q,T)$.

Soit Z une sous-variété réelle de M, on définit

$$T^N(Z,q) = \{H \in T^h(M,q) \cap T(Z,q), \quad L_M(q,H) = 0\}$$

et le fibré $T^N(Z) = \bigcup_{q \in Z} T^N(Z,q)$.

Définition.- Soit $F = \sum_{j=1}^{n-1} \alpha_j L_j$ un champ de vecteurs de $T^{1,0}(M)$; on posera dans la suite, pour simplifier les écritures $L = L_{n-1}$ et $\alpha = \alpha_{n-1}$. On désigne par I_m le module (sur l'anneau des germes des fonctions C^∞ au voisinage de z_o) engendré par les produits du type :

$$L^{(i_1)} \ldots L^{(i_{n_1})} (C_{n-1,n-1}) \quad ;$$

$$L^{(i_1)} \ldots L^{(i_{n_1})} (\alpha_i)\, L^{(j_1)} \ldots L^{(j_{n_2})} (\alpha_j^{(j_{n_2+1})}) \quad ;$$

$$L^{(i_1)} \ldots L^{(i_{n_1})} (\alpha_i)\, L^{(j_1)} \ldots L^{(j_{p-1})} L_k^{(j_p)} L^{(j_{p+1})} \ldots L^{(j_{n_2})} (C_{k_1,j_1})$$

lorsque $i,j \leq n-2$, $k \leq n-1$, $0 \leq n_1+n_2 \leq m-1$

$$i_1,\ldots,i_{n_1}, j_1,\ldots,j_{n_2+1} \in \{0,1\}$$

$$(k_1,j_1,k) \in \begin{cases} \{n-1\} \times \{n-1\} \times \{1,\ldots,n-1\} \\ \qquad\qquad \cup \\ \{n-1\} \times \{1,\ldots,n-2\} \times \{n-1\} \\ \qquad\qquad \cup \\ \{1,\ldots,n-2\} \times \{n-1\} \times \{n-1\} \end{cases}$$

avec $\alpha_j^{(o)} = \alpha_j$ et $\alpha_j^{(1)} = \bar{\alpha}_j$ pour tout $j \leq n-1$.

Remarque : Lorsque $\alpha_j = (-1)^j \det_{j,n-1}(C)$, c'est-à-dire lorsque $F = A$, désignons par $(-1)^{i+j+1} f_{i,j}$ le cofacteur de $C_{n-1,i}.C_{j,n-1}$ dans le développement de $\det(C)$; ainsi a-t-on $f_{i,j}(z_o) = 0$ si $i \neq j$ et $f_{i,i}(z_o) > 0$ pour tout $i \leq n-2$.

Le module I_m est alors engendré par les produits du type

$$L^{(i_1)} \ldots L^{(i_{n_1})}(C_{n-1,n-1}) \ ;$$

$$L^{(i_1)} \ldots L^{(i_{n_1})}(C_{k_1,j_1}).L^{(j_1)} \ldots L^{(j_{p-1})} L_k^{(j_p)} L^{(j_{p+1})} \ldots L^{(j_{n_2})}(C_{k_2,j_2})$$

avec $(k_1,j_1) \in \{n-1\} \times \{1,\ldots,n-2\} \cup \{1,\ldots,n-2\} \times \{n-1\}$

$$(k_2,j_2,k) \in \left\{ \begin{array}{c} \{n-1\} \times \{n-1\} \times \{1,\ldots,n-1\} \\ \cup \\ \{n-1\} \times \{1,\ldots,n-2\} \times \{n-1\} \\ \cup \\ \{1,\ldots,n-2\} \times \{n-1\} \times \{n-1\} \end{array} \right.$$

Lemme 5.- Pour tout $i_1,\ldots,i_m \in \{0,1\}$, on a la formule suivante :

$$F^{(i_m)} \ldots F^{(i_1)}(\langle |F,\bar{F}|, \partial r\rangle) = \alpha^{(i_m)} \ldots \alpha^{(i_1)} L^{(i_m)} \ldots L^{(i_1)}(C_{n-1,n-1})$$

$$+ \sum_{1 \leq p \leq m} \alpha^{(i_m)} \ldots \alpha^{(i_p)} \ldots \alpha^{(i_1)} |\alpha|^2 L^{(i_m)} \ldots L^{(i_{p+1})}(\alpha_j L_j)^{(i_p)} L^{(i_{p-1})} \ldots L^{(i_1)}(C_{n-1,n-1})$$

$$+ \sum_{j \leq n-2} \alpha^{(i_m)} \ldots \alpha^{(i_1)} L^{(i_m)} \ldots L^{(i_1)}(\mathrm{Re}(\alpha\bar{\alpha}_j C_{n-1,j}))$$

$$+ \sum_{i,j \leq n-2} \alpha^{(i_m)} \ldots \alpha^{(i_1)} C_{ij} L^{(i_m)} \ldots L^{(i_1)}(\alpha_i \bar{\alpha}_j) \qquad (\mathrm{mod}\ I_m) \ .$$

En particulier si $F = A = \sum_{j\leq n-1} (-1)^j \det_{j,n-1}(C) L_j$,

on a pour tout $i_1,\ldots,i_m \in \{0,1\}$ la forme suivante :

$$A^{(i_m)}\ldots A^{(i_1)}(<|A,\bar{A}|,\partial r>) = \psi^{(i_m)}\ldots\psi^{(i_1)}|\psi|^2 L^{(i_m)}\ldots L^{(i_1)}(C_{n-1,n-1})$$

$$+ \sum_{\substack{1\leq p\leq m\\ j\leq n-2}} \psi^{(i_m)}\ldots\psi^{(i_p)}\ldots\psi^{(i_1)}|\psi|^2 L^{(i_m)}\ldots L^{(i_{p+1})}(\psi_j L_j)^{(i_p)} L^{(i_{p-1})}\ldots L^{(i_1)}(C_{n-1,n-1})$$

$$+ \sum_{i,j\leq n-2} (-1)^{i+j+n}\psi^{(i_m)}\ldots\psi^{(i_1)}\bar{\psi} f_{i,j} L^{(i_m)}\ldots L^{(i_1)}(C_{n-1,i}C_{j,n-1}) \qquad (\mathrm{mod}\ I_m)$$

Démonstration : Pour $m = 1$, on prend $i_1 = 0$, le calcul est semblable si $i_1 = 1$, on a

$$<[F,\bar{F}],\partial r> = \sum_{i,j\leq n-1} \alpha_i\bar{\alpha}_j C_{ij} = |\alpha|^2 C_{n-1,n-1} + \mathrm{Re}(\sum_{j\leq n-2} \alpha\bar{\alpha}_j C_{n-1,j})$$

$$+ \sum_{i,j\leq n-2} C_{ij}\alpha_i\bar{\alpha}_j$$

$$F(<[F,\bar{F}],\partial r>) = (\alpha L + \sum_{j\leq n-2} \alpha_j L_j)(<[F,\bar{F}],\partial r>)$$

$$= \alpha|\alpha|^2 L(C_{n-1,n-1}) + \alpha L(\sum_{j\leq n-2} \mathrm{Re}(C_{n-1,j}\ \alpha\bar{\alpha}_j)) + \sum_{i,j\leq n-2} \alpha C_{ij}\ L(\alpha_i\bar{\alpha}_j)$$

$$+ \sum_{j\leq n-2} |\alpha|^2(\alpha_j L_j)(C_{n-1,n-1}) \qquad (\mathrm{mod}\ I_1)$$

ainsi la formule est vérifiée à l'ordre 1.

Maintenant on raisonne par récurrence de m à $m+1$.

Désignons par L^γ un produit de longueur γ d'opérateurs L et $\bar{L}$; on constate par la formule de Leibnitz l'appartenance à I_{m+1} des fonctions suivantes :

$L^{\gamma}(\alpha_j L_j)L^{\beta}(C_{n-1,n-1})$ lorsque $\gamma+\beta < m$ et $j \leqslant n-2$

$L^{\gamma}(\mathrm{Re}(\bar{\alpha}_j C_{n-1,j})), L^{\gamma}(\alpha_i\bar{\alpha}_j)$ $\gamma \leqslant m$ et $i,j \leqslant n-2$

$\alpha_k L_k L^{\gamma}(\alpha_j L_j)L^{\beta}(C_{n-1,n-1})$ $\gamma+\beta < m$ et $j,k \leqslant n-2$

$\alpha_k L_k L^{\gamma}(\mathrm{Re}(\bar{\alpha}_j C_{n-1,j})), \alpha_k L_k L^{\gamma}(\alpha_i\bar{\alpha}_j)$ $\gamma \leqslant m$ et $i,j,k \leqslant n-2$

On constate aussi facilement que $F^{(i_{m+1})}(I_m) \subset I_{m+1}$

ainsi a-t-on $F^{(i_{m+1})}\ldots F^{(i_1)}(<[F,\bar{F}],\partial r>) =$

$$\Big[(\alpha L)^{(i_{m+1})} + \sum_{j\leqslant n-2}(\alpha_j L_j)^{(i_{m+1})}\Big]\Big[F^{(i_m)}\ldots F^{(i_1)}(<[F,\bar{F}],\partial r>)\Big]$$

$$= \Big[(\alpha L)^{(i_{m+1})} + \sum_{j\leqslant n-2}(\alpha_j L_j)^{(i_{m+1})}\Big]\Big[\alpha^{(i_m)}\ldots\alpha^{(i_1)}|\alpha|^2 L^{(i_m)}\ldots L^{(i_1)}(C_{n-1,n-1})$$

$$+ \sum_{\substack{1\leqslant p\leqslant m\\ j\leqslant n-2}} \alpha^{(i_m)}\ldots\widehat{\alpha^{(i_p)}}\ldots\alpha^{(i_1)}|\alpha|^2 L^{(i_m)}\ldots L^{(i_{p+1})}(\alpha_j L_j)^{(i_p)}L^{(i_{p-1})}\ldots L^{(i_1)}(C_{n-1,n-1})$$

$$+ \sum_{i,j\leqslant n-2} C_{ij}\alpha^{(i_m)}\ldots\alpha^{(i_1)}L^{(i_m)}\ldots L^{(i_1)}(\alpha_i\bar{\alpha}_j)$$

$$+ \sum_{j\leqslant n-2}\alpha^{(i_m)}\ldots\alpha^{(i_1)}L^{(i_m)}\ldots L^{(i_1)}(\mathrm{Re}(\alpha\bar{\alpha}_j C_{n-1,j})) + I_m\Big]$$

$$= \alpha^{(i_{m+1})}\ldots\alpha^{(i_1)}|\alpha|^2 L^{(i_{m+1})}\ldots L^{(i_1)}(C_{n-1,n-1})$$

$$+ \sum_{\substack{1\leqslant p\leqslant m+1\\ j\leqslant n-2}} \alpha^{(i_{m+1})}\ldots\widehat{\alpha^{(i_p)}}\ldots\alpha^{(i_1)}L^{(i_{m+1})}\ldots L^{(i_{p+1})}(\alpha_j L_j)^{(i_p)}L^{(i_{p-1})}L^{(i_1)}(C_{n-1,n-1})$$

$$+ \sum_{j\leqslant n-2}\alpha^{(i_{m+1})}\ldots\alpha^{(i_1)}(\mathrm{Re}(C_{n-1,j}\,\alpha\bar{\alpha}_j))$$

$$+ \sum_{i,j\leqslant n-2} C_{ij}\,\alpha^{(i_{m+1})}\ldots\alpha^{(i_1)}L^{(i_{m+1})}\ldots L^{(i_1)}(\alpha_i\bar{\alpha}_j) \pmod{I_{m+1}}$$

Démonstration :

i) on a d'après le lemme 4 :

$$L^{(i_{p-1})}\dots L^{(i_1)}(C_{n-1,n-1}) = \left(\frac{\partial}{\partial z_{n-1}}\right)^{\nu_1}\left(\frac{\partial}{\partial \bar z_{n-1}}\right)^{\nu_2} r_{n-1,\bar n-1} +$$

$$+ \sum_{|\beta|\leqslant p} h_\beta\left(\frac{\partial}{\partial z_{n-1}}\right)^{\beta_1}\left(\frac{\partial}{\partial \bar z_{n-1}}\right)^{\beta_2}(r) \quad \text{où} \quad \nu_1 = \operatorname{card}\{i_k \; ; \; i_k = 0, \; k < p\},$$

$$\nu_2 = p-1-\nu_1$$

h_β est une fonction C^∞ au voisinage de z_o pour tout $|\beta| \leqslant p$.

$$L_j^{(i_p)} L^{(i_{p-1})}\dots L^{(i_1)}(C_{n-1,n-1}) = \left(\frac{\partial}{\partial z_j}\right)^{(i_p)}\left(\frac{\partial}{\partial z_{n-1}}\right)^{\nu_1}\left(\frac{\partial}{\partial \bar z_{n-1}}\right)^{\nu_2} r_{n-1,\bar n-1}$$

$$+ \sum_{|\beta|\leqslant p} f'_\beta\left(\frac{\partial}{\partial z_j}\right)^{(i_p)}\left(\frac{\partial}{\partial z_{n-1}}\right)^{\beta_1}\left(\frac{\partial}{\partial \bar z_{n-1}}\right)^{\beta_2}(r) + \sum_{|\beta|\leqslant p} g'_\beta\left(\frac{\partial}{\partial z_{n-1}}\right)^{\beta_1}\left(\frac{\partial}{\partial \bar z_{n-1}}\right)^{\beta_2}(r)$$

avec f'_β, g'_β des fonctions C^∞ dans un voisinage de z_o.

Maintenant, en raisonnant par récurrence sur $m \geqslant p$, on obtient facilement la formule annoncée.

ii) Par récurrence sur m :

. La formule est vérifiée à l'ordre 1 : en effet, on a

$$L(f) = \frac{\partial f}{\partial z_{n-1}} - \frac{f_{z_n}}{r_n}\frac{\partial r}{z_{n-1}} \quad , \quad \bar L(f) = \frac{\partial f}{\partial \bar z_{n-1}} - \frac{f_{\bar z_n}}{r_{\bar n}}\frac{\partial r}{\partial \bar z_{n-1}} .$$

. On suppose que la formule est vérifiée à l'ordre m et montrons qu'elle est vérifiée à l'ordre $m+1$, on a : $L^{(i_{m+1})}\dots L^{(i_1)}(f) =$

$$\left[\left(\frac{\partial}{\partial z_{n-1}}\right)^{(i_{m+1})} - \left(\frac{r_{n-1}}{r_n}\frac{\partial}{\partial z_n}\right)^{(i_{m+1})}\right]\left[\left(\frac{\partial}{\partial z_{n-1}}\right)^{\alpha_1}\left(\frac{\partial}{\partial \bar z_{n-1}}\right)^{\alpha_2}(f) + \sum_{|\beta|\leqslant m} h_\beta\left(\frac{\partial}{\partial z_{n-1}}\right)^{\beta_1}\left(\frac{\partial}{\partial \bar z_{n-1}}\right)^{\beta_2}(r)\right]$$

par suite la formule est vérifiée pour tout entier $m \geq 1$.

Il reste à considérer le cas particulier $F = A = \sum_{j=1}^{n-1} \psi_j L_j$.

En utilisant le fait que $\psi_j = (-1)^j \det_{j,n-1}(C)$ pour tout $j \leq n-1$, on a $<[A,\bar{A}],\partial r> = \det C\, \overline{\det_{n-1,n-1}}(C) =$

$$|\psi|^2 C_{n-1,n-1} + \sum_{i,j \leq n-2} (-1)^{i+j+n}\, \bar{\psi}\, f_{i,j} C_{n-1,i} C_{j,n-1}\,.$$

On obtient facilement la formule annoncée en suivant un raisonnement par récurrence analogue à celui utilisé dans le cas où F est quelconque.

Lemme 6.- Soit f une fonction C^∞ au voisinage de z_o et $i_1,\ldots,i_m \in \{0,1\}$, alors on a

i) $L^{(i_m)} \ldots L^{(i_{p+1})} L_j^{(i_p)} L^{(i_{p-1})} \ldots L^{(i_1)} (C_{n-1,n-1}) =$

$$\left(\frac{\partial}{\partial z_{n-1}}\right)^{\gamma_1} \left(\frac{\partial}{\partial \bar{z}_{n-1}}\right)^{\gamma_2} \left(\frac{\partial}{\partial z_j}\right)^{(i_p)} r_{n-1,n-1} + \sum_{|\beta| \leq m} f_\beta \left(\frac{\partial}{\partial z_{n-1}}\right)^{\beta_1} \left(\frac{\partial}{\partial \bar{z}_{n-1}}\right)^{\beta_2} \left(\frac{\partial}{\partial z_j}\right)^{(i_p)} (r) +$$

$$+ \sum_{|\beta| \leq m} g_\beta \left(\frac{\partial}{\partial z_{n-1}}\right)^{\beta_1} \left(\frac{\partial}{\partial \bar{z}_{n-1}}\right)^{\beta_2} (r) \quad \text{où } j \leq n-1,\ 1 \leq p \leq m$$

$$\gamma_1 = \text{card}\{i_k \,;\, i_k = 0,\ k \neq p\},\ \gamma_2 = m - \gamma_1 - 1$$

f_β et g_β sont des fonctions C^∞ dans un voisinage de z_o pour tout $|\beta| \leq m$.

ii) $$L^{(i_m)} \ldots L^{(i_1)} (f) = \left(\frac{\partial}{\partial z_{n-1}}\right)^{\alpha_1} \left(\frac{\partial}{\partial \bar{z}_{n-1}}\right)^{\alpha_2} (f) + \sum_{|\beta| \leq m} f_\beta \left(\frac{\partial}{\partial z_{n-1}}\right)^{\beta_1} \left(\frac{\partial}{\partial \bar{z}_{n-1}}\right)^{\beta_2} (r)$$

où $\alpha_1 = \text{card}\{i_k \,;\, i_k = 0\}$, $\alpha_2 = m - \alpha_1$

et f_β est une fonction C^∞ au voisinage de z_o pour tout $|\beta| \leq m$.

où $\alpha_1 = \text{card}\{i_k \ ; \ i_k = 0, \ k \leqslant m\}$, $\alpha_2 = m - \alpha_1$

et h_β est une fonction C^∞ dans un voisinage de z_o

$$L^{(i_{m+1})} \ldots L^{(i_1)}(f) = \left(\frac{\partial}{\partial z_{n-1}}\right)^{(i_{m+1})} \left(\frac{\partial}{\partial z_{n-1}}\right)^{\alpha_1} \left(\frac{\partial}{\partial \bar{z}_{n-1}}\right)^{\alpha_2}(f)$$

$$+ \sum_{|\beta| \leqslant m+1} f_\beta \left(\frac{\partial}{\partial z_{n-1}}\right)^{\beta_1} \left(\frac{\partial}{\partial \bar{z}_{n-1}}\right)^{\beta_2}(r) -$$

$$- \left(\frac{1}{r_n} \frac{\partial}{\partial z_n}\right)^{(i_{m+1})} \left(L^{(i_m)} \ldots L^{(i_1)}(f)\right) \left(\frac{\partial}{\partial z_{n-1}}\right)^{(i_{m+1})} (r)$$

ainsi la formule est vérifiée pour tout m.

Lemme 7.- (voir [3] a, Proposition 2.2.).

Soit (z,α) un système de coordonnées à poids d'origine z_o tel que $pd(r) = pd(z_n) = \alpha_n$ et $r(z) = 2\text{Re}(z_n) + h(z,\bar{z}) + f$ où

(a) l'ordre d'annulation de h et f à l'origine est $\geqslant 2$;

(b) h est un polynôme homogène de poids égal à α_n ;

(c) $pd(f) > \alpha_n$;

Alors l'hypersurface M^o définie par l'équation $r^o(z) = 0$ est pseudo-convexe dans un voisinage de l'origine.

Démonstration :

On a $r(z) = r^o(z) + f$ avec $pd(r^o) = \alpha_n$ et $pd(f) > \alpha_n$

Soit U un voisinage de z_o et $p \in U$.

Pour tout champ de vecteur F de $T_p^{1,o}$, $F = \sum_{i=1}^{n} \xi_i \frac{\partial}{\partial z_i}$ où $(\xi_1, \ldots, \xi_n) \in \mathbb{C}^n$, on écrit $F = \tau_p(F) + \nu_p(F)$

où
$$\nu_p(F) = \frac{\sum \xi_i \ r_i(p)}{\sum_i |r_i(p)|^2} \sum_j r_{\bar{j}}(P) \frac{\partial}{\partial z_j}$$

ainsi $\tau_p(F)$ est un champ de vecteursholomorphe tangent à l'hypersurface définie par l'équation $r = r(p)$.

La pseudo-convexité de $M = b\Omega$ à l'origine entraîne l'existence de $\varepsilon > 0$, $A > 0$ tels que

$$(1) \quad \sum_{j,k\leqslant n} r_{j,\bar{k}}(p)(\tau_p(F))_j(\overline{\tau_p(F)})_k \geqslant - A|F|^2|r(p)|$$

dès que $|r(p)| < \varepsilon$ et $p \in U$ avec $|F|^2 = \sum_{i=1}^{n} |\xi_i|^2$.

En effet : on pose $k(p) = \sum_{j,k\leqslant n} r_{j,\bar{k}}(p)(\tau_p(F))_j(\overline{\tau_p(F)})_k$.

On note par π une projection normale sur la frontière M définie au voisinage de z_o au moyen d'une carte locale (ε étant choisit assez petit pour que $\{p \in U/|r(p)| < \varepsilon\}$ s'identifie à un produit d'ouverts dans $\mathbb{R}^{2n-1} \times \mathbb{R}$).

Comme $k(p)$ est C^∞ au voisinage de l'origine, il vient que $k(p) - k(\pi(p)) = \mathcal{O}(|F|^2|p - \pi(p)|) = \mathcal{O}(|F|^2|r(p)|)$ or $k(\pi(p)) \geqslant 0$ puisque M est pseudo-convexe ; on déduit qu'il existe un voisinage U de z_o, $\varepsilon > 0$ et $A > 0$ tels que si $p \in U$, $|r(p)| < \varepsilon$, on a $k(p) \geqslant - A|r(p)||F|^2$.

En particulier si $F = \sum_{i=1}^{n} \xi_i \frac{\partial}{\partial z_i}$ est un champ de vecteurs tangent à l'hypersurface $r = r(p)$, alors $\sum_{j,k\leqslant n} r_{j,\bar{k}}(p)\xi_i\bar{\xi}_j \geqslant -A|F|^2|r(p)|$ dès que $p \in U$ et $|r(p)| < \varepsilon$.

On vérifie maintenant l'assertion du lemme 7.

Soit P un point de M^o assez voisin de z_o que pour (1) s'applique. Pour tout champ de vecteur $F = \sum_{i=1}^{n} \xi_i \frac{\partial}{\partial z_i}$ avec $(\xi_1,\ldots,\xi_n) \in \mathbb{C}^n$ on pose $L(P,\xi) = \sum_{j,k\leqslant n} r_{j,\bar{k}}(P)\xi_i\bar{\xi}_k + A|F|^2|r(P)|$.

Il s'agit de vérifier que $\sum_{j,k\leq n-1} r^o_{j,\bar{k}}(P)\xi_j\bar{\xi}_k \geq 0$ pour tout $(\xi_1,\ldots,\xi_{n-1}) \in \mathbb{C}^{n-1}$.

Soit $(\xi_1,\ldots,\xi_{n-1}) \in \mathbb{C}^{n-1}$.

Pour tout $\lambda \in \mathbb{R}^+$ assez petit, il existe $\xi_n \in \mathbb{C}$ tel que $\sum_{i=1}^{n} \lambda^{\alpha_i} \xi_i \frac{\partial r}{\partial z_i}(\lambda^\alpha P) = 0$ par suite $\frac{L(\lambda^\alpha P,\lambda^\alpha \xi)}{\lambda^{\alpha_n}} \geq 0$ d'après la première partie.

Or
$$\frac{L(\lambda^\alpha P,\lambda^\alpha \xi)}{\lambda^{\alpha_n}} = \sum_{j,k\leq n} \frac{r_{j,\bar{k}}(\lambda^\alpha P)\xi_j\bar{\xi}_k}{\lambda^{\alpha_n-\alpha_j-\alpha_k}} + A|F|^2 \frac{|r(\lambda^\alpha P)|}{\lambda^{\alpha_n}}$$

où $F = \sum_{i=1}^{n} \lambda^{\alpha_i}\xi_i \frac{\partial}{\partial z_i}$.

Comme $pd(r_{j,\bar{k}}) \geq \alpha_n - \alpha_j - \alpha_k$, il vient en passant à la limite quand $\lambda \to 0$ que $\sum_{j,k\leq n-1} r^o_{j,\bar{k}}(P)\xi_j\bar{\xi}_k \geq 0$ pour tout $(\xi_1,\ldots,\xi_{n-1}) \in \mathbb{C}^{n-1}$.

c.q.f.d.

Lemme 8.- On suppose $\operatorname{reg} O^1(z_o) = m$. Soit $(z_1,\ldots,z_n)$ un système de coordonnées locales holomorphes adaptées à r à l'ordre m ; soit V la sous-variété analytique complexe définie par les équations $z_1 = \ldots = z_{n-2} = z_n = 0$.

Alors
$$k_o = \min_{j\leq n-2} \{\text{ordre d'annulation de } r_{n-1,\bar{j}}(0,\ldots,0,z_{n-1},0)\} \geq \frac{m_o-2}{2}$$
avec $m_o = O(z_o,V)$.

Démonstration :

On raisonne par l'absurde : supposons que $k_o < \frac{m_o-2}{2}$.

On sait que la fonction r de définition de Ω s'écrit sous la forme $r(z) = 2\,\mathrm{Re}(z_n) + F + O(|z|^{m+1})$, où F est un polynôme mixte s'annulant à l'origine.

Ainsi $k_o = \min_{j\leqslant n-2}$ {ordre d'annulation de $F_{n-1,\bar{j}}(0,\ldots,0,z_{n-1},0)$}.

On posé $pd(z_i) = (k_o+1)$ pour $i = 1,\ldots,n-2$

$$pd(z_{n-1}) = 1$$

$$pd(z_n) = 2(k_o+1).$$

Soit $J_o = \{j/\text{ordre d'annulation de } F_{n-1,\bar{j}}(0,\ldots,0,z_{n-1},0) = k_o\}$.

La relation supposée entre k_o et $\frac{m_o-2}{2}$ entraîne que :

$$r^o(z) = 2\mathrm{Re}(z_n) + \sum_{i\leqslant n-2} \lambda_i|z_i|^2 + \mathrm{Re}\sum_{\substack{\beta_1+\beta_2=k_o\\ j\in J_o}} a_{\beta,j} z_{n-1}^{\beta_1+1}\bar{z}_{n-1}^{\beta_2}\bar{z}_j .$$

On a $(-1)^j\varphi_j = \det_{j,n-1}(C) = \sum_\sigma \varepsilon_\sigma C_{1,\sigma(1)}\cdots C_{j-1,\sigma(j-1)}C_{j+1,\sigma(j)}\cdots C_{n-1,\sigma(n-2)}$

où σ décrit les permutations sur $\{1,\ldots,n-2\}$;

désignons par σ_o la permutation définie par

$\sigma_o(i) = i$ si $i < j$

$\sigma_o(i) = i+1$ si $j \leqslant i \leqslant n-2$

$\sigma_o(n+1) = j$

désignons par a_o la permutation définie par $\sigma_o(i) = i$ si $i \neq n-2$ et $\sigma_o(n-2) = j$. Comme la matrice de Lévi est diagonale à l'origine et pour tout $i \leqslant n-2$, on a $(C_{n-1,i})^o = r^o_{n-1,\bar{i}}$, il vient que pour tout $\sigma \neq \sigma_o$ on a

$$pd(C_{1,\sigma(1)}\cdots C_{j-1,\sigma(j-1)}C_{j+1,\sigma(j)}\cdots C_{n-1,\sigma(n-2)}) > k_o.$$

En revanche $pd(C_{1,1}\dots\hat{C}_{j,j}\dots C_{n-2,n-2}C_{n-1,j}) = pd(C_{n-1,j}) = k_o$ pour $j \in J_o$.

Désignons par C^o la matrice de Lévi associée à r^o ; on a : $pd(\psi_j) = k_o$ et $\psi_j^o = (-1)^j \det_{j,n-1}(C) = (-1)^n f_{j,j}(z_o) r^o_{n-1,j}$ pour tout $j \in J_o$.

Soit $A = \sum_{j \leqslant n-1} \psi_j L_j$ le champ de vecteurs canonique associé au système $(z_1,\dots,z_n)$, on pose $A^o = \psi(z_o)L^o + \sum_{j\in J_o} \psi_j^o L_j^o$ avec

$$L_j^o = \frac{\partial}{\partial z_j} - \frac{r_j^o}{r_n^o}\frac{\partial}{\partial z_n} \quad \text{pour } j \leqslant n-1$$

Ainsi A^o est un champ de vecteurs non nul, tangent à M^o, homogène de poids -1, et on a démontré ci-dessus que A^o est le champ de vecteurs associé canoniquement à r^o. Montrons que A^o est de type fini.

Soit $\alpha = (i_1,\dots,i_k)$, désignons par $(L_j^o)^\alpha$ (resp. $(\frac{\partial}{\partial z_j})^\alpha$) le produit d'opérateurs L_j^o et $\bar{L}_j^o$ définie par $(L_j^o)^\alpha = (L_j^o)^{(i_k)}\dots(L_j^o)^{(i_1)}$ (resp. $(\frac{\partial}{\partial z_j})^\alpha = (\frac{\partial}{\partial z_j})^{(i_k)}\dots(\frac{\partial}{\partial z_j})^{(i_1)}$), on a $(L^o)^\alpha(C^o_{n-1,j})(z_o) = (L^o)^\alpha(r^o_{n-1,\bar{j}})(z_o) = (\frac{\partial}{\partial z_{n-1}})^\alpha(r^o_{n-1,\bar{j}})(z_o)$ pour tout $\alpha = (i_1,\dots,i_k)$ avec $k \leqslant k_o$ d'après le lemme 4 et la définition de k_o.

Choisissons $\alpha = (i_1,\dots,i_{2k_o})$ tel que $\{\text{card } i_k ; i_k = 0\} = \text{card}\{i_k ; i_k = 1\} = k_o$; on a $(L^o)^\alpha(C^o_{n-1,n-1})(z_o) = 0$ car r^o ne contient pas de monômes en $z_{n-1}^{\gamma_1}\bar{z}_{n-1}^{\gamma_2}$ avec $(\gamma_1,\gamma_2) \in \mathbb{N}^2$.

D'autre part, d'après la formule de Leibnitz, $(L^o)^\alpha(C^o_{n-1,j}.C^o_{j,n-1})$ est une somme de produits du type

$$\left(\frac{\partial}{\partial z_{n-1}}\right)^{\beta_1}(r^o_{n-1,\bar{j}}).\left(\frac{\partial}{\partial z_{n-1}}\right)^{\beta_2}(r^o_{j,\bar{n-1}})$$ où α est une réunion disjointe

de β_1 et β_2. On peut se limiter au cas où $\text{card}\,\beta_1 = \text{card}\,\beta_2 = k_o$ car sinon l'un des facteurs est nul ; alors on a

$$\gamma_1 = \{i_p \in \beta_1 \ ; \ i_p = 0\} = \text{card}\{i_p \in \beta_2 \ ; \ i_p = 1\}$$

$$\gamma_2 = \{i_p \in \beta_1 \ ; \ i_p = 1\} = \text{card}\{i_p \in \beta_2 \ ; \ i_p = 0\} \ .$$

On en déduit :

$$(L^o)^\alpha(C^o_{n-1,j}.C^o_{j,n-1})(z_o) = \sum_{\gamma_1+\gamma_2=k_o} C_{\gamma_1,\gamma_2}\left|\left(\frac{\partial}{\partial z_{n-1}}\right)^{\gamma_1}\left(\frac{\partial}{\partial \bar{z}_{n-1}}\right)^{\gamma_2} r^o_{n-1,j}(z_o)\right|^2$$

$$= \sum_{\gamma_1+\gamma_2=k_o} C_{\gamma_1,\gamma_2}|a_{\gamma,j}|^2 \ ,$$

où les constantes binomiales C_{γ_1,γ_2} sont strictement positives et au moins l'un des $a_{\gamma,j}$ est non nul.

Considérons enfin les termes du type

$$(L^o)^{(i_{2k_o})}\dots(L^o)^{(i_{p+1})}(\psi^o_j L^o_j)^{(i_p)}(L^o)^{(i_{p-1})}\dots(L^o)^{(i_1)}(C^o_{n-1,n-1})(z_o)$$

$$= (-1)^n f_{j,j}(z_o)(L^o)^{(i_{2k_o})}\dots(L^o)^{(i_{p+1})}(r^o_{n-1,\bar{j}})^{(i_p)}(L^o)^{(i_{p-1})}\dots(L^o)^{(i_1)}(r^o_{n-1,n-1})(z_o).$$

On constate que le même calcul que celui du terme précédent s'applique à celui-ci et conduit au produit de $(-1)^n$ par une valeur strictement positive.

Comme $I_{2k_o}(z_o) = 0$, on obtient d'après le lemme 5 :

$$(A^o)^{(i_{2k_o})} \ldots (A^o)^{(i_1)} (<[A^o,\bar{A}^o],\partial r^o>)(z_o) \neq 0 \quad \text{puisque} \quad \psi(z_o) > 0$$

et $f_{j,j}(z_o) > 0$ pour tout $j \leqslant n-2$.

D'après le lemme 2, cette expression ne diffère de

$(A^o)^{(0,1,i_1,\ldots,i_{2k_o})}(r^o)(z_o)$ que par une combinaison linéaire de termes de la forme $(A^o)^\alpha(\det C)(z_o)$ où $(A^o)^\alpha$ est un produit d'opérateurs $A^o,\bar{A}^o$ de longueur strictement inférieur à $2k_o$; ces termes sont donc nuls. Ainsi le champ de vecteurs A^o est de type $2k_o+1$, ce qui entraîne d'après le théorème 1 qu'une estimation sous-elliptique est vérifiée au voisinage de $z_o \in M^o$, plus précisément il existe $k \geqslant 1$ tel que $1 \in I_k^1(z_o)$. Or vuel'expression de r^o, on déduit que M^o est analytique réelle et contient la sous-variété analytique complexe $V = \{z/z_1 = \ldots = z_{n-2} = z_n = 0\}$. On obtient ainsi une contradiction avec le théorème 4 rappelé dans l'introduction.

<u>*Lemme*</u> 9.- On suppose $\text{reg}\ O^1(z_o) = m < +\infty$ et le rang de la forme de Lévi égal $n-2$. Soit $(z_1,\ldots,z_n)$ un système de coordonnées locales holomorphes d'origine z_o adaptées à r à l'ordre m. Soit $F = \sum_{j=1}^{n-1} \alpha_j L_j$ un champ de vecteurs holomorphes vérifiant $c(F,z_o) > m_o$ avec $m_o = O(z_o,V)$ alors

$$\mu_o = \min_{j\leqslant n-2} \{\text{ordre d'annulation de } \alpha_j(0,\ldots,0,z_{n-1},0)\} = \frac{m_o-2}{2}$$ en particulier m_o est pair.

Démonstration : On va démontrer le lemme en deux étapes

(1) $\mu_o \leq \frac{m_o-2}{2}$, en effet on raisonne par l'absurde : supposons que $\mu_o > \frac{m_o-2}{2}$. On sait qu'il existe $\alpha_1, \alpha_2 \in \mathbb{N}$ tels que $\alpha_1+\alpha_2 = m_o-2$ et $(\frac{\partial}{\partial z_{n-1}})^{\alpha_1}(\frac{\partial}{\partial \bar{z}_{n-1}})^{\alpha_2} r_{n-1,\bar{n}-1}(z_o) \neq 0$.

On choisit $i_1,\ldots,i_{m_o-2} \in \{0,1\}$ tels que $\mathrm{card}\{i_k \,;\, i_k = 0\} = \alpha_1$
$\mathrm{card}\{i_k \,;\, i_k = 1\} = \alpha_2$.

On a d'une part $L^{(i_{m_o-2})} \ldots L^{(i_1)}(C_{n-1,n-1})(z_o) =$

$(\frac{\partial}{\partial z_{n-1}})^{\alpha_1}(\frac{\partial}{\partial \bar{z}_{n-1}})^{\alpha_2} r_{n-1,\bar{n}-1}(z_o) \neq 0$.

D'autre part en utilisant la formule de Leibnitz, les lemmes 4 et 6 et le fait que $k_o \geq \frac{m_o-2}{2}$ (lemme 8), on voit facilement que

$L^{(i_{m_o-2})} \ldots L^{(i_1)}(\mathrm{Re}(\bar{\alpha}_j C_{n-1,j}))(z_o) = 0$ et $L^{(i_{m_o-2})} \ldots L^{(i_1)}(\alpha_i \bar{\alpha}_j)(z_o) = 0$

pour tout $i,j \leq n-2$, de même d'après les lemmes 4 et 6 et le fait que

$k_o \geq \frac{m_o-2}{2}$, $\mu_o > \frac{m_o-2}{2}$ il vient que pour tout $j \leq n-2$,

$1 \leq p \leq m_o-2$ on a

$L^{(i_{m_o-2})} \ldots L^{(i_{p+1})}(\alpha_j L_j)^{(i_p)} . L^{(i_{p-1})} \ldots L^{(i_1)}(C_{n-1,n-1})(z_o) = 0$.

Enfin, remarquons que $I_{m_o-2}(z_o) = 0$.

En effet soit f un générateur de I_{m_o-2}, trois cas sont possibles :

(a) $f = L^{(i_1)} \ldots L^{(i_{n_1})}(\alpha_i) L^{(j_1)} \ldots L^{(j_{n_2})}(\alpha_j^{(j_{n_2+1})})$

d'où $f(z_o) = 0$ car $n_1+n_2 < m_o-2 < 2\mu_o$

(b) $f = L^{(i_1)} \dots L^{(i_{n_1})}(\alpha_i)\, L^{(j_1)} \dots L^{(j_{p-1})} L_k^{(j_p)} L^{(j_{p+1})} \dots L^{(j_{n_2})}(C_{k_1,j_1})$

avec $0 \leqslant n_1+n_2 < m_o-2$

si $(k_1,j_1) \neq (n-1,n-1)$ alors $k = n-1$ et donc $f(z_o) = 0$

car $n_1+n_2 < m_o-2 < k_o+\mu_o$

si $(k_1,j_1) = (n-1,n-1)$

. ou bien $k = n-1$ d'où $L^{(j_1)} \dots L^{(j_{n_2})}(C_{n-1,n-1})(z_o) = 0$ car $n_2 < m_o-2$

. ou bien $k \leqslant n-2$ et dans ce cas $f(z_o) = 0$ d'après les lemmes 4 et 6 et le fait que $n_1+n_2 < m_o-2 < k_o+\mu_o$.

(c) $f = L^{(i_1)} \dots L^{(i_{n_1})}(C_{n-1,n-1})$ avec $n_1 < m_o-2$

et donc $f(z_o) = 0$ d'après le lemme 4 et la définition de m_o.

Ainsi, en appliquant le lemme 5, on a $F^{(i_{m_o-2})} \dots F^{(i_1)}(\langle [F,\bar{F}],\partial r\rangle)(z_o) \neq 0$ ce qui est absurde puisqu'on a par hypothèse $c(F,z_o) > m_o$.

(2) $\mu_o \geqslant \frac{m_o-2}{2}$, on raisonne toujours par l'absurde : supposons $2\mu_o < m_o-2$. On choisit $i_1,\dots,i_{2\mu_o} \in \{0,1\}$ tels que

$$\operatorname{card}\{i_k \,;\, i_k = 0\} = \operatorname{card}\{i_k \,;\, i_k = 1\} = \mu_o \quad .$$

On a d'une part $L^{(i_{2\mu_o})} \dots L^{(i_1)}(C_{n-1,n-1})(z_o) = 0$ d'après le lemme 4 et l'inégalité $2\mu_o < m_o-2$.

D'autre part, en utilisant la formule de Leibnitz, les lemmes 4 et 6 et le fait que $k_o \geqslant \frac{m_o-2}{2} > \mu_o$ il vient facilement que

$$L^{(i_{2\mu_o})} \dots L^{(i_1)} (\mathrm{Re}(C_{n-1,j}\bar{\alpha}_j))(z_o) = 0 \quad \text{pour tout} \quad j \leqslant n-2$$

$$\text{et} \quad L^{(i_{2\mu_o})} \dots L^{(i_{p+1})} (\alpha_j L_j)^{(i_p)} L^{(i_{p-1})} \dots L^{(i_1)} (C_{n-1,n-1})(z_o) = 0$$

pour tout $j \leqslant n-1$, $1 \leqslant p \leqslant 2\mu_o$.

Maintenant vue la formule du lemme 5, il reste à considérer les termes du type

$$\alpha^{(i_{2\mu_o})} \dots \alpha^{(i_1)} C_{ij} L^{(i_{2\mu_o})} \dots L^{(i_1)} (\alpha_i \bar{\alpha}_j)$$

comme $C_{i,j}(z_o) = 0$ si $i \neq j$, on s'intéresse uniquement au cas $i = j$ d'après la formule de Leibnitz on a pour tout $j \leqslant n-2$ $L^{(i_{2\mu_o})} \dots L^{(i_1)} (\alpha_j \bar{\alpha}_j)$ est une somme de produits de la forme

$$L^{(j_1)} \dots L^{(j_{k_1})} (\alpha_j) L^{(j'_i)} \dots L^{(j'_{k_2})} (\bar{\alpha}_j) \quad \text{avec} \quad k_1+k_2 = 2\mu_o$$

et $J = \{j_1, \dots, j_{k_1}\}$ décrit tous les ensembles ordonnés de $\{i_1, \dots, i_{2\mu_o}\}$.

On peut se limiter au cas $k_1 = k_2 = \mu_o$ car sinon l'un des facteurs est nul si l'on se reporte à l'expression donnée au lemme 6 et en utilisant le fait que $2\mu_o < m_o-2$.

Dans ce cas, on remarque que

$$\beta_1 = \mathrm{card}\{j_p \ ; \ j_p = 0\} = \mathrm{card}\{j'_p \ ; \ j'_p = 1\}$$

$$\beta_2 = \mathrm{card}\{j_p \ ; \ j_p = 1\} = \mathrm{card}\{j'_p \ ; \ j'_p = 0\}.$$

On déduit que

$$L^{(j_1)}\ldots L^{(j_{\mu_o})}(\alpha_j)L^{(j'_1)}\ldots L^{(j'_{\mu_o})}(\bar{\alpha}_j)(z_o) = \left|\left(\frac{\partial}{\partial z_{n-1}}\right)^{\beta_1}\left(\frac{\partial}{\partial \bar{z}_{n-1}}\right)^{\beta_2}(\alpha_j)\right|^2.$$

Ainsi d'après le lemme 5 et le fait que $C_{j,j}(z_o) > 0$ $\forall\, j \leqslant n-2$ et $I_{2\mu_o}(z_o) = 0$, on obtient

$$F^{(i_{2\mu_o})}\ldots F^{(i_1)}(<[F,\bar{F}],\partial r>)(z_o) =$$

$$\sum_{\substack{\beta_1+\beta_2=\mu_o \\ j\leqslant n-2}} C_{\beta,j}\left|\left(\frac{\partial}{\partial z_{n-1}}\right)^{\beta_1}\left(\frac{\partial}{\partial \bar{z}_{n-1}}\right)^{\beta_2}(\alpha_j)(z_o)\right|^2$$

où les $C_{\beta,j}$ sont des constantes strictement positives.

Or, de par la définition de μ_o, il existe $j_o \leqslant n-2$ et $\beta_1,\beta_2 \geqslant 0$ tels que $\beta_1+\beta_2 = \mu_o$ et $\left(\frac{\partial}{\partial z_{n-1}}\right)^{\beta_1}\left(\frac{\partial}{\partial \bar{z}_{n-1}}\right)^{\beta_2}(\alpha_{j_o}) \neq 0$ ainsi on a $F^{(i_{2\mu_o})}\ldots F^{(i_1)}(<[F,\bar{F}],\partial r>)(z_o) \neq 0$.

On conclut que $c(F,z_o) \leqslant 2(\mu_o+1) \leqslant m_o$ ce qui est absurde.

c.q.f.d..

Démonstration du théorème 4 :

Si M est strictement pseudo-convexe alors la matrice de Lévi à $n-1$ valeurs propres non nulles à l'origine ; d'après la proposition 1 rappelée dans l'introduction on a $\text{reg}\; O^1(z_o) = 2$, d'autre part, on vérifie facilement dans ce cas que $c^1(M,z_o) = 2$.

Par suite l'égalité $\text{reg}\; O^1(z_o) = c'(M,z_o)$ est vérifiée. Il reste donc à considérer le cas où la forme de Lévi est de rang $n-2$. On sait d'après ([3] b, lemme 2.19.) que $\text{reg}\; O^1(z_o) \leqslant c^1(M,z_o)$. Il suffit de montrer l'inégalité inverse.

On raisonne par l'absurde : supposons que $\operatorname{reg} O^1(z_o) = m < c^1(M,z_o)$. Soit $(S_1) = (z_1,\dots,z_n)$ un système de coordonnées locales holomorphes d'origine z_o adaptées à r à l'ordre m ; soit $F_1 = \sum_{j=1}^{n-1} \alpha_j L_j$ un champ de vecteurs holomorphes non nul à l'origine tel que $c(F_1,z_o) \geq m_o$ avec $m_o = O(z_o,V)$ où V est la sous-variété analytique complexe définie par les équations $z_1 = \dots = z_{n-2} = z_n = 0$.

Soient $k_o = \min_{j\leq n-2} \{\text{ordre d'annulation de } r_{n-1,\bar{j}}(0,\dots,0,z_{n-1},0)\}$

$\mu_o = \min_{j\leq n-2} \{\text{ordre d'annulation de } \alpha_j(0,\dots,0,z_{n-1},0)\}$.

On sait d'après les lemmes 8 et 9 ci-dessus que $k_o \geq \frac{m_o-2}{2}$ et $\mu_o = \frac{m_o-2}{2}$.

On pose $pd(z_i) = \frac{m_o}{2}$ pour $i = 1,\dots,n-2$

$pd(z_{n-1}) = 1$

$pd(z_n) = m_o$,

ainsi on a $pd(r) = m_o$, $pd(\alpha_j) \geq \frac{m_o-2}{2}$ pour tout $j \leq n-2$,

et $$r^o(z) = 2\operatorname{Re}(z_n) + \sum_{i=1}^{n-2} \lambda_i |z_i|^2 + \operatorname{Re}\Big(\sum_{\substack{\beta_1+\beta_2=\mu_o \\ i\leq n-2}} a_{\beta,i}\, z_{n-1}^{\beta_1+1} \bar{z}_{n-1}^{\beta_2} \bar{z}_i + \sum_{\alpha_1+\alpha_2=m_o} a_\alpha z_{n-1}^{\alpha_1} \bar{z}_{n-1}^{\alpha_2}\Big) .$$

Posons $F_1^o = \alpha(z_o)L^o + \sum_{j\in J_o} \alpha_j^o L_j^o$

avec $L_j^o = \frac{\partial}{\partial z_j} - \frac{r_j^o}{r_n^o} \frac{\partial}{\partial z_n}$ pour tout $j \leq n-1$

et $J_o = \{j \leq n-2 \ , \ pd(\alpha_j) = \frac{m_o-2}{2}\}$.

On remarque que $\alpha(z_o) \neq 0$: en effet, comme $<[F_1,\bar{F}_1],\partial r>(z_o) = 0$, on constate en se reportant au développement du membre de gauche calculé au début de la démonstration du lemme 5 que $\alpha_i(z_o) = 0$ pour tout $i \leq n-2$; mais puisque $F_1(z_o) \neq 0$, on a nécessairement $\alpha(z_o) \neq 0$.

Ainsi le champ de vecteurs F_1^o est non nul à l'origine, homogène de poids -1, puisque $pd(L_j^o)$ vaut $-\frac{m_o}{2}$ ou -1 suivant que $j \leq n-2$ ou $j = n-1$, de plus F_1^o est tangent à l'hypersurface réelle $M^o = \{z/r^o(z) = 0\}$ qui est pseudo-convexe d'après le lemme 7.

Montrons que $c(F_1^o,z_o) = +\infty$.

En effet, comme r^o est algébrique et de poids m_o , on a

. ou bien $<[F_1^o,\bar{F}_1^o],\partial r^o> \equiv 0$ ce qui entraîne que $c(F_1^o,z_o) = +\infty$

. ou bien $<[F_1^o,\bar{F}_1^o],\partial r^o>$ est homogène de poids m_o-2

Dans ce cas on vérifie facilement que $<[F_1,\bar{F}_1],\partial r>^o = <[\bar{F}_1^o,\bar{F}_1^o],\partial r^o>$ ce qui entraîne que $(F_1)^{(i_p)}\dots(F_1)^{(i_1)}(<[F_1,\bar{F}_1],\partial r>)(z_o)$

$$= (F_1^o)^{(i_p)}\dots(F_1^o)^{(i_1)}(<[F_1^o,\bar{F}_1^o],\partial r_o>)(z_o)$$

$$= 0$$

pour tout $i_1,\dots,i_p \in \{0,1\}$ tels que $p \leq m_o-2$ car $c(F_1,z_o) > m_o$ et pour tout $p > m_o-2$ car r^o est algébrique de poids m_o ;

ainsi $c(F_1^o;z_o) = +\infty$.

Maintenant, on désigne par $\mathfrak{m}$ le module (sur l'anneau des fonctions analytiques réelles à valeurs complexes) engendré par F_1^o et $\bar{F}_1^o$ et leurs commutateurs de tout ordre. On a $\mathfrak{m} = \bar{\mathfrak{m}}$, ce qui entraîne que $Re(\mathfrak{m}) = \{Re(D)/D \in \mathfrak{m}\}$ est aussi une algèbre de Lie.

Ainsi d'après un théorème de Nagano [8], il existe une unique sous-variété analytique réelle de M notée Z_1 passant par z_o telle que pour tout q assez voisin de z_o on a

$$T(Z_1,q) = \{Re(D)(q)/D \in \mathfrak{M}\}$$

$$\text{et} \quad \mathbb{C}T(Z_1,q) \simeq \{D(q)/D \in \mathfrak{M}\}.$$

On déduit que $\dim_{\mathbb{R}} Z_1 = \dim_{\mathbb{R}}\{Re(D(z_o))/D \in \mathfrak{M}\} = \dim_{\mathbb{C}}\{D(z_o)/D \in \mathfrak{M}\}$. Montrons que Z_1 est en fait une sous-variété analytique complexe de dimension 1, vérifiant $O(z_o,Z_1) > m_o$.

En effet, comme $c(F_1^o,z_o) = +\infty$, on a pour tout $i_1,\ldots,i_p \in \{0,1\}$, $p \geq 0$

$$(F_1^o)^{(i_p)}\ldots(F_1^o)^{(i_1)}(<[F_1^o,\bar{F}_1^o],\partial r^o>)(z_o) = 0$$

ce qui implique que $<[F_1^o,\bar{F}_1^o],\partial r^o> \equiv 0$ sur Z_1 et par suite $Re(F_1^o),Im(F_1^o) \in T^N(Z_1)$.

D'autre part, on remarque que $Re(\mathfrak{M})$ n'est autre que le module (sur l'anneau des fonctions analytiques réelles à valeurs réelles) engendré par $Re(F_1^o),Im(F_1^o)$ et leurs crochets de Lie de tout ordre. Maintenant comme $Re(F_1^o),Im(F_1^o) \in T^N(Z_1)$ et M^o est pseudo-convexe on a d'après ([6], proposition 2) $Re(\mathfrak{M}) \subset T^N(Z_1)$.

Or $T^N(Z_1,z_o) \subset \{D \in T^h(M^o,z_o)/L_{M^o}(D,z_o) = 0\}$,

et $\{D \in T^h(M^o,z_o)/L_{M^o}(D,z_o) = 0\}$ est de dimension réelle égale à 2 puisque la forme de Lévi est exactement de rang $n-2$. Ainsi, $\dim_{\mathbb{R}}(Re,\mathfrak{M})$ est déjà au plus deux ; mais $Re\, F_1^o(z_o)$ et $Im\, F_1^o(z_o)$ sont indépendants car $F_1^o(z_o)$ est un champ de vecteurs holomorphe non nul. La variété analytique Z_1 est donc de dimension réelle égale à deux dans un voisinage de z_o.

Ainsi $\{D(q)/D \in \mathcal{M}\}$ est nécessairement engendré par $F_1^o, \bar{F}_1^o$ lorsque $q \in Z_1$ dans un voisinage de z_o, ce qui implique que $CT(Z_1)$ est intégrable ; en effet, on a $\mathbb{C}T(Z_1) = [F_1^o] \oplus [\bar{F}_1^o]$ où $[F_1^o]$, $[\bar{F}_1^o]$ sont les sous-espaces engendrés par F_1^o et $\bar{F}_1^o$ respectivement. Notons par $\pi_{1,0}$ et $\pi_{0,1}$ les projections de $\mathbb{C}T(Z_1)$ sur les sous-espaces $[F_1^o]$, $[\bar{F}_1^o]$ respectivement et définissons sur $\mathbb{C}T(Z_1)$ l'application bilinéaire suivante :

$$T(X,Y) = \pi_{1,o}[\pi_{o,1} X, \pi_{o,1} Y] + \pi_{o,1}[\pi_{1,o} X, \pi_{1,o} Y]$$

vérifions que $T \equiv 0$

Soient $X, Y \in CT(Z_1)$ on a $X = \alpha_X F_1^o + \beta_X \bar{F}_1^o$, $Y = \alpha_Y F_1^o + \beta_Y \bar{F}_1^o$

$$\begin{aligned} T(X,Y) &= \pi_{1,o}[\beta_X \bar{F}_1^o, \beta_Y \bar{F}_1^o] + \pi_{o,1}[\alpha_X F_1^o, \alpha_Y F_1^o] \\ &= \pi_{1,o}((\beta_X \bar{F}_1^o(\beta_Y) - \beta_Y \bar{F}_1^o(\beta_X))\bar{F}_1^o + \beta_X\beta_Y[\bar{F}_1^o, \bar{F}_1^o]) \\ &+ \pi_{o,1}((\alpha_X F_1^o(\alpha_y) - \alpha_y F_1^o(\alpha_X))F_1^o + \alpha_X\alpha_Y[F_1^o, F_1^o]) \\ &= 0. \end{aligned}$$

Par suite, $\mathbb{C}T(Z_1)$ est intégrable et Z_1 est une sous-variété analytique complexe d'après le théorème de New lander-Niremberg ; de plus, Z_1 est de dimension complexe égal à 1.
Il reste à vérifier que $O(z_o, Z_1) > m_o$.

Soit $(w_1, \ldots, w_n)$ un système de coordonnées localees holomorphes d'origine z_o tel que $Z_1 = \{w/w_1 = \ldots = w_{n-2} = w_n = 0\}$.
On a $r^o(z) = 2\mathrm{Re}(z_n) + h(z,\bar{z})$ où $h(z,\bar{z})$ est un polynôme mixte homogène de poids m_o.

Comme $r^o/Z_1 \equiv 0$, il vient que $2\mathrm{Re}(z_n(w_{n-1})) = -h(w_{n-1}, \bar{w}_{n-1})$

d'où $\dfrac{\partial^\alpha z_n}{\partial w_{n-1}^\alpha}(z_o) = -\dfrac{\partial^\alpha h}{\partial w_{n-1}^\alpha}(z_o) = 0$ pour tout $\alpha \geq 0$,

ainsi on a $z_n/Z_1 \equiv 0$, en particulier $\dfrac{\partial z_n}{\partial w_{n-1}}(z_o) = 0$.

On déduit qu'il existe $i \in \{1,\dots,n-2,n\}$ tel que $\frac{\partial z_n}{\partial w_i}(z_o) \neq 0$.

En changeant le numérotage des coordonnées, on peut supposer $\frac{\partial z_n}{\partial w_n}(z_o) \neq 0$,

par suite $(w_1,\dots,w_{n-1},z_n)$ forme bien un système de coordonnées locales holomorphes d'origine z_o, tel que la sous-variété Z_1 peut être définie par les équations $w_1 = \dots = w_{n-2} = z_n = 0$.

Maintenant montrons par récurrence que $\frac{\partial^\alpha z_i}{\partial w_{n-1}^\alpha}(z_o) = 0$

pour $\alpha < \frac{m_o}{2}$, $i \leqslant n-2$; en effet, pour $\alpha = 1$, on a

$r^o(z) = 2\mathrm{Re}(z_n) + \sum_{i=1}^{n-2} \lambda_i |z_i|^2 + h_1(z,\bar{z})$ où $\lambda_1,\dots,\lambda_{n-2}$ sont les valeurs propres non nulles de la forme de Lévi à l'origine.

Ainsi $\lambda_i > 0$, pour $i = 1,\dots,n-2$

et $h_1(z,\bar{z}) = \mathrm{Re}\Big(\sum_{\substack{\beta_1+\beta_2=\mu_o \\ i\leqslant n-2}} a_{\beta,i}\, z_{n-1}^{\beta_1+1}\bar{z}_{n-1}^{\beta_2}\bar{z}_i + \sum_{\alpha_1+\alpha_2=m_o} a_\alpha z_{n-1}^{\alpha_1}\bar{z}_{n-1}^{\alpha_2}$

comme $m_o > 2$ il vient que $\frac{\partial^2}{\partial w_{n-1}\partial \bar{w}_{n-1}} h_1(z_o) = 0$

or $\frac{\partial^2 r^o}{\partial w_{n-1}\partial \bar{w}_{n-1}}(z_o) = 0$ car $r^o/Z_1 \equiv 0$.

On déduit que $\frac{\partial z_i}{\partial w_{n-1}}(z_o) = 0$ pour tout $i \leqslant n-2$.

Maintenant, on suppose que $\frac{\partial^\alpha z_i}{\partial w_{n-1}^\alpha}(z_o) = 0$ pour $\alpha = 1,\dots,\alpha_o$

et $i = 1,\dots,n-2$, où $\alpha_o < \frac{m_o}{2} - 1$ et montrons que $\frac{\partial^{\alpha_o+1} z_i}{\partial w_{n-1}^{\alpha_o+1}}(z_o) = 0$.

En effet, on a d'une part $(\frac{\partial}{\partial w_{n-1}})^{\alpha_1}(\frac{\partial}{\partial \bar{w}_{n-1}})^{\alpha_2}(r^o)(z_o) = 0$

pour tout α_1 , $\alpha_2 \geqslant 0$ puisque $r^o/Z_1 \equiv 0$.

D'autre part $(\frac{\partial}{\partial w_{n-1}})^{\alpha_1}(\frac{\partial}{\partial \bar{w}_{n-1}})^{\alpha_2}(h_1)(z_o) = 0$ pour

$\alpha_1 + \alpha_2 \leqslant \frac{m_o}{2} + \alpha_o$ d'après l'hypothèse de récurrence et du fait que

$\alpha_o < \frac{m_o}{2} - 1$; en particulier $(\frac{\partial}{\partial w_{n-1}})^{\alpha_1}(\frac{\partial}{\partial \bar{w}_{n-1}})^{\alpha_2}(h_1)(z_o) = 0$

pour $\alpha_1 + \alpha_2 \leqslant 2(\alpha_o+1)$.

On déduit que $\frac{\partial^{\alpha_o+1} z_i}{\partial w_{n-1}^{\alpha_o+1}}(z_o) = 0$ pour $i = 1,\dots,n-2$.

Ainsi, on a $\frac{\partial^{\alpha} z_i}{\partial w_{n-1}^{\alpha}}(z_o) = 0$ pour $i = 1,\dots,n-2$ et

$\alpha = 1,\dots,\frac{m_o}{2} - 1$.

On conclut en remarquant que $r(z) = r^o(z) + f$, avec

$pd(f) > m_o$. Par suite, on a nécessairement $f/Z_1 = O(|w_{n-1}|^{m_o+1})$

ce qui entraîne que $r/Z_1 = O(|w_{n-1}|)^{m_o+1})$ c'est-à-dire que $O(z_o,Z_1) > m_o$.

Ainsi le système $(\tilde{S}_2) = (w_1,\dots,w_{n-1},z_n)$ est un système de coordonnées locales holomorphes, d'origine z_o , pour lequel la sous-variété Z_1 vérifie $O(z_o,Z_1) > O(z_o,V)$.

Ce système $(\tilde{S}_2)$ n'est pas nécessairement adaptés à r à l'ordre m puisque la forme de Lévi associée n'est pas nécessairement diagonale à l'origine.

On remarque que $\frac{\partial^2 r}{\partial w_{n-1}\partial \bar{w}_i}(z_o) = 0$, $\forall\, i = 1,\dots,n-1$

car $\dfrac{\partial^\alpha z_i}{\partial w_{n-1}^\alpha}(z_o) = 0$ pour tout $i \leq n-2$ et $\alpha < \dfrac{m_o}{2}$.

Ainsi la matrice $\left(\dfrac{\partial^2 r}{\partial w_i \partial \bar{w}_j}\right)_{i,j=1}^{n-2}$ est de rang $n-2$, il existe donc une matrice unitaire $(a_{i,j})_{i,j=1}^{n-2}$ vérifiant $(a_{i,j})\left(\dfrac{\partial^2 r}{\partial w_i \partial \bar{w}_j}\right)(\bar{a}_{j,i}) = (\lambda_{i,j}\delta_{i,j})$, $i,j \leq n-2$, avec $\delta_{i,j}$ symbole de Krönecker et $\lambda_{11},\ldots,\lambda_{n-2,n-2}$ sont les valeurs propres non nulles de la forme de Lévi à l'origine.

On pose alors : $\xi_i = \sum_{j=1}^{n-2} a_{i,j} w_j$, $i = 1,\ldots,n-2$

$$\xi_{n-1} = w_{n-1},$$

$$\xi_n = z_n.$$

Ainsi le système $(S_2) = (\xi_1,\ldots,\xi_n)$ est adapté à r à l'ordre m ; en effet, on a $r(\xi) = 2\mathrm{Re}(\xi_n) + F + O(|\xi|^{m+1})$ où $F(\xi,\bar{\xi})$ est un polynôme mixte s'annulant à l'origine, et la forme de Lévi est diagonale à l'origine.

De plus la sous-variété Z_1 peut être définie relativement au système (S_2) par les équations $\xi_1 = \ldots = \xi_{n-2} = \xi_n = 0$.

Maintenant comme $c^1(M,z_o) > m$, il existe un champ de vecteur F_2 tel que $c(F_2,z_o) > O(z_o,Z_1)$; en suivant un raisonnement analogue à celui utilisé ci-dessus pour obtenir la sous-variété Z_1 ; on déduit qu'il existe une sous-variété analytique complexe Z_2 de dimension 1 vérifiant $O(z_o,Z_2) > O(z_o,Z_1)$.

On construit ainsi une suite de sous-variétés analytiques complexes de dimension 1 dont les ordres de contacts sont strictement croissants, ce qui est absurde.

c.q.f.d.

Remarque 2 : L'hypothèse (n-2 valeurs propres non nulles à l'origine) qui figure dans le théorème 3 est essentielle.

En effet, considérons dans $\mathbb{C}^3$ le domaine Ω pseudo-convexe défini par

$$r(z) = 2\mathrm{Re}(z_3) + |z_1^2 - z_2^3|^2 + \exp\left[-(|z_1|^2 + |z_2|^2 + |z_3|^2)^{-1}\right]$$

on a $\mathrm{reg}\ 0^1(0) = 6$

Mais $0^1(0) = +\infty$ car l'ensemble analytique défini par $z_3 = 0$, $z_1^2 = z_2^3$ a un ordre de contact infini avec la frontière de Ω ; par conséquent aucune estimation sous-elliptique n'est vérifiée à l'origine pour les (0,1) formes différentielles d'après le théorème de David-Catlin [5].

BIBLIOGRAPHIE

[1] BELL S., BOAS H., Regularity of the Bergmann projection in weakly pseudoconvex domains. Math. Ann. 257 (1981), 23-30.

[2] BELL S., LIGOCKA E., A simplification and extension of Fefferman's theorem on biholomorphic mappings. Inventiones math., 57 (1980), 283-289.

[3] BLOOM T., (a) Remarks on type conditions for real hypersurfaces in $\mathbb{C}^n$. Proc. of Int. Conf. on several complex variables. Cortona Italy, 1976-77. Sc. Norm. Sup. Pisa (1978), 14-24.

(b) Sur le contact entre sous-variétés réelles et sous-variétés complexes de $\mathbb{C}^n$. Séminaire Pierre Lelong, 1975-76. Lectures Notes in Math., n° 578, Springer-Verlag, Berlin and New York 1977, 28-43.

(c) On the contact between complex manifolds and real hypersurfaces in $\mathbb{C}^3$. Trans. Am. Vol. 263, n° 2 (1981), 171-182.

[4] BLOOM T., GRAHAM I., (a) A geometric characterization of points of type m on real submanifolds on $\mathbb{C}^n$. J. Differential Geometry 12 (1977), 171-182.

(b) On "type" conditions for generic real submanifolds of $\mathbb{C}^n$, Inventiones Math. 40 (1977), 217-243.

[5] CATLIN D., Necessary conditions for subellipticity and hypoellipticity for the ∂-Neumann problem on pseudoconvex domains. Proc. Conference on Several Complex Variables, Princeton April, 1979.

[6] COEURÉ G., (a) Cours de DEA, 1977-78.

(b) Cours de DEA, 1979-80.

[7] D'ANGELO J., Finite type conditions for real hypersurfaces. J. Diff. Geometry 14 (1979), 59-66.

[8] DERRIDJ M., (a) Sur la régularité des solutions des problèmes de Neumann pour $\bar\partial$ dans quelques domaines faiblement pseudoconvex. J. Differential Geometry 13 (1978) 559-576.

(b) Estimations pour $\bar\partial$ dans des domaines non pseudoconvexes. Ann. Inst. Fourier (Grenoble) 28 (1978), 239-254.

[9] DIEDERICH K., FORNAESS J.E., Pseudoconvex domains with real analytic boundary. Ann. of Math., 107 (1978), 371-384.

[10] FOLLAND G.B., KOHN J.J., The Neumann problem for the Cauchy Riemann Complex. Ann. of Math. Studies n° 75, Princeton Univ. Press (1972).

[11] FREEMAN M., Integration of analytic differential systems with singularities and some applications to real submanifolds of $\mathbb{C}^n$. J. Math. Soc. Japan 30 (1978), 571-578.

[12] HÖRMANDER L., Introduction to complex analysis in several variables, North Holland, Amsterdam (1973).

[13] KERZMAN N., The Bergman-kernel function : differentiability at the boundary. Math. Ann., 195 (1972), 149-158.

[14] KOHN J.J., (a) Formes intégro-différentielles non coercives. Les presses de l'université de Montréal (1966).

(b) Boundary behaviour of $\bar\partial$ on weakly pseudoconvex manifolds of dimension 2. J. Differential Geometry 6 (1972), 523-542.

(c) Global regularity for $\bar\partial$ on weakly pseudo-convex manifolds. Trans. Amer. Math. Soc. 181 (1973), 273-292.

(d) Subellipticity of the $\bar\partial$-Neumann problem on pseudoconvex domains : sufficients conditions, Acta Math., 142 (1979), 79-122.

[15] KOHN J.J., NIREMBERG L., Non coercive boundary value problems. Comm. Pure Appl. Math. 18 (1965) 443-492.

[16] NARASIMHAN, R., Introduction to the theory of analytic spaces. Lectures Notes in Math. N° 25, Springer-Verlag, 1966.

Séminaire P.LELONG,P.DOLBEAULT,H.SKODA
(Analyse)
22e et 23e année, 1982/1983.

AN ESTIMATE FOR AN EXTREMAL PLURISUBHARMONIC FUNCTION ON $\mathbb{C}^n$

B.A. Taylor

For K a compact subset of $\mathbb{C}^n$ there is a natural analogue, u_K^*, of the "Green's function for the complement of K with pole at infinity" defined as follows. Let L denote the class of all functions $v(z)$ which are plurisubharmonic (p.s.h.) on $\mathbb{C}^n$ and satisfy

$$v(z) \leq \log|z| + O(1), \quad |z| \to +\infty .$$

Then set

$$u_K(z) = \sup\{v(z): v \in L \text{ and } v(\zeta) \leq 0 \text{ for all } \zeta \in K\}$$

and let

$$u_K^*(z) = \limsup_{\zeta \to z} u_K(\zeta)$$

be the uppersemicontinuous regularization of u_K. This function has been studied by Siciak [S] and Zaharjuta [Z1,Z2]. In particular, either $u_K^* \equiv +\infty$, which is the case exactly when the set K is pluripolar, or else u_K^* is p.s.h. and

$$u_K^*(z) \leq \log|z| + O(1), \quad |z| \to +\infty .$$

(see e.g. [S]). If $n = 1$, then u_K^* is exactly the Green's function for $\mathbb{C} \setminus K$ with pole at ∞ and the definition is, basically, the Perron method for its construction. In particular, u_K^* is harmonic in $\mathbb{C} \setminus K$. However, when $n > 1$

there are some significant differences. For example, the function u_K^* need not be continuous. But, it has been shown recently that u_K^* satisfies the complex Monge-Ampere equation, $(dd^c u_K^*)^n = 0$ in $\mathbb{C}^n \setminus K$. (see [BT], Corollary 9.4). It is this fact we use to prove the following inequality.

Theorem. Let K be a compact, nonpluripolar subset of $|z| \leq 1$ in $\mathbb{C}^n$. Let

$$\gamma = \gamma(K) = \limsup_{|z| \to \infty} (u_K^*(z) - \log|z|). \tag{1}$$

Then

$$\int_{|z|=1} u_K^*(z)\, d\sigma(z) \leq n\gamma . \tag{2}$$

where σ is the normalized surface area measure on the unit sphere in $\mathbb{C}^n$.

Of course, when $n = 1$, the function u_K^* is harmonic in the complement of K with an isolated singularity at ∞, so

$$u_K^*(z) = \log|z| + \gamma + O(\tfrac{1}{z}), \quad |z| \to \infty \quad (n=1).$$

And then, by the mean value property of harmonic functions,

$$\int_{|z|=1} u_K^*(rz)\, d\sigma(z) = \log r + \gamma , \quad r \geq 1 \quad (n=1).$$

So, the estimate (2) is some kind of replacement of the mean value property. In particular, from (2) one can obtain local estimates of u_K^* in $|z| < 1$ in terms of its growth at infinity.

We note that the estimate (2) doesn't "scale right". That is, generally one obtains

$$\int_{|z|=1} u_K^*(rz)\,d\sigma(z) \leq n(\gamma + \log r), \qquad r \geq 1$$

which is a bad estimate for large r. Also, it isn't clear to us that the constant $n\gamma$ is best possible for the right hand side of (2). In the first place, the actual value of γ depends on the choice of norm in $\mathbb{C}^n$. Secondly, the lim sup in (1) is not a limit (e.g. [S]). For example, it may be possible to assign a more "invariant" meaning to γ by considering instead the directional "Robin's constant" on complex lines,

(3) $$\gamma(\alpha) = \limsup_{|\zeta|\to+\infty} [u_K^*(\zeta\alpha) - \log|\zeta|], \qquad \alpha \in \mathbb{C}^n .$$

While the limit in (3) need not exist either it is possible to show that the limit exists for each complex line, provided a "small exceptional set" is avoided in each line. So perhaps some average value of the plurisubharmonic, logarithmically homogeneous function γ would provide a better "Robin constant" (actually, γ^* -- the upper semicontinuous regularization of γ -- is p.s.h.).

The main part of the proof of Theorem 1 comes from an inequality of N. Sibony [Sib]. Namely, let u,v be continuous plurisubharmonic functions on $\Omega \subset \mathbb{C}^n$ with the set $\{v(z) < t\} \subset\subset \Omega$. Set $\|u\|_t = \sup\{u(z): v(z) \leq t\}$. Then we have, for θ any positive, closed (n-1,n-1) current on Ω:

Sibony's Inequality.

(4) $$\int_{\{v \leq t\}} (t - v(z))\, dd^c u \wedge \theta \leq \int_{\{v \leq t\}} [\|u\|_t - u(z)]\, dd^c v\, \theta$$

We actually want to use (4) where u,v are locally bounded plurisubharmonic functions and θ has the form $(dd^c u)^k \wedge (dd^c v)^{n-k-1}$, but one easily obtains this case from (4) by taking limits. The appropriate convergence theorems are given in [BT].

We wish to point out that estimates like (4) have been used by L. Gruman [G1],[G2],[G3] in his work on value distribution theory.

For the convenience of the reader, we include here a proof of (4). We wish to thank Professor Sibony for allowing us to give his proof here.

Proof of Sibony's inequality. First, assume u,v are smooth. Let $\mathcal{O} = \{v < t\}$ and note that $d^c v \wedge \theta \geq 0$ on $\partial\mathcal{O}$. So,

(5) $$\int_{\partial\mathcal{O}} \|u\|_t\, d^c v \wedge \theta \geq \int_{\partial\mathcal{O}} u\, d^c v \wedge \theta$$
$$= \int_{\mathcal{O}} du \wedge d^c v \wedge \theta + \int_{\mathcal{O}} u\, dd^c v \wedge \theta \ .$$

However,

(6) $$\int_{\mathcal{O}} du \wedge d^c v \wedge \theta = \int_{\mathcal{O}} dv \wedge d^c u \wedge \theta$$
$$= \int_{\partial\mathcal{O}} v\, d^c u \wedge \theta - \int_{\mathcal{O}} v\, dd^c u \wedge \theta \ .$$

Also,

(7) $$\int_{\partial\mathcal{O}} v\, d^c u \wedge \theta = t \int_{\partial\mathcal{O}} d^c u \wedge \theta = t \int_{\mathcal{O}} dd^c u \wedge \theta \ .$$

And, combining (5) - (7) gives the inequality when u,v are smooth. Notice that u,v need not be plurisubharmonic.

To pass to the general case, one considers suitable sequences u_j, v_j of smooth plurisubharmonic functions which decrease to u, v, and applies the case just proved to u_j, v_j. We omit the details. See Section 4 of [BT] for such an argument.

We also need some computations of the integrals $\int_{\mathbb{C}^n} (dd^c u)^j \wedge (dd^c v)^{n-j}$.

<u>Lemma</u>. Let u, v be locally bounded plurisubharmonic functions on $\mathbb{C}^n$ such that $v > 0$ and

$$u(z) \leq v(z) + o(v(z)), \qquad |z| \to +\infty .$$

Then

$$\int_{\mathbb{C}^n} (dd^c u)^n \leq \int_{\mathbb{C}^n} (dd^c v)^n .$$

<u>Proof</u>. We will apply the comparison theorem, Theorem 4.1 of [BT]. For $\varepsilon > 0$, $c > 0$ consider the function

$$w(z) = (1+\varepsilon)v(z) - c$$

and the set $\mathcal{O} = \mathcal{O}(\varepsilon, c) = \{z \in \mathbb{C}^n : \; w(z) < u(z)\}$. The set $\mathcal{O}$ is relatively compact in $\mathbb{C}^n$ because $\varepsilon > 0$. So, it follows from the comparison theorem that

$$\int_{\mathcal{O}} (dd^c u)^n \leq \int_{\mathcal{O}} (dd^c w)^n = (1+\varepsilon)^n \int_{\mathcal{O}} (dd^c v)^n \leq (1+\varepsilon)^n \int_{\mathbb{C}^n} (dd^c v)^n .$$

If we now let $c \to +\infty$, then it follows that

$$\int_{\{u > -\infty\}} (dd^c u)^n \le (1+\varepsilon)^n \int_{\mathbb{C}^n} (dd^c v)^n$$

However, the set $\{u = -\infty\}$ is pluripolar and so the measure $(dd^c u)^n$ has no mass on $\{u = -\infty\}$, because u is locally bounded (see e.g. Theorem 6.9 of [BT]). Thus,

$$\int_{\mathbb{C}^n} (dd^c u)^n \le (1+\varepsilon)^n \int_{\mathbb{C}^n} (dd^c v)^n .$$

Letting $\varepsilon \to 0$ completes the proof.

Corollary. If u,v are locally bounded plurisubharmonic functions on $\mathbb{C}^n$ such that $u(z), v(z) \to +\infty$ as $|z| \to +\infty$ and

$$u(z) = v(z) + o(v(z))$$

then for $0 \le k \le n$,

$$\int_{\mathbb{C}^n} (dd^c u)^k \wedge (dd^c v)^{n-k} = \int_{\mathbb{C}^n} (dd^c v)^n .$$

In particular, if

$$u(z) = \log|z| + o(\log|z|), \quad |z| \to +\infty$$

then

$$\int_{\mathbb{C}^n} (dd^c u)^k \wedge (dd^c \log^+|z|)^{n-k} = c_n$$

where c_n is a constant which depends only on the dimension n,

$$c_n = \int_{|z|=1} d^c \log|z| \wedge (dd^c \log|z|)^{n-1} = \int_{\mathbb{C}^n} (dd^c \log^+|z|)^n .$$

Proof. The first assertion of the corollary with $k = n$, $\int (dd^c u)^n = \int (dd^c v)^n$, follows from two applications of the Lemma. For general k's, $1 \leq k \leq n-1$, apply this case to the functions

$$\tilde{u}(z) = xu(z) + yv(z), \quad \tilde{v}(z) = (x+y)v(z)$$

for $x,y \geq 0$, to obtain

$$\int_{\mathbb{C}^n} [dd^c(xu+yv)]^n = (x+y)^n \int_{\mathbb{C}^n} (dd^c v)^n .$$

Expanding both sides and equating coefficients of $x^k y^{n-k}$ then gives the assertion of the corollary. The last part of the corollary is simply the special case $v(z) = \log^+|z|$.

Proof of the Theorem. Set $v(z) = \log^+|z|$ and $u(z) = u_K^*(z)$. Because $K \subset \{|z| \leq 1\}$, we have that $u_K^*(z) \geq \log^+|z|$ or

(8) $$u(z) \geq v(z) .$$

Also, from the definition of γ , we have

$$(9) \qquad u(z) \leq v(z) + \gamma + \varepsilon , \qquad |z| > R(\varepsilon) .$$

Now apply Sibony's inequality on the set $\Omega = \Omega(t) = \{v(z) \leq t\}$ with $\theta = (dd^c u)^{j-1} \wedge (dd^c v)^{n-j}$. We obtain, if t is large enough that (9) holds,

$$\int_\Omega (t - v(z))(dd^c u)^j \wedge (dd^c v)^{n-j} \leq \int_\Omega (t + \gamma + \varepsilon - u(z))(dd^c u)^{j-1} \wedge (dd^c v)^{n-j+1}.$$

However, by the corollary $\int_{\mathbb{C}^n} (dd^c u)^{j-1} \wedge (dd^c v)^{n+1-j} = \int_{\mathbb{C}^n} (dd^c v)^n$

so, with $c_n = \int_{\mathbb{C}^n} (dd^c v)^n$,

$$(10) \quad \int_\Omega (t-v(z))(dd^c u)^j \wedge (dd^c v)^{n-j} \leq \int_\Omega (t-u(z))(dd^c u)^{j-1} \wedge (dd^c v)^{n+1-j} + c_n(\gamma + \varepsilon) .$$

And, because of (8) , we also have $-u(z) \leq -v(z)$ so

$$(11) \quad \int_\Omega (t-v(z))(dd^c u)^j \wedge (dd^c v)^{n-j} \leq \int_\Omega (t-v(z))(dd^c u)^{j-1} \wedge (dd^c v)^{n+1-j} + c_n(\gamma + \varepsilon) .$$

Apply (11) $n-1$ times with $j = n, n-1, \ldots, 2$, and then (10) one time with $j = 1$. The result is

$$\int_\Omega (t-v(z))(dd^c u)^n \leq \int_\Omega (t-u(z))(dd^c v)^n + n\, c_n(\gamma + \varepsilon) .$$

But, both $(dd^c u)^n$ and $(dd^c v)^n$ are compactly supported measures, so, by the Corollary,

$$\int_\Omega t(dd^c u)^n = \int_\Omega t(dd^c v)^n < +\infty$$

whenever t is large enough that $\Omega \supset \{|z| \leq 1\}$. Thus, from the last inequality we conclude that

$$\int_{\mathbb{C}^n} u(z)(dd^c v)^n \leq \int_{\mathbb{C}^n} v(z)(dd^c u)^n + nc_n(\gamma + \varepsilon) \; . \tag{12}$$

If we now let $\varepsilon \to 0$, note that $(dd^c v)^n$ is equal to the form $d^c v \wedge (dd^c v)^{n-1}$ concentrated on the unit sphere in $\mathbb{C}^n$, and that $v \equiv 0$ on $K \supset \mathrm{Support}((dd^c u)^n)$, the theorem follows.

Actually, the proof yields the following result.

Theorem 2. Let u, v be locally bounded plurisubharmonic functions on $\mathbb{C}^n$ such that

i) $v(z) \leq u(z)$.

ii) $\limsup_{|z| \to +\infty} (u(z) - v(z)) = \gamma < +\infty$, $\liminf_{|z| \to \infty} v(z) = +\infty$.

iii) $(dd^c u)^n$, $(dd^c v)^n$ are compactly supported.

Then

$$\int_{\mathbb{C}^n} u(z)(dd^c v)^n \leq \int_{\mathbb{C}^n} v(z)(dd^c u)^n + nc\gamma$$

where $c = \int_{\mathbb{C}^n} (dd^c v)^n$.

We also want to mention one application. The quantity

$$C(K) = e^{-\gamma(K)}$$

where

$$\gamma(K) = \limsup_{|z|\to\infty} (u_K^*(z) - \log|z|) ,$$

is called the <u>$\mathbb{C}^n$ capacity</u> of the compact set K [Z-1]. The quantity

$$T(K) = \exp(-\sup_{|z|\leq 1} u_K^*(z))$$

is a capacity, closely associated to the <u>Projective capacity</u> of H. Alexander [A,AT]. It is easy to see that $T(K) \leq C(K)$, because of the logarithmic convexity of the maximum modulus function, $m(r) = \max_{|z|=r} u_K^*(z)$. Now, because u_K^* is plurisubharmonic in $|z| \leq 2$, we can estimate u_K^* at a point in $|z| < 1$ by the harmonic function on $|z| < 2$, which is equal to $u_K^*(z)$ on $|z| = 2$. Thus,

$$u_K^*(z) \leq k_n \int_{|\zeta|=1} u_K^*(2\zeta)\, d\sigma(\zeta)$$

for k_n a constant depending only on the dimension n . However, By Theorem 1 (or really, Theorem 2) with $v(z) = \log^+ \frac{|z|}{2}$, we see that for compact subsets K of the unit ball, there is a constant $c > 0$ such that

$$\max_{|z|\leq 1} u_K^*(z) \leq c\gamma .$$

This yields a comparison of the capacity functions T and C.

Theorem 3. There exist constants $A, \delta > 0$ such that for all compact subsets K of the unit ball in $\mathbb{C}^n$,

$$C(K) \leq AT(K)^{\delta}.$$

We do not know the sharp value of the constant δ.

References

[A] H. Alexander, Projective capacity, Ann. of Math. Studies 100 (1981), 3-27 Conference on Several Complex Variables, Princeton Univ. Press.

[AT] H. Alexander and B.A. Taylor, Comparison of two capacaties in $\mathbb{C}^n$, preprint.

[BT] E. Bedford and B.A. Taylor, A new capacity for plurisubharmonic functions, Acta. Math. 149 (1982) 1-40.

[G1] L. Gruman, The area of analytic varieties in $\mathbb{C}^n$, Math. Scand. 41 (1977), 365-397.

[G2] _________, Value distribution for holomorphic maps in $\mathbb{C}^n$, Math. Ann. 245 (1979), 199-218.

[G3] _________, Ensembles exceptionnels pour les applications holomorphes dans $\mathbb{C}^n$, preprint.

[Sib] N. Sibony, private communication.

[S] J. Siciak, Extremal plurisubharmonic functions in $\mathbb{C}^n$, Proc. First Finnish-Polish Summer School in Complex Analysis, 1977, 115-152.

[Z1] V. P. Zaharjuta, Transfinite diameter, Cebysev constants, and capacity for compacta in $\mathbb{C}^n$; Math. USSR Sbornik 25(1975), 350-364.

[Z2] _______________, Extremal plurisubharmonic functions, orthogonal polynomials, and the Bernstein-Walsh theorem for analytic functions of several complex variables, Ann. Polon. Math. 33 (1976), 137-148.

Department of Mathematics
University of Michigan
Ann Arbor, MI 48109